EDITH STEIN E A PSICOLOGIA

TEORIA E PESQUISA

Organização

MIGUEL MAHFOUD E MARINA MASSIMI

EDITH STEIN E A PSICOLOGIA

TEORIA E PESQUISA

Artesã

Edith Stein e a Psicologia: teoria e pesquisa

1ª edição - 1ª Reimpressão 2025

DIRETOR
Alcebino Teixeira

DIREÇÃO DE ARTE
Tiago Rabello

CAPA
Karol Oliveira

ORGANIZAÇÃO
Miguel Mahfoud e Marina Massimi

REVISÃO
Maggy de Matos

PROJETO GRÁFICO E DIAGRAMAÇÃO
Conrado Esteves

FICHA CATALOGRÁFICA

M187e **Edith Stein e a psicologia: teoria e pesquisa** / Organizadores: Miguel Mahfoud & Marina Massimi. 1ª ed.- Belo Horizonte: Artesã Editora, 2013
472 p. : 23 cm

ISBN -978-85-88009-34-9

1. Psicologia – Fenomenologia. 2. Educação - Filosofia.
I. MAHFOUD, Miguel; MASSIMI, Marina. II. Título

CDU 159.922

Catalogação na publicação: Marília de Oliveira – CRB 6/1748

IMPRESSO NO BRASIL
Printed in Brazil

(31)2511-2040 (31)99403-2227
www.artesaeditora.com.br
Rua Rio Pomba 455, Carlos Prates - Cep: 30720-290 | Belo Horizonte - MG
/artesaeditora

Dedicatória

Dedicamos o presente livro à Prof^{a}. Dra. Ir. Jacinta Turolo Garcia por seus insignes méritos na difusão do pensamento de Edith Stein no Brasil, inicialmente através da docência na Universidade do Sagrado Coração em Bauru (SP), da qual chegou a ser reitora e coordenadora da Editora Edusc. Dentre seus numerosos méritos queremos lembrar sua competente supervisão da tradução de obras de Edith Stein para a língua portuguesa e sua incansável obra de organização de congressos, conferências e eventos no Brasil e na Itália referentes à figura de Edith Stein, que ela conhece profundamente e sabe apreciar o valor e a utilidade para as novas gerações.

Ela é artífice indireta deste livro, porque através de sua mediação diligente e generosa entre a fenomenologia italiana e a brasileira tornou possível um encontro profundo e profícuo das duas culturas com particular referência ao âmbito da fenomenologia.

Por tudo isso, somos gratos e agradecemos sua proximidade afetuosa e seu incansável operar.

Sumário

Prefácio.....9
Angela Ales Bello

Introdução – A fenomenologia de Edith Stein fertiliza o campo da psicologia no Brasil.....15
Miguel Mahfoud e Marina Massimi

Parte I – Fenomenologia: fundamentos da psicologia

O significado do pensamento fenomenológico de Stein à luz do desenvolvimento da concepção de psicologia em Husserl.....23
Sávio Passafaro Peres

Fundamentação da psicologia enquanto ciência da subjetividade: contribuições da fenomenologia de Edith Stein.....51
Carolina de Resende Damas Cardoso e Marina Massimi

Contribuições de Edith Stein para a questão da (in)definição do objeto de estudo da Psicologia.....79
Victor de Barros Malerba e Marina Massimi

Compreender a estrutura da pessoa: diálogo entre fenomenologia e filosofia aristotélico-tomista, por Edith Stein.....101
Marina Massimi

Revisitando as relações entre tomismo e fenomenologia conforme o pensamento de Edith Stein.....127
Paulo Coelho Castelo Branco e Miguel Mahfoud

Parte II – Pessoa e sua formação

Formação da pessoa e caminho humano: Edith Stein e Martin Buber.....153
Miguel Mahfoud

A formação da pessoa em Edith Stein.....167
Adair Aparecida Sberga e Marina Massimi

Tornar-se si mesmo: elaborações a partir de Luigi Giussani e Edith Stein.....195
Ana Cláudia Bernardes Guimarães e Miguel Mahfoud

Núcleo pessoal e liberdade na formação da pessoa a partir de Edith Stein.....217
Bernardo Teixeira Cury e Miguel Mahfoud

Pessoa em ação: um percurso a partir das elaborações de Stein e Wojtyla......239
Yuri Elias Gaspar e Miguel Mahfoud

Parte III – Temas em psicologia: pesquisas com base em Edith Stein

As especificidades da comunidade religiosa na obra de Edith Stein.................263
Achilles Gonçalves Coelho Júnior e Miguel Mahfoud

O percurso de um jovem educador compreendido à luz da fenomenologia de Edith Stein.................293
Suzana Filizola Brasiliense Carneiro e Heloisa Szymanski

Posicionamento pessoal, continuidade da tradição e transformação da escola na comunidade rural de Morro Vermelho..................321
Roberta Vasconcelos Leite e Miguel Mahfoud

Uma tradição viva, raízes para a alma: análise fenomenológica de experiências de pertencer em uma comunidade rural de Minas Gerais..........359
Renata Amaral Araújo

A construção de uma pesquisa fenomenológica baseada em Edith Stein na interface Saúde Mental e Saúde da Família...........................381
Nara Helena Lopes Pereira da Silva e Carmen Lúcia Cardoso

Fenomenologia do combate: da ética da luta à luta pela vida ética.................413
Cristiano Roque Antunes Barreira

Aplicação de contribuições de Edith Stein à sistematização de pesquisa fenomenológica em psicologia: a entrevista como fonte de acesso às vivências.................449
Cristiano Roque Antunes Barreira e Leandro Penna Ranieri

Sobre os autores.................467

Prefácio

A leitura do presente livro – para o qual os organizadores gentilmente me convidaram para redigir o prefácio – me traz muitas lembranças[1].

Quando a Prof[a]. Dra. Ir. Jacinta Turolo Garcia – a quem este livro é dedicado – me convidou para participar de uma série de atividades acadêmicas na Universidade do Sagrado Coração da qual ela era então a reitora, cheguei ao Brasil em 11 de setembro de 2001 (justamente naquele dia!) e encontrei um ambiente extremamente acolhedor, desejoso de estabelecer intercâmbios culturais com a Europa e particularmente com a Itália, caracterizado pela humildade que deriva da sabedoria. E tal sabedoria se mostrava também no evento que me conduzira até ali: tratava-se de um congresso sobre pesquisa qualitativa em psicologia, algo absolutamente desconhecido na Itália. Logo compreendi que o projeto era importante e inovador frente ao que prevalecia na Europa em termos de psicologia.

Mas para entender isso tudo é necessário percorrer um trecho do caminho da história das ideias, entre o final do séc. XIX e o séc. XX na Europa e no Brasil.

Como é bem conhecido, no fluxo da história moderna, do grande rio da filosofia que compreendia as investigações sobre cada aspecto da realidade – o ser humano, a natureza, Deus – se destacou um primeiro braço, relativo ao conhecimento da natureza. Podemos considerar o paradigmático Galileo Galilei como autor dessa operação. Ele, como filósofo, "descobriu", "inventou" ou, dizendo mais simplesmente,

[1] Tradução de Miguel Mahfoud do original em italiano.

"propôs" um novo modo de ler a natureza, considerando-a interpretável por critérios matemáticos, constitutivos dos fenômenos presentes nela, dando origem, então, à moderna ciência física. Esta, portanto, passara de uma investigação puramente qualitativa – como considerada pelo pensamento grego antigo, elaborada particularmente por Aristóteles, e como transmitida até o final do séc. XVII – a uma leitura que se pode definir como quantitativa, baseada na mensurabilidade dos fenômenos físicos. Segundo Galilei e, depois dele, segundo todos os físicos até nossos dias, leis matemáticas regulam o universo.

Aceita ou questionada (questionada sobretudo pelos filósofos europeus da Idade Moderna), aquela teoria foi tomando força sempre maior e no séc. XIX se tornara chave interpretativa estendida para todo fenômeno, inclusive o humano. Delineava-se aquele clima cultural que tomou o nome de Positivismo, considerando o método das ciências físicas como exemplar para todo tipo de pesquisa. Inicialmente o estudo das sociedades humanas por meio de elaborações da nova ciência (a sociologia com Auguste Comte), seguida pela psicologia científica recém-surgida buscaram subtrair à filosofia a investigação sobre o humano, que se baseariam então em método tomado da ciência física, método este que se tornava, assim, exemplar e que tendia a medir todas as coisas e estabelecer rígidas relações de causa – efeito.

A redução da natureza a uma visada sob um ponto de vista mecanicista é discutível, e resulta ainda mais problemática a interpretação quantitativa do ser humano – ser muito complexo, que excede a natureza mesma. Disto, alguns filósofos do séc. XX se deram conta e procuraram frear a interpretação redutiva do ser humano como corpo ou como psique entendida em modo sempre mais mecânico. Dentre muitos, os expoentes mais significativos seriam Edmund Husserl na Alemanha e Henry Bergson na França. Uma série de filósofos e filósofas ligados às escolas destes mestres – sobretudo da husserliana, fenomenológica – incidiram profundamente na cultura do século passado e continuam a ser mestres no novo século. Refiro-me, como exemplo, a Hedwig Conrad-Martius, a Dietrich von Hildebrand e também, pelo menos neste aspecto, a Martin Heidegger. Mas a pensadora que se destaca pela clareza de sua análise e por suas significativas contribuições é Edith Stein.

Com essa bagagem de conhecimentos eu participava, no Brasil, em setembro de 2001, de um congresso dedicado à pesquisa qualitativa em psicologia e ouvia citada a palavra "fenomenologia" à qual havia dedicado todas as minhas investigações. Pode-se imaginar minha surpresa, mas também minha admiração: parecia-me ter chegado a um lugar "mágico", onde se realizava o sonho de Husserl e de Stein de fornecer às ciências humanas uma base filosófica, fenomenológica.

Não acontecia por acaso: de fato, Ir. Jacinta havia elaborado sua tese de doutorado em Roma sobre o pensamento de Edith Stein e conhecia as minhas pesquisas e por isso mesmo me chamara para participar do congresso. Ela sabia que no Brasil muitos procuravam um fundamento filosófico e fenomenológico para as ciências humanas. Durante o congresso tive a oportunidade de conhecer algumas pessoas que depois se tornariam amigas: a Profª. Marina Massimi, a Profª. Maria Aparecida Viggiani Bicudo.

Minha aventura intelectual brasileira, porém, não se concluiu ali. Sempre por mérito de Ir. Jacinta, tenho ido ao Brasil todo ano, participando de congressos, proferindo conferências e ministrando cursos breves, de Norte a Sul, de Leste a Oeste desse país. Dentre esses, provocam em mim sentimentos particularmente agradáveis os cursos no Departamento de Psicologia da Faculdade de Filosofia e Ciências Humanas da Universidade Federal de Minas Gerais, em Belo Horizonte, a convite do Prof. Miguel Mahfoud.

Encontrei-me, porém, em situação semelhante à descrita por Platão em seu diálogo *Fédon:* iniciada a leitura do livro de Anaxágoras com grande esperança (pensando ter encontrado a justificação do mundo físico através de um princípio indeterminado, divino, o *apeiron,* que tudo domina e ordena), dando prosseguimento se dava conta de que aquele princípio, embora feito de uma matéria sutilíssima, era material e, portanto, não se assemelhava ao mundo das ideias imateriais que ele havia descoberto: sua desilusão foi grande.

Como relacionar a experiência de Platão - *si parva licet componere magnis*, se é possível comparar-me a Platão! – à minha modesta experiência? De fato, dava-me conta de que sob o termo fenomenologia – não para todos, mas para muitos – se encontrava o vazio ou apenas ideias vagas. Minha desilusão, porém, não fez com que eu fechasse o livro (como Platão o fizera com o livro de Anaxágoras), mas foi um potente estímulo a partilhar, com os que se interessavam, a leitura dos fenomenólogos, particularmente de Edmund Husserl e Edith Stein.

Foram instituídos, portanto, seminários de pesquisa sobre pensadores da escola fenomenológica e eu continuava a me maravilhar pelo fato de em universidades distantes umas da outras no imenso território brasileiro se acendesse renovado o mesmo interesse pela fenomenologia. Maravilhamento este que crescia quanto mais eu conhecia a história cultural desse país, fortemente marcada pelo Positivismo – como as excelentes faculdades de medicina difundidas no país o atestam.

Minha impressão é a de que o povo brasileiro, formado por uma mescla de povos – como o escritor Stefan Zweig o ressalta em seu livro dedicado ao Brasil[2] –, se caracterize por uma base cultural fortemente humanista que nenhuma mensagem positivista pode suprimir.

De fato, está se realizando no Brasil o que não se consegue fazer decolar na Europa, isto é, o sonho dos fenomenólogos de oferecer uma descrição filosófica do ser humano capaz de justificar sua complexidade e de fazer compreender o sentido de pesquisas especializadas que investiguem os vários aspectos sem perder sua unidade e sem reduzir pessoa a momentos específicos – o corpo ou a psique – que acabariam por ser absolutizados; mas examinar o ser humano na variedade de suas características. Estas podem ser compreendidas como elementos constitutivos, não redutíveis a mensuração, diversas segundo suas qualidades.

Eis o sentido da pesquisa qualitativa, que precisa das bases filosóficas e que se desdobra em múltiplas direções: o estudo da psique, da sociedade, de produções humanas como as artísticas, históricas, jurídicas. Todas as disciplinas podem se beneficiar das análises do ser humano em suas componentes corpórea, psíquica e espiritual, inseparáveis (ou se perde a unidade que o caracteriza) mas diferenciáveis em suas funções. Eis como podem nascer muitas perspectivas "científicas" – atribuindo a este termo o seu sentido original de conhecimento que chega à essência do fenômeno e não de ciências da natureza.

Chegamos ao momento de falar do conteúdo do presente livro. O mérito de sua elaboração cabe a Miguel Mahfoud e Marina Massimi,

[2] Tive a ocasião de lê-lo em alemão mas recentemente a Editora Elliot solicitou-me o Prefácio à nova edição da tradução italiana e tive a oportunidade de admirar novamente as agudas impressões sobre o Brasil [Zweig, S. (2013). *Brasile, terra del futuro*. Pref. di A. Ales Bello. Roma: Elliot].
N.d.T.: Publicação brasileira da mesma obra: Zweig, S. (2006). *Brasil, um país do futuro*. (A. Dines, Pref.; K. Michahelles, trad.). Porto Alegre: L&PM.

não somente por serem os organizadores mas porque representam os artífices da realização do projeto a que me referi acima.

São eles, que com sua capacidade de formar os jovens, colocaram em ato uma verdadeira escola de pensamento para aprofundar a relação entre fenomenologia e psicologia.

São eles que continuaram o trabalho já aberto pela corrente da pesquisa qualitativa no Brasil sob novas bases, através da leitura das obras dos fenomenólogos, em particular de Edith Stein.

São eles que compreenderam o valor daquela pensadora e de sua antropologia filosófica como fundamento para a psicologia.

São eles que elaboraram o esquema deste livro, ajudando os mais jovens a compreender:

- em primeiro lugar, como a psicologia tem necessidade de uma fundamentação antropológica e possa encontrá-la na fenomenologia de Edith Stein (e certamente não no pensamento de Heidegger, que nunca delineou uma antropologia que leve em conta o ser humano na sua inteireza);
- em segundo lugar, que é necessária uma preparação filosófica que permita compreender o que significa pessoa;
- em terceiro lugar, que tudo isso pode e dever amadurecer na práxis e ser útil instrumento para quem queira ter uma séria preparação profissional.

A estrutura do presente livro, articulada nas três partes indicadas, faria Edith Stein ficar cheia de alegria: ela teria visto realizado o seu projeto por parte de quem trabalha no âmbito da psicologia. Idealmente, o livro pertence a ela. Mas pertence também aos numerosos autores – que conheço muito bem como ex-alunos desejosos de aprender e que se empenharam de modo exemplar para atingir este ótimo resultado.

A todos eles, meus parabéns pela meta atingida e meus votos de que possam continuar na pesquisa com grande proveito.

Angela Ales Bello
Pontifícia Universidade Lateranense
Roma, Itália

INTRODUÇÃO

A fenomenologia de Edith Stein fertiliza o campo da psicologia no Brasil

Miguel Mahfoud
Marina Massimi

A psicologia contemporânea procura superar, de várias formas, reduções induzidas pela matriz positivista desde o século XIX, quando da sistematização de seu caráter de cientificidade. Nesta perspectiva, trava diálogos com diferentes setores de saber e diversas áreas da ciência, tematizando a natureza complexa e multifacetada de seu objeto. Recentemente, novas perspectivas teóricas passam a reivindicar o estudo de fenômenos subjetivos, em diversos campos do saber: fisiologia, física, neurociências, ciências cognitivas, sociologia, filosofia da história, linguística, história... A riqueza destes aportes na conceituação de objetos e delineamento de métodos ainda revelam uma parcialidade: a de não conseguirem focar o domínio específico dos processos psíquicos. Para que a psicologia possa tornar-se ciência – no sentido pleno do termo – é necessário que chegue a delimitar um percurso próprio, ainda que mantendo conexões e diálogos com as demais áreas da ciência e com a filosofia.

Nota-se a exigência de ampliação do horizonte epistemológico da psicologia, sobretudo nos contextos culturais em que sua história é mais longa. No Brasil – o quarto país do mundo a reconhecer a profissão de psicólogo (nos anos sessenta do séc. XX), um dos mais quantitativamente fecundos em cursos universitários na área e um dos mais produtivos quanto a pesquisas e aplicações dos conhecimentos psicológicos nos diversos contextos da sociedade – a busca de referenciais inovadores e de alicerces adequados para o enfrentamento de impasses conceituais e metodológicos da psicologia é vivida com interesse e abertura cada vez maiores. Compreende-se, assim, o interesse que a psicologia fenomenológica, vem despertando no contexto da psicologia brasileira; especialmente a difusão das contribuições de Edith Stein para a fundamentação teórica e epistemológica da psicologia através da antropologia filosófica.

Em que sentido a abordagem fenomenológica clássica e particularmente a proposta de Edith Stein, parece responder a vários problemas – teóricos e de intervenção – não solucionados da psicologia científica?

Em primeiro lugar, pelo fato de propor um método que permite a apreensão dos fenômenos psicológicos em sua especificidade, sem reduzi-los a outras dimensões do humano (corporal e espiritual), sem omitir as interações profundas entre elas. São evitadas, desse modo, as difundidas tendências a psicologismo e, ao mesmo tempo, é possibilitado um autêntico trabalho interdisciplinar na investigação acadêmica ou na intervenção psicológica em seus diversos campos.

Stein fornece critério claro para identificar fenômenos psíquicos, em termos de tomada de consciência espontânea e reativa, contribuindo para a diferenciação e interconexão entre os fenômenos espirituais e orgânicos. Permite, assim, compreender a relação entre fenômenos psíquicos e processos culturais, abrindo caminho para a investigação clara e rigorosa no domínio da psicologia cultural e da psicologia social e comunitária.

A psicologia fenomenológica não é apenas ciência descritiva: a explicação dos fenômenos é possível na medida em que se esclarece a estrutura subjacente. Stein define vários tipos de ordem que perpassam o fenômeno humano: as relações causais de natureza determinista (cuja apreensão se faz necessária, por exemplo, para conhecimento anatômico), as relações de tipo teleológico (importantes na fisiologia e na psicologia), e as relações de ordem espiritual, sendo estas últimas capazes, em certa medida, de interagir e interferir nos primeiros dois níveis, sem eliminá-los. Os fenômenos psíquicos ocorrem na interseção destes diferentes tipos de ordem, e, portanto, é possível explicá-los ao levar em conta estas interações.

Deste modo, o conhecimento da complexidade dos fenômenos propriamente humanos permite a construção de uma psicologia científica não reducionista.

Em segundo lugar, a fenomenologia oferece conceitos operacionais para apreensão do fenômeno humano unitário, sem solução de continuidade e salvaguardando a diversidade das vivências: um exemplo é o conceito de força formulado por Stein.

Em terceiro lugar, a fenomenologia propõe uma antropologia filosófica unitária do sujeito humano, onde a relação entre ciência e filosofia torna-se fecunda e propositiva, superando a separação entre psicologia e filosofia imposta pelo positivismo do século XIX, estabelecendo um território de diálogo efetivo entre esses dos campos de saber.

Em quarto lugar, a contribuição da fenomenologia para o estudo clínico das psicopatologias já foi amplamente realçada por autores como K. Jaspers, L. Binswanger, E. Minkowski, E. Borgna, B. Callieri. Os trabalhos clínicos destes autores propõem intervenções viáveis também no campo da psicoterapia.

Finalmente, a arqueologia fenomenológica proposta por Husserl e desenvolvida por Stein e por Ales Bello revela que os dados sensíveis são relevantes para a formação intencional, inaugurando uma possibilidade original de abordar os processos culturais relacionados à esfera da materialidade. Na cultura brasileira contemporânea a elaboração do sentido a partir da vivência da materialidade é facilmente identificada (especialmente nas condições sociais de pobreza): fortemente enraizada na cultura barroca (esta baseada no conhecimento sensorial do mundo, interpretado como sinal do fundamento transcendente). Nestes processos, é possível investigar – fenomenologicamente – a relação múltipla e dinâmica entre pessoa e matéria.

Assim, podemos afirmar que a fenomenologia representa hoje promissora possibilidade de construção de uma psicologia científica rigorosamente fundamentada.

No que diz respeito à difusão dessa abordagem no Brasil, significativo incentivo tem sido proporcionado pelas visitas acadêmicas às universidades de nosso país por parte da Profª. Dra. Angela Ales Bello, referência mundial para a filosofia fenomenológica clássica, Presidente do *Centro Italiano di Ricerche Fenomenologiche* e professora emérita da Pontifícia Universidade Lateranense em Roma. A ela se deve a recente difusão da fenomenologia de Husserl e Stein entre psicólogos através de inúmeros eventos científicos e cursos realizados em Bauru, Belo Horizonte, Curitiba, Fortaleza, Ribeirão Preto, São Paulo, além de muitas outras cidades brasileiras. Sua significativa presença no Brasil também se faz por meio de publicação de livros e artigos publicados em português sobre o tema.

De fato, dá-se, há mais de uma década, intensa atividade de intercâmbio científico, ampliando de modo considerável – qualitativa e quantitativamente – a pesquisa de base fenomenológica na área da psicologia.

As visitas de Ales Bello ao Brasil, iniciadas por iniciativa da Ir. Profª. Dra. Jacinta Turolo Garcia, então Reitora da Universidade do Sagrado Coração (em Bauru - SP), despertaram grande interesse em nossos grupos de pesquisa, que empreenderam muito trabalho para transcrição e edição do material de cursos ministrados no Brasil resultando na publicação de livros que se tornaram referência na área como material didático e apoio a pesquisa em todo o país. Somando-se às traduções dos livros *Culturas e religiões: uma leitura fenomenológica* (1998) e *A fenomenologia do ser humano* (2000), dois livros originais brasileiros de autoria de Ales Bello foram publicados – também pela Editora da Universidade do Sagrado Coração – dando ampla divulgação do conteúdo de cursos ministrados pela autora na Universidade Federal de Minas Gerais, na Universidade de São Paulo Campus Ribeirão Preto e Universidade do Sagrado Coração: *Fenomenologia e ciências humanas: psicologia, história e religião* (2004) e *Introdução à fenomenologia* (2006).

Interessante notar que este último livro recebeu uma tradução italiana publicada em 2009 pela Aracne Editrice de Roma, mantendo a "apresentação" da edição original brasileira, evidenciando assim a importância internacional do que vem sendo gerado no Brasil por essas iniciativas.

Outro meio importante de difusão da psicologia fenomenológica no Brasil tem sido a revista eletrônica *Memorandum: Memória e História em Psicologia* que ao longo de mais de uma década de atividades promoveu o estudo e atualização da fenomenologia entre psicólogos através de contribuições relevantes na área.

Atualmente, em várias faculdades brasileiras de psicologia há grupos desenvolvendo pesquisas teóricas e empíricas na perspectiva da fenomenologia clássica.

O presente livro documenta atividades produtivas de diferentes grupos de pesquisa brasileiros, reunindo contribuições de alguns pesquisadores dentre os tantos que participam da história aqui relatada.

Na primeira parte, o presente livro aborda a contribuição da fenomenologia steiniana à fundamentação da psicologia. A segunda parte é composta de textos resultantes de pesquisas sobre o conceito de pessoa a partir das contribuições de Stein. A terceira apresenta pesquisas em vários campos da psicologia, desenvolvidas com referencial da fenomenologia de Edith Stein.

Apresentamos o presente livro a toda a comunidade acadêmica como uma contribuição a que a fenomenologia de Edith Stein possa continuar a fertilizar o campo da psicologia nos desafios próprios que encontra em solo brasileiro.

Expressamos aqui nosso agradecimento, pela valiosa contribuição no trabalho de editoração do presente volume, a Ana Cláudia Bernardes Guimarães, Paulo Coelho Castelo Branco e Priscila von Randow Ferreira – alunos pesquisadores da UFMG.

PARTE I

Fenomenologia: fundamentos da psicologia

O significado do pensamento fenomenológico de Stein à luz do desenvolvimento da concepção de psicologia em Husserl

Sávio Passafaro Peres

Introdução

A partir da fundação do laboratório de psicologia experimental, em 1879, por Wilhelm Wundt (1832-1920), a nova psicologia científica veria uma rápida expansão. Um dos aspectos mais relevantes desta expansão é que ela ocorreria, nas primeiras décadas após seu nascimento, dentro das faculdades de filosofia alemãs, suscitando uma série de problemas teóricos e institucionais cujas respostas gerariam controvérsias envolvendo não só psicólogos, mas também muitos dos mais respeitados filósofos de então. Qual o objeto e os métodos da psicologia? Poderia a psicologia fornecer novas respostas aos antigos problemas filosóficos? Qual sua relação com a teoria do conhecimento e com a lógica? Husserl (1859-1938) participou ativamente e desempenhou grande relevância no debate, sobretudo a partir da publicação de *Investigações Lógicas* em 1900/1901, que o fez célebre pela sua crítica ao psicologismo. Todavia, tal obra, longe de pôr um ponto final tanto no problema do psicologismo e suas variações quanto no problema da coordenação entre psicologia e filosofia, marca, isso sim, o início de uma longa reflexão do autor sobre estes temas, que serão reformulados e aprofundados em meio a várias polêmicas sejam com psicólogos, sejam com filósofos.

Pretendo neste capítulo evidenciar, em linhas gerais, as concepções de psicologia desenvolvidas por Husserl, situando-as no contexto da história da psicologia, para em seguida situar o pensamento de Edith Stein à luz deste desenvolvimento.

O texto segue a seguinte estrutura.

1) Primeiramente, irei apresentar, sob a perspectiva da história da psicologia, o impacto do nascimento da psicologia experimental na filosofia praticada na Alemanha na época de Husserl. Nesta etapa, irei abordar como a rápida expansão da psicologia empírica e experimental é peça fundamental na culminação da polêmica em torno do psicologismo. Esta diz respeito a uma disputa quanto à correta relação entre psicologia, epistemologia, lógica e ética.

2) Em seguida, procurarei mostrar que, paralelamente e alternativamente à psicologia experimental, há, no ambiente alemão, dois importantes projetos de psicologia, os quais, embora distintos, são caracterizados pelo método descritivo, um proposto por Brentano (1838-1917) e outro por Dilthey (1833-1911). Cada um desses projetos influenciará Husserl em diferentes etapas de seu desenvolvimento intelectual.

3) Dada essa situação, focarei primeiramente na concepção de Brentano acerca da psicologia descritiva (ou psicognose). Trata-se de um tópico central para compreender porque Husserl, em *Investigações lógicas*, define a fenomenologia como psicologia descritiva, concebida como uma ciência destinada a elucidar as condições subjetivas de possibilidade do conhecimento e da lógica, por meio da análise das vivências do pensar e do conhecer.

4) Após apresentar a concepção de Brentano de psicognose, irei focar em um outro projeto de psicologia descritiva, aquele apresentado por Dilthey em sua obra de 1894, *Psicologia descritiva e analítica*. Nesta obra, Dilthey distingue uma psicologia modelada pelos métodos das ciências naturais e uma psicologia descritiva e analítica, que procede pelo método intuitivo-descritivo. O ponto de interesse desta obra é que nela Dilthey aponta que essa psicologia descritiva não naturalista deve ser o fundamento tanto da teoria do conhecimento quanto das ciências do espírito. Cabe a ela, portanto, fundamentar as ciências sócio-culturais, como a religião, a história, o direito, etc. Enquanto a concepção de psicologia descritiva proposta por Brentano influencia Husserl de *Investigações lógicas*, de 1900/1901, já que a fenomenologia nesta obra é convocada a clarificar o *status* da lógica e da epistemologia, a concepção de Dilthey influencia Husserl na elaboração de *Ideias II*, obra cujo rascunho inicial é de 1913. Com efeito, na terceira parte de *Ideias II*, Husserl se dedica à tarefa de elucidar o que é o mundo do espírito. Para isso, ele distingue entre

atitude naturalística (que é a do cientista natural) e atitude personalística, mostrando que o mundo do espírito só pode ser investigado como correlato da segunda atitude.

5) Dado o anterior, será a vez de observar que um dos trabalhos mais importantes de Edith Stein, na ocasião em que foi assistente de Husserl, por volta de 1918, foi o de organizar *Ideias II* para a publicação. O impacto do conteúdo de *Ideias II* na autora torna-se evidente em sua obra publicada em 1922, *Contribuições para uma fundamentação filosófica da psicologia e das ciências do espírito* (1922/1999). Ora, o que está sendo realizado é justamente o que Dilthey havia proposto em 1894, fundamentar as ciências do espírito "*Geisteswissenschaften*", termo, aliás, cunhado por Dilthey, em contraposição às "*Naturwissenschaften*"(Ciências naturais). Em contraste com Dilthey, entretanto, para Stein, tanto quanto para Husserl, não é a psicologia descritiva e analítica a responsável por fundamentar as ciências do espírito, senão a fenomenologia. Finalmente, procurarei mostrar que o estudo realizado por Stein em seu doutorado no ano de 1917, *Sobre a empatia*, consiste não só em mais um estudo descritivo de uma vivência que não havia sido abordada em *Investigações lógicas*, trata-se isto sim de uma vivência que cumpre um papel central na constituição do mundo espiritual.

O pensamento de Edith Stein, portanto, encontra-se vinculado a um complexo contexto, seja o da psicologia e filosofias alemãs, seja o do desenvolvimento genético do pensamento de Husserl. A elucidação deste contexto, por sua parte, permite avaliar, de maneira mais precisa, o alcance das contribuições da autora.

Os pioneiros da psicologia experimental na Alemanha

O início oficial da psicologia experimental, entendida como disciplina autônoma, data de 1879, com a fundação por Wilhelm Wundt, em Leipzig, do laboratório de pesquisas psicológicas, concretizando um plano já delineado por ele em 1874 na sua obra *Princípios de psicologia fisiológica* (*Grundzüge der physiologischen Psychologie*). Essa data, embora um tanto arbitrária, serve como um importante marco na história da psicologia, dado a crescente influência que esta disciplina exercerá no início do século XX nas faculdades de filosofia alemãs. De fato, em 1881, Wundt, a fim de publicar o enorme volume de pesquisas realizadas em seu laboratório, funda sua própria revista científica, *Estudos filosóficos* (*Philosophische Studien*). Em 1885, Hermann Ebbinghaus (1850-1909) publica sua obra *Sobre a memória* (*Über das Gedächtnis*), em que descreve os resultados experimentais obtidos em suas investigações acerca dos processos da memória e da aprendizagem. Neste mesmo ano, Ebbinghaus torna-se professor assistente da Universidade de Berlim, onde fundará o instituto de psicologia e inaugurará, em 1890, mais uma revista dedica à psicologia, a saber, a *Revista psicológica e fisiológica dos órgãos dos sentidos* (*Zeitschrift für Physiologie und Psychologie der Sinnesorgane*). Em 1887, Georg Elias Müller (1850-1934) inaugura em Göttingen outro importante centro alemão de psicologia experimental. Em 1894, a cobiçada cadeira de filosofia em Berlim, antes ocupada por Ebbinghaus, passa agora para o psicólogo Karl Stumpf (1848-1836). Stumpf, que fora um dos primeiros alunos de Brentano e supervisor da tese doutoral de Husserl, conduzirá o instituto de psicologia de Berlim, onde florescerá a psicologia da *Gestalt*.

A querela entre os psicólogos e os filósofos puros

Wundt (Leipzig), Ebbinghaus e Stumpf (Berlin), G. E. Müller (Göttingen) e Külpe (1862-1915) (Würzburg) são considerados os pioneiros da psicologia científica na Alemanha, que terá um crescimento vertiginoso, ocupando cada vez mais espaço dentro das faculdades de filosofia. Para ser ter uma ideia da dimensão desta expansão, podemos observar os seguintes números. Em 1892, das 39 cadeiras de filosofia existentes na Alemanha, três eram preenchidas por psicólogos experimentais. Das 42 cadeiras em 1900, seis delas eram ocupadas por psicólogos experimentais. E, em 1913, a situação era tal que os psicólogos já ocupavam dez cadeiras de antigos filósofos, ou seja, *um quarto das cadeiras disponíveis nos departamentos de filosofia*. Destes dez, sete foram discípulos diretos ou de segunda geração de Wundt. Esta situação refletia-se também no número de periódicos dedicados à psicologia, os quais, em 1925, já somavam o estrondoso número de 59 (Kusch, 1995, p. 121).

Entretanto, como é de se esperar, essa rápida expansão, seja da psicologia experimental, seja da psicologia em geral, ocorreu em meio a calorosas controvérsias, não apenas entre os psicólogos experimentais, mas também destes com os "filósofos puros". O foco dos debates girava fundamentalmente em torno do objeto e métodos da psicologia e, correlativamente, também no que concerne ao objeto e método da filosofia. O debate não permaneceu apenas no nível intelectual, mas também no nível político e institucional. De fato, muitos filósofos, vendo suas cadeiras ameaçadas pelos psicólogos, empenharam-se em defender a própria filosofia. A situação chegou a tal ponto que, em 1913, Natorp (1854-1924), Husserl, Rickert (1963-1936), Windelband (1848-1915) e outros filósofos elaboraram uma petição defendendo a separação dos departamentos de psicologia e filosofia, recolhendo 107 assinaturas de filósofos da Áustria, Suíça e Alemanha e divulgando-a em todas as universidades de língua alemã. Segundo Kusch (1995, p. 186), ao fazer isso, eles seguiram uma ideia que Husserl tinha sugerido a Natorp no início de 1911, ou seja, a de fundarem algum tipo de "união de professores" (*Professorengewerkschaft*) contra a psicologia experimental.

O conflito institucional refletia, no plano teórico, alguns dos problemas mais urgentes a se resolver. Quais são os domínios científicos e como limitá-los? Qual a delimitação do objeto da psicologia? Qual a relação entre psicologia e lógica? E entre psicologia e teoria do conhecimento? Como coordenar lógica e teoria do conhecimento com a psicologia sem cair no psicologismo? Qual a relação entre a psicologia e as ciências naturais, especialmente, a fisiologia? Qual a relação entre a psicologia e as ciências sócio-históricas? Em que medida a introspecção pode fornecer dados seguros? A psicologia científica deve necessariamente se apoiar no método experimental indutivo? É possível construir uma psicologia, igualmente científica e rigorosa, sem recorrer ao modelo experimental?

As respostas a essas questões geraram várias das mais importantes controvérsias dentro das faculdades de filosofia. Dilthey, Husserl, Wundt, Ebbinghaus, Stumpf, Külpe,[1] Theodor Lipps (1851-1914), todos eles ofereceram respostas a tais problemas e participaram de acirradas disputas. Apesar das várias divergências pontuais, é possível, entretanto, identificar duas grandes 'escolas' de psicologias: uma que teve início com Wundt e outra com Brentano. Poderíamos acrescentar

[1] Não só filósofos defendiam a separação institucional da filosofia com relação à psicologia, como também psicólogos, como Külpe. Já o influente Wundt, apesar de já contar 80 anos na época do manifesto, procurou argumentar que a separação das disciplinas seria artificial. Sua ideia era que, embora distintas, a psicologia auxiliaria a filosofia e vice-e-versa (Araújo, 2010, p. 133).

a essas duas uma terceira, a psicologia descritiva e analítica de Dilthey. Entretanto, esta é gradativamente abandonada por parte de Dilthey em prol do método hermenêutico.

Dada essa circunstância, iremos, primeiramente analisar a proposta de Brentano e em seguida aquela de Dilthey.

Wundt e Brentano

No ano de 1874, enquanto Wundt publica na Alemanha sua obra *Psicologia fisiológica*, é feita, na Áustria, a primeira impressão da famosa *Psicologia do ponto de vista empírico* (*Psychologie vom empirischen Standpunkt*) de Brentano. Embora as duas obras defendam a emancipação da psicologia, elas apresentam programas distintos.

Wundt, que havia começado sua carreira em fisiologia, ficará famoso pela sua abordagem acentuadamente experimental,[2] seguindo o estilo investigativo já traçado por Gustav Fechner (1801-1887) e Hermann von Helmholtz (1821-1894). A respeito de Wundt, Husserl menciona estas palavras:

> No século dezenove, a psicologia recebeu um novo, grande e mesmo esplêndido ímpeto. O impulso veio de fisiologistas e médicos tais como Müller, E. H. Weber, Volkmann, Helmholtz, Hering, G.T. Fechner, e foi especialmente facilitado pelo poder organizador de Wundt. Neste contexto, floresceu uma psicologia intimamente conectada com as ciências naturais e especialmente com a fisiologia, para a qual esta foi fielmente adaptada no que concerne à natureza de seu método (Husserl, 1925/1977, p.02, tradução própria[3]).

Wundt inicia a tradição daquilo que ficou conhecido como "psicologia do conteúdo", em oposição à "psicologia do ato" de Brentano.

[2] Entretanto, é preciso notar que Wundt: 1) Distinguia sua psicologia da fisiologia. Para ele, a psicologia fazia parte do *Geistwissenschaft* (Araújo, 2010). 2) Pelo menos a partir de 1888, Wundt entenderia que o método experimental só pode ser empregado nos processos básicos, ao passo que os processos superiores incluindo o pensamento são objeto da "Psicologia dos povos", esta última não operando pelo método experimental-indutivo (Araújo, 2010, p. 176).

[3] Todas as traduções do inglês, do francês e do alemão para o português presentes neste texto são de nossa autoria.

O rótulo "Psicologia do ato" tem sua razão em virtude da distinção operada por Brentano entre fenômenos psíquicos, os quais são atos psíquicos, e os fenômenos físicos, que constituem a base para realização da Física e das demais ciências naturais. A distinção entre as duas classes de fenômenos será posteriormente discutida e reformulada por Husserl em *Investigações lógicas*.

A influência de Brentano em Husserl é enorme. É pela influência de Brentano durante os anos de 1884 a 1886, quando Husserl esteve em Viena, que ele se decide pela filosofia. É Brentano que indica Stumpf para ser o supervisor de sua tese de habilitação. Apesar da importância e influência de *Psicologia do ponto de vista empírico*, sobretudo por sua original apropriação do conceito escolástico de intencionalidade, o livro de Brentano que apresenta suas ideias mais maduras a respeito da psicologia é *Psicologia descritiva* (*Deskriptive Psychologie*), obra póstuma que reúne os manuscritos de seus cursos de 1887 a 1890. Nesta obra, Brentano, após delimitar a psicologia como a ciência da parte da vida interior da alma (*seelenleben*) que é captada por percepção interior (*innere Wahrnehmung*), passa a defender a distinção entre duas disciplinas psicológicas, que se distinguem não pelo objeto, mas pelo método: a psicognose (ou psicologia pura e descritiva) e a psicologia genética (ou psicologia fisiológica). O escopo da primeira é "a determinação exaustiva (se possível) dos elementos da consciência humana e das formas pelas quais eles estão conectados" (Brentano, 1888/2002, p.03), ao passo que a segunda tem como objetivo "a descrição das condições causais a que os fenômenos particulares estão sujeitos" (Brentano, 1888/2002, p.03). Segundo Brentano, a psicologia pura não só precede epistemologicamente, mas também serve de base à psicologia genética ou psicologia fisiológica, esta última caracterizada pela imprecisão, já que seus resultados são apenas prováveis, mas nunca necessários. Essa ideia de uma psicognose, em contraste com uma psicologia genética, será de grande importância para Husserl, como veremos mais para frente neste texto.

O projeto para uma psicologia descritiva e analítica de Dilthey

É notável que ideias semelhantes às defendidas em *Psicologia descritiva*, de Brentano, sejam encontradas em um das maiores figuras da virada do século na Alemanha, Dilthey. Em seu famoso ensaio, publicado em 1894, com o título *"Ideias para uma psicologia analítica e descritiva"* (*Ideen über eine beschreibende und zergliedernde Psychologie*), Dilthey buscou argumentar a necessidade de se distinguir a psicologia em duas disciplinas, a "psicologia descritiva" e a "psicologia explicativa", esta última caracterizada pelo método hipotético-construtivo. Segundo Dilthey (1894/2008), a psicologia explicativa falha pela sua incapacidade de estabelecer critérios para a escolha dentre as múltiplas hipóteses rivais, bem como por abordar a psique com métodos importados das ciências naturais, desrespeitando o princípio segundo o qual o método deve se conformar à natureza do objeto em questão.

Em linhas gerais, o intuito de Dilthey era preservar a diferença das explicações oferecidas pelas ciências naturais com relação à compreensão alcançada pelas ciências do espírito. A maneira por ele encontrada para superar os métodos naturalistas seria pelo método "descritivo-analítico". Tal psicologia, ao invés de se empenhar em remontar a experiência mental a partir de elementos assumidos hipoteticamente, deveria, isto sim, focar os dados manifestos em intuição imediata, analisando-os em suas partes constituintes sem recorrer a hipóteses e inferências.

> O conceito de uma psicologia descritiva e analítica dimanou em nós da natureza das nossas vivências psíquicas, da necessidade de uma apreensão intacta e sem preconceitos da vida anímica, bem como da textura das ciências do espírito e da função da psicologia no seu seio. Portanto, as suas propriedades terão de derivar destes motivos, sobretudo da tarefa que lhe corresponde dentro da conexão das ciências do espírito e da ponderação dos meios necessários para o seu cumprimento. Duas coisas exige esta tarefa. Por um lado, importa expor a realidade integral da vida psíquica e, quanto possível, analisá-la; por outro, esta descrição e esta análise terão de possuir o grau máximo de segurança que se puder conseguir (Dilthey, 1894/2008, p. 44).

Em avaliação retrospectiva da obra de Dilhey, Husserl afirma que as duas grandes correntes na Alemanha que reagiram de maneira mais acentuada contra a tendência de naturalização da consciência foram a fenomenologia, por um lado, e a psicologia descritiva e analítica de Dilthey, por outro. Para Husserl, o que motivou Dilthey a contrapor-se à psicologia naturalística foi justamente o fato de ele estar primariamente interessado em buscar na psicologia a fundamentação das ciências do espírito. Tendo tal objetivo em vista, ele pôde perceber com facilidade que a nova psicologia fisiológica, de cunho naturalista, seria incapaz de tratar de fenômenos culturais. É o que Husserl aponta em suas lições sobre psicologia de 1925:

> No ano de 1894, tempos cheios de esperanças exageradas na nova psicologia, tempos em que se esperava dela simultaneamente uma fundamentação exata das ciências do espírito, uma reforma da lógica, da teoria do conhecimento e de todas as ciências especificamente filosóficas, apareceu "Ideias para uma psicologia descritiva e analítica" de W. Dilthey (no *Sitzungsberichten der Berliner Akadamie*) – como o primeiro assalto contra esta psicologia naturalística. Este trabalho, caracterizado por um gênio ainda não completamente maduro, certamente nunca será esquecido na história da psicologia (Husserl, 1925/1977, p. 3).

A diferença entre os dois tipos de psicologia poderia ser expressa, segundo Dilthey, da seguinte forma. Uma está interessada em explicar, a outra em compreender. Por explicar entenda-se a construção de hipóteses que visem descrever e prever a relação entre fenômenos. Compreender, por outro lado, é captar o sentido do evento singular a partir da história de vida de um indivíduo situado em um contexto histórico também único. Compreender um evento pertencente ao mundo do espírito não é descobrir a causa eficiente do mesmo, mas sim suas motivações e seu sentido. Compreender porque Júlio César atravessou o Rubicão é desvelar o sentido desta ação à luz de sua história de vida e à luz da situação histórica de então. Devemos, portanto, colocarmo-nos no lugar de Julio César e nos questionar quais as motivações, quais as aspirações que o levaram a agir como agiu e não qual era sua estrutura fisiológica, atômica ou psicofísica. Do mesmo modo, compreender uma obra de arte não é explicar a composição química dos pigmentos de tinta.

Segundo Husserl, a psicologia descritiva e analítica de Dilthey serviu como uma etapa na guerra contra o imperialismo da psicologia experimental, uma guerra na qual a fenomenologia manteve posição clara: *a aplicação dos métodos naturalistas no estudo da subjetividade possui um campo de validade limitado.* Com Dilthey teve início a primeira racha dentro da psicologia na Alemanha. Por um lado, uma psicologia como ciência natural; por outro, uma psicologia caracterizada como uma ciência humana, concebida com outros métodos para outros fins: o de embasar as ciências do espírito (ou ciências socioculturais).

Segundo Husserl, Dilthey será lembrado como um dos maiores cientistas socioculturais do século XIX, contudo, era mais um homem brilhante no que concerne às suas "intuições quanto ao todo do que em suas análises e teorizações" (Husserl, 1925/1977, p. 3). Em virtude de seu olhar aguçado ao mundo cultural, Dilthey pôde perceber de imediato a incapacidade de a psicologia naturalista abordar de maneira satisfatória os fenômenos socioculturais. Ainda que correto em seu diagnóstico, Dilthey não foi bem sucedido em propor uma abordagem alternativa. Sua psicologia descritiva e analítica, uma vez que se focava apenas no homem concreto e singular, não era capaz de estabelecer leis gerais da vida psíquica. Foi essa a objeção apresentada por Ebbinghaus, em um episódio trágico na vida de Dilthey, que lhe propociou desmoralização pública e o descrédito de seu projeto, episódio esse que narro a seguir.

Dilthey, empolgado com o valor de seu ensaio, acreditando ter desferido um golpe indefensável contra a nova psicologia experimental, enviou cópias tanto para filósofos puros, quanto para dois dos maiores psicólogos experimentais de então, Wundt e Ebbinghaus, pedindo em especial a este último que lhe enviasse seu parecer. Dos filósofos puros, Dilthey recebeu os aplausos, dos psicólogos experimentais, como era de se esperar, já não se pode dizer o mesmo. Um ano mais tarde, Ebbinghaus escreveu na *Revista psicológica e fisiológica dos órgãos dos sentidos* um artigo atacando veementemente o texto de Dilthey. O próprio Husserl confessará em 1925 que, depois de ter lido o brilhante e devastador artigo de Ebbinghaus, considerou desnecessária a leitura da obra de Dilthey. Tudo indicava que a batalha havia sido ganha pelos "naturalistas", situação essa que, segundo ao ver de Husserl, durou até a publicação, em 1900, do primeiro volume de *Investigações lógicas*.

A psicologia descritiva nas *Investigações Lógicas*

A obra *Investigações lógicas* foi publicada em duas partes. A primeira parte é um estudo preliminar, cujo título é *Prolegômenos para uma lógica pura* (1900/1968a). Aí Husserl procura mostrar que a lógica é uma ciência de objetos, estruturas e leis ideais e não deve ser confundida com a psicologia. Esta não é uma ciência ideal, senão que uma ciência de vivências psíquicas, as quais se caracterizam por serem processos temporais. A assimilação da lógica pela psicologia, situando a primeira como uma subdisciplina da segunda, é o que ele alí denomina psicologismo. Tratava-se de uma posição amplamente difundida em sua época, a qual Husserl se empenha em combatê-la, ao argumentar que "O psicologismo em todas as suas subvariedades e elaborações individuais é de fato o mesmo que o relativismo, embora nem sempre reconhecido e expressamente autorizado" (Husserl, 1900/1968a, p. 123). Dentre as principais figuras e correntes que se enquadram no psicologismo, Husserl aponta o empirismo inglês em geral e seus proponentes, tal como John Stuart Mill (1806-1873), Locke e Hume, grande parte dos lógicos alemães e psicólogos como Wundt e Theodor Lipps (Husserl, 1900/1968a, p. 123). O primeiro volume de *Investigações lógicas* teve grande repercussão entre os psicólogos e filósofos, recebendo muitos pareceres favoráveis de várias figuras bem estabelecidas, tais como Dilthey, o neo-kantiano Natorp e mesmo psicólogos nela criticados, como Lipps.

A segunda parte de *Investigações lógicas* (Husserl, 1901/1968b; 1901/1968c) foi publicada um ano depois, em 1901, em um único volume tendo como título *Investigações para a fenomenologia e a teoria do conhecimento*. Tratava-se de um extenso volume, com quase 1000 páginas, em que se encontram as seis investigações lógicas. Encontra-se nesta obra um tratamento de vários temas chaves da fenomenologia, dentre os quais uma detalhada análise das vivências intencionais. O segundo volume não obteve uma recepção calorosa tal como os *Prolegômenos*. Foi recebido, pelo contrário, com espanto e desconfiança. Muitos dos nomes que haviam aplaudido os *Prolegômenos* viram nas seis investigações uma lamentável recaída de seu autor ao psicologismo. Os indícios eram muitos. Husserl havia definido sua fenomenologia de "psicologia descritiva". Havia afirmado que ela é o fundamento da lógica e da teoria do conhecimento. Ora, não se tratava de uma alusão explícita à psicognose de Brentano? Em suma, em virtude do fracasso da psicologia empírica em sustentar a lógica, Husserl apresenta uma nova psicologia, desta vez descritiva, capaz de fundamentá-la. Seria isso? Mas isso não é simplesmente trocar alhos por bugalhos?

Em primeiro lugar, é preciso afirmar que os princípios que norteavam a psicologia empírica implicavam necessariamente na postura reducionista de assimilar a lógica à psicologia. Em segundo lugar, Husserl parte do princípio que é necessário e é possível uma psicologia não reducionista e que, portanto, não implique em psicologismo lógico.

Mas, afinal, se Husserl havia sido bem sucedido em combater o psicologismo, mostrando que a lógica não podia ser reduzida a processos psicológicos, demarcando, de uma vez para sempre, ambos os domínios, por que, então, retomar o problema da relação entre o sujeito e as leis lógicas? Segundo Porta (2004, p. 121), o segundo volume de investigações lógicas, em que Husserl expõe sua análise da intencionalidade, longe de ser uma recaída em relação ao primeiro volume, é, isto sim, o seu complemento positivo. Segundo Porta (2004, p. 121):

> A teoria fenomenológica do sujeito e a análise da intencionalidade, às quais se dedica o segundo volume, não eram, pois, um agregado externo que se lhe fazia ao antipsicologismo do primeiro (nem muito menos uma espécie de recaída, produto de uma inconsequência), mas, pelo contrário, o complemento positivo necessário da sua crítica, a qual de modo algum estava finalizada simplesmente dizendo que há um mundo ideal e diferenciando o mesmo de toda realidade psicológica. Dado que uma análise psicológica não pode fundar a objetividade da matemática, temos que separar de modo radical a objetividade do conteúdo conhecido da subjetividade do conhecer. Mas, uma vez que compreendemos o caráter necessário desta diferenciação, se coloca o novo problema de explicar o vínculo entre ambos.

Em *Investigações lógicas*, Husserl analisa uma grande variedade de atos de consciência, ou, como ele prefere dizer, a fim de evitar ambiguidade, de vivências intencionais. Isso é particularmente acentuado na quinta e sexta investigação. Isso nos leva, portanto, a questionar: o que leva Husserl, em uma obra que tem por fim a fundamentação da lógica como ciência de idealidades, a descrever e analisar vivências intencionais? Embora complexa no detalhe, a resposta é simples. O objetivo de Husserl é compreender como as idealidades, que são objetivas, "entram" no fluxo de consciência, sem adotar uma atitude reducionista. Ou seja, o que ele tem em mira é elucidar descritivamente como a consciência é capaz de apreender objetos ideais e operar com eles. Não basta afirmar que existem objetos ideais e que estes não são itens psíquicos, é preciso também mostrar como a consciência torna-se consciente destes objetos ideais. Há, portanto, um claro vínculo entre os *Prolegômenos a uma lógica pura* e as seis *Investigações lógicas*.

O psicologismo e a psicologia empírica

As teorias psicológicas fundadas no empirismo eram, no parecer de Husserl, incapazes de respeitar a natureza ideal da matemática e a lógica. O empirismo levava necessariamente ao psicologismo em função de seus princípios. Destes, o principal é a pressuposição de que tudo o que há é real. Ora, a consequência imediata deste princípio é que todo objeto ou é mental ou é físico, ou seja, ou é realidade interior ou é realidade exterior. Daí que não há outra opção senão reduzir as leis lógicas a algo mental, já que é claramente absurdo considerar uma lei lógica como uma realidade física. Deste modo, as entidades lógicas e matemáticas são tomadas como "representações mentais". E o que é uma representação mental? Ora, uma entidade psíquica.

Daí que não há, neste modelo empírico, espaço para as "entidades ideais". Ora, Husserl afirma a existência de objetos ideais, como significações, proposições, teorias, números, funções, inferências, etc. Considerá-los representações ou vivências é psicologismo. Matemática e lógica são ciências objetivas e não ciências subjetivas, elas tratam de objetos ideais e não de realidades. Objetos ideais não pertencem nem à realidade exterior, nem à realidade interior, mas sim a um "terceiro reino". Qualquer realidade, interior ou exterior, é temporal. Os objetos ideais, por seu turno, são atemporais. Um teorema não envelhece. Trata-se, como se pode notar, de um tipo de platonismo, embora purificado de hipostasiação metafísica.

Um dos maiores problemas que levou a confusões nefastas no projeto de fundamentação da lógica está, segundo Husserl, na confusão entre objeto e representação. O objeto representado não é a representação do objeto. O objeto representado, seja real ou ideal, não está contido na vivência da representação. No caso particular da vivência de percepção, o objeto que aparece não está contido na vivência de percebê-lo. Esta posição claramente rompe com a posição empírica, para a qual o objeto percebido é uma coleção de sensações e, portanto, está contido na própria percepção.

Uma das maiores dificuldades de compreender a psicologia realizada inicialmente por Husserl reside na falta de familiaridade com os tipos de problemas a que ela é convocada a responder. Sem identificar os problemas a que a fenomenologia busca solucionar, não se compreende a resposta, nem o método empregado para a sua resolução. Com efeito, Husserl realiza uma psicologia descritiva com o intuito de elucidar a lógica e a epistemologia (teoria do conhecimento). Trata-se de uma outra compreensão da psicologia, distinta do modo como hoje em dia a compreendemos. Entretanto, os motivos de tais determinações podem ser facilmente compreendidos. Quem se propõe investigar como conhecemos o mundo e o que é o conhecimento deve, quase que necessariamente, se voltar para a subjetividade e para operações subjetivas.

Ora, o que Husserl havia percebido, pelo menos a partir de 1900 é que esses "métodos científico-naturalísticos" eram inadequados para obtenção de uma compreensão satisfatória da consciência e, mais particularmente, do sujeito cognoscente. Isso porque tais métodos carregavam muitos pressupostos sobre o objeto a ser investigado. Para agravar essa situação, esses pressupostos não podiam ser elucidados pelos próprios métodos-naturalísticos. Assim, uma das tarefas a que Husserl encarregou à fenomenologia foi o de mostrar a "ingenuidade" metodológica dos adeptos fervorosos do método natural como instrumento para a realização de uma epistemologia. Já em *Prolegômenos*, Husserl tenta mostrar que, em virtude de seus pressupostos, a psicologia empírica, quando arroga para si a tarefa de resolver problemas epistemológicos, carrega em seu ventre a semente de sua destruição. Mas é preciso aqui fazer uma precisão: isso não significa que Husserl esteja propondo abandonar a psicologia empírica completamente. É possível uma psicologia empírica, ou mais precisamente, uma psicologia de fatos, desde que seja adequadamente fundada em princípios válidos, não extrapole o seu domínio legítimo de investigação e que não tenha a pretensão de fundamentar a epistemologia.

O nascimento de uma nova psicologia a partir da crítica ao psicologismo

Se em 1900, com publicação de *Prolegômenos a uma lógica pura*, Husserl atacava um determinado tipo de psicologia, em 1901, ele deixava claro sua crença de que uma psicologia de outra espécie, ou seja, uma psicologia descritiva, poderia dar conta de tratar adequadamente problemas epistemológicos. Mas qual o método desta psicologia descritiva? Seria o mesmo método já exposto por Brentano? Trata-se de uma descrição introspectiva ao estilo de Agostinho? Não espanta, portanto, que o quinto e sexto volume de *Investigações lógicas* tenha sido mal recebido por vários filósofos, que viram na obra um regresso à psicologia filosófica medieval.

Neste contexto, é interessante mencionar as objeções que Wundt dirige às *Investigações lógicas*. Wundt, o maior nome da psicologia de então, escreve um artigo no qual acusa Husserl de almejar uma reforma da psicologia, pretendendo substituir a nova psicologia científica por uma psicologia de tipo escolástico, fundada na pura introspecção e na análise estéril de significados de palavras. (Wundt, 1910, p. 623).

E o que torna a visão de Wundt compreensível é que o próprio Husserl não tinha, quando da ocasião da escrita de *Investigações lógicas*, como ele próprio iria assumir depois, plena consciência metodológica de que havia efetivamente realizado. Havia importantes distinções com relação à psicognose de Brentano, as quais não foram suficientemente declaradas. É apenas depois, por um processo reflexivo, que ele passa a ter maior clareza do método que ele próprio empregara. Torna-se então claro que a própria caracterização da fenomenologia como "psicologia descritiva" poderia induzir o leitor a assumir equivocadamente que o que está sendo descrito são eventos mentais individuais e privados. Em 1903, Husserl, consciente disso, afirma que a determinação da fenomenologia como "psicologia descritiva" não era adequada. Não que "descritividade" não fosse um de seus traços distintivos, mas que a "aprioricidade" desta nova psicologia acentuava mais o que nela havia de original. Ou seja, Husserl não abandona a ideia de que o que ele havia realizado era uma psicologia descritiva, mas o que era descrito não eram eventos psíquicos, ou fatos psíquicos, mas as essências das vivências, e era esse último ponto que deveria ser enfatizado. Toda ciência de fatos não pode jamais alcançar leis universais e necessárias, mas uma ciência de essências, que vise determinar leis de essências, sim. Por isso, em 1903, Husserl (1903/1979) passou a sublinhar que aquilo que a fenomenologia descrevia não era uma subjetividade individual, mas uma "subjetividade geral" (p. 206).

Não é por acaso que o reconhecimento da cientificidade da fenomenologia seja absolutamente dependente da aceitação daquilo que Husserl denominou de "intuição de essência". Ou seja, não há apenas intuição do individual, mas também uma intuição de um objeto geral.

Entretanto, não basta ter intuição de essência, isso todos têm, o ponto é que se faz necessário um procedimento metódico rigoroso para acessar e descrever essas essências. Trata-se do método, como Husserl por vezes denomina, da "redução eidética". O termo justifica-se pelo fato de que *eidos*, em grego, corresponde ao termo de origem latina "essência".

Na quinta investigação lógica, há uma descrição da essência da intencionalidade e dos vários tipos vivências intencionais, ou seja, dos diversos *modos de consciência* através dos quais estamos conscientes de objetos. Como bem resume Boer (1978, p. 128):

> Husserl descreve uma grande variedade de modos de consciência. Nós podemos distinguir não apenas entre atos posicionais e não posicionais, mas também entre atos significativos e intuitivos. Dentro desta última categoria, nós devemos distinguir entre atos perceptuais e imaginativos (fantasia, memória e presentação pictorial). Além do mais, ao lado da percepção sensorial, Husserl também reconhece uma percepção categorial. Finalmente ele introduz a "intuição de essência".

É preciso notar que, embora Husserl analise diferentes modos de consciência, ele direciona essa classificação e análise tendo em vista um objetivo definido, ou seja, o de compreender como uma psique real é capaz de captar objetos ideais e, dentro deste contexto, compreender o que é o conhecimento. Não se trata de elucidar apenas a possibilidade do conhecimento do ideal, como na matemática, mas também do real (ainda que conceito de real deva ser reformulado). Isso por uma razão sistemática, pois o conhecimento do real pressupõe a idealidade. Uma das formas pelas quais o conhecimento pressupõe a idealidade advém da necessidade que o sentido de um enunciado científico seja objetivo e ideal. Portanto, o foco das análises em *Investigações lógicas* se concentra em uma subclasse de vivências intencionais, *as vivências intencionais cognitivas*, que são justamente as que ele enfoca na sexta investigação. O que não pode ser perdido de vista é que, o que está em jogo em *Investigações lógicas* é a clarificação do conhecimento teórico e este, por sua vez, é sempre um conhecimento que pode ser expresso em enunciados declarativos. Conhecimento significa, neste contexto, a apreensão de proposição dotada do valor de verdade. Assim, o foco de Husserl está dirigido em apresentar a vivência de conhecer, entendida como uma síntese de preenchimento. Trata-se de quando uma intenção significativa, na qual um objeto é intencionado de modo vazio, é preenchida por uma intuição, na qual o objeto se apresenta "ele mesmo", "em carne e osso".

A "Filosofia como ciência de rigor" e a distinção entre consciência e psique

O segundo texto publicado após *Investigações lógicas* foi um longo artigo na revista *Logos* intitulado "Filosofia como ciência de rigor" (*Philosophie als strenge Wissenschaft*). Neste artigo Husserl expõe publicamente algo que deixou atônito muitos de seus leitores e especialmente aqueles que concebiam a fenomenologia como psicologia descritiva. Embora apenas publicado em 1911, seu conteúdo expunha uma ideia que Husserl vinha maturando pelo menos a partir de 1907, qual seja, a fenomenologia não é psicologia:

> Neles (n.d.r: estudos fenomenológicos), deparamos com uma ciência, cuja amplitude os contemporâneos ainda não imaginam, e que, apesar de ciência da consciência, não é psicologia: - deparamos com a fenomenologia da consciência, oposta à Ciência natural da consciência. Como não há de tratar-se de uma equivocação causal, é de esperar que de antemão que a Fenomenologia e a Psicologia devem estar próximas uma da outra, referindo-se ambas à consciência, embora de modos diversos e em "orientação" diversa, podendo dizer que à Psicologia interessa a "consciência empírica", a consciência na continuidade da Natureza, ao passo que à Fenomenologia interessa a consciência "pura", isto é, a consciência na orientação fenomenológica (Husserl, 1911/1965, p. 19).

A distinção entre consciência e psique é consequência direta do que Husserl havia começado a pensar a partir de 1906, ano em que ocorre a famosa virada transcendental de seu pensamento, com a descoberta da "redução fenomenológica". De fato, em seus cursos de lógica e teoria do conhecimento de 1906 e 1907, ele fala da "redução fenomenológica" (*phänomenologische Reduktion*) definindo-a como um método que consiste em: "(...) tirar de circuito (*Ausschaltung*) cada apercepção empírica (*empirischen Apperzeption*) e toda crença na transcendência (*Transzendenzglubens*)" (Husserl, 1906-7/1984, p. 211). Assim, a fenomenologia não é mais considerada uma "psicologia eidética", pois não tem como alvo estudar a essência da psique ou da alma,[4] mas sim da consciência transcendentalmente reduzida. Todavia, ao contrário do que uma leitura apressada poderia sugerir, Husserl, em *Filosofia como ciência de rigor*, não critica toda e qualquer psicologia empírica, deixando claro que a psicologia tem sua tarefa própria:

> Ora, cabe à Psicologia a investigação científica deste psíquico evidente, integrado na natureza psicofísica, a sua determinação objetivamente válida, a descoberta das leis da sua formação e transformação, do seu aparecer e desaparecer (Husserl, 1911/1965, p. 15).

E no mesmo texto, Husserl aponta que a fenomenologia tem papel importante para a psicologia, dado que "(...) é mister toda a verdadeira teoria do conhecimento ter a base necessária na Fenomenologia, que deste modo constitui o fundamento comum de toda a Filosofia e Psicologia" (Husserl, 1911/1965, p. 45). A obra *Filosofia como ciência de rigor* tinha como um de seus focos centrais a abordagem da relação entre filosofia e psicologia. A quem caberia o estudo da lógica, da teoria do conhecimento, da ética, da semântica, da consciência? Husserl, no artigo de *Logos*, argumenta que a nova ciência, a fenomenologia, teria o papel (entre outros tantos) *de fundamentar e clarear os conceitos da psicologia*. Isso porque as ciências naturais, incluindo a psicologia, são "ingênuas" e dogmáticas, pois partem de pressupostos implicados na orientação natural, não contando com métodos para examiná-los, uma vez que seus próprios métodos decorrem de seus pressupostos dogmáticos. Deste, o mais importante é a adesão irrefletida ao realismo metafísico, que é correlato da atitude natural. Em outras palavras, trata-se da crença, que nasce espontaneamente em qualquer homem normal, da existência de um mundo real absolutamente independente da consciência. O segundo preconceito, vinculado ao primeiro, é o de tratar a consciência como uma coisa entre outras coisas que estão no mundo, trata-se da naturalização

[4] Embora Husserl diferencie mais tarde entre psique (*Psyche*) e alma (*Seele*), não irei tratar das possíveis distinções entre os termos, conforme procura estabelecer Stein. A distinção é complexa e exigiria uma análise pormenorizada, pois Husserl nem sempre opera com ela, às vezes usando-os de modo intercambiável, às vezes não. A efetuação da distinção neste texto poderia gerar equívocos e confusões desnecessárias. O que importa é que o uso dos termos como sinônimos não implicará em nenhum dano na linha do argumento desenvolvido neste capítulo, com a condição que não se perca de vista que a alma ou a psique é o sujeito psicológico mundano.

da consciência. Aquele que permanece na atitude natural permanece cego à dimensão transcendental da subjetividade.

Ulteriores desenvolvimentos da fenomenologia e o problema da constituição do mundo espiritual

Embora no artigo *Filosofia como ciência de rigor* Husserl tenha procurado responder ao problema da delimitação da fenomenologia com relação à psicologia, o tema ainda será amplamente trabalhado e desenvolvido por ele. Segundo Kockelmans (1994, p. 51), durante o período que vai da publicação do artigo em *Logos* até o ano de 1913, o problema concernente à relação entre psicologia empírica e fenomenologia ocupa novamente a atenção de Husserl, pois ele havia sentido a necessidade de preencher o hiato que havia se instaurado entre as duas e, para isso, retomou a noção de "psicologia racional" ou "eidética", colocando-a no âmbito das ontologias materiais (ou regionais). Tais distinções são anunciadas em 1913, em *Ideias para uma fenomenologia pura e para uma filosofia fenomenológica*. Nesta obra, Husserl afirma que a fenomenologia permite clarear as essências (*eidos*) e distinguir as regiões ontológicas materiais, de modo que cada uma delas teria uma ciência eidética e empírica correspondente (Husserl, 1913/2006, p. 43). Assim, o papel da psicologia eidética seria o de explicitação das leis essenciais, apriorísticas da região ontológica da alma (*Seele*), propiciando a clareza conceitual necessária para a investigação posterior dos *fatos psíquicos*, domínio da psicologia empírica.

Todavia, embora em *Ideias I*, Husserl tenha distinguido a fenomenologia pura da psicologia eidética, entendida como ontologia regional, o fato é que, nesta obra, não encontramos um desenvolvimento pormenorizado da psicologia eidética, projeto esse que Husserl pretendia realizar em *Ideias II*. De acordo com Kockelmans (1994, p. 51):

> Entre 1913 e 1923, Husserl estava particularmente interessado nos assim chamados problemas constitutivos. Como resultado destas investigações, tornou-se aparente para ele que suas explicações do significado da psicologia fenomenológica presentes em *Ideias* não eram adequadas e que as distinções entre psicologia fenomenológica e filosofia transcendental não haviam sido fundadas de forma radical.

Ora, os problemas da constituição das objetividades é justamente o que Husserl aborda em *Ideias II*, cujo subtítulo original é *Investigações fenomenológicas sobre a constituição* (*Phänomenologische Untersuchungen zur Konstitution*) (1912-23/1952). A esse respeito, os títulos da obra, que foram atribuídos justamente por Edith Stein, (que foi quem primeiro organizou o texto de *Ideias II* para a publicação), mostram bem isso: 1) A constituição da natureza material, 2) A constituição da natureza animal, 3) A constituição do mundo espiritual. Nesta complexa obra, alguns pontos devem ser mencionados.

Em primeiro lugar, poderíamos nos perguntar: há alguma correlação entre os estudos da constituição e a distinção feita por Husserl entre consciência e alma (*Seele*)? Ou reformulando de outra forma a questão: há uma relação entre sujeito transcendental e sujeito psicológico? Sem dúvida, pois é o primeiro que constitui o segundo. Em outras palavras, para Husserl, a consciência psicológica está sempre, pelo seu próprio sentido, entremeada com um corpo próprio (*Leib)* e com a natureza, tanto no nível do corpo próprio(*Leib*), ou seja, o corpo tal como dado na experiência que se tem do corpo em primeira pessoa, quanto no nível do corpo orgânico (*Körper*). A psique ou a alma é algo que está no mundo, ao passo que o sujeito transcendental não é mundano, é o correlato do mundo. É a partir dele que o mundo e tudo o que há no mundo, inclusive a alma, se constitui. A consciência não é um simples objeto entre outros, pois ela é a condição de possibilidade para o aparecimento de qualquer objeto, inclusive a própria alma.

Em segundo lugar, o primeiro rascunho de *Ideias II* foi escrito por Husserl em 1913, imediatamente após o manuscrito do primeiro volume de *Ideias I* ter sido completado. *Ideias II* é a continuação do projeto traçado em *Ideias I*, a aplicação do método fenomenológico às duas grandes regiões ontológicas em que se subdivide o real: a psique e a matéria. É provável que Husserl, insatisfeito com os resultados do manuscrito de 1913, tenha resolvido corrigi-lo antes de publicá-lo. Em 1915, Husserl retomou o rascunho de 1913, acrescentou-lhe mais material, deixando-o em seguida aos cuidados de sua assistente Edith Stein, que neles trabalhou nos anos em 1917 a 1918, organizando-os e dando-lhes uma forma publicável. Entretanto, devido à evolução de seu pensamento, Husserl novamente abstém-se de publicar a obra. Outro assistente, Ludwig Landgrebe, dedica-se ao texto durante os anos de

1923 a 1925. Em 1928, Husserl retoma a obra, faz mais quatro revisões e acrescenta mais material. Todavia, todo o trabalho é insuficiente para satisfazer o seu senso crítico, e ele opta por não publicá-la. A obra será apenas publicada postumamente em 1952.

O que chama a atenção em *Ideias II* é que, nesta obra, Husserl está tentando resolver um dos problemas mais difíceis da psicologia e mesmo da filosofia. Ele procura investigar fenomenologicamente como o ser humano vincula-se, em determinado nível, ao mundo material (físico), em outro, ao mundo animal enquanto ser vivo, e finalmente ao mundo sociocultural e histórico. Como sabemos, a busca pela articulação destes reinos se dá a partir de uma perspectiva fenomenológica, ou seja, a partir da primeira pessoa, usando como método a redução à essência e a redução transcendental. Fundamental para a correta articulação desses níveis é a distinção fenomenológica entre causalidade e motivação, entre explicação e compreensão. Trata-se de elucidar, de modo coerente, recorrendo a leis de essência, as relações do homem em sua dimensão psicofísica e em sua dimensão sociocultural. O "de modo coerente", aqui, é muito importante, afinal não basta dizer que o homem é um ser bio-psíquico-social. A grande dificuldade é a efetuação de uma articulação consistente destes estratos. O que se tem atualmente na psicologia é, não raro, uma visão esquizofrênica, dada a unilateralidade das abordagens que não conseguem se entender. Neste sentido, a fenomenologia poderia oferecer vários recursos importantes para a superação das múltiplas visões unilaterais.

Colocando de outro modo o problema em termos históricos, o que Husserl tenta resolver é justamente a divisão de águas que havia se instaurado na psicologia e na filosofia a partir de Dilthey, em virtude de sua distinção entre *Naturwissenschaft* e *Geisteswissenschaft*. O grande problema torna-se a adequada articulação destas duas dimensões no homem concreto. É este mesmo problema que Edith Stein (1922/1999) procura enfrentar em *Contribuições para uma fundamentação filosófica da psicologia e das ciências do espírito (Beiträge zur philosophischen Begründung der Psychologie und der Geisteswissenschaften),* obra publicada na *Jahrbuch* no ano de 1922. É sempre bom ressaltar que o termo ciências do espírito não tem aqui nenhuma conotação religiosa. Não é, portanto, ilógico que um ateu se dedique ao tema. O termo introduzido por Dilthey equivale aproximadamente às "ciências humanas", incluindo, portanto, disciplinas como sociologia, os estudos socioculturais, a história, filologia, filosofia, etc. Em segundo lugar creio ser pertinente destacar que se atentarmos ao título original, fica claro que a obra de Stein acima mencionada não é propriamente uma obra de psicologia nem de ciências do espírito, mas sim de fenomenologia. Isso porque, como vimos, Stein compartilha com Husserl a ideia de que a fenomenologia possui um papel de fornecer o fundamento seja para a psicologia seja para as disciplinas pertencentes às ciências do espírito.

É certo que, nestas linhas, é impossível fazer uma adequada elucidação das soluções de Husserl e de Stein acerca do problema da vinculação entre as ciências da natureza, as ciências do espírito e a psicologia. O cerne deste artigo é elucidar e delinear os problemas enfrentados e apenas indicar alguns dos caminhos das soluções. A elucidação do problema abordado por um filósofo não é tarefa que pode ser menosprezada, pois sua correta compreensão é momento vital na compreensão de sua obra.

A redução transcendental e a psicologia

Como pudemos acima observar, a relação entre fenomenologia e psicologia é intricada e complexa. As dificuldades advindas desta relação encontra no próprio seio da fenomenologia. Se a tarefa central da fenomenologia é fornecer uma análise dos modos de consciência nos quais estamos conscientes de objetos, qual a razão para não considerá-la uma forma de psicologia? Para responder em uma única sentença: a fenomenologia não é psicologia porque ela efetua a redução transcendental. É isso que Husserl passa a insistir a partir de 1906.

Embora Husserl tenha declarado que a superação do psicologismo, em sua forma mais radical, só seja possível pela redução transcendental, houve por todo lado resistências. É no mínimo curioso que haja uma ciência da consciência e de suas estruturas fundamentais que, ainda assim, não seja psicologia. E de fato, a redução transcendental produziu em seus leitores vários equívocos e desentendimentos já a partir de 1911, após a publicação de seu artigo *Filosofia como ciência de rigor*. Trata-se de um ponto, como vimos anteriormente, de extrema importância. Pfänder e vários outros fenomenólogos, como Max Scheler (1874-1928), não acompanharam Husserl na "virada transcendental".

É possível levantar várias hipóteses sobre a razão de tantos discípulos de Husserl não o acompanharem em sua virada transcendental. Alguns viram na redução transcendental algo como uma névoa mística, outros um ritual de iniciação, no qual o neófito, após algum longo e fatigoso treino, teria o olho do espírito aberto à dimensão transcendental. Como Husserl faz questão de sublinhar, a fenomenologia não abre um simples objeto, mas um campo de experiência, a *experiência transcendental*, que permanece anônima para homem na atitude ingênua ou natural. Deixando de lado o problema de se avaliar se os fenomenólogos tinham ou não bons motivos para rejeitar a redução transcendental, o fato é que, segundo o parecer de Husserl, o que ocorria é que os demais fenomenólogos, presos às *Investigações lógicas*, simplesmente não a haviam compreendido em seu significado último. Se eles a compreendessem, aceitá-la-iam como forma última de superação do psicologismo e como instrumento necessário para uma verdadeira filosofia. Trata-se de uma das razões pela qual Husserl começou a pensar *em vias para a redução*. Essas vias, embora cumpram outras funções, possui um evidente caráter didático, ou seja, a de introduzir gradativamente à redução transcendental. Dentre as mais conhecidas vias à redução estão: 1) a via cartesiana, como a desenvolvida em *Ideias* e *Meditações cartesianas*, 2) a via atrás do mundo da vida, presente em *Crise,* e 3) a via através da psicologia fenomenológica (também presente em *Crise*).

Edith Stein e a distinção entre consciência e psique

Se poucos "discípulos" de Husserl o acompanharam na redução transcendental, esse não foi o caso de Stein. Já no início de sua tese doutoral, ela enfatiza a necessidade de se realizar a redução para uma correta apreciação e avaliação do ato empático. E do mesmo modo, em *Contribuições para uma fundamentação filosófica da psicologia e das ciências do espírito*, a autora, já no prefácio, alerta que um dos mais graves empecilhos para o desenvolvimento da psicologia vem justamente do fato de se confundir consciência e psique. O método para distingui-las não é outro senão a redução transcendental, fato esse que Stein está plenamente consciente.

Nesta obra, Edith Stein afirma que é a redução transcendental que legitima a fenomenologia como autêntica disciplina filosófica, pois apenas através dela é possível uma abordagem correta dos problemas constitutivos. Isso a coloca em plena sintonia com Husserl. Para ambos, os estudos constitutivos têm como escopo analisar a consciência como condição de possibilidade para o aparecimento de objetos. Objetos apenas aparecem a um sujeito em virtude da contribuição da própria consciência, uma contribuição que muitas vezes que permanece anônima. Por essa razão, a consciência não é um objeto dentre outros objetos que pertencem à natureza, mas a condição de possibilidade da manifestação de qualquer objeto. Não é fortuito, portanto, a insistência de Husserl na necessidade da redução fenomenológico-transcendental para a plena realização da fenomenologia como disciplina filosófica. Entretanto, e este é o ponto que nos interessa, Husserl nos ensina que os resultados da filosofia transcendental acerca da subjetividade podem ser transpostos para a subjetividade mundana, uma vez que sejam feitos certos ajustes. Estes ajustes permanecem no centro de atenção de Edith Stein.

É notável a capacidade de Stein de farejar e enfrentar os tópicos mais complexos da fenomenologia. Em *Psicologia e ciências do espírito* (1922/1999), Stein tem como objetivo clarear o conceito de psíquico. Isto exige, segundo a autora, o método da redução transcendental, sem o qual não é possível distinguir o psíquico da consciência. A respeito do conceito de psíquico, Stein escreve:

> É verdade que os livros de psicologia ocupam sempre deste conceito em algum capítulo introdutório, e nas últimas décadas foram dedicadas à sua clarificação muitas obras significativas – penso, por exemplo, em Brentano, Münsterberg e Natorp. Todos estes esforços, porém, são viciados por um erro basilar: se confunde consciência e psíquico. Apenas se esta distinção é operada de maneira correta -, e o método fenomenológico nos tem contribuído de modo decisivo -, é possível usar adequadamente os preciosos resultados postos à luz naqueles trabalhos precedentes (Stein, 1922/1999, p. 41).

Stein trata nesta obra de clarear fenomenologicamente os conceitos psicológicos necessários para a fundamentação de uma psicologia consequente, em que fosse respeitada a perspectiva em primeira pessoa. Dentre estes conceitos, os mais importantes são justamente os conceitos de causalidade, motivação, psique, consciência, vitalidade, vivência e intersubjetividade. Em outras palavras, o que Edith Stein procura fazer é realizar e publicar aquilo que Husserl, na época, apenas havia prometido e esboçado o projeto. Ora, Husserl, tanto em *Ideias I* quanto em *Filosofia como ciência de rigor*, já havia dito que a fenomenologia transcendental poderia fornecer à "psicologia de fatos" o seu aparato conceitual. O experimento, feito fora de uma grade conceitual adequada, é infrutífero, resulta numa pura acumulação de fatos desconexos. Toda ciência de fatos reconhecida, seja a física, a biologia, a química, possui uma firme estrutura conceitual. Não se pode desprezar o fundamento conceitual de uma ciência, qualquer que ela seja. Revisões conceituais podem implicar em verdadeiras revoluções científicas. Isto é visível na história da Física. É notável, por exemplo, que só depois de 1700 foram distinguidos os conceitos de calor e temperatura, distinção sem a qual a termodinâmica não poderia se desenvolver. Ninguém discorda que medir é importante, contudo, mais importante ainda é compreender o que está medindo. E isto é especialmente importante para uma ciência jovem como a psicologia.

A psicologia descritiva e a lógica

Husserl, em *Investigações lógicas*, explora fundamentalmente as vivências ligadas ao conhecer teórico. Não obstante, esta obra deixava aberta a possibilidade de investigação, pelo próprio método por ele empregado, de várias outras vivências. E, do mesmo modo, deixava aberta a possibilidade de exploração de essências outras que a das vivências. Em outras palavras, ficava ali a sugestão de que a fenomenologia poderia ser uma ciência muito mais ampla.

A comparação de *Investigações lógicas* com *Ideias II* pode ser elucidativa do processo de desenvolvimento e de expansão da fenomenologia. Os atos de consciência descritos em *Investigações lógicas* são claramente insuficientes para se clarear a constituição do mundo, incluindo não só o mundo físico, mas também o mundo cultural. Há várias outras peças necessárias para a abordagem deste problema que não estão presentes em *Investigações lógicas*. E uma dessas peças fundamentais para a resolução do quebra-cabeça é justamente a vivência empática. Esta não é mencionada em *Investigações lógicas* e é apenas citada brevemente em *Ideias I*, onde é classificada como um tipo especial de intuição. Ora, o aprofundamento da intuição empática irá levar Husserl a reformular a sua teoria da constituição. Não só a subjetividade transcendental constitui o mundo, senão também a intersubjetividade transcendental. Essa concepção irá se refletir em *Meditações cartesianas* (Husserl, 1931/1973) naquilo que ele denomina "intersubjetividade das mônadas". Ou seja, aquela jovem moça (Stein, 1917/1998) que defendia seu doutorado aos vinte e três anos estava tocando e antecipando um dos pontos centrais da reflexão de Husserl nas décadas que viriam.

A compreensão da constituição do eu pessoal, o qual não se reduz a uma mera entidade natural, remete à vivência empática. Em termos muito simples, um dos ingredientes para a constituição do eu pessoal se encontra na apreensão intuitiva da maneira como as outras pessoas compreendem a mim. Em outras palavras, a apreensão intuitiva do olhar do outro sobre nós é elemento central na nossa constituição como eu pessoa.

Ora, mas não se deve limitar o papel da empatia à constituição do eu pessoal e da atitude personalística, senão também de seu correlato, ou seja, o mundo espiritual ou ainda de maneira mais ampla, do mundo da vida. A constituição dos objetos da cultura e dos objetos de valor seria impossível sem a vivência empática, pois exige a apreensão do modo como os outros membros de uma mesma cultura compreendem e avaliam e se deixam motivar por tais objetos. Que seja possível que um pedaço de papel possa ser trocado por ouro e comida, é algo que depende de um acordo intersubjetivo.

Portanto, a vivência empática, que doa originariamente, é uma forma de abertura não apenas ao outro, mas ao mundo cultural e histórico. Não é uma mera peça de importância secundária, um tipo de ato de consciência cuja função está restrita à prática psicológica. Dito de maneira simples, a vivência empática tem uma função constitutiva de tal ordem que ela está na base de nossa própria "visão de mundo".

Não é possível dizer, entretanto, que a descrição da estrutura da vivência empática, tal como se encontra na tese doutoral de Stein, apresente um ponto final no que concerne o tema. É natural que toda descrição possa ser refinada e aprofundada. A fenomenologia foi concebida por Husserl como um vasto projeto a ser realizado por vários pesquisadores. Uma das forças da fenomenologia é alcançar graus cada vez maiores de clareza sobre um tema determinado. E é por isso que ainda hoje a fenomenologia permanece viva, pois seus resultados podem alcançar, como qualquer outra verdadeira ciência, validade intersubjetiva.

Espero finalmente ter mostrado que não é possível avaliar a dimensão do fôlego teórico de Edith Stein e a relevância de suas contribuições se não se tem em vista o campo de indagação de Husserl, o desenvolvimento de seu pensamento e o contexto filosófico da Alemanha com o qual ele, Stein e outros fenomenólogos discutiram. Entre os problemas, abordei a redução transcendental e as dificuldades que dela emanam; a intricada relação entre fenomenologia e psicologia; a constituição intersubjetiva do mundo espiritual; os problemas relativos ao método na psicologia. É justamente na discussão consequente com a psicologia que a fenomenologia encontra ainda hoje uma de suas fontes de vitalidade (Zahavi, 2005; Ales Bello & De Luca, 2005). Apesar das divergências dentro da própria fenomenologia, é possível encontrar alguns núcleos de ideias que são compartilhados. Mencionarei dois, os quais eu considero como os mais importantes. Um deles é a defesa da perspectiva psicológica em primeira pessoa. O segundo, vinculado ao primeiro, é a rejeição da atitude naturalística, ou seja, o combate às concepções que fazem do eu uma mera coisa na natureza, como se tratasse de algo que pudesse ser abordado exclusivamente pelos métodos das ciências naturais.

Referências

Araújo, S. F. (2010). *Projeto de uma psicologia científica em Wilhelm Wundt: uma nova interpretação.* Juiz de Fora, MG: UFJF.

Ales Bello, A. & De Luca, A. (2005). *Le fonti fenomenologiche della psicologia.* Pisa, Itália: ETS.

Brentano, F. C. (2002). *Descriptive psychology* (B. Müller, Trad.). New York: Routledge (Original publicado em 1888).

Brentano, F. C. (2009). *Psychology from an empirical standpoint* (L. L. McAlister, Trad.). London: Routledge. (Original publicado em 1874).

Boer, T. (1978). *The development of Husserl's thought.* Boston: Martinus Nijhoff.

Dilthey, W. (2008). *Ideias acerca de uma psicologia descritiva e analítica.* (A. Morão, Trad.). Covilha, Portugal: Lusosofia. (Original publicado em 1894).

Fisette, D. (2010). Descriptive psychology and natural sciences: Husserl's early criticism of Brentano. In: C. E. Ierna (Ed.), *Philosophy, phenomenology, sciences: essays in commemoration of Edmund Husserl.* (pp. 221-254). New York: Springer.

Husserl, E. (1952). *Ideen zu einer reinen phänomenologie und phänomenologische Philosophie. Zweites Buch.* Haag, Holanda: Martinus Nijhoff. (Original de 1912-23, publicação póstuma em 1952).

Husserl, E. (1965). *A filosofia como ciência de rigor.* (A. E. Beau, Trad.). Coimbra, Portugal: Atlântica. (Original publicado em 1911).

Husserl, E. (1968a). *Logische untersuchungen. Erster Band: Prolegomena zur reinen Logik.* Haag, Holanda: Martinus Nijhoff. (Original publicado em 1900).

Husserl, E. (1968b). *Logische untersuchungen. Zweiter Band. Erster Teil.* The Hague/Holanda: Martinus Nijhoff. (Original publicado em 1901).

Husserl, E. (1968c). *Logische untersuchungen. Zweiter Band. Zweiter Teil.* The Hague, Holanda: Martinus Nijhoff. (Original publicado em 1901).

Husserl, E. (1973) *Cartesianische Meditationen und Pariser Vorträge.* Haag, Holanda: Martinus Nijhoff. (Original publicado em 1931).

Husserl, E. (1977). *Phenomenological psychology: Lectures, summer semester, 1925.* The Hague, Holanda: Martinus Nijhoff. (Original de 1925, publicação póstuma de 1962).

Husserl, E. (1979). *Aufsätze und Rezensionen (1890-1910).* The Hague, Holanda: Martinus Nijhoff. (Original de 1890-1910, publicação póstuma de 1979).

Husserl, E. (1984). *Einleitung in die Logik und Erkenntnistheorie. Vorlesungen* 1906-1907. Haag, Holanda: Martinus Nijhoff. (Original de 1906-07, publicação póstuma 1950).

Husserl, E. (2006). *Ideias para uma fenomenologia pura e para uma filosofia fenomenológica: introdução geral à fenomenologia pura* (M. Suzuki, Trad.). Aparecida, SP: Ideias & Letras. (Publicação original de 1913).

Kockelmans, J. (1994). *Edmund Husserl's phenomenology.* West Lafayette: Purdue University Press.

Kusch, M. (1995). *Psychologism: a case study in the sociology of philosophical knowledge.* New York: Routledge.

Petitot, J., Varela, F., Pachoud, B. & Roy, J.-M. (2000). *Naturalizing phenomenology: issues in contemporary phenomenology and cognitive science.* Palo Alto, EUA: Stanford University Press.

Porta, M. (2004). A polêmica em torno ao psicologismo de Bolzano a Heidegger. *Sintese, 31*(99), 107-131.

Stein, E. (1998). *Il problema dell'empatia.* (2a ed.). (E. Costantini, Trad.). Roma: Studium. (Original publicado em 1917).

Stein, E. (1999). *Psicologia e scienze dello spirito: contributi per una fondazione filosófica.* (A. M. Pezzella, Trad.). Roma: Città Nuova. (Original publicado em1922).

Wundt, W. (1910). Psychologismus und logizismus. Em W. Wundt, *Kleine Schriften v.1.* (pp. 511-634). Leipzig, Alemanha: Engelmann.

Zahavi, D. (2005). *Subjectivity and selfhood: investigating the first-person perspective.* Cambridge, EUA: MIT.

Fundamentação da Psicologia enquanto ciência da subjetividade: contribuições da fenomenologia de Edith Stein

Carolina de Resende Damas Cardoso
Marina Massimi

A Psicologia Científica moderna constitui-se em um campo peculiar de conhecimento, devido a sua fragmentação em diversas abordagens, muitas vezes epistemologicamente opostas entre si.[1] A dificuldade que impede a unificação da área reside justamente na falta de consenso sobre qual deve ser o objeto e o método empregado por esta ciência, o que não constitui tarefa simples de resolver.

É possível compreender a confusão epistemológica desta ciência pela via histórica, tendo em vista que, por meio do estudo histórico, pode-se contemplar um panorama mais amplo referente ao contexto de seu surgimento enquanto disciplina científica, além dos caminhos enveredados por ela desde então. O estudo histórico é, nesse sentido, fundamental para problematizar os pilares teóricos e metodológicos da Psicologia Científica moderna. Para tanto, faz-se imprescindível compreendê-la como fruto de saberes psicológicos postulados ao longo da história da humanidade no Ocidente.

Neste capítulo serão destacados alguns momentos considerados fundamentais para o surgimento da Psicologia Científica contemporânea. Tais momentos serão apresentados a partir de uma perspectiva internalista da historiografia, ou seja, a partir das mudanças nas concepções teóricas, internas aos próprios sistemas de pensamentos, ao invés de influências

[1] O presente texto teve o apoio da Fundação de Amparo à Pesquisa do Estado de São Paulo (FAPESP).

do contexto sociocultural nas mesmas teorias – não que estas não sejam importantes, porém, não constituem o foco deste capítulo.

Dentro da perspectiva histórica, buscaremos apresentar algumas concepções que dissertaram a respeito do objeto de estudo da Psicologia, a partir da Idade Moderna. Tais concepções constituíram as raízes da Psicologia Científica formalmente inaugurada no final do século XIX.

Ao final do século XIX, para obter o status científico, a Psicologia teve de assumir a metodologia das ciências exatas e naturais, distinguindo a experiência interna – subjetiva – da experiência externa – objetiva –, delimitando esta última como passível de ser estudada cientificamente. Procuraremos, então, apresentar a Fenomenologia e, em especial, a Fenomenologia de Edith Stein (1891-1942) como uma proposta teórico-metodológica que intenta problematizar o objeto e a constituição da Psicologia Científica, por meio da "volta às coisas mesmas" – no caso, volta ao objeto original da investigação psicológica –, a partir do postulado da consciência intencional do sujeito do conhecimento.

Contexto histórico do surgimento da Psicologia Científica

A construção do primeiro laboratório de psicologia foi apontada como o marco formal da autonomia científica desta área do saber. Wilhelm Wundt (1832-1920), idealizador deste projeto, ocupou-se em oferecer um fundamento filosófico à psicologia que pretendia ser científica. O autor definiu o que seria o objeto e método de estudo da nova ciência e, em resposta às reivindicações de Kant, admitiu a possibilidade do estudo experimental da experiência interna, por meio do método introspectivo.[2]

De acordo com Araújo (2010), o projeto de uma Psicologia Científica de Wundt configurava-se a partir da concepção do autor a respeito do conceito de consciência. Wundt apontou o objeto da nova ciência como sendo as representações mentais conscientes dos sujeitos, como estas

[2] O método introspectivo de Wundt diferenciava-se da introspecção tradicional utilizada pela metafísica. Wundt apoiava-se na concepção do paralelismo psicofísico, para fundamentar o estudo científico dos processos psicológicos sem, no entanto, reduzi-los ao campo das ciências naturais – Física, Química e Biologia (Araújo, 2010).

ocorrem e como se estruturam em relação umas às outras, pretendendo estabelecer as leis regentes da experiência interna.

Wundt considerava a experiência como algo totalizante, no entanto, para que fosse contemplada pelas ciências empíricas, haveria de ser dividida entre experiência mediada (referente aos objetos da experiência) e imediata (referente ao sujeito da experiência). Enfatizando esta divisão, postulou que a psicologia deveria se ocupar da segunda, utilizando os mesmos métodos das ciências naturais, a observação e a experimentação. Tendo por objeto os processos psicológicos do sujeito, a psicologia constituiria a base das demais ciências naturais e do espírito, inclusive, seria a base da própria filosofia.[3]

É preciso salientar, contudo, que o projeto de Wundt para a Psicologia Científica ultrapassou os limites do laboratório de psicologia experimental, ou o estudo das estruturas elementares da consciência. Para o autor, também os processos culturais (linguagem, religião, mitos, etc), tinham por base os aspectos psicológicos dos indivíduos e, por esta razão, deu grande importância ao estudo do que chamou "psicologia dos povos" (*Völkerpsychologie*). Ocupou-se do estudo dela, para além da psicologia individual e experimental, nos últimos vinte anos de sua vida, de modo que a maior parte de sua produção voltou-se para as análises neste âmbito (Araújo, 2011).

Conforme explicita Araújo (2010, p. 27), porém, "a psicologia wundtiana, embora epistemologicamente autônoma em relação às outras ciências particulares (física, química, biologia), deve ser entendida como parte de um projeto maior, cujo objetivo último é a elaboração de uma nova *Weltanschauung*.[4]" Isso explicita a necessidade de compreensão da psicologia wundtiana a partir do contexto filosófico/científico no qual o autor estava inserido e desenvolveu seu projeto de Psicologia Científica.

Wundt desenvolveu seu projeto no contexto intelectual alemão do século XIX, herdeiro das concepções filosóficas do século XVII e XVIII.

[3] Ainda conforme Araújo (2010), os estudos de Wundt na área da Psicologia acompanharam seu amadurecimento filosófico, uma vez que ele sempre buscou uma fundamentação filosófica mais consistente a esta nova ciência autônoma. Toda a produção de Wundt no campo psicológico pautou-se nas concepções filosóficas do mesmo autor sobre sua teoria do conhecimento.

[4] Visão de mundo.

Destacaremos aqui alguns momentos que consideramos importantes para situar o berço da Psicologia Científica separada da metafísica. Referimo-nos ao contexto alemão, por ser este também o lugar de origem da Fenomenologia, no início do século XX. Além disso, por mais que Wundt não tenha sido o primeiro a buscar um estudo científico da experiência interna, a Psicologia inaugurada por ele foi modelo para a formação dos psicólogos que vieram a seguir – extrapolando as fronteiras alemãs e, portanto, influenciando direta ou indiretamente o desenvolvimento de toda a Psicologia no século XX – conforme nos indica Araújo (2010).

Wundt foi apenas a figura que se tornou referência para o marco do surgimento da Psicologia Científica. O autor distinguia dois níveis da experiência, delimitando a experiência imediata como sendo o objeto de estudo desta ciência nascente. Segundo Massimi e Mahfoud (2007), porém, as raízes da ruptura na concepção de experiência remetem ao início da Idade Moderna, quando da separação entre razão e experiência por René Descartes (1596-1650).

Para Descartes, "o homem e não a realidade é fonte de certeza" (Massimi & Mahfoud, 2007, p. 23). Mais especificamente, somente é possível acercar-se de um conhecimento verdadeiro sobre as coisas, por meio da razão. O filósofo francês (cf. Descartes, 1637/2000), desta maneira, inaugurou uma nova teoria do conhecimento que, por sua vez, estabeleceu uma nova concepção sobre a estrutura do ser humano. A alma humana deixou de ser concebida como a forma do corpo,[5] ou da matéria, passando a ser uma substância completamente distinta desta.[6]

Após a ruptura cartesiana, a filosofia não se volta mais ao problema da essência do ser, mas tem por objetivo perscrutar as possibilidades do próprio conhecimento. Se anteriormente a ênfase recaía sobre a análise do objeto, a atenção volta-se agora para a análise do sujeito do conhecimento (Porta, 2007). O tema do conhecimento vai percorrer as correntes filosóficas que se seguiram desde então, sendo que estas exerceram enorme influência sobre a delimitação científica da Psicologia – já que esta tem

[5] De acordo com a concepção filosófica aristotélico-tomista.

[6] Tem-se aí a origem de um problema filosófico o qual a Psicologia Científica nascente acaba herdando, a saber, o problema mente-corpo. Este problema está relacionado de maneira direta à (falta de) definição do objeto de estudo desta ciência.

por objeto de estudo, o próprio sujeito do conhecimento. Destacamos alguns autores dos séculos XVIII e XIX.

Neste contexto, destaca-se a figura do filósofo iluminista Immanuel Kant (1724-1804) e sua famosa crítica ao projeto de uma Psicologia Científica, separada da filosofia, nos moldes das ciências naturais. Segundo Ferreira (2011), para que a Psicologia se tornasse uma ciência empírica de acordo com os critérios kantianos, ela deveria ter clareza sobre seu objeto elementar, para com ele realizar análises. Ademais, como todo estudo objetivo, deveria esclarecer a separação entre sujeito e objeto, além de promover a matematização dos processos da consciência. Em síntese, a objeção kantiana referiu-se ao fato de o sujeito transcendental[7] ser mera condição para o conhecimento, não sendo possível enquadrá-lo empiricamente para seu estudo científico.

Alguns autores, como J. Müller (1801-1858), Hermann Von Helmholtz (1795-1878), G. Fechner (1801-1887) (cf. Ferreira, 2011) e o próprio Wundt, contribuíram para a superação desses vetos kantianos. Com estes autores, a Psicologia tornou-se o estudo experimental das sensações localizadas corporalmente e que constituem a base da experiência, por meio da introspecção experimental, podendo ser analisadas em termos matemáticos, em relação aos estímulos físicos que as provocam.

Vemos, dessa forma, como, a partir de Kant, a Psicologia se tornou ciência da experiência reduzida às sensações, para ser considerada científica. Descartada a tese do dualismo cartesiano entre corpo e alma, o que se coloca em evidência agora é a dualidade existente entre experiência objetiva e experiência subjetiva – interna. A Psicologia que deveria se ocupar com os processos dantes conferidos à alma, permanece no campo de estudo das experiências privadas, subjetivas. Mas, para que a subjetividade fosse estudada de modo objetivo, ela foi reduzida ao estudo das sensações, por meio do método introspectivo experimental, no qual um observador treinado deveria descrevê-las à medida que fossem apreendidas.

Dessa maneira, de acordo com tal concepção na qual as sensações são a base da experiência, e também a base do conhecimento – em uma

[7] Kant denomina sujeito transcendental o sujeito cognoscente enquanto estrutura universal, *a priori,* da razão.

posição claramente herdada do empirismo filosófico – o estudo do sujeito cognoscente passar a ser domínio da Psicologia. Ocorre, então, uma "psicologização" do conhecimento, na qual assuntos que eram temas filosóficos passam a ser definidos de acordo com critérios científicos. Tal é o movimento do psicologismo,[8] cujos traços podem ser encontrados, inclusive, nas concepções de Wundt em seu projeto de Psicologia Científica.

Tendo estabelecido, brevemente, o cenário epistemológico que influenciou o surgimento da Psicologia Científica moderna no final do século XIX, pode-se observar a prevalência da dicotomia entre sujeito e objeto do conhecimento desta área do saber, além da constituição e posterior desenvolvimento da Psicologia, delimitados por um horizonte teórico/metodológico historicamente estabelecido de antemão.

A proposta fenomenológica

A Fenomenologia pretende ser uma ciência de fundamentos absolutos, buscando fornecer, com seu método próprio, elucidações acerca do caráter universal da consciência – estrutura que conhece – e da realidade a ser conhecida. O método fenomenológico, que consiste em dois momentos, a redução eidética e a redução transcendental, pressupõe esclarecer o que é a realidade e como é possível à consciência apreendê-la (Stein, 1917-22/2003a).

A respeito das origens desta proposta filosófica, Ales Bello (2006, p. 29), pronuncia que "a Fenomenologia surge de uma base psicológica", porém opondo-se fortemente aos modelos de Psicologia estabelecidos de então. Edmund Husserl (1859-1938), fundador desta corrente, a propõe, principalmente, em oposição à concepção epistemológica do psicologismo vigente no século XIX. Para Husserl, a lógica e a filosofia não podem

[8] Segundo Zahavi (2003, p. 8, tradução própria), o argumento do psicologismo, que consiste em uma postura epistemológica, revela-se no seguinte anunciado: "A epistemologia se ocupa com a natureza cognitiva da percepção, crença, julgamento e conhecimento. Todos estes fenômenos, contudo, são fenômenos psicológicos e, por isso é óbvio que é a psicologia que deve investigar e explorar a estrutura dos mesmos. Isso também é verdade para o nosso raciocínio científico e lógico, e em última instância, a lógica deve, por esta razão, ser considerada como parte da psicologia e as leis da lógica como regularidades psico-lógicas, cuja natureza e validade devem ser empiricamente investigadas. Assim, a psicologia fornece a fundamentação teórica da lógica."

ser reduzidas à Psicologia, uma vez que a verdade de um enunciado não é condicionada pela estrutura psicofísica do sujeito.

A Fenomenologia proposta por Husserl constitui uma gnosiologia, de modo que o principal tema é a reflexão acerca do conhecimento e da razão. O tema da legitimidade e da verdade, portanto, é fundamental para a Fenomenologia, que se ocupa do conhecimento enquanto objeto de análise. Importa saber como é possível conhecer o objeto, seja ele natural, psíquico ou espiritual.

É necessário salientar que a reflexão proposta pela Fenomenologia não está circunscrita à mera discussão a respeito das teorias e metodologias científicas, mas antes disso, é preciso fazer o caminho contrário, da "escavação fenomenológica", proposta por Husserl e definida por Ales Bello (1998, p. 19, grifos nossos), como a necessidade de "(...) repercorrer o processo de formação do nosso conhecimento, para descobrir o sentido das operações fundamentais realizadas por nós e para *testar aquilo que foi construído através de tais operações do ponto de vista cultural*", ou seja, tendo em vista que a formulação das teorias científicas é fruto de um processo cultural, é necessário fazer o movimento da busca pela gênese dos fenômenos.

A respeito desta inovação da proposta fenomenológica, Husserl (1913/2006, pp. 143-144) declara:

> É diferente do que ocorre quando, em investigação independente, tentamos levar ainda mais adiante o conhecimento dos dados da orientação natural, especialmente dos objetos da natureza que nos são bem familiares em suas propriedades, elementos e leis, em virtude da experiência constante deles e de séculos de exercício de pensamento. Neles, tudo o que é desconhecido é horizonte de algo conhecido. Todo empenho metodológico se prende ao já dado, todo aprimoramento do método, a um método já existente; trata-se, no geral, de mero desenvolvimento de métodos especiais, que se adaptam ao estilo já prefixado e estável de uma metodologia científica verificada e seguem esse estilo nas suas descobertas. Quão diferente é na fenomenologia!

Edith Stein (1891-1942)[9] seguindo de maneira fiel a esta proposta husserliana, aprofunda seus estudos sobre a constituição da pessoa humana

[9] Podemos citar algumas de suas obras, tais como *Einfuehrung in die Philosophie* (Introdução à Filosofia, de 1917-22); *Zum Problem der Einfühlung* (O Problema da Empatia,

e os problemas referentes à discussão epistemológica da Psicologia. Em sua obra *Introdução à Filosofia* (1917-22/2003a), a autora apresenta uma análise filosófica detalhada a respeito da natureza e da subjetividade, além de esclarecer a delimitação epistemológica das ciências empíricas – e, em especial da Psicologia – que tratam destes objetos e a relação que estas devem estabelecer com a filosofia. Nesse sentido, os principais problemas norteadores das análises de Stein são: como é possível conhecer a natureza e a subjetividade; como é possível uma abordagem científica das mesmas; qual a delimitação das ciências (em relação à) e da filosofia.

Consciência intencional: a base para o conhecimento

Em primeiro lugar, para abordar tais problemas, é fundamental a colocação da questão da consciência. Ao iniciar a explanação de seu método, Husserl (cf. Husserl, 1931/2001) parte do mesmo ponto que Descartes. Para se chegar a um conhecimento seguro e verdadeiro, livre de pré-concepções, é necessário colocar tudo o que já se sabe a respeito do que se quer verdadeiramente conhecer, entre parênteses. É necessário colocar até mesmo a própria realidade entre parênteses, pois esta pode estar repleta de aparências, e enganar. Como Descartes, Husserl chega à conclusão de que só se pode ter certeza absoluta da consciência.

A partir deste ponto, Husserl distancia-se de Descartes, tendo em vista que a saída encontrada pelo filósofo francês foi a separação entre razão (propriedade da alma) e experiência (delimitada ao nível do corpo), e a postulação da existência de duas substâncias distintas: alma e corpo. Husserl, ao contrário, supera tal oposição colocada entre estes dois níveis de existência, afirmando o conceito da intencionalidade da consciência. Isso significa que a consciência não é considerada apenas em si mesma, mas é intencional, ou seja, refere-se a algo, é sempre consciência de alguma coisa – mesmo que seja consciência de si.[10] Além disso, as análises que

sua tese doutoral de 1917); *Beitraege zur philosophischen Begründung der Psychologie und der Geisteswissenschaften* (Contribuições para a fundamentação filosófica da psicologia e das ciências do espírito, de 1922); *Der Aufbau der menschlichen Person* (A Estrutura da pessoa humana, de 1932-33); nas quais a autora aborda a questão.

[10] Nível da consciência pura original, no qual a epistemologia coincide com a ontologia (Stein 1917-1922/2003). A legitimidade do conhecimento da consciência está sustentada justamente pelo fato dela ser consciente de si mesma.

Husserl apresenta não aludem à existência real dos objetos aos quais a consciência se refere, mas ao mundo fenomênico. Importa que a própria realidade, assim como todo o conhecimento já adquirido por experiência ou por meios científicos, sejam colocados entre parênteses para que o fenômeno emerja, se revele à consciência – primeiro passo do método fenomenológico, que consiste na redução eidética.

Se prescindirmos de todo o conhecimento proveniente da experiência e das ciências, o que restará? Em sua obra, Stein recorda que Descartes já tinha se colocado a mesma questão quando anunciou seu ceticismo. Segundo Descartes (1637/2000), para adquirirmos um conhecimento absoluto, seria preciso começar do zero, colocando todo o conhecimento adquirido até então, em dúvida. Se duvidarmos de tudo, a única coisa de que não podemos duvidar, é o próprio fato de que duvidamos e, portanto, a consciência que possuímos da dúvida. Stein (1917-22/2003a), no entanto, assume que não é somente a dúvida mesma que nos resta, mas a *percepção* que se tem da própria dúvida. Só posso afirmar que duvido, se me percebo enquanto ator desta vivência. Se prescindirmos, portanto, de todo o conhecimento já estabelecido, temos então que o que nos resta é a percepção do próprio ato de duvidar, de modo que a *percepção*, esta sim, é uma vivência que remete ao âmbito da consciência.

A Fenomenologia, enquanto ciência de fundamentos absolutos, irá se ocupar, então, da análise das vivências intencionais do sujeito transcendental – resquício da redução eidética, o sujeito que foi abstraído da realidade, ou "Eu" puro, autor das vivências. De acordo com os apontamentos de Stein, para a descrição das vivências intencionais, é preciso ter em conta que estas possuem duas facetas, uma subjetiva e a outra objetiva.[11] Desse modo, ater-se somente na faceta subjetiva é insuficiente para se compreender uma vivência. Isso significa dizer que não é possível a descrição do ato perceptivo em si, sem a consideração do objeto ao qual esta vivência se dirige.

O objeto, de certa maneira, também constitui a vivência. A percepção é sempre percepção *de* alguma coisa; a recordação é sempre recordação *de* algo; a imaginação, a reflexão, a vontade, a fantasia, todas as vivências são vivências *de* alguma coisa. Tais atos são subjetivos, ou

[11] Denominadas *noésis* e *noema*, respectivamente.

seja, referem-se sempre a um sujeito; não obstante, trazem em si uma objetividade que lhes é inerente ou que os constitui.

A relação com a objetividade,[12] porém, ocorre de uma maneira distinta daquela demonstrada pela atitude natural ou pela científica. O mundo objetivo, considerado aqui, não diz respeito aos fatos empíricos da realidade ou aos produtos da experiência. A fenomenologia de Husserl não tem o objetivo de responder a questão ontológica a respeito da realidade, ou seja, se a realidade empírica existe independente do sujeito ou não. O mundo objetivo é considerado como "correlativo da vivência" (Stein, 1917-22/2003a, p. 683).

A suspensão do juízo a respeito da realidade é a primeira etapa do método fenomenológico. Suspender o juízo significa 'colocar entre parênteses', sem descartar, toda a realidade admitida pela atitude natural e científica. Quando a realidade é colocada entre parênteses, o que resta para analisar? Restam as *vivências puras*, assim denominadas pelo fato de serem despidas das roupagens – preconceitos e pressupostos estabelecidos – da realidade.

A Fenomenologia não se ocupa com a realidade em si, separada do sujeito cognoscente. Há, porém, uma objetividade imanente presente em toda vivência. Stein admite que os objetos *constituem* as vivências, devido ao caráter intencional das mesmas. Nesse sentido, a realidade é considerada na medida em que for vivenciada pelos sujeitos. O conhecimento do objeto pressupõe o posicionamento do sujeito, ou seja, não há possibilidade de conhecimento se o sujeito não se voltar intencionalmente ao objeto. Da mesma forma, não haverá um posicionamento do sujeito se não houver um objeto diante do qual se colocar, o que deixa claro, portanto, a unidade existente entre a faceta subjetiva e objetiva

[12] Cabe aqui ressaltar a diferença entre o que é factual e o que é objetivo, tendo em vista a recorrente analogia que se faz entre conhecimento científico e objetividade – compreendida como o mínimo de interferência da subjetividade nos procedimentos científicos modelados pela concepção moderna da razão – por um lado; e, por outro, as demais formas de conhecimento, que por vezes não são consideradas objetivas, mas sim, subjetivas, por não seguirem o método científico. A palavra 'objetivo' refere-se a objeto, do latim *ob-jectum*, significa *estar diante de* (Gomes Ferreira, 1985). Ter diante de si o objeto corresponderia à atitude objetiva, não sendo propriedade apenas da ciência, mas também da filosofia, teologia, etc. Nesse sentindo, o termo objeto não é utilizado apenas para se fazer referência a coisas físicas ou materiais, mas também às imateriais, psíquicas, espirituais.

das vivências intencionais. Dessa maneira, tem-se que a intencionalidade da consciência é o fator que permite superar a polarização entre sujeito e objeto do conhecimento.

Subjetividade segundo Edith Stein: estrutura da pessoa humana

Edith Stein, ao abordar o tema da consciência, a vincula com a definição de pessoa. Para a autora, a definição de subjetividade está estreitamente vinculada à concepção de ser pessoal. Esta, por sua vez, é sustentada por uma definição específica de consciência.[13] Nesse sentido, a autora nos indica que ao contemplarmos o sujeito, deparamo-nos com uma vida interior, denominada por ela, como "vida do 'eu'" (Stein, 1917-22/2003a, p. 776), constituída em seus aspectos anímicos e espirituais.

Ao utilizarmos a expressão "pessoa", compreendemos se tratar, então, de uma realidade composta por corpo e alma. Quando usamos a expressão "interior" para nos referirmos à vida anímica ou espiritual da pessoa, estamos, de alguma forma, contrapondo-a à externalidade do corpo. Isso não quer dizer, contudo, que a vida interior localiza-se espacialmente dentro do corpo. Stein enfatiza que "(...) a vida do 'eu' é não espacial por excelência, algo a qual não se pode assinalar um lugar determinado" (idem). Entretanto, esta vida interior, ou a instância que denominamos "eu", também está inscrita corporalmente, de modo que o

[13] A definição de pessoa e a definição de consciência, no entanto, não são pressupostas ou dadas *a priori*, mas ao contrário, fundamentadas a partir do caminho fenomenológico. Ao definir no que consiste o método fenomenológico para o estudo de pessoas humanas, Stein (1932-3/2003b, p. 590-591, grifos da autora) afirma: "Acabo de mencionar o princípio mais elementar do método fenomenológico: fixar nossa atenção nas *coisas mesmas*. Não interrogar teorias sobre as coisas, deixar de fora, quanto seja possível, o que se tem ouvido e lido e as composições que fazemos desde nosso próprio lugar, para melhor nos aproximarmos das coisas com um olhar livre de preconceitos e beber da intuição imediata. Se quisermos saber o que é o homem, temos que nos colocar do modo mais vivo possível na situação na qual experimentamos a existência humana, ou seja, o que dela experimentamos em nós mesmos e nos nossos encontros com outros homens. (...). Com efeito, o segundo princípio [do método] diz: dirigir o olhar ao *essencial*. A intuição não é somente a percepção sensível de uma coisa determinada e particular, tal como o é aqui e agora. Existe uma intuição do que a coisa é por essência (...)".

corpo constitui o mediador da vida interior com o mundo real. O corpo também fornece expressividade à vida interior, é o seu instrumento de ação no mundo.

O significado do termo "pessoa" não se esgota apenas com esta caracterização anímico-corpórea. Designamos como pessoa aquele nível da realidade composta por qualidades estáveis que remetem ao caráter e à personalidade – qualidades psíquicas idiossincráticas – definidores da pessoa. Neste âmbito, também são consideradas as qualidades sensoriais e intelectuais (espirituais) de um indivíduo.

O aspecto do caráter é definido pela autora como o principal constituidor de uma pessoa, por refletir aquilo que fornece a sua peculiaridade em relação às demais. Pode-se dizer que o caráter, compreendido em termos mais amplos, abarca a totalidade das qualidades de uma pessoa. Por esta razão, está em constante transformação, sendo influenciado por circunstâncias externas ao sujeito, mas também por aquelas que lhes são internas. Mesmo considerando este aspecto mutável do caráter, geralmente, ele é compreendido inserido num processo de desenvolvimento. Fala-se que o caráter de um indivíduo se desenvolve ao longo de sua vida, o que remete a algo que possa estar já com a pessoa desde sua origem, manifestando-se de maneira gradual.

Outro ponto a ser destacado, ainda a respeito da personalidade de um indivíduo, ou seja, daquilo que o define enquanto tal, diz respeito às influências das circunstâncias externas na determinação do caráter, como citamos anteriormente. Stein destaca que a circunstância externa que mais exerce influências sobre a pessoa é o relacionamento com outras pessoas. Ela resume o que constitui uma pessoa:

> (...) a pessoa é o sujeito de uma vida atual do "eu", um sujeito que tem corpo e alma, que possui qualidades corporais e anímicas, que está dotada especialmente de um caráter em constante desenvolvimento, ou com qualidades que se desenvolvem sob a influência de circunstâncias externas; e que esta evolução contempla uma disposição original que possuía (Stein, 1917-22/2003a, p. 778).

A vida do eu é, portanto, para Stein, o fator que define a pessoa. Dessa forma, a autora assegura que a pessoa coincide com o "eu" puro, na medida em que este é o sujeito das vivências suscitadas pela vida anímica e pelo ambiente externo que compreende principalmente o relacionamento com as outras pessoas. O sujeito das vivências, ou seja, o "eu" puro é o ponto a partir do qual se origina o fluxo das vivências intencionais que, por sua vez, constitui a consciência pessoal. Outro fator que caracteriza a consciência pessoal em sua essência, consiste no fato desta ocorrer em forma do *cogito*.[14]

O "eu" puro constitui a estrutura essencial da consciência. Isso significa que toda consciência é formada por esta estrutura. No entanto, enquanto origem das vivências, pertence a ele a característica de ser também pessoal e, portanto, individual. Nas palavras de Stein, ele é um "*individuum* absoluto" (idem, p. 779, grifo da autora), que faz com que as vivências formem uma unidade, ou seja, fornece consistência à unidade do fluxo das vivências. Não estamos nos referindo ainda às diferenças individuais entre os conteúdos das vivências pessoais, mas a uma evidência mais básica que consiste na capacidade do 'eu' diferenciar-se de um outro 'eu', ou "(...) ser-si-mesmo-e-um-não-ser-outro." (idem).

Corporeidade, psique e espírito

A concepção steiniana de subjetividade contempla, portanto, a própria constituição tripartida, porém essencialmente unitária, da pessoa humana. Temos, então, que o corpo não é constituído apenas por seu aspecto material (*Körper*), mas é uma estrutura viva (*Leib*). Como caracterizar, então, a vida? Ao analisar a constituição do corpo vivo, Stein parte da descrição de seus atributos. A primeira característica a qual se refere, diz respeito à qualidade da sensibilidade que o define. Os corpos vivos não somente possuem qualidades sensoriais externas – por exemplo, cor, textura, etc. – que são apreendidas pela consciência cognoscente situada diante deles, mas eles mesmos são detentores da capacidade de possuir sensações localizadas ao longo de toda sua extensão. O corpo vivo é capaz de sentir.

Tal característica, a da impressionabilidade, constitui um dado fundamental se quisermos compreender o significado do corpo vivo. As

[14] Stein diferencia uma consciência imprecisa daquela a qual estamos nos referindo. De acordo com a autora, nesta consciência imprecisa existe "(...) um centro vital análogo ao 'eu' e um saber referente ao outro 'eu', porém não há um 'eu' que observe o mundo de maneira desperta (...)" (idem), ou seja, não há uma intencionalidade característica desse 'eu'. Por esta razão, os seres vivos que possuem esta consciência imprecisa, tais como os animais, não são considerados como pessoas.

referidas sensações que se imprimem no corpo não ocorrem somente ao nível deste, mas também fazem parte da vida da consciência atrelada a ele. Stein explica:

> [As sensações] Constituem uma parte da vida sensível desse sujeito, são uma parte do material sobre o qual se fundamenta sua vida espiritual (assim, por exemplo, a sensação de pressão se inserta na unidade concreta de uma percepção tátil convertendo-se em manifestação da dureza de um objeto externo, quando o sujeito envia seu "olhar espiritual", um ato de apreensão) (idem).

Nesse sentido, de acordo com a autora, as sensações são constituídas por um aspecto corpóreo, vinculado à materialidade do corpo físico vivo, mas também à vida da alma.[15] Elas se originam a partir da conexão causal existente entre o corpo e o mundo material no qual ele está inserido. No entanto, não é qualquer corpo material que possui sensações, mas apenas aqueles corpos vinculados aos sujeitos (humanos ou não), ou seja, que estejam atrelados a uma consciência (pessoal, em forma de *cogito;* ou imprecisa, animalesca). Dessa maneira, a percepção do sujeito ou *a vida da consciência é o fator decisivo na constituição das sensações*, em conjunto com os estímulos externos do mundo material.

A segunda característica dos corpos vivos que os diferem dos objetos materiais "mortos" refere-se à capacidade de movimento próprio, independente do acontecer causal natural que provoca os movimentos dos corpos brutos. A terceira característica é aquela na qual a vida é propriamente derivada, ou seja, a estrutura interna referente ao núcleo vital, a partir do qual todas as características corpóreas e também as anímicas são constituídas. O sujeito das vivências está inserido no núcleo, de modo que este último abarca uma variedade maior de processos vitais, além dos estados intencionais conscientes provenientes do "eu" puro. O núcleo compreende os processos e estados vitais orgânicos e também aqueles pertencentes ao nível da consciência. Podemos dizer, então, que o núcleo

[15] A característica da impressionabilidade, assim como as demais características que definem um corpo vivo, encontra-se não somente nos seres humanos, mas também em outros seres vivos. Caracteriza propriamente a experiência pessoal humana, por exemplo, o fato de os seres humanos conscientes possuírem estados e sentimentos vitais, cuja vida da consciência interfere sobre os reflexos anímicos – por exemplo, no estado de cansaço que não é localizável em uma parte específica do corpo, porém é "sentido" conscientemente em todo ele.

do organismo contém em si as metas e a "direção do caminho" para que um organismo alcance seu desenvolvimento absoluto. As circunstâncias externas podem fornecer obstáculos ou contribuir para que o ser chegue a sua plena "evolução", já impressa no núcleo desde sua origem.

Outra característica definidora dos corpos vivos diz respeito à expressividade do mesmo, ou "a capacidade de expressar a vida interior" (idem, p. 797). Para a autora, a vida interior *pessoal* deixa sua marca impressa no corpo. A expressão corporal e aquilo que é expresso e remete à interioridade, constituem uma unidade, de modo que somente é possível separá-los por meio de uma abstração. Entre ambos há uma conexão de sentido, visto que a expressão de algo interior não é aleatória, mas remete, de fato, ao acontecer interior.[16]

No que consiste, então, essa vida interior? Em primeiro lugar, destaca-se a diferença entre a estrutura psíquica e a consciência pura. Quando falamos em unidade psicofísica, referimo-nos à unidade existente entre corpo e alma, sendo a psique a estrutura que constitui a alma. Ela está presente nos sujeitos psicofísicos reais e, portanto, faz parte da realidade, contrapondo-se à consciência pura, ou ao fluxo das vivências. Por esta razão, está submetida às leis de causalidade, sendo portadora de qualidades próprias, além de ser capaz de modificar-se ao longo do tempo, em função das circunstâncias reais às quais está submetida. A psique possui, portanto, uma dimensão temporal, no entanto, em contraposição com as coisas materiais, ela não é constituída espacialmente em si própria, mas somente quando vinculada ao corpo vivo.

Além disso, sua relação com a consciência pura ocorre na medida em que os estados psíquicos são passiveis de serem vivenciados pelo "eu". Os estados psíquicos inserem-se no âmbito dos condicionamentos reais. Há, contudo, um aspecto fundamental que "condiciona" os estados psíquicos e que diz respeito à motivação – de ordem espiritual. A psique origina estados interiores resultantes da conexão do corpo vivo com o mundo exterior real. Por sua vez, quando a pessoa está motivada a se colocar diante do mundo material de maneira consciente ou intencional, os estados internos suscitados a partir desse encontro são provenientes do "eu" e, portanto, constituem o aspecto espiritual da vida real da psique.

[16] Com a exceção das expressões que, por meio da vontade, gostaríamos de manipular, a fim de não transparecer o que ocorre na vida interior.

Stein esclarece: "a vida psíquica atual está formada pela sensibilidade e espiritualidade que se encontram em conexão com a realidade." (idem, p. 800).

A psique é constituída, então, por qualidades disposicionais que oscilam de acordo com as situações, e que também são constituídas por aspectos sensíveis e espirituais. Stein (idem) define as qualidades que se referem à acurácia da visão, audição e tato como pertencentes ao primeiro grupo. Às qualidades psíquicas espirituais, ela dá o exemplo da inteligência, do arrebatamento e da força de vontade. As qualidades psíquicas, sejam elas sensíveis ou espirituais são formadas pelos estados psíquicos, que também fornecem a condição para sua manifestação. São exemplos o cansaço, a saúde, a enfermidade, o ânimo.

Outra característica que podemos citar acerca da estrutura da psique é que, tal como o corpo vivo, ela está em constante desenvolvimento ao longo da vida de uma pessoa. Dessa maneira, as qualidades psíquicas se modificam ao longo do tempo, podendo ser adquiridas. Além disso, assim como os estados vitais são codeterminados pelo ambiente externo e pelas condições orgânicas do corpo vivo, assim também as qualidades psíquicas o são. A autora postula, porém, que o condicionamento do mundo externo não é suficiente para explicar o desenvolvimento das qualidades psíquicas, mas é preciso que haja também uma disposição interna original que seja estimulada por um ambiente favorável para que tais qualidades possam ser desenvolvidas.

Segundo Stein, a vida interior possui como qualidade fundamental o caráter pessoal. Ele é formado principalmente a partir daquelas qualidades psíquicas de ordem espirituais que estão em constante processo de desenvolvimento. Tais qualidades se referem mais à vida afetiva e volitiva do que aos aspectos do entendimento e da inteligência. Nesse sentido, o caráter de uma pessoa está relacionado à vida do "eu".

A autora aborda o caráter como resultado da vida afetiva, ou dos sentimentos que podem atuar sobre a vontade e o comportamento da pessoa. A vida afetiva, por sua vez, está vinculada à estimação de valores realizada pela consciência. Todo ato em que se valora algo vem acompanhando de um estado do "eu", que provoca uma alteração nos sentimentos e nos estados internos vitais da pessoa, possibilitando a geração de mudanças no caráter. Quanto maior é um valor, ou seja, quando estiver enraizado na vida afetiva de maneira mais profunda, maior poderá será a mudança ocasionada por ele.

A sensibilidade e o entendimento também constituem aspectos importantes para o desenvolvimento do caráter pessoal. De acordo com Stein, os valores não estão desvinculados da materialidade que compõe os bens aos quais eles estão atrelados. E mais, é necessário que haja certo grau de entendimento que integre o sentimento ao valor e à vontade, para que haja uma ação congruente com estes demais aspectos. Nesse sentido, para a autora, o desenvolvimento das qualidades psíquicas sensíveis e espirituais está em nossas mãos. Somos livres para buscar melhorar ou não nossas habilidades. O mesmo ocorre com o desenvolvimento do caráter.

O caráter desenvolve-se a partir do núcleo pessoal e se manifesta por meio da expressividade do corpo vivo. Nesse sentido, assim como as demais qualidades da alma, ele emerge do interior da pessoa em direção à sua manifestação externa. De acordo com Stein, toda a vida espiritual possui este movimento. No entanto, a vida do "eu" não está voltada apenas para o mundo exterior; ao contrário, ele possui a capacidade de abrigar em si o mesmo mundo, fornecendo-lhe uma morada no interior de sua alma. Segundo a autora (idem, p. 811), "a alma é o centro da pessoa, o 'lugar' onde ela está em si mesma."

A alma possui diversos níveis de profundidade, de modo que seu núcleo constitui o mais profundo de seu ser. Sendo assim, os sentimentos vitais presentes nela, podem ser superficiais ou profundos. Uma alegria pode estar limitada à superfície da alma, surgindo fortemente vinculada ao mundo exterior. Porém, um sentimento de gozo proveniente de um âmbito mais profundo da alma pode vir a preenchê-la por inteiro, partindo dos níveis mais internos das vivências – originadas no "eu" puro, ou seja, no nível mais profundo da alma – até atingir os mais superficiais. Para Stein, estes últimos expressam as vivências que refletem certa inércia do "eu", quando a pessoa é meramente afetada por impressões provenientes de estímulos externos.

Stein analisa a seguir outro fator espiritual – e, portanto, de ação do "eu" importante que se faz presente na estrutura da alma: o aspecto da vontade. Como já foi apontado, a vontade é um fato fundamental para a constituição do caráter pessoal, todavia, pode encontrar-se limitada por disposições originais naturais de uma pessoa. Se um sujeito nasce sem o sentido da visão, assim ele permanecerá durante toda sua vida, independentemente de sua força de vontade para enxergar. O caráter da referida pessoa contemplará, portanto, tal característica e, pode ser que, devido a esta deficiência, a pessoa possa desenvolver melhor outras capacidades, tanto sensíveis quanto espirituais.[17]

Explicitamos em linhas gerais as principais características da estrutura da pessoa humana em sua constituição unitária, segundo Stein. O método fenomenológico seguido pela autora resultou na restauração do que havia sido fragmentado, em termos da separação entre razão e experiência ao longo da história da Filosofia moderna – o que culminou em uma determinada visão de homem.[18]

A análise das sensações apresentada por Stein ilustra a junção entre a vida da consciência e seus objetos correlatos. Respondendo ao

[17] A autora, contudo, aponta para um aspecto da vontade que não pode ser limitado pelas disposições originais. Este também diz respeito à estimação dos valores, tendo sua origem no próprio "eu". É o "eu" que atua quando da realização de um determinado valor. Stein (1917-22/2003a, p. 813) postula: "(...) o querer é minha adoção viva de atitudes ante valores positivos ou negativos estimados." Esta atuação do "eu" pode ser exercida ou não, dependo das situações nas quais um individuo se encontra, mas não apenas, uma vez que depende, principalmente, de uma escolha pessoal. A autora conclui: "onde não existe essa liberdade para a autodeterminação, onde uma pessoa não pode ser responsável por suas ações, ali se pensa que a personalidade deixou de existir. Por conseguinte, é indubitável que a liberdade é um elemento constituinte da pessoa" (idem).

[18] A inauguração do problema filosófico acerca das relações entre mente e corpo com a filosofia cartesiana, estabeleceu uma nova maneira de conceber a estrutura ontológica da pessoa humana. O dualismo de substâncias proposto por Descartes culminou na separação radical entre a alma (mente) e o corpo (considerado apenas um autômato). Sendo o início da Idade Moderna (séculos XVI e XVII), marcado também pela primeira Revolução Científica, tem-se então, a busca da separação entre ciência e metafísica (a Física inaugurando o rol das ciências experimentais), pautada na postulação de uma nova metodologia de conhecimento, ou seja, a experimentação sistemática para o estudo da natureza e, posteriormente, para o do homem. A concepção dualista da pessoa humana nunca foi satisfatoriamente resolvida na história da filosofia, tendo perpassado, desde sua inauguração, as correntes filosóficas que trataram do problema do conhecimento, sejam elas de cunho idealista ou empirista. Com a supremacia do método experimental, o estudo científico do homem passou a ser possível apenas mediante a consideração dos aspectos materiais que o compõem, decorrendo-se daí concepções antropológicas mecanicistas que influenciaram não apenas o surgimento da Psicologia Científica, mas estão ainda presentes em abordagens atuais da mesma. De acordo com Massimi (2011, p. 159), "a antropologia mecanicista funda-se no conceito de homem-máquina, formulado pelo filósofo e médico francês Julien Offrey de La Mettrie (1709-1751) que, radicalizando os estudos da biologia e da fisiologia da época e a teoria mecanicista cartesiana do animal-máquina, afirma que o homem é apenas matéria organizada de modo especial e atuando conforme a constituição de suas partes. Desse modo, sendo dispensável o conceito de alma humana".

problema do conhecimento, ou seja, a como é possível à consciência conhecer algo que se encontra "fora dela", a Fenomenologia fornece o respaldo para a fundamentação acerca da estrutura ôntica da pessoa humana – nisso consiste o segundo passo do método fenomenológico, a redução transcendental, ou seja, a análise da estrutura do sujeito que conhece.

A expressividade como forma de manifestação da subjetividade

O motivo pelo qual Stein apresentou a análise das estruturas da psique foi devido ao fato de que estas constituem a vida interior da alma, a qual é expressa pelo corpo vivo. Há uma peculiaridade na forma de expressão da vida interior humana que diferencia o corpo vivo das pessoas dos demais seres vivos. Esta diz respeito ao papel que a vontade exerce na constituição das expressões. O "eu" possui a capacidade de, voluntariamente, permitir o emergir das expressões genuínas referentes ao mundo interior.

A capacidade expressiva humana, sendo ela proveniente ou não da vontade, relaciona-se também com a atuação da pessoa em seu mundo circundante. Dessa forma, é por meio da expressão do corpo vivo que o ser humano cria o seu próprio mundo, por meio da literatura, artes plásticas e qualquer outro produto de atuação do homem no mundo. Por esta razão, para a autora, "o mundo inteiro no qual um indivíduo atua, leva a marca de sua personalidade: de seus traços típicos e de sua peculiaridade pessoal" (Stein, 1917-22/2003a, p. 818).

A expressividade, portanto, é o que permite o conhecimento da vida interior de outras pessoas. Mas, como é possível que a consciência apreenda a vida interior por meio das expressões corpóreas? Stein nos aponta três vivências específicas que nos permitem captar o sentido da subjetividade, tanto a nossa própria, quanto a subjetividade alheia. Tais vivências são a empatia, a percepção externa e a percepção interna. A empatia (*Einfühlung*) é uma vivência representativa, por meio da qual é possível intuir o núcleo vital de outrem, por meio da expressividade de seu corpo vivo. A percepção externa (*Außenwahrnehmung*) permite apreender o próprio corpo vivo, assim como o corpo vivo de outra pessoa. Já por meio da percepção interna (*innere Wahrnehmung*), nos é possível apreender nossos próprios estados e qualidades anímicas que, por sua vez, são iluminados pela consciência original.[19]

Estas três vivências devem, portanto, ser consideradas como a base sobre a qual a metodologia das ciências que almejam estudar a subjetividade deve se pautar. Stein destaca a fisiologia, a psicologia, a psicofísica e as ciências do espírito (ou ciências humanas) como ciências cujos objetos principais abarcam algum componente da subjetividade. A fisiologia, por exemplo, é o estudo empírico e experimental do corpo vivo, de modo que sua metodologia é pautada, principalmente, sobre a percepção externa. Também as ciências do espírito, tal como a história, buscam evidências empíricas da vida interior pessoal e de seus produtos – a cultura, ou acontecimentos passados. Para a compreensão dos fenômenos humanos, são imprescindíveis as vivências da empatia e da percepção interna. Estas, por sua vez, somente são possíveis, quando suscitadas a partir de um encontro com um objeto e, portanto, com a percepção deste – por exemplo, no caso do contato com um livro, uma obra de arte, um artefato histórico, ou até mesmo um relato de um acontecimento.

A Psicologia como ciência da subjetividade

Vimos que o corpo vivo é uma estrutura que possui a peculiaridade de ter sensações, além das características biológicas descritas,[20] diferentemente dos demais objetos naturais do mundo circundante. Tal peculiaridade encontra-se na base de nossa reflexão acerca da integração existente entre a corporeidade e o aspecto psíquico constitutivo dos seres animados. Por esta razão, para Stein, ao postularmos a constituição integrada, psicofísica deste objeto, devemos admitir que a fisiologia, enquanto parte somente da biologia, não é suficiente para elucidar as questões referentes aos indivíduos psicofísicos. É necessário, portanto, haver uma disciplina científica cuja metodologia contemple tal objeto. Esta disciplina é a psicofísica.

[19] A consciência original é a consciência da consciência, ou o ser consciente de si mesma. Não é um ato propriamente, pois se assim o fosse, o encadeamento de "consciências" seria infinito. Mas constitui uma "luz" que ilumina o fluxo das vivências (Stein 1917-22/2003a).

[20] Ele se desenvolve, movimenta-se, reage aos estímulos físicos, etc.

A autora enfatiza, contudo, que a psicofísica necessita de outra disciplina científica, a psicologia, que a auxilie no tratamento de seu complexo objeto. Nesse sentido, é preciso analisar os estados e qualidades psíquicas para poder investigar as relações que possuem com o corpo vivo. Havemos de considerar, então, a metodologia a que a psicologia deve se voltar, distinguindo-a da metodologia da fisiologia, levando em consideração os respectivos objetos de estudo de cada uma.

A fisiologia, enquanto estudo do corpo vivo, vale-se de uma metodologia experimental que contempla a apreensão externa de seu objeto. Dessa maneira, este trabalho científico obtém seu fundamento na observação externa dos corpos vivos alheios. A investigação científica da fisiologia considerará somente o nível de intuição externa do corpo, tendo em vista as relações de dependência e os efeitos que ele produz no ambiente externo. Para a apreensão do corpo vivo, porém, a percepção interna é necessária para nos auxiliar na apreensão da corporeidade vivente alheia, para além de seus aspectos materiais.

A psicologia, portanto, apesar de considerar a apreensão externa do corpo vivo, deve ir além dela. Stein afirma que a estrutura psíquica se manifesta por meio de seus estados, de modo a ser possível a apreensão destes por meio da expressividade da pessoa alheia. No entanto, por mais que haja correspondência entre a expressão e os conteúdos psíquicos internos, estes não estão reduzidos a ela. Eles não *são* a expressão, possuem uma natureza distinta, ou seja, não são por si mesmos, espaciais. Somente o são quando vinculados ao corpo vivo. Por esta razão, a autora sustenta que a análise dos estados psíquicos não se esgota com a percepção externa, tendo em vista a necessidade de se recorrer sempre à própria experiência para compreendê-los.

Stein menciona a atuação dos psicólogos que realizam experimentos com sujeitos humanos.[21] Neste caso, por mais que estes cientistas

[21] Edith Stein menciona a prática dos psicólogos a partir de sua experiência como estudante de graduação, de disciplinas de psicologia, na Universidade de Breslau, em sua cidade natal. Em sua autobiografia (*Aus dem Leben einer jüdischen Familie*, 1933-9/2002), ela relata que em 1911, foi aluna de William Stern (1871-1938), famoso psicólogo e filósofo – aluno de Hermann Ebbinghaus (1850-1909), psicólogo experimental que, por sua vez, foi influenciado pelas concepções de G. Fechner a respeito da possibilidade de traduzir fenômenos mentais em equações matemáticas – que se dedicou ao estudo experimental do desenvolvimento cognitivo de crianças e jovens. Edith Stein ouviu falar das *Investigações lógicas* de Husserl, ao se preparar

recorram às estatísticas e aos procedimentos experimentais, ainda assim necessitam do relato do sujeito acerca de sua experiência. Este relato, portanto, somente é passível de análise, se conjugado com a experiência do próprio cientista. Nas palavras de Stein (1917-22/2003a, p. 886), "[a experiência do psicólogo] constitui a base da análise científica." Se, por outro lado, os psicólogos que realizam os experimentos não levam em consideração o relato dos sujeitos, segundo a autora, estes estão a medir apenas os efeitos somáticos decorridos dos estados psíquicos. Para a investigação dos estados psíquicos em si, a autora nos orienta:

> Aquilo que um estado psíquico é em si mesmo, dele se adquire notícia unicamente pelo fato de que se manifeste no transcurso de uma vivência, e de que pode se investigar as vivências segundo sua essência (e como dissemos anteriormente, *somente* segundo sua essência). Por conseguinte, todo trabalho psicológico pressupõe a investigação das vivências puras, tal como as descreve a fenomenologia (idem, grifos da autora).

Depreende-se, a partir desta afirmação que, para a filósofa, o estudo da psique em si mesma, ou seja, de sua constituição empírica real, somente poderá se sustentar, na medida em que for baseado na análise das vivências puras às quais os estados psíquicos se referem. Somente desta maneira, é possível evitar os perigos do reducionismo que cercam a psicologia científica – por exemplo, afirmar que o nível psíquico somente pode ser apreendido corporalmente, levando a atitudes extremas de negação do psíquico "a favor" do corpóreo.

para seminários sobre psicologia nas aulas de Stern. Um aluno de Stern e colega de Edith Stein, Georg Moskiewicz (1878-1918), tinha estudado com Husserl e a incentivou a ir a Gotinga. A princípio, ela havia considerado doutorar-se com Stern, mas logo descartou a ideia. Em suas palavras: "Todos os meus estudos de psicologia me haviam convencido de que esta ciência estava nas fraldas; que faltava o fundamento necessário de ideias básicas claras, e que esta mesma ciência era incapaz de elaborar estes pressupostos. Ao contrário, o que até o momento conhecia de fenomenologia, havia me entusiasmado, porque consistia fundamental e essencialmente num trabalho de esclarecimento, e porque desde o princípio, ela mesma havia forjado os instrumentos intelectuais de que necessitava." (Stein, 1933-9/2002, p. 331). Em 1913, já em Goettingen, assistiu às aulas de Psicofísica de Georg Müller (1850-1934). Como aluna de Husserl, foi aconselhada fortemente por ele para continuar a estudar disciplinas voltadas a metodologias de outras ciências distintas da fenomenologia, antes de dedicar-se às atividades do doutorado com ele.

Ademais, a autora argumenta que, para adquirir o status verdadeiramente científico, a psicologia deve ter seus principais conceitos esclarecidos, o que poderá ocorrer somente por meio do trabalho fenomenológico. Para Stein, as pesquisas empíricas levadas adiante pela psicologia são pautadas em conceitos confusos, de modo que os resultados adquiridos por meio deles acabam por restringir-se a fatos isolados, não sendo, portanto, legitimamente científicos. A autora também exorta que a psicologia não deve pautar o rigor que busca na metodologia das ciências naturais, uma vez que a exatidão matemática somente se sustenta quando utilizada para a análise dos fenômenos naturais. Ao valer-se de critérios matemáticos, as investigações psicológicas permanecem circunscritas apenas ao nível dos aspectos somáticos dos fatos psíquicos, não alcançando, porém, tais fatos em si mesmos, ou seja, aquilo que pertence essencialmente ao nível psicológico e que não pode ser reduzidos aos aspectos naturais.

Segundo a autora, a formulação matemática que se obtém no âmbito da psicologia somente é possível com a análise dos efeitos que os estímulos externos produzem concomitantemente no nível da psique e da corporeidade física. Tais efeitos, emergindo na forma de estímulo do acontecer físico-corpóreo podem ser passíveis de determinação numérica. Podemos citar o exemplo da acurácia da visão, que depende da constituição do corpo físico, no caso, do formato do olho, que determina possíveis distúrbios relacionados a este sentido, a miopia e hipermetropia. Além de aspectos físico-corpóreos, a acurácia da visão também depende das condições externas, por exemplo, se o tempo está nublado ou se a pessoa usa óculos para correção. Tal acurácia, portanto, pode ser medida, de modo a ser possível determinar numericamente o quanto o ponto focal da visão diverge da imagem real. Dessa forma, os graus de miopia de um indivíduo podem ser calculados.

O nível psíquico em si mesmo, ou seja, o sentido da visão em si mesmo, não é determinado pelo estímulo externo tal como o é o aspecto físico. Entretanto, este estímulo fornece a condição de possibilidade para a emergência do referido acontecer psíquico factual. Dessa maneira, tendo em vista que a ocorrência dos fatos psíquicos está relacionada ao acontecer físico e fisiológico – tal como é o caso de nosso exemplo do parágrafo anterior –, a psicofísica e a psicofisiologia devem ser disciplinas auxiliares da psicologia científica.

O tão almejado rigor científico da psicologia não consiste, então, na adoção de critérios matemáticos, mas "(...) na pureza e exatidão de sua estrutura conceitual, tal como é possível unicamente em virtude da análise fenomenológica" (idem, p. 887). Somente na medida em que estiver equipada com o esclarecimento de seus conceitos fundamentais, a psicologia poderá voltar-se às atividades que lhes são próprias. Como se trata de uma ciência empírica, ela deverá investigar as leis que regem factualmente o acontecer psíquico – por exemplo, "(...) a formação das disposições, os rendimentos da memória, etc." (idem).

A Psicologia Científica deve ocupar-se com um aspecto da alma, ou seja, com sua definição vinculada à vida e desenvolvimento das estruturas da psique, em conexão com o corpo vivo e, logo, com o mundo natural, estando inserida na rede das determinações causais do ambiente empírico. Faz parte também do âmbito de investigação da Psicologia Científica a vida factual da alma que manifesta a personalidade genuína e particular de cada um, proveniente do núcleo anímico.

Psicologia: ciência rigorosa da experiência X ciência rigorosa da subjetividade

Diante do que foi exposto, cabe questionar se, afinal, seria possível haver uma ciência rigorosa da subjetividade e se a Psicologia Científica teria uma consistência necessária diante do encargo. O conceito de subjetividade atrelado ao conceito de experiência interna acarretou uma cisão na concepção de experiência, historicamente colocada. Dessa maneira, como exposto pela própria Stein, as ciências naturais – em especial a Física, ciência natural por excelência – passaram a distinguir as qualidades dos objetos que poderiam ser passíveis de análise científica.

As qualidades denominadas primárias estariam relacionadas à estrutura do próprio objeto natural e, portanto, completamente independentes do cientista. À experiência externa do objeto, denominou-se objetiva, de modo que a consistência ou a veracidade de um enunciado científico seria pautada na exaltação da objetividade do dado real, decidida por consenso da maioria. Sendo assim, de acordo com esta concepção, as características particulares dos sujeitos poderiam interferir de maneira negativa no conhecimento de um objeto. As qualidades revestidas de interferências da subjetividade dos sujeitos, por sua vez, receberam a denominação de secundárias ou aparentes, por estarem sujeitas a enganos e, portanto, serem a fonte dos erros nos estudos científicos. Seguindo a lógica desta linha de pensamento, seria contraditório almejar uma abordagem científica da subjetividade.

A esta posição cientificista, porém, é preciso contrapor aquela concepção idealista segundo a qual o sujeito é fonte da certeza. Também esta posição, de maneira semelhante à primeira, resultou na cisão da experiência e, em último caso, no psicologismo. É preciso admitir que a Fenomenologia buscou superar traços do idealismo que puderam ter emergido em suas origens. A ênfase na intencionalidade da consciência é, portanto, fundamental para o reestabelecimento do que antes fora cindido. Neste sentido, uma ciência rigorosa da subjetividade surge como uma proposta concreta real.

As contribuições de Edith Stein ocorrem justamente a partir da fundamentação que a filósofa nos oferece a respeito do conceito de pessoa. De fato, a Fenomenologia também distingue sujeito transcendental e sujeito empírico – de modo que a Psicologia Científica se ocuparia do segundo – no entanto, não com o intuito de fragmentar dois níveis distintos de realidade, mas para que o sujeito empírico seja reconhecido como um indivíduo singular exemplar de uma estrutura universal essencial característica de toda espécie humana.

O aprofundamento de Stein em relação ao tema da pessoa humana refletiu sua preocupação com o sujeito real. A filósofa realizou suas análises principalmente nos âmbitos pedagógicos, de modo que, para estes, a definição da estrutura essencial da pessoa humana era imprescindível para a própria prática pedagógica. A definição de pessoa como unidade indivisível de corpo e alma, no entanto, não é uma premissa a partir da qual seguir deduzindo consequências filosóficas e até mesmo práticas, mas é resultado de uma análise fenomenológica minuciosa sustentada pela emergência de evidências fenomênicas. Orientada, então, pelo método fenomenológico, Stein apresenta uma nova concepção de subjetividade que compreende também a própria corporeidade. Fornece, desta maneira, uma fundamentação gnosiológica mais consistente à Psicologia, herdeira desde sua origem como disciplina científica, de concepções filosóficas enraizadas no dualismo cartesiano.

As contribuições de Stein no âmbito da Psicologia científica se concretizam, então, na medida em que a sua Fenomenologia é capaz de fornecer elucidações acerca da estrutura essencial da pessoa humana, além de delimitar metodologicamente a Psicologia em relação às demais ciências do espírito ou naturais. Definindo-se o objeto em questão, define-se também o enquadramento epistemológico da Psicologia. Como o tema da subjetividade não é esgotado apenas por esta ciência, ela afirma a necessidade de se bem delimitar os domínios científicos para que não haja reduções epistemológicas – do domínio psicológico ao natural; ou do domínio espiritual ao psicológico e ao natural; ou até mesmo do domínio natural ao psicológico e espiritual. As disciplinas científicas devem ser autônomas, porém complementares.

Referências

Ales Bello, A. (1998). *Culturas e religiões: uma leitura fenomenológica* (A. Angonesesi, Trad.). Bauru, SP: Edusc. (Publicação original em 1997).

Ales Bello, A. (2006). Fenomenologia e ciências humanas: implicações éticas. *Memorandum, 11*, 28-34. Retirado em 13/04/2012, da World Wide Web http://www.fafich.ufmg.br/~memorandum/a11/alesbello04.htm

Araújo, S. F. (2010). *O projeto de uma psicologia científica em Wilhelm Wundt: uma nova interpretação.* Juiz de Fora, MG: UFJF.

Araújo, S. F. (2011). Wilhelm Wundt e o estudo da experiência imediata. Em A. M. Jacó-Vilela, A. A. L. Ferreira & F. T. Portugal (Orgs.). *História da Psicologia: rumos e percursos* (2a ed., pp. 93-104). Rio de Janeiro: Nau.

Descartes, R. (2000). *Discurso sobre o método.* (M. Pugliesi & N. P. Lima, Trads.). Curitiba: Hemus. (Original de 1637).

Ferreira, A. A. L. (2011). A psicologia no recurso aos vetos kantianos. Em A. M. Jacó-Vilela, A. A. L. Ferreira & F. T. Portugal (Orgs.). *História da Psicologia: rumos e percursos* (2a ed., pp. 85-92). Rio de Janeiro: Nau.

Gomes Ferreira, A. (1985). *Dicionário de Latim-Português.* Porto: Porto.

Husserl, E. (2001). *Meditações cartesianas: introdução à fenomenologia.* (F. Oliveira, Trad.). São Paulo: Madras, 2001. (Publicação original de 1931).

Husserl, E. (2006). *Ideias para uma fenomenologia pura e para uma filosofia fenomenológica.* (M. Suzuki, Trad. Prefácio de C.A. Moura). Aparecida, SP: Ideias e Letras. (Publicação original de 1913).

Kant, I. (1994). *Crítica da razão pura* (M. P. Santos & A. F. Morujão, Trads.). Lisboa: Calouste Gulbekian. (Original publicado em 1781).

Massimi, M. (2011). O processo de institucionalização do saber psicológico no Brasil do século XIX. Em A. M. Jacó-Vilela, A. A. L. Ferreira & F. T. Portugal (Orgs.). *História da Psicologia: rumos e percursos* (2a ed., pp. 159-168). Rio de Janeiro: Nau.

Massimi, M. & Mahfoud, M. (2007). A pessoa como sujeito da experiência: um percurso na história dos saberes psicológicos. *Memorandum, 13,* 16-31. Retirado em 13/04/2012, do World Wide Web: http://www.fafich.ufmg.br/~memorandum/a13/massimimahfoud01.pdf.

Porta, M. A. G. (2007). *A filosofia a partir de seus problemas.* São Paulo: Loyola.

Stein, E. (2002). Vida de una familia judía. Em E. Stein. *Obras completas. v. I: escritos autobiográficos y cartas.* (J. García Rojo e cols., Trads.). Burgos, Espanha: Editorial Monte Carmelo. (Originais de 1933 e 1939, publicação póstuma em 1964).

Stein, E. (2003a). Introduccíon a la filosofía. Em E. Stein. *Obras completas. v. II: escritos filosóficos: etapa fenomenológica.* (F.J. Sancho, e cols., Trads., J. Urkiza, revisão). Burgos, Espanha: Monte Carmelo. (Originais de 1917-1922).

Stein, E. (2003b). Estructura de la persona humana. Em E. Stein. *Obras completas. v. IV: escritos antropológicos y pedagógicos.* (F. J. Sancho e cols., Trads., J. Urkiza, Revisão). Burgos, Espanha: Monte Carmelo. (Original de 1932-33).

Zahavi, D. (2003). *Husserl's phenomenology.* Palo Alto, EUA: Stanford University Press.

Contribuições de Edith Stein para a questão da (in)definição do objeto de estudo da psicologia

Victor de Barros Malerba
Marina Massimi

Dentre as inúmeras obras e contribuições de Edith Stein (1891-1942) à filosofia e à ciência contemporânea, discutiremos neste capítulo o texto *Introdução à filosofia* (Stein, 1917-22/2003) pois neste podem-se encontrar importantes contribuições para se pensar uma questão que, a nosso ver, coloca-se no cerne de grandes divergências no âmbito da psicologia, a saber, a indefinição de seu objeto de estudo.[1] A contribuição de Stein para a resolução desse problema parte da premissa de que é necessário definir conceitualmente esse objeto, o que, de acordo com a autora, só é possível através de uma investigação fenomenológica rigorosa.

Anteriormente a Stein, a necessidade de realizar esta tarefa para a fundação epistemológica rigorosa da psicologia científica foi assinalada também por seu mestre, Edmund Husserl (1859-1938). Segundo Husserl, a indeterminação metodológica e a artificialidade dos objetos da psicologia científica a ele contemporânea eram sintomas reveladores da crise da racionalidade moderna. Husserl parte da consideração de que a origem desta crise consistira "numa reviravolta que aconteceu em meados do século passado no que diz respeito à atitude frente às ciências", ou seja, "numa maneira inadequada de estimá-las" de modo que "a visão global do mundo, própria do homem moderno, na segunda metade do século XIX, deixou-se determinar de maneira exclusiva pelas ciências positivas e pela prosperidade que elas prometiam" (Husserl, 1976, p. 10). No caso da psicologia, esta posição implicou a redução artificial do objeto nos

[1] Projeto com apoio financeiro do CNPq.

termos das ciências naturais, o que "implicou considerar com indiferença às questões que são decisivas para a autêntica humanidade". Todavia,

> as questões que elas excluem por princípio são exatamente aquelas que são as mais urgentes para a nossa época desgraçada cuja humanidade é abandonada aos altos e paixões do destino: são estas as questões que dizem respeito ao sentido ou à ausência de sentido de toda esta existência humana. Estas questões não exigiriam, elas também, em sua generalidade e necessidade que se impõe a todos os homens, que sejam meditadas suficientemente e que se contribua para uma resposta que surgia da via racional? (...). Acerca da razão e da *des-razão,* acerca de nós mesmos enquanto homens sujeitos de liberdade, o que a ciência tem a dizer? (Husserl, 1976, p. 10).

Em suma, o que está em questão não é a cientificidade e sim o que as ciências e a ciência em geral significaram e podem significar para a existência humana; numa palavra: a relevância da própria ciência psicológica.

Tal questionamento não foi colocado apenas por Husserl, mas também por outros autores da psicologia contemporânea, dentre eles um dos fundadores das ciências cognitivas antes e da psicologia cultural depois, Jerome Bruner (1997).

Para o psicólogo,

> No seio da psicologia há uma inquietação profunda com o estado da nossa disciplina e com o início de uma nova busca de meios para a reformular. Apesar do reinante espírito de pequenos estudos limpos e do que Gordon Allport outrora apelidou de medolatria, as grandes questões psicológicas levantam-se de novo: questões sobre a natureza da mente e os seus processos, sobre o modo como construímos os nossos significados e as nossas realidades, sobre a formação da mente mediante a história e a cultura. (...). Cada uma de nossas pesquisas progrediu sempre que nos dispusemos a fazer perguntas sobre tópicos interditos como a mente, os estados intencionais, o significado, a construção da realidade, as regras mentais, as formas de cultura (p. 11).

Diante desse quadro da psicologia contemporânea, o texto de Stein em que se embasa este estudo avança na construção de uma estrutura conceitual esclarecida sobre o objeto da psicologia, a qual, segundo Stein, é necessária ao rigor desta enquanto ciência empírica. Para a filósofa, toda teoria psicológica pressupõe uma definição de seu objeto de estudo, mesmo que apenas faça uma reflexão superficial sobre esta questão, já que o que lhe interessa é explicar, mais do que descrever, esse objeto (explicação a qual se dá mediante a formulação de leis empíricas). Assim, no caso das diferentes abordagens teóricas da psicologia, cada abordagem possui uma concepção de homem, a qual, no entanto, é apenas pressuposta, não se considerando pertinente colocá-la em discussão.

No texto de Stein, o olhar fenomenológico é voltado para a subjetividade, cujos vários aspectos são descritos, evidenciando-se a essência de cada aspecto da subjetividade, destacando-se o caráter universal destes, enquanto estruturas da subjetividade, partindo sempre dos fenômenos pelos quais estes se revelam ao "eu". A seguir, apresentamos, portanto, algumas das descrições de Stein das diversas formas de subjetividade, que compõem o núcleo de sua contribuição à ciência psicológica, segundo a sua própria argumentação, já que tais descrições constituem a base da construção de uma estrutura conceitual sólida para esta ciência.

1. O conhecimento de pessoas

Segundo Edith Stein, para avançar no conhecimento das diversas formas da subjetividade, devemos nos ater à investigação do tipo "pessoa humana", uma vez que este contém todas essas formas. Nessa investigação, "encontramos como unidade a pessoa com tudo o que a ela pertence. É um ato unitário; mas, de acordo com os múltiplos elementos que constituem a unidade da pessoa, a análise deverá mostrar múltiplos componentes" (Stein, 1917-22/2003, p. 823, tradução própria[2]).

1.1 Experiência de si mesmo e experiência do outro: a percepção do corpo vivo alheio

Há duas possibilidades de conhecimento da pessoa humana: a experiência de si e a experiência do outro, sendo que essas duas formas podem se entrelaçar em algum ponto, ou se complementar.

Na percepção do outro, "a pessoa alheia é percebida de maneira tão imediata como se percebe uma coisa ou como se percebe a própria pessoa" (p. 825). Assim como na percepção de um objeto físico, em que

2 As citações que se seguem correspondem à Stein (1917-22/2003), as traduções são de nossa autoria e os grifos das citações são da autora.

apreendemos suas faces ocultas sem que estas estejam dadas propriamente (ou seja, as percebemos "conjuntamente"), também percebemos o outro "com tudo que a ele pertence, com corpo vivo e alma, com seus estados atuais e qualidades permanentes" (p. 825). Não há, por exemplo, uma dedução do que constitui a pessoa como tal (uma unidade de alma e corpo) a partir de seu corpo físico, uma vez que seus elementos são percebidos simultaneamente. A percepção do outro, portanto, é transcendente, uma vez que não se atém ao que está dado "propriamente" (como o corpo físico), mas apreende também elementos que são dados de forma "vazia" (como a alma, e as faces de seu corpo físico que não estão dadas propriamente). Nessa percepção, se unem diversos componentes e "devemos investigar quais desses componentes são responsáveis pelo que em cada caso se percebe 'propriamente' ou como encontra sua plenitude o que em cada caso 'se vê' apenas 'conjuntamente'".

No entanto, a percepção do corpo físico alheio se diferencia da percepção das coisas simples, por exemplo, em seu movimento. "Enquanto todos os demais movimentos na natureza física se apreendem como efeitos de um impulso exterior, encontramos aqui movimentos que se iniciam 'por si mesmos', sem intervenções exteriores" (p. 825). Esses movimentos são percebidos como dados por um impulso interior daquele ser vivo, já que não se percebe um impulso exterior que possa causá-lo. No entanto, esse impulso interior não pode ser percebido de forma original, da mesma forma em que percebo um impulso de um movimento meu. O impulso do outro ser vivo é captado de maneira vazia, em uma "consciência representante", a que chamamos empatia.

> A empatia, enquanto representação, é uma vivência original, uma realidade atual. Porém o que representa não é uma "impressão" própria, seja passada ou futura, mas uma moção atual vital original de outra pessoa, uma moção que não se acha em vinculação continuada com meu vivenciar e que não pode coincidir com ele. Situo-me no interior do corpo percebido, como se eu fosse seu centro vital, e efetuo, "como quem diz", um impulso de tal índole que poderia desencadear um movimento – percebido, "como quem diz", desde o interior - um movimento que poderia fazer-se coincidir com o percebido externamente. Se a representação empatizante não estivesse motivada pela percepção externa, então não se distinguiria da fantasia (p. 826).

A partir do contraste ou concordância entre o conteúdo da percepção externa e o da empatia, considero este como um engano ou como uma realidade, respectivamente.

Há também possibilidades de engano na percepção do outro, como no caso em que, ao longo de uma percepção (de um movimento, por exemplo), chegamos ao conhecimento de uma causa externa desse movimento, causa a qual ignorávamos, e que nos faz descartar uma apreensão anterior desse movimento como algo originado pela motivação do indivíduo, o que elimina o conteúdo da empatia. Não há uma verdade definitiva para uma percepção empática do outro, uma vez que falta um critério último, como o que possuímos na consciência original de nossa própria experiência, para a correção de enganos na percepção externa, que pode apenas ser substituída por uma nova percepção externa, a ser tomada como a "verdadeira" (Stein, 1917-22/2003).

Na percepção das diferentes manifestações externas de um ser, apreendem-se também correspondentes "estados vitais". Segundo Stein, "A posição da condição interna pode alcançar seu caráter de crença mediante a percepção externa motivada por ela" (p. 829), ou seja, podemos perceber determinado estado interno, na pessoa alheia, através da percepção das manifestações externas motivadas por esse.

A sensibilidade do corpo vivo alheio é outro aspecto da percepção desse corpo, e é vivenciada como uma qualidade que se estende por toda a sua superfície. Segundo Stein (1917-22/2003), esta qualidade não se dá conjuntamente, mas

> parece a mim que existe uma estrutura superficial típica, totalmente determinada, e um determinado tipo de mobilidade da superfície (em consonância com a índole de nossa "pele"), com a qual a sensibilidade vem a converter-se em objeto e faz que o corpo físico apareça como corpo vivo (p. 831).

1.2 A compreensão da psique alheia e da vida anímico-espiritual

As sensações não são estados pertencentes apenas ao âmbito do corpo vivo, mas são também estados psíquicos. Ao percebermos um ser com sensações psíquicas, percebemos também um ser com uma consciência pura. Mas a essa consciência de sensações deve-se somar um *cogito*, ou seja, "o ser em tensão entre um "eu" desperto e, consciente de si mesmo, e uma objetividade" (p. 833). Assim, Stein (1917-22/2003) coloca a questão:

> O que permite apreender ao ser vivo "animado" como um sujeito espiritual que realiza atos livres e que tem diante de si um mundo de objetos, que possui qualidades anímicas "superiores" e que brota de um "núcleo pessoal" com peculiaridade individual? (p. 833).

De acordo com Stein (1917-22/2003), certas manifestações do corpo vivo têm a capacidade de expressar a vida do "eu", como se apreende no olhar do outro, que se dirige às coisas do mundo, mostrando estar orientado pelo espírito. Nessa experiência do outro, apreende-se uma vitalidade que é totalmente distinta da forma com que se percebe os estados sensoriais, discutidos anteriormente. O anímico se percebe *na* manifestação externa, e não "com" ela, ou seja, ambos constituem, na percepção, uma unidade. Compara-se a relação entre a expressão (manifestação externa) e o correspondente conteúdo anímico, com a relação entre uma palavra e seu significado, com a diferença de que a expressão, comparada aqui com a palavra, não remete a algo objetivo fora dela, como um significado, mas inclui o anímico em si mesma.

Determinada expressão da vida da alma pode ser aceita como fiel, ou seja, como representante fiel do que se passa na vida interior do ser que está diante de si, ou rejeitada, quando houver alguma ambiguidade ou obscuridade na expressão. Nesse caso, é necessário realizar um reexame da expressão, comparando o estado de alma que apreendemos através da empatia com o que se manifesta originalmente. Porém, claramente, "tampouco aqui temos a garantia de que a vivência empatizada, em todas as suas características, seja tal como a que nós nos representamos por meio da empatia" (p. 837).

Stein coloca, ainda, que a experiência própria e a experiência de outros estão entrelaçadas. Dada a configuração do corpo vivo, não é possível perceber externamente nossas próprias expressões, o que faz com que as manifestações expressivas e a vida da alma que é contemplada por meio da expressão apenas sejam conhecidas através da percepção alheia. Assim, "a mudança percebida no próprio corpo, que eu capto como fluindo de uma vivência, chega a coincidir também com uma expressão representada que é tipicamente alheia" (p. 839-840).

Dessa forma, a observação da vida da alma alheia ajuda a pessoa a conhecer a própria vida da alma, enquanto esta se manifesta externamente. Além disso, a experiência que outros têm dessa pessoa, quando lhe é transmitida, contribui para o conhecimento de seu próprio vivenciar, clareando elementos que esta não havia percebido anteriormente.

Ao perceber um indivíduo psicofísico, atribuindo-lhe uma vida espiritual, a pessoa também lhe atribui os correlativos que pertencem a seus atos, mesmo que esses correlativos não se façam visíveis na expressão. Assim, ela atribui a esse indivíduo uma percepção do mundo ao seu redor, do mesmo mundo em que o percebe, apesar deste mundo, na sua representação empática do ponto de vista desse indivíduo, se apresentar em manifestações distintas das de sua própria percepção atual.

Ao se situar no ponto de vista do outro, tomando-o como "o ponto zero da orientação", e observando sua pessoa "de fora", sem vinculá-la com o sujeito que a percebe, a pessoa realiza uma representação empatizante da percepção de meu próprio corpo. De fato, efetua uma mudança de perspectiva, "ao subtrair-lhe a singularidade que parece corresponder-lhe na simples experiência própria, e o situa ao mesmo nível que as outras coisas" (p. 843). Temos aqui outro exemplo de entrelaçamento da experiência própria e experiência alheia.

Outro aspecto que compõe a percepção do outro é o conteúdo de seus pensamentos e reflexões, que nos são transmitidos através da linguagem. Através da compreensão linguística, posso obter conhecimento dos conteúdos de fantasias e pensamentos de outrem. No ato de falar, o sujeito falante aparece como sujeito pensante, dotado de qualidades intelectivas.

Aparecem, na expressão linguística, os traços de caráter do sujeito falante, traços os quais são percebidos também através de outras expressões da pessoa (gestos corporais, expressões faciais, por exemplo), e assim se manifestam externamente. Essas percepções ajudam a compor a minha representação da peculiaridade do caráter da pessoa percebida, construindo certa imagem desta (Stein, 1917-22/2003).

No contato com a peculiaridade alheia, a pessoa sente-se ligada de forma tal que se sente transformada internamente por ela. Assim, pode suceder que certos níveis da sua pessoa sejam suprimidos, ou que outros níveis, que antes se encontravam num estado totalmente impreciso, se abram, devido ao contato com esse outro. Pode ocorrer também que chegue ao conhecimento da peculiaridade alheia ao constatar as transformações que esta gera em si, como quando percebe a importância de certa pessoa em sua vida, a partir da admiração que sente por ela. Dessa forma, como coloca Stein, "a ampliação de minha própria vida interior me faz conhecer a riqueza interior dessa pessoa" (p. 847). Ainda, pode-se concluir, com base nesses argumentos, que a peculiaridade alheia não é objetiva, "*a priori* em relação aos efeitos que ela causa em mim, apesar de que algo dela deva ser transmitido a mim para que esses efeitos ocorram" (p. 847).

Por fim, é necessário colocar que o ato de conhecer outras pessoas, a experiência de pessoas alheias, é algo que se estrutura a partir de um esquema, como ocorre no caso da percepção externa. Contudo, ao contrário desta última, o esquema que regula a experiência alheia não é o esquema "coisa", mas sim o esquema "corpo vivo". Como vimos, esse esquema é constituído por categorias como a sensibilidade, a mobilidade e a capacidade de expressão. Na apreensão do tipo "pessoa humana", contribuem tanto os dados sensoriais, que remetem à minha percepção externa do outro, quanto as impressões que recebemos da peculiaridade alheia e da influência alheia, que também compõem a apreensão de uma personalidade. Ainda, "em todos os casos, a tomada de conhecimento dirigida ao esquema 'personalidade' significa sempre, como na percepção externa que se dá sob o esquema da coisa, um ir além do que nela está dado propriamente" (p. 852).

Em situações em que tomamos conhecimento de algo que não está dado "propriamente" a empatia é uma possibilidade, como já abordamos anteriormente. Nesse caso, o conhecimento se dá mediante um ato representativo que, indo além de si mesmo, remete a uma consciência original que tive outrora (como a tristeza que vejo no outro remete à minha própria tristeza). Em outras palavras, para a representação de um sentimento alheio, só é possível se utilizar como material a própria experiência, os próprios sentimentos, pois apenas destes é possível ter uma consciência original. Assim, como Stein coloca, "a experiência alheia encerra em si a experiência própria" (p. 852).

1.3. Experiência do próprio ser e da própria vida anímico-espiritual

Trataremos agora de outro tópico desenvolvido por Stein em sua obra, que nos parece relevante para a psicologia: o tema da pessoa como realidade psicofísica, abordando tanto o conhecimento da psique, do corpo vivo e das relações em que ambos funcionam como uma unidade.

Segundo Stein, o conhecimento da psique abrange a experiência dos estados psíquicos, a experiência das qualidades psíquicas e a experiência da alma e da vida espiritual.

No conhecimento da vida da alma e da vida espiritual, nos deparamos com o contraste entre "autoconsciência" ingênua e conhecimento reflexo. Em toda vivência anímica, posso vislumbrar que essa vivência mesma procede de um nível da alma, ou seja, de uma determinada profundidade desta, e que ela carrega consigo a minha nota individual, minha peculiaridade. Quanto mais intensamente um nível da alma se ressalta em determinada vivência, mais clara esta fica, podendo ocorrer que vários níveis se "iluminem" em uma vivência, com claridades distintas.

1.4 Experiência da própria psique

Faz-se necessário, para a seguinte análise, ressaltar que o ser-consciente-de-si-mesmo pertence ao âmbito da alma, enquanto que no âmbito da psique, incluindo as qualidades do caráter, essa captação não participa, ocorrendo sempre, neste âmbito, uma objetivação das vivências.

Em todo ato reflexivo, em que uma pessoa se dirige a uma vivência anímica, esta não intui apenas seu "*si mesmo*", mas também sua peculiaridade individual e o nível de sua pessoa do qual esta brota. A alma está presente em toda percepção, "como algo que é e que permanece, que *era* antes dessa vivência, e que *será*, quando essa duração tiver terminado" (p. 852). Assim, trata-se também de uma intuição que possui um objeto transcendente, já que vai além do que está dado "propriamente".

Há uma síntese de atos na percepção interna, de forma que o que estava dado apenas "conjuntamente", pode passar a ser percebido "propriamente", e vice-versa. Do mesmo modo, na percepção de uma vivência, através de um ato reflexivo, captam-se não apenas as minhas qualidades presentes nessa vivência, mas também as raízes destas: as qualidades pessoais que, embora não se manifestem de forma atual nessa vivência, podem ser percebidas, mediante um ato reflexivo, como qualidades duradouras.

É possível que ocorram enganos na percepção interna, especialmente quando há uma falta de clareza acerca da vivência original sobre a qual refletimos, de forma que certos traços dessa vivência se percam. É possível ainda que se tenha vivências pessoais "inautênticas", como quando se tem um sentimento que não brotou do próprio interior, mas que se sente por ser contagiado pelo sentimento de outrem. Mediante uma comparação com a própria peculiaridade individual, anteriormente captada, pode-se desmascarar uma vivência "inautêntica", já que, nas vivências "autênticas", as qualidades percebidas coincidem com a própria peculiaridade, o que não ocorre no caso das "inautênticas". Ainda, a peculiaridade individual serve para determinar a unidade do caráter, uma vez que sempre se recorre a ela para dizer "quais qualidades, além das observadas pela experiência, encaixariam no marco que essa peculiaridade traça previamente, e quais seriam impossíveis como eflúvio dessa peculiaridade" (p. 852).

Ao se analisar as percepções internas de uma qualidade, devem-se levar em conta também as condições em que essa qualidade aparece, já que estas podem tanto fazer com que a qualidade em questão apareça em um *modo de aparição* diferente, quanto fazer com que a qualidade mesma apareça mudada. Assim, é possível se sentir mais ou menos inteligente ao realizar tarefas lógicas sob condições diversas, com também se pode atribuir às novas condições a "culpa" pela diferença no próprio desempenho.

A liberdade, por outro lado, ou existe, ou não existe. Ela "nem aumenta nem diminui com a realização ou não realização de atos livres e não parece tampouco que se modifique ao mudarem as circunstâncias" (p. 861). É uma consciência de poder distinta da capacidade de realizar algo devido a uma qualidade que se possui. Na consciência da própria liberdade, a pessoa percebe a liberdade que tem para se "autoeducar", para causar em si próprio o desenvolvimento de certas qualidades e impedir o de outras. Percebe que seria possível ser diferente do que é, caso tivesse agido de maneira diversa da qual agiu de fato. No entanto, como coloca Stein, "esse poder tem limites na vivência. Não sou capaz de fazer tudo, de fazer qualquer coisa, e em consequência não sou capaz de ser o que eu queria ser" (p. 861). Experimenta-se, assim, as próprias incapacidades, os próprios limites e a falta de liberdade.

1.5 Experiência do próprio corpo vivo

Para compreendermos certos aspectos da psique, devemos levar em consideração também a experiência do corpo vivo, uma vez que "não nos apreendemos meramente como sujeitos psíquicos, sendo que a *auto percepção* é sempre percepção da pessoa inteira, de seu corpo e de sua 'alma'" (p. 863).

Um primeiro aspecto relevante acerca da percepção do próprio corpo vivo é a impossibilidade de percebê-lo propriamente por completo, da mesma forma com que se percebe um objeto na própria mão, o qual se pode girar, vendo e tateando todas as suas faces, de forma que as faces que antes estavam dadas de forma vazia passam a ser dadas propriamente. Ao contrário, como o próprio corpo participa na percepção dele mesmo, esta percepção é limitada. Os olhos de uma pessoa, por exemplo, nunca poderão olhar a si mesmos, assim como é impossível para a própria mão tocar a si mesma completamente. No caso de um objeto exterior, pode-se afastá-lo de si, percebendo-o de outro ponto de vista, o que é impossível na percepção do próprio corpo, que está sempre no ponto zero da orientação. Assim, na percepção externa do próprio corpo vivo, sempre restam componentes que não podem ser percebidos senão de forma vazia, não havendo possibilidade de percebê-los propriamente (não se pode ver diretamente a parte de trás da própria cabeça, por exemplo).

No entanto, a percepção (externa) "vazia" desses componentes é complementada por outra percepção, de índole distinta, integrando uma unidade. Essa outra percepção é aquela que se dá "desde o interior" do corpo vivo, unindo a percepção deste com a do corpo físico. É através dela que se tem consciência da superfície do próprio corpo vivo, como uma unidade formada por "extensões" que delimitam o próprio corpo do mundo exterior, especificando também o interior de próprio corpo, enquanto "um fragmento de espaço determinado por todos os lados" (p. 866). Este último também é percebido por "si mesmo", através das sensações orgânicas, nas quais se vivencia partes de próprio corpo que se encontram "entre mim e a minha superfície".

A percepção externa de próprio corpo vivo e a percepção "desde dentro", a que chamamos "percepção do corpo vivo", se conectam em uma unidade, formando o esquema *corpo físico-vivo,* onde os componentes de ambas essas percepções se complementam.

1.6 Conexões psicofísicas: o entrelaçamento da percepção interna e da percepção do corpo vivo

Segundo Stein, "os estados corporais são também estados psíquicos e, se elimina toda percepção transcendente, são estados da consciência" (p. 871). Assim, o "cansaço de meu corpo", por exemplo, é também estado de um sujeito psíquico; é "meu cansaço". Há, nesse caso, um entrelaçamento da percepção interna e da percepção do corpo vivo. "Ambas mostram um estado comum, independentemente do estado particular próprio de cada uma das duas que é inacessível à outra" (p. 872).

A percepção interna e a percepção do corpo vivo se entrelaçam também na expressão da vida interior, como fenômeno em que se revela a unidade entre o corpo vivo e a alma. Trata-se de um "fluir do interior para o exterior", que é captado tanto pela reflexão, como pela percepção interna, além de ser vivenciado originalmente. Ainda, a expressão pode ser captada através da percepção do corpo vivo (pode-se perceber "de dentro" a própria expressão facial se alterar, em consonância com um sentimento de dor, por exemplo), assim como através da percepção externa, coincidindo com o conteúdo originalmente consciente da expressão.

A vontade também tem participação nos processos de expressão, podendo frear o impulso para certas expressões, ou produzir mudanças corpóreas que coincidam com certas formas de expressão, mesmo que não se tenha a vivência correspondente a tais formas. Da mesma forma, sem tentar exercer algum tipo de controle, "eu posso abandonar o corpo vivo a mercê da influência da vivência que se percebe" (p. 875).

1.7 Cooperação entre experiência própria e experiência alheia

Certos aspectos do *esquema pessoa* não chegam a ser dados na experiência própria, sendo intuídos propriamente apenas na experiência alheia. Entre eles, Stein (1917-22/2003) coloca:

> O corpo vivo da pessoa alheia aparece, segundo sua corporeidade espacial, como uma coisa tal qual todas as demais; seu interior (nos diversos significados possíveis) está encerrado em seu corpo vivo; a expressão corporal é o "espelho" do seu ser e de seu viver espiritual-anímico e a porta pela qual temos acesso a ele. Apenas quando apreendemos a nós mesmos como análogos à pessoa alheia, poderemos fazer com que esses fatores que pertencem a ela sejam, para nós, em uma representação, um dado intuitivo (p. 871).

Dessa forma, a reflexão e a experiência interna são aspectos que estão fundamentados na experiência alheia, já que quando realizamos atos de reflexão, estamos olhando para nós mesmos do mesmo modo como olhamos para outras pessoas.

Assim, a intuição plena de uma pessoa só se dá quando há a cooperação entre a experiência própria e a experiência alheia. Essa complementação é necessária para que ocorra a apreensão da unidade da pessoa.

2. As Ciências da subjetividade

Para verificar se há uma ordem sistemática no âmbito das diversas ciências da subjetividade, devemos analisar as formas de conhecimento aplicadas em cada disciplina, as elaborações metodológicas e os objetos que cada uma dessas disciplinas se encarrega de conhecer.

Segundo Stein (1917-22/2003), as seguintes disciplinas têm como objeto a subjetividade: "a biologia (no sentido mais amplo), a psicologia e a psicofísica, a história e as demais 'ciências do espírito', a etnologia, a sociologia e finalmente a fenomenologia como doutrina acerca da consciência pura" (p. 877).

2.1 A Fisiologia como ciência do corpo vivo e as particularidades da determinação científico-natural da legalidade da natureza

A fisiologia é a ciência encarregada do estudo do corpo vivo, abordando a constituição e as funções dos organismos. As formas de conhecimento correspondentes ao objeto *corpo vivo*, como vimos, são a percepção externa e a percepção do corpo vivo. A anatomia, por outro lado, se encarrega da descrição das características externas das partes do corpo vivo, utilizando-se puramente da percepção externa, diferentemente do que ocorre na fisiologia. As duas ciências se relacionam intimamente, já que ambas se ocupam dos mesmos objetos de experiência. No entanto, deve-se ressaltar que seus objetos possuem fatores constitutivos diferentes, pertencendo a diferentes regiões ônticas.

Como ciência empírica, a fisiologia busca encontrar, em objetos individuais, o que há de comum com outros objetos e as leis universais às quais estão sujeitos.

Para compreendermos essa atitude, devemos investigar o que significa a individualidade. "Quando uma disciplina científico-natural quer determinar a individualidade de um objeto, utiliza o tempo e o espaço como *principia individuationis*" (p. 879). Ou seja, um indivíduo está devidamente apontado quando se encontra num determinado ponto do espaço, num determinado tempo. Posto que só há um espaço e um tempo, e que as coisas da natureza não podem ocupar um mesmo lugar no espaço simultaneamente, sua individualidade pode ser estabelecida dessa maneira. Nessa perspectiva, as características internas e materiais de um objeto não são necessárias nem suficientes para determinar sua individualidade, já que duas coisas exatamente iguais podem ocupar lugares e instantes distintos. Assim, "a determinação científico-natural da individualidade é uma determinação *universal*, e capta a coisa de *fora,* não por meio de sua própria estrutura interna" (p. 880). Uma outra forma de determinação da individualidade é aquela em que "se pode estabelecer claramente uma personalidade como individualidade espiritual, independentemente de seu lugar no espaço e no tempo" (p. 881). Sua personalidade pode se presentificar em diferentes lugares simultaneamente, pois não se limita ao corpo vivo.

Assim, vemos que, na determinação científico-natural da individualidade, o indivíduo é apenas numericamente único, enquanto a individualidade da pessoa, além de numérica, é *qualitativamente* singular, sendo isto o que possibilita a captação de sua unicidade. A individualidade de que se fala nas ciências da natureza pode ser determinada por leis universais, as quais constituem uma rede através da qual a realidade é captada, rede essa que constitui condição imprescindível para a possibilidade do conhecimento científico. Tais leis são conhecidas mediante a experiência, diferindo portanto do *a priori* investigado pela ontologia. A estrutura *a priori* da natureza, segundo Stein, "contém tudo o que pertence necessária e inevitavelmente à natureza como tal, sem a qual as coisas e os processos deixariam de ser as coisas e os processos da natureza" (p. 882). Ao contrário, as leis empíricas podem ser alteradas mediante uma experiência que as anule, sem que isso anule a natureza, pois esta simplesmente seria captada como seguindo leis distintas.

Passamos agora a tratar da essência dessas leis empíricas da natureza, e os pressupostos em que se embasam. Segundo Stein, "o estabelecimento de uma lei da natureza se baseia antes de tudo na constatação de regularidades universais no transcurso do acontecer, na experiência de uma série de 'casos iguais'" (p. 882). A constatação dessa regularidade pressupõe que uma essência comum pode ser ressaltada nos vários "casos particulares", sendo essa uma condição necessária para a verificação de fatos experimentais universais. Através de deduções que partem da verificação dessa igualdade, e que permitem que dos fatos conhecidos experimentalmente se deduzam outros casos, estabelece-se então um *regra* empírica, mas não uma lei. Ao estabelecer-se uma lei empírica, tem-se a intenção de apontar uma razão para a regularidade do acontecer que é constatada. A lei "é uma proposição universal, da qual se deduzem com necessidade lógica fatos particulares" (p. 882). E segue o princípio da indução, onde se decompõem fatos particulares em diversos fatores necessários ao seu acontecimento, admitindo-se depois que, em outros fatos observados, que sejam da mesma índole dos primeiros, os mesmos fatores foram responsáveis por seu acontecer. Uma lei empírica é primeiramente enunciada como uma hipótese, que, quanto mais for confirmada em fatos experimentais, ou seja, mediante o confronto com o mundo empírico, mais ela se estabelece como fato universal, que vale não apenas para os casos observados, mas também para quaisquer casos de mesma índole que tenham ocorrido, ou que venham a ocorrer. Caso essa confirmação não ocorra, a lei perde sua validez, não mais afirmando uma realidade existente.

Esse conceito de lei não se limita às leis exatas, àquelas formuladas matematicamente, mas também a leis como as da fisiologia, que não são leis exatas, apesar de eventualmente utilizarem cálculos numéricos, mas que não constituem o objeto específico de sua investigação. Pode-se estabelecer uma lei, por exemplo, que afirme que toda vez que determinado órgão se perde, outros órgãos assumem a sua função, sem que seja necessária uma formulação numérica para o seu estabelecimento.

Para Stein, "uma fundamentação filosófica da fisiologia teria que demonstrar que as leis universais da fisiologia, conhecidas pela experiência, se baseiam em princípios apriorísticos, de forma análoga a como faz a física" (p. 883). A ideia de regularidade serve como fio condutor das leis empíricas em geral, em qualquer terreno. No caso da natureza material, a lei causal constitui o princípio de regularidade. Um aspecto, no entanto, que diferencia as ciências que tratam do orgânico, daquelas que tratam da materialidade "bruta" (como a física e a química), é o *princípio da teleologia*, segundo o qual os organismos apresentam uma "tendência a uma finalidade, e a estrutura de um organismo e todo o acontecer que se produz nele, somente poderão ser compreendidos se levarmos em conta essa finalidade" (p. 884).

Assim, no âmbito da fisiologia, como doutrina do corpo vivo, deve-se atentar para os fenômenos empíricos, tendo em conta que estes podem seguir leis causais, leis teleológicas, ou mesmo outros tipos de leis, que podem não ter sido consideradas, visto que o corpo vivo não deve ser estudado como um corpo material qualquer.

2.2 Psicofísica e Psicologia

Para Stein, a fisiologia, enquanto ciência do corpo vivo, não deve se limitar a estudá-lo apenas como um organismo que se comporta e se desenvolve mediante a determinação de influências internas e externas, mas também levando em conta seu aspecto de corpo *que sente*, tomando-o como um organismo *psicofísico*. Assim, Stein (1917-22/2003) vê

> a necessidade de ampliar a fisiologia convertendo-a em *psicofísica,* a qual deve investigar as conexões entre o psíquico e o físico: o modo em que os estados do corpo vivo e os processos se acham psiquicamente representados, e como tais estados e processos são condicionados pelos estados psíquicos e como eles, por outro lado, condicionam os estados psíquicos (p. 885).

As investigações da psicofísica são possíveis apenas em conexão com a psicologia, uma vez que é necessário conhecer os estados psíquicos para que se evidencie sua conexão com a corporalidade.

O método da psicologia se diferencia do da fisiologia, já que essas ciências possuem objetos de estudo distintos. No caso da fisiologia, o objeto e os processos que o envolvem são espaciais e o tipo de percepção utilizada para conhecê-lo é a percepção externa. Na psicologia, essa percepção também é utilizada (afinal a expressão é o aspecto externo de um estado psíquico e pode ser percebida externamente), mas recorre-se inevitavelmente à experiência própria, pois não posso vivenciar de maneira original os estados psíquicos de outra pessoa, apenas os meus. Segundo Stein (1917-22/2003),

> mesmo que o psicólogo, que trabalha com experimentos e estatísticas, utilize as declarações das pessoas submetidas a um exame, para se informar sobre seus estados psíquicos, de qualquer forma é a *sua própria* experiência a que constitui a base da análise científica (p. 886).

O mesmo vale para dados colhidos por instrumentos como os batimentos cardíacos e a intensidade da respiração, com o objetivo de se conhecer algo sobre um estado psíquico. Esses dados são apenas sintomas do estado psíquico e servem de apoio para se pensar esse estado. Mas ao fazer isto, supõe-se já a apreensão do que seja o estado mesmo, e o fato de que este possui uma relação funcional direta com os dados colhidos.

Para conhecer o estado psíquico em si mesmo, é necessário que se possa captá-lo no transcurso de uma vivência e que se possa "investigar as vivências segundo sua essência (e como dissemos anteriormente: *apenas* segundo sua essência). Por conseguinte, toda pesquisa na psicologia pressupõe a investigação das vivências puras, tal como as descreve a *fenomenologia*" (p. 888).

Portanto, a rigor, mesmo que a psicologia tenha se interessado principalmente por explicar as condições empíricas das vivências, e não descrever elas mesmas, alguma reflexão, mesmo que breve, se fez acerca do que se entende por "atenção", "memória", etc. Levando-se em conta que só se pode fazer uma descrição das vivências através de uma descrição da essência comum entre elas, pode-se dizer que, por trás de das teorias psicológicas, que estabelecem leis e explicações para os fatos psíquicos, há sempre "uma investigação fenomenológica rudimentar e não consciente de si mesma" (p. 887).

Dessa forma, para Stein, a psicologia só pode ser considerada uma ciência enquanto trabalhar com conceitos esclarecidos, ou seja, com conceitos formados através de uma investigação fenomenológica. Assim,

> O rigor da psicologia científica não deve ser buscado na exatidão própria das ciências naturais, porque a um tratamento numérico são acessíveis unicamente as condições naturais dos fatos psíquicos, mas não estes em si mesmos. O rigor da psicologia consiste unicamente na pureza e na exatidão de sua estrutura conceitual, tal como é possível unicamente em virtude de análises fenomenológicas. Apenas quando a psicologia está equipada com semelhante material conceitual, pode abordar a tarefa que lhe é própria, a investigação das leis pelas quais se rege o transcurso efetivo do acontecer psíquico (...) (p. 888).

Apesar disso, não se deve excluir das investigações psicológicas, por princípio, qualquer formulação numérica, pois as relações entre os fenômenos corpóreo-fisicos (que são passíveis de uma formulação matemática) e os estados psíquicos correspondentes ainda se encontram no campo da investigação psicológica e são necessárias a esta, como sua complementação.

3. Ciências do espírito

3.1 Legalidade do ser da vida espiritual e sua cooperação com leis psicológicas

As leis psicológicas e psicofísicas não são suficientes para descrever ou explicar a totalidade do acontecer psíquico. Deve-se acrescentar, às condições desse acontecer, um tipo inteiramente distinto de leis, que são chamadas *leis da vida espiritual.* Essas leis se referem ao conteúdo de sentido das vivências dos estados psíquicos, já que estes não são apenas "*modi*" da psique, pois também "tendem a algo que não pertence ao organismo, mas que está tomado do mundo dos objetos (...)" (p. 887). Assim, ao pensar a pessoa humana como um sujeito psíquico, temos diante de nós um indivíduo com uma consciência e com uma psique, que vive diferentes estados dessa psique conforme se dá o transcurso de sua experiência. Mas ao pensarmos a pessoa humana também como um sujeito espiritual, abarcamos um outro aspecto desse ser, em que esses diferentes estados psíquicos possuem também conteúdo de sentido e significam algo para quem os vivencia. Conforme Stein: "Ao sujeito damos a denominação *espiritual*, enquanto este não apenas tem estados psíquicos, mas que experimenta sentido e está submetido as *leis de sentido*" (idem).

A motivação, pela qual uma vivência suscita a outra vivência devido ao seu conteúdo de sentido, é um exemplo de lei de sentido. Diferentemente das leis empíricas, as leis de sentido não são constatadas (como se constata que um martelo deforma um molde de ferro), mas são *compreendidas.* Quando compreendemos uma conexão motivacional, de sentido, (como uma reação raivosa a um insulto) "a conexão é *evidente* num modo tal que não se realiza jamais nos processos parciais de um acontecer causal (...) e esta evidência torna possível captar a conexão como uma lei universal" (p. 889).

Outra diferença em relação às leis empíricas se encontra no fato de que as leis de sentido não obedecem a uma relação de necessidade causal, mas há nelas uma *possibilidade essencial.* Assim, não é necessário que a raiva sempre gere uma ação hostil, mas caso isso ocorra, será compreensível, pois há uma possibilidade essencial de que a raiva gere esse tipo de ação.

No entanto, apesar da necessidade de se ter em conta as leis de sentido e o acontecer espiritual para tratar de forma abrangente os fatos psíquicos, "a indagação dessas leis mesmas não é tarefa da psicologia -porque a vida espiritual é concebível também em outra forma que não seja vinculada à estrutura psíquica (...) – mas é tarefa da *ciência do espírito*" (p. 890).

3.2 Ciências do espírito apriorísticas e empíricas

As ciências apriorísticas de sentido não se limitam a investigar as conexões de sentido entre as vivências, mas também buscam conhecer a estrutura dos sujeitos, enquanto estes possuem centros dotados de sentido e de vida espiritual, além das objetividades da vida espiritual, entre as quais se encontram a linguagem, a arte, o Estado, etc. Para Stein, "todos esses centros e desdobramentos da vida espiritual necessitam de uma investigação de sua estrutura universal de sentido. E essa investigação deve ser realizada pela ciência apriorística do espírito" (idem).

No entanto, além do fato que esses centros e desdobramentos da vida espiritual possuem uma estrutura universal de sentido, eles também estão em conexão com o mundo real, devendo ser também investigados no terreno das *ciências empíricas do espírito*. Essas ciências, por um método análogo ao que as ciências naturais utilizam para investigar seus objetos, podem fazer uma "descrição dos tipos genéricos empíricos de raças humanas e de povos, de formações estatais e econômicas (...)" (idem). Além disso, podem formular leis empíricas para a explicação da formação dessas objetividades (como a linguagem, o Estado, etc.).

Apesar das analogias possíveis com o método das ciências naturais, algo do âmbito das ciências do espírito não é passível de semelhante analogia: a *individualidade*. Sendo a individualidade, no âmbito das ciências naturais, apenas uma individualidade numérica, determinada por leis universais, utilizando como *principia individuationis* um espaço e um tempo determinados, esta concepção de individualidade não é suficiente para se investigar indivíduos espirituais. Assim, Stein (1917-22/2003) coloca:

> Se há de haver uma ciência acerca dos indivíduos espirituais, então a individualidade deverá ser entendida nesse caso de maneira

> distinta que nas ciências da natureza: não simplesmente como unicidade numérica, mas como *um estado qualitativo próprio*. E esse estado, então, deve-se poder captar por si mesmo (p. 891).

3.3 A captação da individualidade nas ciências do espírito

Toda pessoa possui uma peculiaridade pessoal, ao mesmo tempo em que possui também uma estrutura universal de sentido. São os traços universais que nos permitem captar gnoseologicamente as pessoas, enquanto estas são também tipos que podem ser entendidos *a priori*. Assim, coloca-se a questão de como é possível, a partir de traços universais, captar algo totalmente individual. Stein (1917-22/2003) indaga:

> Como é possível que o historiador nos trace a imagem de uma personalidade histórica, sendo que para sua descrição dispõe unicamente de expressões gerais? Não teria que ficar preso necessariamente ao que é típico? Em definitivo: a individualidade não pode ser expressa em palavras; é algo último que só pode ser contemplado e mencionado com um nome próprio (pp. 891-892).

É a combinação de vários traços universais, de vários elementos de sentido, que produz a individualidade. Essa combinação constitui uma conexão de sentido singular e única. Não se pode afirmar com precisão quantos e quais elementos ou traços são necessários, em cada caso, para que se expresse determinada individualidade, da mesma forma que um pintor não sabe quantas e quais pinceladas ele precisará dar para retratar na tela certa personalidade. Para Stein, cabe às ciências do espírito e à ciência da arte investigar os princípios através dos quais se consegue expressar fielmente a individualidade. No entanto, não é possível chegar a uma exatidão matemática para a execução dessa tarefa, pois "o ideal de tal exatidão carece por completo de sentido neste terreno" (p. 893).

4. Considerações finais

As colocações de Stein a respeito da psicologia, no que diz respeito ao seu objeto e aos métodos para conhecê-la, parecem-nos bastante pertinentes, apontando para a importância de se atentar para as essências das vivências que constituem o acontecer psíquico, objeto de estudo dessa ciência. Tendo-se claro o objeto de estudo, pode-se então pensar de forma mais lúcida os métodos a se utilizar para melhor conhecer esse objeto e as relações das quais ele participa.

Questões como "até que ponto se pode/deve valer da quantificação em psicologia?", ou "qual a natureza da psique e que tipo de leis podem ser estabelecidas para compreender o seu funcionamento?" e "que aspectos do ser humano podem ser passíveis de um estudo científico rigoroso?", frequentemente, provocam discussões no âmbito da psicologia. Via de regra se estabelece um movimento circular, onde cada abordagem teórica clama para si a maior validade metodológica, quando na verdade é a diferença entre as definições do objeto de estudo que se encontra no centro da questão, sem que seja dada a devida atenção para o fato de cada abordagem possuir uma concepção de seu objeto, que é distinta das demais.

Uma melhor conceituação do objeto de estudo da psicologia, tal como é possível através das análises fenomenológicas, torna-se necessária para o esclarecimento de questões nebulosas e confusões oriundas da falta de reflexão a respeito do objeto da psicologia, contribuindo inclusive, a nosso ver, para um melhor diálogo entre as diferentes abordagens.

Além disso, uma descrição rigorosa das vivências, segundo suas essências, evita que corramos o risco, nas formulações teóricas a respeito acontecer psíquico, ou mesmo nas aplicações práticas das teorias, de estabelecer relações entre fatos psíquicos, sem levar devidamente em consideração o sentido do fenômeno em si, o que pode ter como consequência distorções dos fatos, onde se ajusta de forma artificial o objeto a determinado constructo teórico. O fato de se dispor de uma descrição esclarecida das vivências constitui, assim, um parâmetro ou critério em que a reflexão sobre as relações entre os fatos psíquicos pode se apoiar.

Referências

Bruner, J. (1997). *Atos de significação.* (S. Costa., Trad.). Porto Alegre: Artes Médicas. (Original publicado em 1990).

Husserl, E. (1976). *La crise des sciences europeennes et la phenomenologie transcendantale.* (G. Granel, Trad.). Paris: Gallimard. (Original publicado em 1936).

Stein, E. (2003). Introducción a la filosofía. Em E. Stein. *Obras Completas. v.II: escritos filosóficos.* (pp. 671-922). (F. J. Sancho, Trad.). Burgos, Espanha: Monte Carmelo. (Original publicado em 1917-22).

Compreender a estrutura da pessoa: diálogo entre fenomenologia e filosofia aristotélico-tomista, por Edith Stein

Marina Massimi

Introdução

A *Estrutura da pessoa humana*,[1] compêndio das aulas do curso, ministrado por Edith Stein em 1932 em Münster, junto ao Instituto Superior de Pedagogia Científica, aborda o tema da pessoa, à luz do método fenomenológico. Este método é proposto por Stein como o meio mais adequado à compreensão da estrutura deste fenômeno propriamente humano, em diálogo com a psicologia científica e com os saberes psicológicos, especialmente os inerentes à tradição filosófica aristotélico-tomista.

O interesse de Stein pela psicologia e pelo tema da pessoa e o diálogo permanente por ela travado com as áreas institucionalizadas da ciência psicológica da época, são evidentes e constantes em sua produção filosófica (vide, por exemplo, *Psicologia e ciências do espírito* escrito e publicado entre 1920 e 1922;[2] e sua tese de 1916 *Sobre o problema da empatia*), bem como pela própria autobiografia *Da história de uma família judia: linhas autobiográficas*, cuja escrita foi iniciada em 1933. Aliás, em sua autobiografia Stein revela que a decepção para com esta ciência (cujos laboratórios e pesquisadores ela frequentara com assiduidade na ocasião de sua formação universitária em Breslau) foi dentre os fatores que motivaram sua decisão da transferência para a Universidade de Gottingen buscando assistir as aulas de Husserl. Neste sentido, o desencanto com a psicologia

1 *Der Aufbau der menschlichen Person* (*A constituição da pessoa humana*) (1932-33).

2 *Beitraege zur philosophischen Begrundung der Psychologie und der Geisteswissenschaften* (*Contribuições para a fundamentação filosófica da psicologia e das ciências do espírito*) (1922).

científica e a busca de alicerces mais rigorosos para o conhecimento do ser humano, conduziam a jovem Edith para o estudo da fenomenologia.

Uma vez adepta da fenomenologia, Stein trava seu estudo da pessoa e seu diálogo com os saberes que se ocupam desta temática, a partir das evidências obtidas pelo emprego do método fenomenológico. Ao analisar a estrutura da pessoa com esta ferramenta, compara os resultados obtidos por sua investigação com os resultados e conceitos próprios das teorias da psicologia científica e das visões de mundo que as fundamentam e que busca explicitar, bem como com as teorias epistemológicas que legitimam sua pretensa cientificidade. Assinala a eficácia do método fenomenológico quanto á solução dos problemas epistemológicos enfrentados por esta ciência no processo de sua constituição e consolidação e afirma a necessidade de que a antropologia filosófica inerente a cada teoria psicologia científica seja explicitada. Ela mesma realiza esta tarefa de explicitação com relação a três antropológicas que acredita serem especialmente relevantes naquele momento histórico: a idealista; a psicanalítica; a existencialista heideggeriana. E demonstra que uma antropologia filosófica baseada na análise fenomenológica tem a peculiaridade de se constituir não a partir de uma visão preconcebida, mas a partir de uma análise rigorosa das vivências. Pode-se neste sentido valorizar todos os resultados obtidos pelos estudos científicos em psicologia fornecendo-lhe um horizonte conceitual e metodológico consistente. Ao mesmo tempo, tendo realizado o estudo da psicologia filosófica de Tomás de Aquino e de Aristóteles na ocasião de sua conversão ao catolicismo, Stein trava neste livro uma discussão sobre conceitos tomistas referentes à pessoa à luz da pesquisa fenomenológica.

O objetivo do presente capítulo será justamente evidenciar a modalidade em que Stein na obra *A estrutura da pessoa humana* (1932-3/2000), tematiza a pessoa com base na investigação fenomenológica, em diálogo com as demandas da psicologia científica por um lado e com os saberes psicológicos e a antropologia filosófica, notadamente a filosofia aristotélico-tomista, por outro. Especificamente sobre este segundo tópico verterá a nossa discussão.

Uma premissa importante deve ser feita acerca da composição deste livro, ainda em fase de elaboração quando ocorreu sua morte, e cujo manuscrito tinha sido conservado por Stein que o carregou consigo ao longo da permanência nos dois Mosteiros carmelitas onde viveu.

Depois de sua captura e execução, encontrava-se escondido entre roupas, no convento de Herkenbosch, que veio a ser completamente destruído em 1944, tendo sido reencontrado entre os escombros e reconstituído; é atualmente preservado nos Arquivos Husserl, na Bélgica.

A obra apresenta os passos do percurso realizado por Stein em seu percurso teórico buscando fundamentar a concepção de pessoa numa antropologia filosófica constituída com base nas investigações realizadas usando o método fenomenológico.

1. Abrindo caminhos para a concepção unitária da pessoa pela crítica epistemológica e filosófica

Antes de abordar a proposta steiniana assim como colocada em *A estrutura da pessoa humana* (1932-3/2000) precisamos aprofundar os questionamentos colocados por Stein a respeito de alguns postulados filosóficos, presentes em várias teorias da psicologia científica de sua época, que ela julga ser empecilho para a consideração unitária e inteira da pessoa: as concepções das relações corpo-mente nos termos propostos pelas filosofias da modernidade e presentes na psicologia científica em sua fundação no século XIX (nas diversas soluções dualistas, monistas, paralelistas, interacionistas). Stein visa propor a superação definitiva deste dualismo, sendo que esta temática encontra-se também em vários escritos steinianos, por exemplo, na já citada obra *Contribuição à fundamentação filosófica da Psicologia e das ciências do espírito*. Neste texto, a posição epistemológica da autora é sintetizada nesta afirmação:

> Toda pesquisa empírica aborda fenômenos específicos tendo uma determinada concepção acerca da estrutura fundamental de seu objeto, necessária para estabelecer, em cada situação, o que se apresenta [como fenômeno]. Cabe à fundamentação filosófica das ciências empíricas o esclarecimento dos conceitos predominantes na referida teoria (Stein, 1922/1999, p. 40, tradução própria).

Na premissa da mesma obra, Stein afirma que o percurso epistemológico necessário para a fundamentação das disciplinas da psicologia e das ciências do espírito, passa pela necessidade de "aprofundar, sob diversos perfis, a essência da realidade psíquica e do espírito" (idem, p. 35). Nesta perspectiva é que se enquadra o esforço por ela realizado de "delinear a estrutura da personalidade humana em seus traços fundamentais" (idem).

Neste sentido, Stein critica em primeiro lugar, as concepções de sujeito propostas pelas psicologias filosóficas, espiritualista e materialista, do século XIX, apontando dois erros comuns a ambas: a definição de matéria e espírito como realidades independentes e unitárias, desconsiderando a evidência do indivíduo real que é "matéria formada"; e a proposição do dualismo matéria (corpo) e espírito (mente) sem levar em conta os estádios intermediários constituídos pelo mundo orgânico e animal. Segundo Stein, a colocação do problema se baseia num pressuposto falso: a concepção de que no ser humano estejam reciprocamente ligadas duas substâncias. Porém, o corpo humano como substância material autônoma não pode ser pensado sem a alma. Portanto, não é possível pensar nenhum evento material interior ao corpo humano que não seja de algum modo conexo com a vida anímica. Da mesma forma, não é possível entender como um evento puramente espiritual sem levar em conta que este possa determinar inclusive uma modificação corporal. Com efeito, o processo espiritual, se ocorrer no ser humano (e não num espírito incorpóreo), é sempre um processo psicofísico que deve materialmente desenvolver-se numa forma física (Stein, 1922/1999). Os processos que acontecem no ser humano podem ter causas materiais, e/ou espirituais. O ser espiritual, portanto, se enxerta na unidade da natureza humana.

Em segundo lugar, Stein crítica, na psicologia científica do século XIX, os efeitos da indevida recusa do diálogo com a psicologia filosófica ocidental. Segundo ela, o fato de que a psicologia moderna afirmou-se contra a tradição escolástica, e em nome da ciência da natureza recusou as categorias de alma e de faculdades psíquicas, fez com que no domínio da nova ciência se levassem em consideração apenas os fenômenos psíquicos entendidos como dados elementares. Desse modo, os fatos da consciência foram apreendidos de modo abstrato, ou seja, retirados da unidade vital e complexa que caracteriza suas manifestações na vida real.

Em *A estrutura da pessoa humana* (1932-3/2000), Stein não pretende adentrar na discussão epistemológica acerca do conceito de fenômeno psíquico, pois isto não seria pertinente ao método fenomenológico, mas observa que - devido ao isolamento em que são tomados os particulares dados da consciência - a psicologia científica abandonara justamente o terreno da experiência. De fato, a experiência não nos mostra dados psíquicos isolados, mas o aspecto psíquico sempre é enxertado no contexto unitário da vida do organismo humano.[3] Assinala ainda como grave erro da ciência psicológica de sua época a consideração da consciência como fenômeno que se manifesta num corpo individual, concebido como veículo estático e igual aos demais: na verdade, não existe corpo totalmente igual ao outro.

Segundo Stein, estes erros devem-se às concepções de ciência que alicerçaram o nascimento da psicologia científica, especialmente a visão positivista, que considera a antropologia (e a psicologia) parte das ciências da natureza, semelhante à zoologia. O monismo epistemológico do positivismo, segundo Stein, subentende uma epistemologia idealista, no sentido de subordinar os objetos diferentes do saber à imposição de um método único.

2. Percurso teórico para fundamentar a concepção de pessoa

Objetivo visado por Stein na obra de que nos ocupamos é o de delinear a estrutura da personalidade humana em seus traços fundamentais e propor uma concepção de pessoa. No outro texto a que nos referimos (1922/1999), Stein buscara na fenomenologia o caminho para solucionar duas questões essenciais quanto à fundamentação de uma ciência do homem: em primeiro lugar, a exigência de apreender as leis fundamentais do dinamismo humano (a causalidade e a motivação); em segundo lugar, a exigência de proporcionar a possibilidade do estudo do indivíduo psíquico em sua relação com a comunidade em que se insere. Dois desafios estes que de algum modo perpassaram o percurso histórico da fundação da psicologia (os enfrentaram, por exemplo, protagonistas destacados deste processo, quais foram W. Wundt e W. James).

A solução que Stein propõe a estes desafios tem uma premissa: a constituição do objeto da psicologia pressupõe o alicerce de uma visão de homem, sendo esta tarefa própria da filosofia. Com efeito, conforme já vimos no texto de 1922, segundo Stein, a psicologia científica, assim como toda ciência empírica, aborda os fenômenos específicos segundo

3 Acerca da redução do conceito e experiência em Wundt e em outros fundadores da psicologia moderna vide: Massimi. & Mahfoud, 2007.

determinada concepção decorrente do modo próprio de tematizar a estrutura fundamental de seu objeto. É com base nesta tematização que dada ciência estabelece os fenômenos a serem estudados, cabendo à fundamentação filosófica das ciências empíricas o esclarecimento dos referidos conceitos.

Para a constituição de uma antropologia filosófica, existem vários caminhos: o itinerário proposto pela história da filosofia; a escolha de um determinado sistema filosófico; a via sistemática da análise fenomenológica (conforme proposto por Husserl). Stein escolhe este terceiro caminho, mas utiliza-se também dos outros dois para confrontar e aprofundar os resultados quanto ao conhecimento da pessoa obtidos pela investigação fenomenológica. Deste modo, a constituição da antropologia filosófica fenomenológica de Stein acontece através de um trabalho analítico fenomenológico; bem como de uma discussão teorética em que a autora compara os resultados por ela obtidos aos proporcionados pela ciência psicológica e biológica da época, bem como pela antropologia filosófica, especialmente as antropologias filosóficas a ela contemporâneas e a da tradição aristotélico-tomista.

3. Discussão de Stein acerca das *antropologias* filosóficas emergentes na história da filosofia e na história da ciência psíquica contemporâneas

Nos primeiro capítulos de *A estrutura da pessoa humana* (1932-3/2000) Stein analisa as concepções das antropologias filosóficas da primeira parte do século XX, evidenciando também as consequências dessas no plano pedagógico. De fato, sendo (como já foi dito) este texto composto pelo conjunto de lições ministradas por Stein no Instituto de Pedagogia Científica de Münster, se faz necessário debater os significados e implicações próprias destas teorias no âmbito da atividade educativa.

A autora aborda de modo específico as antropologias filosóficas de matriz idealista; as concepções psicanalíticas de Freud e de Jung, as propostas existencialistas baseadas em Heidegger.

Stein explicita os postulados fundamentais da antropologia de matriz 'idealista': a afirmação de que o ser humano é livre; a busca da perfeição do homem; a afirmação de que cada indivíduo é membro do gênero humano em seu caminho de aproximação à perfeição sendo que cada indivíduo e cada povo – em força de sua natureza – receberam uma missão a desenvolver no percurso histórico da humanidade. Assinala a seguir duas consequências desta antropologia no plano pedagógico, como sendo: o otimismo que norteia o objetivo educacional, fincado na confiança na bondade e perfectibilidade da natureza humana e na força da razão (heranças da visão de J.J. Rousseau e do racionalismo filosófico alemão); o ativismo que em nome da liberdade, solicita o aluno a empenhar-se no processo educativo e visa despertar antes de mais nada nele a capacidade de autonomia e a confiança nas próprias forças. Stein valoriza algumas componentes desta visão, mas também evidencia nela um elemento questionável: o pressuposto racionalista induz a levar em conta apenas o desenvolvimento intelectual da pessoa, desconsiderando os aspectos do limite, das tendências para o mal, que também são dados evidentes da experiência humana.

A seguir, discute a segunda visão antropológica marcante do século XX: a psicanálise e as psicologias analíticas. Influenciadas pelo movimento do Romantismo em sua tentativa de superação do reducionismo idealista, ambas as abordagens tematizam a existência de forças da vida interior, ocultas à consciência, destacando o fato de que a consciência ou a conduta da pessoa e da sociedade podem ser perturbadas pelos dinamismos operados por tais forças, chamadas também de pulsões. Seriam estas as efetivas causas dos processos mentais e das ações humanas. Stein busca confirmação acerca da importância das pulsões não apenas nestas abordagens psicológicas, mas também na literatura russa: Dostoievskj e Tolstoj são definidos por Stein como "conhecedores e anunciadores da alma".[4] Os fatos históricos contemporâneos também confirmariam esta

[4] Em *A Estrutura da pessoa humana,* Stein aborda a importância do conhecimento da uma individualidade, através das representações proporcionadas pelas obras de literatura e de arte de modo geral. Stein considera alguns autores da literatura como mestres da "escola do compreender". Com efeito, segundo ela, a possibilidade de conhecer a personalidade é dada segundo vários meios: de modo direto, através das formas de expressão-linguagem através das quais a interioridade se mostra e nós compreendemos sua linguagem; de modo indireto, através de formas que podem ter continuidade independentemente da existência dela: grafia, estilo de sua linguagem, cartas, expressões literárias, obras, impressões que ela suscitou nos outros seres humanos. Tendo por objetivo introduzir alguém no conhecimento da personalidade humana, e não havendo a possibilidade de um encontro vivo com esta, o método deve ser conduzi-lo pelo caminho através do qual foi possível alcançar este conhecimento, a saber, uma *arte da descrição* dos: os traços expressivos; as expressões

visão: as terríveis experiências da primeira guerra mundial, a confusão do pós-guerra, seriam reveladoras, segundo Stein, da presença destas forças, cuja evidência questiona profundamente a antropologia idealista. Todavia, segundo Stein, a difusão da visão psicanalítica na cultura ocidental teve algumas consequências que julga como negativas: em primeiro lugar, a destituição do poder ordenador do intelecto e da vontade; o questionamento acerca da aceitação da realidade objetiva e da existência de um objetivo da vida humana que seja reconhecível pela razão e alcançável pela vontade; a fragmentação da unidade espiritual da humanidade. Stein assinala as consequências desta posição no que diz respeito à educação: o objetivo visado seria o de normalizar as pulsões para formar um homem normal; a tarefa psicológica ou pedagógica seria a cura ou prevenção dos distúrbios da alma; o método para realizá-la seria uma análise da vida segundo termos que Stein considera superficiais. Desse modo, o papel proeminente dos instintos tornar-se-ia óbvio e sua satisfação seria norteadora de posicionamentos e condutas; e a tarefa pedagógica de guiar o processo educativo seria substituída pelo mero empenho de compreender. Sendo assim, se a psicanálise for utilizada como meio de compreensão, corre-se o risco de romper a ligação que une uma alma à outra, dada pela empatia (premissa esta de toda ação pedagógica e psicológica). Por isto, "a psicanálise exercida de modo incompetente constitui-se um perigo não somente para a pedagogia, mas também para a inteira vida social e especialmente para a cura das almas" (Stein, 1932-3/2000, p. 42, tradução própria). Em segundo lugar, o homem seria tomado de forma estática, a-histórica, sendo desconsiderada sua inserção na temporalidade, seu passado e seu futuro.

originais da pessoa. Tais sinais podem realizar o *ato do compreender*. Um terceiro aspecto deste conhecimento é a *arte da interpretação* ou seja refletir sobre expressões pessoais. Esta escola que tem por mestres historiadores, artistas e literatos, é útil seja aos pedagógicos seja também aos psicólogos. Há uma observação importante no que diz respeito ao psicólogo: a leitura de tais autores é importante "no estudo da psicologia científica e também pode protegê-la do grave erro de considerar o indivíduo apenas como um caso de uma lei universal ou mero exemplar de um tipo geral." (p. 59). Mas também estas considerações abrem para a necessidade de uma *ciência do espírito*, a qual enfoca a ação das forças espirituais, ou melhor, "ciência do homem considerado como pessoas espiritual" (p. 60), que estude a estrutura do ser humano universalmente compreensível pelas realidades de vida concreta e pelas formas históricas.

A terceira antropóloga filosófica significativa do século XX, segundo Stein, é o existencialismo de M. Heidegger, que fora amigo e colega de Edith na época do discipulado de Husserl. Stein define o existencialismo como "a metafísica dos nossos dias", pelo fato de colocar-se a grande pergunta sobre o Ser. O existencialismo heideggeriano tem como ponto de partida a consideração de que o ser humano é no seu cotidiano totalmente mergulhado no mundo, afastado das perguntas fundamentais: quem sou eu? O que é o Ser? A inevitabilidade destas perguntas, quando rechaçadas, evidencia-se pela angústia. Mesmo que o homem evite encarar sua condição ao longo da vida, não pode evitar, porém, a possibilidade inexorável da morte. Sendo assim, quem quer viver segundo a verdade, deve olhar para o nada e a morte, sem refugiar-se no esquecimento de si e nas formas ilusórias de segurança. Neste olhar consciente consistiria então a vida espiritual. Stein alerta que uma das consequências do existencialismo heideggeriano seria o niilismo pedagógico: o educador existencialista deveria orientar os jovens para a visão do ser do homem, que é ser para a morte, e destruir as formas de vida ilusória. Stein observa: "Mas quem assumirá esta triste tarefa e quem poderá fazer-se responsável por ela? Poderíamos ter certeza que outro ente saberia crescer tendo diante dos olhos o nada e que não seria obrigado a refugiar-se no mundo, ou a fugir em direção ao nada?" (idem, p. 44). A crítica de Stein é que a antropologia heideggeriana fixa a atenção apenas sobre o que o homem "não é", tirando a atenção do que o homem "é", do ser absoluto que emerge nele para além dos limites.

Em suma, ao considerar as contribuições efetivas e os limites das antropologias filosóficas de seu tempo, Stein reitera que somente a proposição conceptual da unidade complexa que é a pessoa humana, cujo conhecimento rigoroso é possibilitado pela fenomenologia, permitiria afirmar as contribuições próprias das antropologias filosóficas contemporâneas, superando os reducionismos acima assinalados. A fenomenologia, portanto, constitui-se em alicerce adequado para uma ciência psicológica consistente; mas seria inapropriada esta afirmação, sem encarar também o confronto entre a visão antropológica proporcionada pela fenomenologia e os importantes resultados acerca do conhecimento antropológicos obtidos pela história da filosofia clássica e medieval.

4. Discussão de Stein acerca das antropologias filosóficas emergentes na história da filosofia clássica e medieval

Percorrendo a história da filosofia clássica, Stein (1922/1999) retoma em vários momentos de sua obra, a discussão acerca do dualismo platônico, redimensionando seu significado:

> A alma não "habita" no corpo vivente como numa casa, o corpo não podendo ser vestido ou tirado como se faz com uma roupa. Se os filósofos gregos definiram-no como prisão ou túmulo da alma, buscaram expressar com isto uma ligação dolorida e forte, mas de qualquer forma uma ligação; porém deste modo não se faz jus à unidade da natureza. A alma compenetra totalmente o corpo vivente e através desta compenetração da matéria organizada, não apenas a matéria torna-se corpo vivente permeado pelo espírito, mas o espírito também se torna espírito materializado e organizado (p. 249, tradução própria).

No percurso filosófico do Ocidente, Stein identifica na perspectiva aristotélico-tomista, o sistema filosófico que ao longo da história, lhe parece mais pertinente para abordar a discussão da questão da unidade da pessoa e com este trava interessante debate em *A estrutura da pessoa humana* (1932-3/2000).

Os motivos da escolha em prol do aristotelismo e do tomismo, como interlocutores centrais da obra, são explicitados por Stein em *Contribuição à fundamentação filosófica da Psicologia e das ciências do espírito* (1922/1999): o valor atual da antropologia e da cosmologia aristotélico-tomista, estaria no fato delas evidenciarem que o entendimento do ser humano é conexo ao mundo real como um todo, sendo distintos os âmbitos da realidade. Portanto, ser homem significa ser, ao mesmo tempo, ente material, vegetal, animal, espiritual, mas de modo unitário (Stein, 1922/1999). Com efeito, também os resultados da investigação fenomenológica de Stein a levarão a afirmar na obra que o ser humano, em sua inteireza, é uma única substância, sendo que a esta unidade pertencem substâncias materiais que fora dela seriam independentes, mas dentro dela integram-se num organismo, cuja estrutura ordena-se e subordina-se numa legalidade própria. A psique é centro deste "ser" de natureza espiritual-corpórea, ou seja, da unidade pessoal psicofísica. A pessoa humana, portanto, é concebida como uma unidade pessoal psicofísica.

Stein, como veremos, utiliza-se da terminologia aristotélico-tomista, mas contesta algumas conclusões de Tomás de Aquino a partir dos resultados obtidos por ela e Husserl, por meio da investigação fenomenológica acerca da estrutura da pessoa humana. Com efeito, o diálogo com a filosofia aristotélico-tomista não visa impor à pesquisa científica paradigmas da filosofia antiga, que seriam obsoletos e inadequados (a própria Stein critica as tentativas nesta direção de certo Neotomismo); mas confrontar os resultados da pesquisa fenomenológica com os dados obtidos das filosofias do passado, considerando-se também o fato que, em muitos casos, estas filosofias utilizaram abordagens semelhantes à fenomenologia. Com efeito, segundo Stein, o método fenomenológico já foi empregado nas indagações pelos grandes filósofos de todos os tempos, mesmo que de maneira não exclusiva e nem sempre acompanhado por uma reflexão clara acerca do procedimento. Desse modo, Stein delineia o plano que ela se propõe a realizar em *A estrutura da pessoa humana* (1932-3/2000) afirmando que a escolha dos problemas abordados será feita a partir principalmente dos temas indicados por Tomás de Aquino, mas que o método será fenomenológico. Não abordaremos aqui os passos da investigação fenomenológica de Stein acerca das diversas dimensões da pessoa (sendo este o tema de outros capítulos), mas focalizamos apenas os termos da comparação realizada entre abordagem fenomenológica e teoria aristotélico-tomista.

A antropologia aristotélico-tomista tem como cerne a concepção de alma como forma do corpo.[5] O homem é substância composta, sendo a alma a forma e a matéria o corpo. Entre alma e corpo há união substancial, resultante da combinação de duas substâncias que, tomadas

[5] Forma interior do corpo, ou alma, segundo Aristóteles é a *entelechia*, ou força vital – que dá forma à matéria. É a causa, ou razão de ser, de uma coisa, pela qual a coisa é o que é; princípio e fim de seu devir. Há uma única forma em cada ser. Por Tomás de Aquino, a alma intelectiva é forma substancial do homem: ela contém em si o existir, o ser corpo, a vida a energia sensitiva e a racionalidade. Com efeito, quanto mais elevada é a forma, tanto mais *ser* ela contém em si: quando a alma racional aparece no embrião, ultrapassara o estado vegetativo e o sensorial, sem perder nenhum eles ao atualizar-se enquanto alma racional. (Tomás de Aquino, 1267/2002, vol. I, que. 118, art. 2, p. 878-879): "No homem há somente uma única e mesma alma substancial, que é intelectiva, sensitiva e nutritiva".

separadamente, não constituiriam o ser do homem. Segundo Tomás de Aquino (1267/2002), não se poderia denominar somente uma destas substâncias como essência do homem, pois o termo essência nas substâncias compostas significa o que é composto de matéria e forma:

> Dizemos que o homem se compõe de corpo e alma, expressando com isto que de duas coisas se constitui uma terceira, a qual não se identifica com nenhuma das duas. De fato, o homem não é nem alma nem corpo; todavia, se de algum modo se afirma que o homem consta de animal e de racional, não será como uma terceira realidade que resulta das outras duas, mas antes como uma terceira noção, resultante das outras duas (vol.I, que. 75, art. 4, p. 362-363).

Para Tomás de Aquino, afirmar que o homem se compõe de corpo e alma significa que de duas coisas se constitui uma terceira, a qual não se identifica com nenhuma das duas. De fato, o homem não é nem alma nem corpo, mas a composição de ambos. Sendo o homem um composto de corpo e alma, podemos dizer que ele é alma somente no sentido de afirmar o que nele é principal: Tomás de Aquino (1267/2002) retoma quanto afirmado por Aristóteles no livro IX da *Ética:*

> cada coisa parece ser, sobretudo, o que nela é principal; por exemplo, o que o governante de uma cidade faz diz-se que a cidade faz. Assim às vezes se chama homem o que é nele o principal. Umas vezes, é a parte intelectiva, o que corresponde à verdade, que é denominada *homem interior*; outras vezes, é a parte sensitiva nela compreendido o corpo, segundo a opinião de alguns que só se detêm no que é sensível, e é denominada *homem exterior* (Vol. II, Parte I, que. 75, art. 4, p. 363).

Ainda em sintonia com Aristóteles, Tomás de Aquino afirma que a alma é o principio primeiro que nos faz nutrir, sentir e mover, assim como também entender. Esta é, portanto, subdividida em três planos ou em três graus de perfeição: o grau vegetativo, o sensorial e o racional. A cada um deles, corresponde um determinado número de potências,[6]

[6] As potências se classificam em: potência sensorial, constituída pelos sentidos externos e sentidos internos "Sentidos internos" são potências sensíveis que permitem a conservação das impressões. São quatro: *o senso comum* que acolhe na interioridade as

chamadas também de forças ou faculdades.[7] Trata-se de forças *operacionais*, princípio de todas as operações da alma (Tomás de Aquino, 1267/2002, Vol. II, parte I questões 75, 76 e 77).

Sendo a alma princípio de vida, ela está presente em todos os seres vivos, numa relação de inclusão ordenada segundo uma hierarquia que parte do ser menos perfeito para chegar ao mais perfeito. Existe uma homologia estrutural entre o nível vegetativo da alma das plantas, o nível sensitivo das almas dos animais e o correspondente grau vegetativo e sensitivo da alma do homem. Por outro lado, os graus vegetativo, sensitivo e racional, formam no homem uma mesma alma. Em segundo lugar, os grupos de potências que interagem na alma humana são entre si muito diferentes: no que diz respeito às funções sensoriais e vegetativas, o homem é muito parecido aos animais, ao passo de que nas potências do nível racional da alma (= inteligência e vontade), ele eleva-se muito acima dos outros seres participando de certa forma da natureza dos espíritos angélicos. Sendo o homem composto de substância corporal e espiritual, na consideração desta, Tomás de Aquino concorda com Dionísio o qual afirmara que nas substâncias espirituais há três coisas, a saber: a essência, a potência e a operação. A potência é ativa, no sentido que não é potência de receber a forma ou de sofrer uma ação e sim é potência de produzir uma ação ou operação. A potência se expressa na ação que dela resulta. Neste sentido, a potência é a forma acidental da alma. As potências da alma não são a essência da alma, e, portanto, elas não se identificam com o sujeito. Há somente uma essência da alma, um único substrato comum dotado de uma pluralidade de potências. A potência é ordenada para o ato. As potências da alma no homem são responsáveis pela ocorrência dos fenômenos psíquicos: o conhecimento

espécies sensíveis; a *imaginatio* que as conserva; a *vis aestimativa* que distingue entre o útil e o dano, a *vis memorativa* que conserva estas intenções; potência intelectual; apetites (sensível e intelectual) se distinguem em irascível = permanecer das impressões recebidas que se manifesta na busca de um bem ausente; concupiscível =avaliação instintiva do que vem ao nosso encontro do mundo externo como útil ou danoso).

[7] Aristóteles no *De Anima* afirma que a alma é origem das potências - além de ser definida por elas. No ser vivo estas aptidões são: a faculdade da nutrição, o desejo (apetite, paixão e vontade) e a sensação, o pensamento e o movimento. Alguns animais possuem todas as potências, ao passo que outros possuem apenas algumas, ou somente uma. Esta diversidade na posse das potências é o que constitui a diferença entre as espécies animais.

sensível (sensação, imaginação, memória); o conhecimento intelectual (ideias, juízo, raciocínio); o apetite sensível (prazer, dor, emoções); o apetite intelectual (vontade, atividade, hábitos, costumes).

Tomás de Aquino utiliza-se da categoria de princípio de individuação, para referir-se ao homem concreto. Por princípio de individuação se entende tudo o que determina o homem concreto, a pessoa. Este princípio é constituído pela matéria individual: *matéria formada* (*materia quantitate signata* = esta carne e estes ossos) (Tomás de Aquino, 1267/2002, vol. II, Parte I, que.75, art. 7, v.3). Para justificar a existência substancial da individualidade (se esta não fosse substancial no ser humano, não haveria um único indivíduo e, portanto não haveria diferenças individuais), Tomás de Aquino atribui à pluralidade entre os homens às diferenças no plano da sua composição material, à corporeidade.

Se, por um lado, Stein concorda com Aristóteles e Tomás de Aquino acerca do fato de que o indivíduo humano é um processo natural[8] em constante desenvolvimento; por outro, contesta, afirmação tomista de que o princípio de individuação do ser humano estaria na matéria.[9] Com efeito, conforme colocara Tomás de Aquino, o corpo seria a estrutura material formal, ao passo de que a alma individual seria uma substância:[10] segundo Stein corre-se assim o risco do dualismo, conforme documenta a própria

[8] Segundo a doutrina aristotélico-tomista, a natureza é uma combinação de matéria e de forma. Stein fornece o exemplo de uma estatua de bronze para exemplificar o conceito: por matéria entende-se o bronze; por forma o delineamento em que o bronze é configurado, e por combinação de ambas entende-se a coisa concreta, isto é, a estátua.

[9] Matéria, em grego *Hýle,* é o princípio determinável. Tudo o que se percebe no mundo é matéria formada.

[10] Substância, em grego "*ousia*", estrutura necessária, essência necessária, pela qual cada ser é o que é. Na *Metafísica* (século IV ac./ 2006, Livro VII, par.3), Aristóteles (384-322 ac) define quatro sentidos principais do termo substância: 1. a essência; 2. o universal; 3. o gênero; 4. o substrato (=aquilo do que as demais coisas são predicadas, ao passo que ele mesmo não é predicado de qualquer coisa mais). Em *O ente e a essência* (1256/2000), Tomas de Aquino define a essência como "algo de comum a todas as naturezas através das quais os diversos entes são englobados nos diversos gêneros e espécies". Por exemplo, a humanidade é a essência do homem. Stein, em *Estrutura da pessoa,* reconstrói a história do termo: Aristóteles chamou a essência de *quididade (quidditas)*; ou *forma,* entendendo com este termo a perfeição de cada coisa. Boécio define a essência como *natureza,* ou seja, tudo quanto, de uma forma ou de outra, pode ser apreendido pela inteligência, visto que nenhuma coisa é inteligível a não ser pela sua definição e essência. A essência, portanto, reside sempre nas substâncias.

evolução histórica da filosofia posterior ao tomismo e conforme a crença de algumas formas de neo-tomismo contemporâneo.

Segundo Stein, desde a origem, o princípio de individuação é espiritual-objetivo: uma forma que configura a matéria e dá ao indivíduo não apenas uma constituição sensível determinada e a energia para realizar os movimentos, mas também é uma forma, uma força vivente capaz de manter unida a multiplicidade das componentes materiais do organismo,[11] estruturando-as num todo que é singular. Deste modo, é possível afirmar a unidade da forma substancial: no organismo já existe uma estrutura formada e unitária (por ser submetida a uma legalidade): uma única forma dominante que determina o *telos*. Portanto, o princípio de individuação não é a parte material, mas é princípio espiritual.

Segundo Stein, não se deve pensar a forma[12] como algo rígido e determinado. A forma vivente não é apenas forma de uma coisa viva: é ela mesma viva no sentido que não é rígida e fixa, mas se desenvolve no tempo: ao longo de sua evolução, num primeiro momento se manifestam elementos comuns a todo o mundo orgânico e somente num segundo momento se evidenciam os aspectos próprios do especificamente animal. Todavia, desde o início, todos os aspetos do que é propriamente humano estão presentes: o homem não se configura em sua origem apenas como vegetal[13] e depois como animal[14] e finalmente homem racional,[15] mas é

[11] Organismo é o corpo dotado de força vital, ou alma.

[12] Forma, na língua grega *Morphé*, é o princípio determinante, ou seja a determinação do ser, o que faz que ele seja isto ou aquilo.

[13] Ou seja, como alma vegetativa, princípio vital interior cujas atividades são a nutrição e a reprodução.

[14] Ou seja, como alma sensitiva, caracterizada por liberdade de movimento no espaço e pela sensibilidade, ou abertura sensível. Liberdade não no sentido de livre arbítrio, mas no sentido de que o movimento animal é determinado do exterior e do interior, com base em leis e é resultante da interação entre estas duas direções. A alma animal possui vida interior no sentido de um centro interior onde converge tudo o que provêm do exterior e de onde brota toda reação. È o ponto de intercâmbio: de chegada dos impulsos e de partida das reações.

[15] A alma propriamente humana, segundo Aristóteles, denomina-se de alma racional. Segundo Tomás de Aquino, a alma humana, assim como a animal e a vegetal, é forma do corpo; ela possui as potências, os *habitus* e a vida atual (1267/2002, I. parte, Vol. II, qu. 54): "Há em nossa alma algumas faculdades cujas operações são exercidas por órgãos corpóreos e são elas atividades de parte do corpo, como é a visão no olho, a audição no ouvido" (p. 154). Além disto, ela é alma espiritual,

ser humano desde o primeiro instante de sua existência, mesmo que o especificamente humano emergia em determinado momento do estágio evolutivo. Desde o nascimento é já *ser humano* em potência,[16] mesmo que em ato[17] se realize aos poucos. A alma espiritual existe desde o primeiro momento da existência humana, ainda não desenvolvida como vida atual, pessoal, espiritual; é a forma substancial[18] do ser humano, princípio formal dominante que forma as substâncias constitutivas materiais de modo orgânico, animal e pessoal-espiritual.

ou alma racional, e como tal substância espiritual que não é mais ligada ao corpo (qu. 54): "Há, porém, algumas faculdades em nossa alma cujas operações não são exercidas por órgãos corpóreos, como o intelecto e a vontade; estas operações não são atos de uma parte do corpo" (idem). Todavia, a alma na sua inteireza (aquela que forma o corpo, a animal-vivente, a espiritual) é apreendida como *uma só* alma.

16 Potência, segundo Aristóteles, é a *Dynamis,* ou seja a aptidão para a mudança, princípio e possibilidade de uma mudança, em oposição ao ato. Pode ser ativa (capacidade de realizar mudança em algo foras de si) e passiva (capacidade de sofrer mudança). Pode se mudar para melhor ou para pior. É potência também a resistência à mudança. Segundo Stein, o termo força, que ela apreende da psicologia a ela contemporânea e que ela utiliza em suas investigações, seria sinônimo de potência.

17 Ato, segundo Aristóteles, significa o ser que está alcançando sua forma plena e final, na própria existência do objeto. O ato, segundo Tomás de Aquino, é duplo (primeiro e segundo): o ato primeiro é a *forma e integridade da coisa*; o ato segundo é a operação *(operatio)* (1267/2002, Parte I, vol II, p. 48). Na *Metafísica,* (IX, 6, 1048ª, v. 37), Aristóteles define a relação entre potência e ato deste modo: o ato está à potência, "assim como construir está para saber construir, como estar acordado está para dormir, como olhar está para estar de olhos fechados podendo enxergar; e assim como o objeto extraído da matéria e elaborado à perfeição está para a matéria bruta e para o objeto ainda não acabado" (século IV ac./2006, p. 234). Alguns atos são movimentos, a saber, atos que têm finalidades externas ao sujeito (por exemplo, construir, caminhar); e outros, são ações, ou seja, atos que têm sua finalidade no próprio sujeito (por exemplo, o entender). A ação perfeita, que tem sua finalidade em si mesma, é chamada de *enteléquia,* termo final (*telos*) do movimento, sua perfeita realização (=forma, ou substância). A distinção entre matéria e ato determina a ordenação hierárquica da realidade que vai da matéria prima (pura potencialidade indeterminada), até Deus (puro ato sem mescla de potencialidade). Ainda, no que diz respeito à relação potência e ato, Aristóteles coloca a categoria de disposição, (*Metafísica*, Livro V, par. 19), que significa arranjo daquilo que possui partes, ou no que se refere ao espaço, à potência ou à forma. Identifica-se com *habitus;* estado.

18 Forma substancial: o ser humano é tudo o que é, em virtude de uma forma interior, a alma racional, que é diferente da alma das plantas e da dos animais, mas que contém em si, como parte inferior, tudo o que é próprio daquelas (Tomás de Aquino).

5. Relações entre o conceito de pessoa por Edith Stein e o conceito tomista de pessoa

Adentramos agora na discussão acerca do conceito de pessoa. A sistematização definitiva do conceito de *pessoa* aparece em Tomás de Aquino na *Suma Teológica*, ao retomar um enunciado de Severino Boetius (480-526). Este filósofo, no tratado *Sobre as duas naturezas*, afirmara que "pessoa é substância individual de natureza racional". Tomás de Aquino coloca que:

O particular e o indivíduo realizam-se de maneira ainda mais especial e perfeita nas substâncias racionais que têm o domínio de seus atos e não são apenas movidas na ação, como as outras, mas agem por si mesmas. Ora, as ações estão nos singulares. Por isso, entre as outras substâncias, os indivíduos de natureza racional têm o nome de *pessoa*. Pessoa significa substância individual de natureza racional (Tomás de Aquino, 1267/2001, I, Q.29, Art.1, p. 523).

O filósofo precisa, porém, que "pessoa" não é a mesma coisa do que "essência" do ser humano, pois esta compreende os princípios específicos dos seres e não os princípios individuais. No caso dos seres compostos de matéria e forma, "a essência não significa somente a forma, nem somente a matéria, mas o composto de matéria e forma comuns", enquanto são princípios da espécie humana. Todavia, o composto "desta matéria e desta forma" é definido como "pessoa", a qual em termos filosóficos é uma "*hipóstase*" (= ou seja, indivíduo do gênero substância humana, pois a alma, a carne e os ossos pertencem à definição de homem). Desse modo, quando se quer afirmar que esta alma, esta carne e estes ossos pertencem à definição *deste homem*, utiliza-se o termo "pessoa". Em suma, "*hipóstase* e pessoa acrescentam à razão de essência, os princípios individuais. Eles não são, portanto, o mesmo que essência nos compostos de matéria e de forma" (Tomás de Aquino, 1267/2001, I, que. 29: art. 2, p. 527).

Stein retoma a conceito de pessoa da filosofia aristotélico-tomista, mas numa acepção própria (1932-3/2000, p. 146): parte da afirmação tomista de que o ser humano, em sua inteireza, é uma única substância, nesta unidade se compondo uma série de substâncias matérias que por si mesma seriam independentes, mas que ao fazer parte do organismo humano, obedecem a uma lei estrutural própria. A alma humana é centro da pessoa, ser de natureza espiritual-corpórea, ou seja, unidade pessoal psicofísica. Segundo Stein (1932-3/2000), somente uma análise fenomenológica pode evidenciar de modo sistemático a unidade da pessoa, proporcionando a evidência fenomênica do conceito tomista. Toma o exemplo de uma vivência sua pessoal:

> Na experiência, quando eu me ocupo de um problema, eu estou nele e não naquilo que sinto e vejo. Ao mesmo tempo, porém, no fundo do "espaço" da alma, o *eu* tem um lugar seu próprio, onde se recolhe para tomar decisões, empenhar-se etc. (...) Trata-se de atos da pessoa. Trata-se do eu pessoal que, ao mesmo tempo, é um eu animado, que pertence a esta alma e nela mora (p. 132, tradução própria).

Segundo Stein, a afirmação aristotélico-tomista de que a alma deva ser considerada portadora das funções orgânicas e animais, é comprovada fenomenologicamente pela evidência de que a consciência e a vontade investem as funções mais baixas. A vida psíquica aparece como sendo caracterizada em sua atualidade por um contínuo vai e vem de estímulos externos, estados interiores, impulsos instintivos etc.; porém, atrás deste vai e vem há algo de duradouro que torna possível a atualidade; e determinada atualidade. As ações são manifestações das potências, (sendo que Stein prefere utilizar o sinônimo de forças, pelo motivo que discutiremos nas próximas páginas) as quais têm sua raiz na alma, princípio de todas as manifestações e atividades vitais do ser vivo.

Stein evita adentrar-se na discussão epistemológica acerca do conceito de fenômeno psíquico (sendo que tal discussão não caberia numa investigação fenomenológica), mas lamenta um dado histórico, inerente ao desenvolvimento da psicologia científica do século XIX: o fato desta ter se afirmado como ciência da natureza contra a tradição aristotélico-tomista e ter recusado a categoria de alma e de potências psíquicas, acarretou graves problemas. Com efeito, a nova ciência, ao tematizar os fenômenos psíquicos, como elementos da consciência (específicos fatos da consciência), realizara uma operação conceitual de isolamento dos específicos fatos da consciência, abstraindo-os artificialmente da unidade pessoal. Desse modo, a psicologia científica, segundo Stein (1932-3/2000), teria abandonado o terreno da experiência: de fato, nesta, os dados psíquicos não se mostram como isolados; o aspecto psíquico sempre se manifesta no "contexto vital de um animal" (p. 95).

A primeira evidência fenomenológica na vida animal do homem é sua corporeidade. O corpo humano, porém, não é meramente material: nele se entrelaçam leis da natureza material, leis do mundo orgânico, leis do mundo animal. "O que nós chamamos de corpo vivente, não é simplesmente um corpo material, mas é um corpo compenetrado pela alma" (idem). Através do corpo vivente, o ser humano com um todo, psíquico e espiritual, se expressa; o corpo é instrumento da alma, pois esta precisa dele para agir e criar. A cura do corpo possibilita que ele seja corpo vivente espiritual, mas isto é possível por meio de uma formação espiritual.

Quanto à dimensão anímica do ser humano, ela se manifesta antes de mais nada pelo fato de que o homem pode experimentar em si mesmo o "perceber sensitivo" e o *"agir reativo"*, por ser capaz de reflexão (=conhecimento espiritual). Não experimentamos as impressões sensíveis como puros estímulos sensoriais e sim como inseridos na estrutura de um mundo feito de coisas perceptíveis. Dessa maneira percebemos nosso corpo sensível. Experimentamos sentimentos e instintos. Em suma: os motos da alma. A vida psíquica atual é fundada nas "potências" que não são fixas e imutáveis mas realizam-se e transformam-se tendo maior ou menor disponibilidade em atualizar-se, pelo exercício:

> As potências que experimentaram esta transformação em virtude da atuação foram denominadas pela filosofia escolástica, *habitus*.[19]

[19] Hábito, segundo Aristóteles, identifica-se com posse, disposição. (*Metafísica, Livrov, item 20).* Aprendemos as virtudes éticas por hábito: a natureza nos dispõe a elas, mas as aperfeiçoamos pelo hábito (*Ética,* lib. 2). Hábito, segundo Tomás de Aquino (1267/2002, parte 1, vol. II, questões de 49 a 54), deriva de palavra latina *habitus* (e seu equivalente grego *hexis.)* Trata-se de um termo que está fora de uso há vários séculos. Significava uma constituição, um estado do corpo e da alma, uma maneira de ser; alguma coisa que se tem (*habere*=ter). É o contrário de um 'hábito' que é um mecanismo já montado e fixo. Segundo Stein, a noção de *habitus* e a realidade que ela exprime poderiam ter sido muito úteis aos trabalhos da psicologia, da antropologia e mesmo da moral, pois se trata de um princípio endógeno e imediato do agir humano. Tomás de Aquino retomou esta noção da filosofia grega, especialmente de Aristóteles: cita com frequência não apenas a *Etica a Nicômaco,* mas também os *Predicamentos*, entre outras. O que é o *habitus*? É uma disposição, uma capacidade da natureza humana, a qual se enraíza em sua natureza específica e individual, finalizada pelo agir. É como um intermediário entre o dado ontológico e dinâmico da natureza e seu acabamento humano, a exemplo do processo de crescimento que conduz o recém nascido à idade adulta, ao homem 'perfeito', terminado (*perficere*, em latim). Assim, o *habitus* é uma qualidade, e a primeira, nas categorias predicamentais

> Ou seja, tudo aquilo que denominamos como habilidades e também como virtudes. O ser humano não é um feixe de potências separatas, mas todas têm sua raiz na alma. A unidade da alma se torna evidente na relação entre potências, *habitus* e atos. Não é possível ao ser humano desenvolver todas suas potências ao mesmo tempo e em igual medida, assim como não lhe é possível atualizá-las simultaneamente. Por isto, o homem pode atuar somente uma parte mínima do que ele é potencialmente e não pode converter em *habitus* todas as suas potências. Assim o ser humano é uma totalidade vivente unitária num constante processo de formação e de desfalecimento (Stein, 1932-3/2000, p. 122).

A afirmação de que o ser humano seja responsável por si mesmo, quer dizer que "ele pode e deve" formar a si mesmo. Stein analisa cada um destes termos. "Poder formar-se a si mesmo" significa que cada um de nós é um ser que diz de si mesmo "eu". O eu é uma alma que é dona de si mesma, ou seja, "pessoa espiritual livre" (p. 124). "Ser pessoa significa ser livre e espiritual. O ser humano é uma pessoa e isto o diferencia dos demais animais" (Stein, 1932-3/2000, p. 124). Stein analisa fenomenologicamente cada um dos termos. O que quer dizer *espiritual*? Significa vigilância e abertura: não somente eu sou e vivo, mas também eu sou consciente do meu ser e do meu viver; e tudo num ato único. O que significa *livre*? é dizer: *eu posso*. O ser humano não é abandonado ao jogo estímulo-reação, mas pode opor resistência. Do poder formar-se a si mesmo brota a possibilidade do *dever,* que significa sentir-se chamado no interior a fazer uma coisa em lugar de outra.

Neste ponto, vê-se como a natureza animal assume forma nova no ser humano, pois a vida psíquica assume no ser humano uma estrutura própria. Com efeito, os dados sensoriais são nela inseridos numa ordem

de Aristóteles. É, num homem completo, a disposição ao melhor. Os *habitus* não podem qualificar disposições ligadas ao determinismo de um só e único tipo de agir; não podem existir *habitus* no mundo físico e astral (segundo a cosmologia de Aristóteles), nem dos vegetais e dos animais, e, portanto na vida vegetativa do homem em sua necessidade de ar, alimento, etc. Só existe *habitus* nas disposições naturais do homem que não sendo regradas pelo instinto e por outros determinismos, deixam abertura para descobrir a boa maneira de um agir adaptado ao concreto de um ato singular, e em fidelidade à natureza humana no que ela tem de específico. Nos termos de psicologia contemporânea, o *habitus* é um dinamismo estruturado e estruturante da pessoa.

que revela algo ao olhar espiritual que através deles volta-se para o mundo objetivo (o acusar as sensações é diferente do mero 'ser afetados' por elas e elas são imediatamente reconhecidas por nós como estado do corpo vivente). Assim emerge a "forma fundamental da vida psíquica específica do ser humano, ou seja, a intencionalidade ou orientação para os objetos" (p. 126). Nela são implicados três fatores: o *eu* voltado para um objeto; o *objeto* para o qual o eu está voltado; o *ato* pelo qual o eu orienta-se em direção de um ou outro objeto. O *espírito* que por meio de sua vida intencional ordena o material sensível numa estruturas e olha dentro do mundo dos objetos, chama-se *razão ou intelecto*. Sendo a percepção sensível a mais baixa atividade dele e a reflexão e abstração as mais elevada. Além disto, o espírito é *vontade*, afirma motivos, pode, ou seja, é livre: conhecimento e vontade estão numa recíproca dependência.

O ser humano por sua vez constitui-se em matéria formada pela atividade do eu (=si mesmo). O *si mesmo* pode e deve ser formado pelo eu. Aquilo pelo qual eu decido em cada momento define não apenas a estrutura da vida atual presente, mas também aquilo que eu *me torno*: o meu *eu mesmo*. O *eu* é a pessoa espiritual, livre, cujos atos intencionais são a sua vida. O *eu* está dentro de seu corpo vivente (embora não possa ser localizado num ponto dele como tentaram fazer as teorias localizacionistas e embora possa elevar-se espiritualmente além do tempo e do espaço). O *eu* não é a sua alma, e neste ponto Stein (1932-3/2000) converge com a visão tomista da pessoa:

> Eu sou um ser humano e tenho corpo vivente e alma. O meu corpo vivente é um corpo vivente humano e minha alma é uma alma humana; isto quer dizer um corpo vivente pessoal e uma alma pessoal. Corpo vivente pessoal é aquele em que mora o eu e que pode ser configurado pelo agir livre do eu (p. 130; tradução própria).

O eu habita na alma que por isto é alma *humana*. O lugar onde o eu se encontra a cada momento determina a configuração da alma: por exemplo, quem vive na superfície não atinge os níveis mais profundos do *eu* que estão presentes, mas não atualizados como poderiam. A pessoa então não possui a si mesma totalmente. Buscar a si mesmo em profundidade depende da decisão da liberdade: se a vida anímica não chega à sua plenitude, a responsabilidade é da pessoa.

Em suma, do ponto de vista da experiência fenomenologicamente apreendida, a pessoa é uma "realidade mista", onde a vida espiritual se apresenta como processo psíquico ligado ao ser material; as formações espirituais objetivas são fundamentadas no ser da natureza e o ser natural pode se tornar portador de um sentido espiritual.

6. Relação entre o conceito steiniano de força vital e o conceito aristotélico-tomista de potências

Stein fornece uma categoria dinâmica apropriada para colher a unidade pessoal nos fenômenos humanos: a *força,* conceito já usado pela física e por várias abordagens da psicologia dinâmica[20] mas a que Stein confere um significado ao mesmo tempo mais amplo e mais rigoroso. Força é por ela tomada nos seus elementos essenciais, como algo que conserva, incrementa, consome; força ao mesmo tempo de natureza espiritual, de natureza física e a de natureza psíquica. A existência da força pode ser demonstrada através da evidência das diferentes intensidades da vida espiritual: há momentos em que esta é vivenciada de forma mais intensa, e outros em que nós sentimos frágeis e áridos. Força física e força espiritual não são independentes entre elas. A força pode ser reintegrada seja como força física (pelo ato da alimentação), seja como força psíquica (por exemplo, através de uma leitura, ou da escuta de uma bela sinfonia; ou pela rica conversação com outro ser humano). O domínio dos valores positivos é uma fonte imensa de força psíquica. A força física pode ter também um senso psíquico (a imponência de uma montanha pode incutir para mim que a veja, um senso de segurança ou de medo). Pois no

[20] Stein (1922/1999, p. 57, nota 1) refere-se ao conceito de força psíquica formulado por Th. Lipps em *Leitfaden der Psychologie* em 1909, como tendo coincidência com suas análises fenomenológicas (Jung utiliza a expressão "energia psíquica" no ensaio publicado pela primeira vez em 1928 *Über die Energetik der Seele.* (Psychologische Abhandlungen, II, 1928/2002). Ele diferencia entre a expressão "energia psíquica", usada entre outros por Th. Lipps, que a distingue da energia física e da força psíquica e também refere-se Stern (*Über Psychologie der individuellen Differenzen*), com quem como sabemos Stein estudou em Breslavia. Lipps segundo Jung, estabelece uma diferenciação entre o conceito de energia psíquica e o de força psíquica: a força psíquica seria a possibilidade de que na alma surjam processos que alcancem um determinado grau de eficácia; ao passo de que a energia psíquica seria a possibilidade de que esta força passe a atuar.

ser humano, espírito e matéria são unidos assim como força espiritual e física. Stein afirma que a força natural do ser humano é somente uma, mas doada a ele por diversas fontes (materiais, e espirituais).

Segundo Stein (1932-3/2000, p. 176), o conceito de força constitui-se num novo caminho de acesso à compreensão das potências (assim como te matizadas por Aristóteles e Tomás de Aquino). A proximidade entre força e potências é indicada também pela etimologia latina destas (*vires, virtutes, facultates*) e alemã. *Vir* pode significar também talento, a saber, algo que existe por natureza; significa poder algo e podendo, ter a possibilidade de fazer algo. Da mesma forma, assim como as potências sempre são correlacionadas aos atos, a variedade das potências corresponde a uma multiplicidade de atos e estes se orientam para uma multiplicidade de objetos. Ainda segundo Stein, o termo "força" expressa melhor o fato de que potências não apenas correspondem aos atos, mas também que elas é que tornam possível a realização dos atos.

Assim como a atividade da natureza é submetida a uma ordem (no caso, uma ordem necessária), também a atividade espiritual pessoal obedece a certa ordem (no caso, a ordem das razões, que, porém, não é coercitiva). A conduta do ser humano expressa assim esta dupla ordenação, da necessidade e das razões, ordens estas que não são uma paralela à outra, mas interpenetram-se.[21] Portanto, no que diz respeito à força, a força corpórea no homem, mesmo que semelhante à força material

[21] Stein aborda a questão da ordem dos processos psíquicos em outras obras (1922/1999 e 1919-32/1998). Segundo a filósofa, as leis psicológicas e psicofísicas não são suficientes para o entendimento do processo psíquico. Nele, entra em jogo um tipo de ordem totalmente diferente. Os estados psíquicos não podem ser analisados de modo satisfatório se forem observados por si mesmos: as vivências psíquicas, na medida em que possuem um caráter intencional, têm conteúdos de sentido, entendem algo, tendem para algo que não pertence ao organismo, mas que é tomado do mundo objetivo; e o significado destas vivências não é indiferente para o curso do processo psíquico. Stein define "espiritual" o sujeito na medida em que não vivencia simples estados psíquicos, mas também vive e entende o significado desses e está submetido a leis de espírito, a saber, a conexão entre as vivências, pela qual uma em virtude de sua conexão de sentido remete a outra Trata-se portanto de um princípio fundamental da vida espiritual que no seu valor deve ser colocada no mesmo plano de uma lei causal chama-se de motivação. A conexão neste caso não é verificada (causalmente) mas é compreendida. As leis de sentido não expressam uma necessidade e sim um a possibilidade essencial. Em conjunto, leis da natureza, leis psicológicas e leis do espírito determinam o processo psíquico real.

que dá origem ao movimento, não é determinável com exatidão, por depender também das funções biológicas e da vontade, que pode dispor livremente dela. Por exemplo, no emprego da força física pelo homem, na forma da oposição ou do impulso mecânico, envolve-se também seu corpo vivente, como um todo, permeado pelo espírito, informado pela força espiritual. Ao mesmo tempo, a força física pode consumir-se tanto nas atividades corpóreas quanto nas espirituais, pois todo ato espiritual é um exercício de força. Uma intensa atividade de estudo ou de reflexão, por exemplo, pode nos deixar fisicamente cansados.[22]

Desse modo, pelo conceito dinâmico de força podemos expressar de modo adequado a unidade da natureza humana. Podemos indicar entender que o ser humano, mesmo que possa colocar para si mesmo objetivos puramente espirituais, não pode, porém, alcançá-los sem a colaboração do seu corpo. E o fato de que a própria avaliação da força física que é em si um ato espiritual faz parte do ato espiritual do sujeito propor-se a realizar um objetivo.[23] Stein coloca a distinção entre *atos espirituais* (realizados livremente e no contexto de motivações racionais) e *estados vitais* (= não realizados livremente e nem imediatamente ligados à motivações racionais). Os estados vitais são condições gerais do indivíduo psicofísico que influenciam o curso de toda a vida e suas vivências. Estes por sua vez devem ser distintos das *qualidades permanentes* (= não são vivências imediatas, mas experimentadas através do vivido). Os sentimentos vitais (como estar cansado) e os sentimentos sensíveis

[22] No que diz respeito à psicologia experimental, isto implica que ao eliminar do experimento psicológico as declarações das pessoas analisadas, confiando apenas nos resultados apreendidos pelos equipamentos, examinam-se apenas os sintomas corporais de um estado psíquico. Todavia, dado estado psíquico por si mesmo pode ser apreendido apenas ao longo da vivência e a análise dos vividos pela categoria de força fornece uma possibilidade adequado para esta apreensão.

[23] O objeto "corpo vivente sensorial" não é simplesmente físico como também psicofísico. Dessa maneira a fisiologia abre-se para a psicofísica que deve buscar as conexões entre o psíquico e o físico: o modo como os estados corpóreos são determinados e como por outro lado determinam os estados psíquicos. O trabalho da psicofísica é possível na base de investigações psicológicas pois devem se poder conhecer os estados psíquicos para examinas suas conexões com a corporeidade Neste sentido a psicologia é irmanada e coordenada à fisiologia. O método da fisiologia funda-se na experiência do outro como intuição do corpo vivente do outro; porém não remonta até a experiência de si do outro mas pesquisa os efeitos espaciais do corpo vivente e dos processos corporais.

(como a dor física) são as vivências onde a unidade do corpo vivente e da alma é vivida do modo mais imediato. Eles são conscientes e localizados no corpo; por serem conscientes são pessoais e espirituais. "Aqui se demonstra como todo o corpo vivente seja atravessado por aquilo que é pessoal espiritual" (Stein, 1932-3/2000, p. 174). Por outro lado, os atos espirituais (pensar, querer, etc.) não apenas são vividos como tais, mas têm algo do estado vital (pensar pode ser mais laborioso quando cansados). Pode-se atingir do mundo espiritual inclusive a força necessária para as atividades físicas. Entre todas as atividades, as atividades da vontade requerem mais quantidade de força; por isto a vontade aparece como o elemento dominante do inteiro âmbito do organismo psicofísico. A vontade é que emprega a força e, portanto, o desenvolvimento do ser humano depende da capacidade de dispor de maneira voluntária da força disponível num dado momento dado, sempre que avaliando a situação da pessoa como um todo.

Em suma, a força é uma qualidade permanente de todo o ser humano que atravessa todas as vivências e que se manifesta na pessoa pelos sentimentos vitais bem como pela maneira de realizar os atos. A unidade da força sustenta toda a vida psicofísica. Por fim, Stein evidencia algo que pertence unicamente à alma e caracteriza-a como formação espiritual: a interioridade, ou ânimo. Interioridade esta que não pode ser separada da unidade que sente, pensa e quer e faz do corpo um corpo humano, vivente e dotado de forma pessoal. Desse modo, a estrutura da pessoa fenomenologicamente apreendida e o construto dinâmico de força abrem caminho para que as intuições proporcionadas pela antropologia filosóficas de Aristóteles e Tomás de Aquino encontrem comprovação das evidências empíricas proporcionadas por uma ciência psicológica construída no alicerce da antropologia filosófica proporcionada por uma investigação rigorosa norteada no método fenomenológico.

Referências

Aristóteles. (2006). *Metafísica* (E. Bini, Trad.). São Paulo: Edipro. (Original do século IV aC.).

Jung, C. G. (2002). *A energia psíquica* (Obras Completas de Carl Gustav Jung, Vol. 08/01, pp. 02-48, M. R. Rocha, Trad.). Petrópolis, RJ: Vozes. (Original publicado em 1928).

Massimi, M. & Mahfoud, M. (2007). A pessoa como sujeito da experiência: um percurso na história dos saberes psicológicos. *Memorandum, 13,* 16-31. Retirado em 17/06/2012, do World Wide Web: http://www.fafich.ufmg.br/~memorandum/a13/massimimahfoud01.htm.

Stein, E. (1992). *Storia di una famiglia ebrea: lineamenti autobiografici* (B. Venturi, Trad.). Roma: Città Nuova. (Original publicado em 1933).

Stein, E. (1998). *Introduzione alla filosofia.* (A.M. Pezzella, Trad.). Roma: Città Nuova. (Original de 1919 a 1932 publicados em 1991).

Stein, E. (1999). *Psicologia e scienze dello spirito: contributi per una fondazione filosofica.* (A.M. Pezzella, Trad.). Roma: Città Nuova. (Original publicado em 1922).

Stein, E. (2000). *La struttura della persona umana.* (M. D'Ambra, Trad.). Roma: Città Nuova. (Original publicado em 1932-3).

Tomás de Aquino. (2000). *Ente e essência.* (L. J. Baraúna, Trad.). São Paulo: Abril. (Original de 1256).

Tomás de Aquino. (2002). *Suma teológica.* Parte I, Questões 44-119. Vol.II (J. Pinto de Oliveira, Trad.). São Paulo: Loyola. (Original de 1267).

Revisitando as relações entre tomismo e fenomenologia conforme o pensamento de Edith Stein

Paulo Coelho Castelo Branco
Miguel Mahfoud

Introdução

Edith Stein (1891-1942) foi uma fenomenóloga que se doutorou na Universidade de *Göttigen*, entre os anos de 1913 e 1916, sob a orientação de Edmund Husserl (1859-1938). Posteriormente, Stein se tornou assistente de Husserl e seguiu o seu mestre para a Universidade de *Freiburg*, permanecendo nessa posição de 1916 a 1918. Na condição de estudiosa da Fenomenologia, Stein assistiu Husserl transcrevendo os seus textos estenografados de modo a organizá-los e publicá-los, além de ministrar cursos introdutórios sobre a Fenomenologia (Ales Bello, 2004; Sancho & Urkiza, 2007a).

O pensamento de Stein, contudo, não se restringiu somente ao estudo profundo da Fenomenologia. Durante os anos de 1918 a 1921, a fenomenóloga se interessou pelos estudos da fé cristã e da filosofia da religião. Em 1922, Stein decide se converter ao cristianismo e se dedica ao estudo do pensamento escolástico e a vida religiosa. Naquele ano, Stein se dedicou a estudar e traduzir obras de Santo Tomás de Aquino (1225-1274) para o alemão. Ressalta-se que, a partir de 1925, Stein estabelece uma relação de aprendizado com Erich Przywara (1889-1972), jesuíta que a incentivou aprofundar o tomismo, retomando certos aportes do pensamento de Tomás de Aquino à luz da Fenomenologia. De 1926 a 1928, Stein viaja pelos países de língua alemã divulgando suas ideias sobre a relação da Fenomenologia com o tomismo. Em 1933, a pensadora deixa a vida acadêmica e se torna uma carmelita até 1942, ano de sua morte (Ales Bello, 2004; Sancho & Urkiza, 2007b).

Nesse percurso biográfico-intelectual, Stein (1922/2007a) se inseriu em um *Zeitgeist* de discussões sobre como a Psicologia poderia se tornar uma ciência do espírito (*Geisteswissenschaft*). Tal querela, inaugurada por Wilhelm Dilthey (1831-1911), defendia que a Psicologia deveria abandonar o modelo de ciência da natureza (*Naturwissenschaft*) oriundo das correntes positivistas e experimentais, sob a justificativa de que essas vertentes não ofereciam uma base adequada de trato para a subjetividade humana. Com efeito, a Psicologia, enquanto uma ciência do psiquismo, não poderia ser construída a partir de leis causais que levam a mensuração dos seus fatos, encontrados no reino fisiológico (Vanzago, 2012).

Em contraposição ao modelo natural de ciência, caberia à Psicologia elaborar um sistema de conhecimento compreensivo da vida anímica da pessoa (Vanzago, 2012). Esta seria acessada segundo a sua experiência vivida e suas estruturas constantes, irredutíveis somente aos extratos fisiológicos e biológicos.

Filiada à concepção diltheyana de ciência do espírito, uma corrente de pensadores argumentou a necessidade da Psicologia se ocupar com os fundamentos antropológicos do ser humano. Vale ressaltar que essa discussão foi abordada por uma corrente de filósofos, também, preocupada com a naturalização da Filosofia (Vanzago, 2012).

Decorreu-se, portanto, uma antropologia filosófica que objetivou redefinir o ser humano em sua relação com o mundo, segundo as dimensões do corpo, do psiquismo e da alma (Ernildo Stein, 2003). Para tanto, foi necessário um retorno às tradições aristotélicas e tomistas para resgatar essa visão total de pessoa e elaborar sua antropologia. Edith Stein, Max Scheler (1874-1928) e Martin Heidegger (1889-1976) foram os discípulos de Husserl que adentraram diretamente a questão dos fundamentos antropológicos do humano, elaborando modos distintos de pensá-lo.

Para fins de especificação ao tema proposto, delimitamos a nossa discussão em relação ao pensamento steineano, que abordou o problema antropológico da constituição da pessoa segundo os seus atos. Para tanto, Stein retornou ao tomismo na busca de contribuições para pensar a questão constitutiva da pessoa na Fenomenologia.

Ressalta-se que Husserl não estudou diretamente o tomismo, mas foi influenciado indiretamente por essa Filosofia, pelo intermédio de Franz Brentano (1832-1920). Antes de ensinar Filosofia e Psicologia, Brentano foi formado na tradição escolástica e ordenado padre católico (Greuel,

1996). Embora tenha abandonado o ofício religioso em função da vida universitária, é possível perceber que Brentano exerce uma primeira aproximação entre Husserl e Tomás de Aquino. O modo de filosofar de Brentano influenciou Husserl, não em termos de dogmas ou segundo os princípios do tomismo, mas conforme o modo rigoroso que o filósofo deve tratar o conhecimento (Stein, 1929/2007c).

Nas obras de Stein, destarte, é possível encontrar alguns pensamentos que abordam, com proficiência, a relação entre o tomismo e a Fenomenologia. A própria autora reconheceu que "(...) é preciso esclarecer que a questão da relação entre o método escolástico e o método fenomenológico não pode ser dada como resolvida com um grande número de trivialidades" (Stein, 1929/2007c, p. 220, tradução própria).

Convém observar que, devido à falta de tradução das obras completas de Stein para o português – especialmente os textos em que ela disserta sobre a mencionada relação –, incorre-se numa dificuldade para o público brasileiro adentrar a essa discussão. Esse desconhecimento, todavia, não é completo devido à existência de alguns textos filosóficos que abordam o tema (Van Acker, 1946/1983; Santos, 2012).[1] Fora do Brasil existem, também, alguns textos que versam a relação entre o tomismo e a Fenomenologia (Ales Bello, 1999, 2000; MacIntyre, 2006; Wojtyla, 1957-69/2010).

Nesse ensejo, reconhecemos que Stein oferece sólidos subsídios para o esclarecimento das relações entre o tomismo e a Fenomenologia, de modo que este capítulo objetiva revisitar os textos em que a fenomenóloga aborda diretamente os principais pontos de relação entre Tomás de Aquino e Husserl.

Para cumprir com o objetivo proposto, buscamos nos reportar fielmente aos textos *O que é a fenomenologia?* (Stein, 1924/2007d), *O que é a filosofia: um diálogo entre Edmund Husserl e Tomás de Aquino* (Stein, 1929/2007e) e *A fenomenologia de Husserl e a filosofia de Santo Tomás de Aquino: ensaio de um confronto* (Stein, 1929/2007c). Estas obras foram

1 Segundo Antônio Paim (2007), existem outros escritos que abordam o tema. Por exemplo, o livro intitulado *A noção de ser em Maritain e Heidegger comparadas no plano de um primeiro momento da ontologia* (1955) de autoria de Geraldo Pinheiro Machado (1918-1985) e o ensaio chamado *O problema da abstração em Husserl e no tomismo* apresentado por Creusa Capalbo (1934-) no Congresso Interamericano de Filosofia, em 1972.

escolhidas por serem consideradas as mais representativas para o foco deste capítulo, além do fato de elas conterem seminalmente a reflexão da autora sobre as relações entre tomismo e Fenomenologia.

1. Intencionalidade: o ponto de partida para a investigação

Encontramos na obra *O que é fenomenologia?* de Stein (1924/2007d), uma aproximação preliminar entre as filosofias de Husserl e Tomás de Aquino. No pensamento da autora, a Fenomenologia não pode ser situada como uma escola filosófica tradicional, pois esta se divide segundo desdobramentos da tradição escolástica (medieval) de Santo Tomás de Aquino e da tradição renascentista (moderna) de Immanuel Kant (1727-1804). Husserl não se filia exclusivamente a nenhuma dessas correntes, no entanto o advento da Fenomenologia possibilita o suporte para uma tradição estudar a outra.

Credita-se a Brentano a incursão de Husserl na Filosofia e a apropriação da noção escolástica de *intencionalidade*. Esta vincula o tomismo à Filosofia moderna e à Psicologia (Greuel, 1996; Stein, 1924/2007d).

Urge ressaltar que tal apropriação não ocorre como uma réplica conceitual. Por um lado, a Psicologia Descritiva de Brentano (1894/2002) entende que a consciência se remete aos atos do psiquismo se voltar para um objeto. A intencionalidade alude, portanto, aos atos psíquicos que se subdividem em três categorias: ideação, julgamento e amor-ódio. Quando se idealiza, julga e ama-odeia, faz-se isso em relação e direção a algo, e nisto reside a faculdade humana de preencher os fenômenos físicos (vazios e inertes) com os fenômenos psíquicos (dinâmicos e intencionais) que se caracterizam por uma relação de conteúdo em referência a um objeto. Por outro lado, a Fenomenologia de Husserl concorda que a intencionalidade se refere aos atos da consciência se voltar para um objeto, no entanto o fenomenólogo, em uma crítica ao psicologismo da época, tende a apontar que esse objeto, também, tem um componente ativo que se mostra àquela consciência, nos seus modos de ser dado ("presentado" e "apresentado") (Schutz, 1970/2012).

Nessa perspectiva, Husserl postula a intencionalidade como o *a priori* da correlação universal (Goto, 2008) e funda a Fenomenologia em distinção à Psicologia Descritiva.

A ideia fenomenológica de que os atos da consciência, ao se direcionarem para um objeto, desvelam uma estrutura que é universal a todos os humanos possui, portanto, uma influência aristotélico-tomista. Em outras palavras, todo ato, mesmo em sua forma mais básica (instinto, por exemplo), fundamentalmente tem uma potência que atualiza um modo de ser que se conecta a essência universal (Stein, 1932-3/2007b; Ales Bello, 2004, 2006). Eis o ponto de partida para o entendimento de que é possível estabelecer uma relação entre a Fenomenologia e o tomismo.

2. Exame da crítica sobre a Fenomenologia ser uma nova escolástica

Após a publicação das *Investigações lógicas* (Husserl, 1900-1901/2012), a Fenomenologia foi apontada como uma nova escolástica, ao retomar o tema da *essência* sob a ótica da Filosofia moderna, notoriamente caracterizada como crítica à concepção de um conhecimento universal, ou seja, de um conhecimento puro e independente do sujeito (Fragata, 1959). Husserl e os seus colaboradores, mantiveram essa postura filosófica crítica, ao examinarem os elementos constituintes do conhecimento. Para tanto, foram além da mencionada crítica e trataram o conhecimento como uma conjuntura de aspectos interdependentes que unem sujeito e objeto.

Stein (1924/2007d) procurou refletir os aspectos que culminaram na acusação de que a Fenomenologia se enquadra como uma nova escolástica, sobretudo, após a publicação das *Investigações lógicas* (Husserl, 1900-1901/2012) e *A ideia da fenomenologia* (Husserl, 1907/2008). Esses pontos podem ser sintetizados em relação aos seguintes temas: a objetividade do conhecimento, a intuição das essências e o idealismo.

A Fenomenologia argumenta a ideia da existência de uma verdade absoluta que possui um conhecimento objetivo que lhe é correspondente. Ora, em uma crítica ao psicologismo, a Fenomenologia entende que a pessoa é capaz de encontrar uma verdade que é dada e não engendrada. Essa verdade denota um sentido de permanência diante do impermanente. Esse sentido pode ser entendido como a essência de um fenômeno. Dito de outra forma, mesmo diante das mudanças da natureza humana, do organismo psíquico e do espírito dos tempos, permanece algo que possibilita uma substancialidade que permite o (re)conhecimento do objeto (fenômeno). Nisso, reside uma ideia de verdade que se aproxima da tradição tomista (Stein, 1924/2007d).

Em relação ao processo de aquisição do conhecimento, a Fenomenologia não pode ser enquadrada como uma ciência puramente dedutiva nem indutiva. Não é exclusivamente dedutiva, pois não se reduz a proposições universais que são acessíveis por princípios lógicos. Tampouco é apenas indutiva, dado que o método fenomenológico, apesar de possibilitar o reconhecimento da existência de infinitas verdades, que por sua vez se desdobram em outras, não reduz a experiência humana somente à esfera do sensível para alcançar as verdades universais (Stein, 1924/2007d).

A indução e a dedução são fontes de conhecimento e obtenção de respostas, mas a Fenomenologia parte de uma intuição *sui generis* das verdades, as quais em si mesmas são certas (evidentes em si/por si mesmas), sem a necessidade de serem deduzidas por outras verdades. Essa intuição, entendida como uma contemplação espiritual, não se confunde com a intuição mística ou a iluminação sobrenatural que, igualmente, possuem um componente sensível (Stein, 1924/2007d).

Ressalta-se que a Fenomenologia não é uma intuição mística, embora possua certa afinidade com ela, pois o seu foco investigativo se inicia pelo âmbito do conhecimento natural e não sobrenatural.

Por conseguinte,

> Com a formação sistemática, a aplicação do conhecimento intuitivo e sua acentuação teórica, a Fenomenologia se assenta na filosofia kantiana e na tradição neoplatônica-agostiniana-franciscana. Encontram-se certos pontos de ligação com Platão e com a orientação neoplatônica-agostiana-franciscana presente na filosofia e na teologia eclesiástica da Idade Média (Stein, 1924/2007d, p. 155, tradução própria).

A Fenomenologia se aproxima das tradições kantiana e tomista, ao, também, aprimorar um modo autêntico de filosofar.

No que concerne ao idealismo, Stein (1924/2007d) entende que "(...) na terminologia filosófica, idealismo significa uma concepção que admite a dependência do mundo em relação a uma consciência cognitiva" (p. 155-156, tradução própria). Considerando que no entendimento husserliano de intencionalidade não se suprime a consciência sem suprimir o mundo e vice-versa, reside na Fenomenologia um idealismo.

Essa concepção idealista, que admite a interdependência constitucional entre consciência e mundo, foi entendida por Stein (1924/2007d) como o ponto central que distancia a Fenomenologia do catolicismo, o qual defende a independência ôntica do mundo em relação ao seu criador.

Conforme Stein (1924/2007d), Husserl não propõe elaborar nenhuma Filosofia teológica, pois o criador da Fenomenologia não parte de qualquer doutrina cristã para organizar o seu pensamento. O percurso intelectual de Husserl se inicia pela Matemática, migra para a Psicologia, chega à Filosofia e, finalmente, desenvolve-se na Fenomenologia. Embora Husserl tenha perpassado por diversas disciplinas do conhecimento, apropriou-se de cada uma delas de forma singular, ao se guiar pelos problemas mesmos e não por doutrinas ou teorias. Não à toa, a fundação do método fenomenológico como um norte inovador e rigoroso para tratar a questão de um conhecimento válido para os campos da Lógica, da Filosofia e da Psicologia.

Dissertadas as ideias que possibilitaram uma resposta ao apontamento da Fenomenologia ser uma nova escolástica, passamos a aprofundar outros pontos de interlocução entre o tomismo e a Fenomenologia, conforme uma fase mais avançada do pensamento steineano.

3. As relações entre as Filosofias de Edmund Husserl e Santo Tomás de Aquino

Abordam-se aqui dois textos que retratam a perspectiva de Stein sobre as possíveis interlocuções entre os pensamentos de Husserl e Santo Tomás de Aquino. São eles: *O que é a filosofia: um diálogo entre Edmund Husserl e Tomás de Aquino* (Stein, 1929/2007e) e *A fenomenologia de Husserl e a filosofia de Santo Tomás de Aquino: ensaio de um confronto* (Stein 1929/2007c).

O primeiro texto referenciado foi publicado na comemoração dos 70 anos de Husserl, ocasião em que os seus discípulos organizaram um livro-homenagem ao criador da Fenomenologia, intitulado *Festschrift Edmund Husserl zum 70. Geburtstag gewidmet. Ergänzungsband zum Jahrbuch für Philosophie und phänomenologische Forschung* e publicado em 1929. Ressalta-se que o texto é um exercício imaginário de Stein, que cria um diálogo em que Husserl e Tomás de Aquino discutem academicamente os pontos de interlocução entre seus respectivos métodos filosóficos.

O segundo texto citado aborda o mesmo conteúdo do primeiro manuscrito, porém apresentado de forma diferente, com uma escrita dissertativa em que a autora menciona os pontos de interlocução entre Husserl e Tomás de Aquino. Esse texto foi apresentado como uma nota introdutória do primeiro texto publicado no retrocitado livro-homenagem.

Ressalta-se que os assuntos mais representativos da discussão foram selecionados e expressos, conforme uma lógica comparativa que refinou os pontos de aproximação e distanciamento entre o tomismo e a Fenomenologia. Nos próximos seis subtópicos, o leitor encontrará *unicamente* as referências dos dois textos retrocitados (Stein, 1929/2007e, 1929/2007c). Por este motivo, não foi incluída nenhuma citação direta, indireta ou abreviatura que indique a repetição da fonte citada. Optou-se, também, por cumprir o mesmo rigor de exposição das ideias de Stein, de modo que se apresentam, em seguida, os tópicos temáticos correspondentes aos textos investigados.

3.1 A Filosofia como uma ciência rigorosa

O tomismo não se limita a uma doutrina religiosa, pois é um modo de filosofar e cultivar uma indagação para a razão (*ratio*)[2] deste mundo. Segundo Tomás de Aquino, o espírito de quem nasce filósofo traz consigo o mundo como potência. Esta se converte em ato quando se encontra um modo maduro de filosofar.

Nesse ponto, reconhecemos que Husserl se aproximou desse modo maduro de filosofar ao, igualmente, indagar-se sobre a razão do mundo. Entretanto, o fenomenólogo não construiu o seu modo de filosofar completamente sozinho, pois confrontou uma série de outros filósofos, tais como David Hume (1711-1776) e René Descartes (1596-1650), para alcançar a mencionada maturidade filosófica (Husserl, 1900-1901/2012, 1931/2001). Ora, a mesma atitude se encontra presente em Tomás de Aquino, que procedeu de forma semelhante ao não se prender a nenhuma doutrina do conhecimento e buscar confrontar as Filosofias de Platão (428/427 a.C - 348/347 a.C), Aristóteles (384 a.C - 322 a.C) e Santo Agostinho de Hipona (354-430).

[2] Stein menciona a palavra grega λόγος. Esta foi traduzida por Tomás de Aquino como *ratio*. No português, há duas traduções possíveis: *razão* ou *Logos*. Utilizamos, no entanto, o termo *razão* por verificar que Stein utiliza, nos referidos textos, o termo *razón*.

Existem, portanto, algumas influências implícitas de Tomás de Aquino no pensamento de Husserl, o que torna possível exercitar algumas confrontações entre a Filosofia fenomenológica e a Filosofia escolástica. Em ambas, predominam: (1) a concepção da filosofia como uma ciência rigorosa; (2) a convicção de que há uma razão (*Logos*) que predomina em toda forma de conhecimento; e (3) a elaboração de que algo dessa razão é passível de ser descoberto por meio um rigor intelectual. Os dois filósofos, entretanto, divergem: (1) quanto à concepção do que é razão; e, (2) em relação aos procedimentos para descobri-la.

3.2 Razão natural e razão supranatural: fé e saber

O tomismo distingue *razão natural* e *razão supranatural* como duas perspectivas de entendimento da realidade. Por um lado, a razão natural ocorre mediante a revelação de Deus nas coisas do mundo, ou seja, ela aponta para um destino; por outro lado, a razão supranatural acontece mediante o que a pessoa realiza para ir em encontro a Deus, o seu destino.

Observa-se que, no tomismo, a razão não é a única via de conhecimento para alcançar a verdade. Segundo o pensamento de Tomás de Aquino, há uma verdade que é plena e existe um conhecimento que é capaz de abarcá-la em sua plenitude. Trata-se, pois, do *conhecimento divino*, uma espécie de razão supranatural que pode comunicar e compartilhar sua plenitude para outros espíritos, de acordo com a capacidade que esses possuem para captá-lo e apreendê-lo.

A razão natural é apenas uma forma de captar e apreender o conhecimento divino e possui limites definidos para esse fim. Contudo, a *fé* se constitui como outro meio pelo qual se pode alcançar tal conhecimento. Segundo Tomás de Aquino, pela fé o espírito não se desvia de sua meta e é comunicado pela revelação. Esta somente pode ser apreendida pela fé. Logo, a razão natural e a fé são caminhos que o humano utiliza em sua peregrinação na Terra para chegar ao plano celeste e conhecer tudo o que pode ser conhecido.

Por se constituírem no plano terreno do mundo natural, a razão natural e a fé são limitadas, o que não impede que o conhecimento divino comunique e compartilhe ideias que podem ser conhecidas por poucos – ainda assim sem segurança.

Nessa perspectiva, o tomismo entende a fé como o ponto de partida para a sua teoria do conhecimento. Por uma questão contextual da Filosofia medieval, a fé é uma premissa resolvida e adotada amplamente como o *a priori* central para qualquer refinamento do conhecimento. Na Filosofia medieval, ao contrário da moderna, a fé não é algo irracional e colocado em dúvida, mas um caminho para a descoberta de uma verdade velada. Embora na razão natural não existam garantias de segurança de um conhecimento válido e total, pela fé é possível sentir o apontamento de um caminho que parece ser o mais correto para atingir esse conhecimento.

Tomás de Aquino entende que a Filosofia busca alcançar a verdade com maior amplitude possível. Como a fé desvela caminhos que não podem ser acessados por outro meio, não deve a Filosofia, portanto, descartá-la ou tomá-la como algo errôneo. Por isso, o tomismo dependente materialmente da fé. Esta pode, ainda, ser utilizada como base para se relacionar com outras verdades, de modo que o tomismo depende formalmente da fé.

Em suma, incorre-se em que o tomismo elenca um plano de entendimento filosófico que parte de uma compreensão racional da razão no mundo e avança para uma metafísica. A função da razão natural é ativar as verdades da fé, que cria caminhos próprios e adequados à razão supranatural.

A Fenomenologia não aborda ou faz distinções entre razão natural e supranatural. Ao contrário do tomismo, a Fenomenologia entende a razão como tal. Segundo Husserl, a finalidade da razão é atingir uma consciência transcendental. Esse horizonte não se encontra no pensamento de Tomás de Aquino, pois, segundo ele, o fim da razão é levar o homem em encontro a Deus.

Na Fenomenologia, o fundamento da razão é a consciência imanente, e no tomismo tal fundamento é Deus. Para Husserl, a razão se faz nos seres cognoscitivos, e, para Tomás de Aquino, ultrapassa esses seres. Stein demonstra que a fenomenologia de Husserl entende que a distinção tomista entre razão natural e razão supranatural advém de um modo empírico, que pode ser utilizado como fonte de conhecimento do mundo. O humano nunca pode se desvincular dessa fonte.

A Fenomenologia, também, concebe que a razão é infinita e que, portanto, o conhecimento é um processo infinito. Por essa concepção, Stein aproxima o entendimento husserliano do pensamento tomista de razão natural, pois ambos percebem que a verdade não é outra coisa senão uma ideia que se realiza/atualiza em um processo infinito.

No que concerne ao plano da fé, a Fenomenologia não a contesta. Todavia, compreende-a como uma instância que deve ser resguardada à investigação religiosa como uma forma específica de abordar um determinado conhecimento. A Filosofia moderna se distinguiu da Religião, ao contrário da medieval. Logo, a Fenomenologia entende que a fé é um ato específico da consciência que reflete os seus próprios atos de modo a elaborar um conhecimento racional. A despeito disso, Husserl concorda com Tomás de Aquino em relação à fé possuir um elemento empírico atinente à experiência sensível.

Em síntese, a fenomenologia não desconsidera a fé, mas, diferentemente do tomismo, ela não assume um papel central em sua teoria do conhecimento. De acordo com o método fenomenológico, a contemplação religiosa como fonte da experiência e do conhecimento é algo a ser suspendido. A Fenomenologia, portanto, não parte da fé nem da razão natural.

3.3 Filosofia dogmática e Filosofia crítica

Tomás de Aquino se filia a uma Filosofia dogmática. Para ele, o filósofo deve iniciar o seu trabalho pela certeza absoluta da existência de Deus como o fundamento de todas as coisas, inclusive do conhecimento.

Embora o tomismo se vincule a uma Filosofia condizente aos dogmas da religião católica, é dotado de um rigor metodológico e crítico para abordar o problema do conhecimento, no que concerne às formas de ordenar e visualizar os meios para alcançá-lo. Contudo, no tomismo, qualquer teoria do conhecimento é posterior ao conhecimento de/sobre Deus.

Para elaborar essa teoria do conhecimento, Tomás de Aquino reuniu e aprofundou todo o conhecimento produzido pela Filosofia clássica da Grécia antiga e pelas escrituras-doutrinas sagradas da Igreja. Em seguida, ordenou, comparou e examinou as lógicas que os pensadores dessas tradições utilizaram para tratar a questão da verdade e do que podemos nos apropriar dela.

Destarte, o método tomista parte de um exame criterioso do conhecimento pelo conhecimento, e não pela autoridade daqueles que o comunicaram. Tomás de Aquino não se preocupou em elaborar um sistema filosófico, entretanto seu espírito filosófico permitiu enfrentar diversas questões com uma base que não se ocupou tanto com o *como* do método, e sim com *o que* possibilita o conhecimento. O tomismo se tornou uma Filosofia perene porque permitiu uma base de sustentação para os homens que se agarraram aos conteúdos cristãos como uma Filosofia de vida – que, apesar de ser teórica e abstrata, era entendida como uma finalidade prática.

Husserl, ao contrário de Tomás de Aquino, é herdeiro de uma tradição moderna de filosofar. A Filosofia moderna é entendida como *crítica* por se preocupar em investigar *como* o conhecimento é possível e, por isso, não se filia a dogmas ou doutrinas para duvidar de todo conhecimento já estabelecido. Isso implica em afastar tudo o que é considerado fonte de erro.

Nesse ensejo, a Fenomenologia de Husserl busca um ponto de partida que seja dotado de rigor próprio e transcenda a dúvida metódica cartesiana e a razão kantiana. Logo, por causa dessa postura crítica, a Fenomenologia em sua teoria do conhecimento é obrigada a recuar, passo a passo, para alcançar um conhecimento seguro. Ou seja, a Fenomenologia se desvincula das teorias e métodos de conhecimentos já existentes para atingir a esfera da consciência pura e transcendental.

Em comum, os métodos escolástico e fenomenológico visam a acessar o conhecimento a partir dos seus fundamentos próprios, livre de teorias e concepções pré-estabelecidas. O valor da Filosofia crítica de Husserl reside, sobretudo, na possibilidade de uma limpidez nunca vista anteriormente.

O tomismo inicia sua Filosofia pela fé em Deus, enquanto a Fenomenologia parte da imanência da consciência. Contudo, um julgamento tomista à Fenomenologia reside em que esta, mesmo com sua postura crítica, continua a buscar um conhecimento uno com o seu objeto. Conforme o tomismo, tal união somente é possível no conhecimento de Deus.

3.4 Filosofia teocêntrica e Filosofia egocêntrica

Reside aqui um ponto de distinção entre o tomismo e a Fenomenologia, dado que Tomás de Aquino segue uma orientação filosófica teocêntrica e Husserl se direciona para uma Filosofia egocêntrica – alvo de diversos julgamentos impossíveis de serem aprofundados neste capítulo. À medida que se distanciam nesse ponto, Tomás de Aquino e Husserl se aproximam por possuírem a ideia de uma verdade objetiva e evidente por si só, que não se aparta de quem a investiga. A questão de qual é a primeira verdade, no entanto, separa novamente as perspectivas desses filósofos.

Segundo o pensamento de Tomás de Aquino, o princípio e critério de toda verdade é Deus. A Filosofia tomista se desenvolveu no modo como podemos nos relacionar com a essência e a existência dessa verdade.[3] É nessa relação que se pode encontrar o conhecimento de outros seres cognitivos com o conhecimento divino. O método escolástico propõe, pois, evidenciar a estrutura anímica que possibilita alcançar o conhecimento de Deus, de si mesmo e das outras criaturas.[4]

O tomismo se configura, então, como uma doutrina geral do *Ser* (da totalidade) que converte todas as questões humanas e disciplinas do conhecimento (Filosofia e Religião, por exemplo) em uma ontologia ou metafísica. Na perspectiva tomista é Deus o Ser que comunica toda a sua índole, essência e existência.

Conforme o pensamento de Husserl, o princípio da verdade se encontra na compreensão da estrutura transcendental do mundo pela consciência. Eis a Fenomenologia transcendental que usa do método fenomenológico como critério de indagação sobre os princípios e problemas constitutivos da atividade espiritual do homem e de sua capacidade de conhecimento do mundo.

A Fenomenologia se estabelece, pois, como uma teoria do conhecimento cujo *Organon* (instrumento de conhecimento) é a intencionalidade que unifica sujeito e mundo pelos atos da consciência. Permanece em Husserl um interesse em fundamentar as atividades espirituais do sujeito e como este é capaz de alcançar uma essência universal. Logo, a Fenomenologia se ocupa com a questão do *ser*,[5] enquanto uma dimensão do sentido de uma vivência.

3 Caso o leitor deseje aprofundar esse aspecto do tomismo, indica-se a leitura da obra *O ente e a essência* (Tomás de Aquino, 1252-1256/2011).

4 Para um melhor entendimento de como o método escolástico aborda a questão do conhecimento pelas instâncias da alma, do humano e de Deus, sugere-se a leitura de Amatuzzi (2008).

5 Ressalta-se que, embora seja possível encontrar o termo *ser* nas obras de Husserl, este não o utiliza como Martin Heidegger o postulou em sua *Daseinanalítica*. Na Fenomenologia de Husserl, o *ser* alude à dimensão do objeto da vivência de um determinado fenômeno. Para maior aprofundamento, recomendam-se as leituras do

3.5 Ontologia e metafísica

Segundo o pensamento de Stein, a Fenomenologia estabelece uma distinção para os termos *ontologia* e *metafísica*. Husserl denomina de *ontologia material e formal* aquelas disciplinas vinculadas às ciências positivas (por exemplo, as ciências naturais) que se ocupam dos dados empíricos. O fenomenólogo objetivou que essas ciências fossem fundamentadas a partir de uma ciência da essência, que não visa a fazer um uso exclusivo das constatações empíricas para construir o seu conhecimento. Destarte, para a Fenomenologia, a *metafísica* é uma ciência deste mundo (natural e empírico) e não de um mundo supranatural.

Em outra perspectiva, o tomismo entende que não existe uma distinção clara entre essência e fato, eidética e empiria. Toda ontologia ou metafísica são, portanto, desdobramentos de uma abrangente compreensão do que é este mundo e o fundamento para o comportamento e a prática que ocorrem nele em detrimento de um conhecimento divino. Para o tomismo, a finalidade prática de estar no mundo é o conhecimento da verdade e o encontro com Deus. Por isso, Tomás de Aquino elabora uma filosofia constituída de um saber empírico e eidético, pois ele considera os fatos e a experiência sensível – mesmo que a fé apresente um componente distinto desse tipo de experiência.

A Filosofia medieval de Tomás de Aquino argumenta que encontrar o que corresponde *em si* às coisas, implica em encontrar a essência delas. Existem, então, verdades essenciais que possuem correspondentes no mundo. Husserl integrou, também, essa concepção em suas investigações sobre a essência. Há, pois, uma atitude comum entre as investigações escolásticas e fenomenológicas.

Observa-se que, apesar da distinção metodológica entre o tomismo e a Fenomenologia e das diferentes concepções entre razão natural e razão supranatural, Tomás de Aquino e Husserl consideram uma análise das essências do que se encontra no mundo. Esse ponto de encontro, todavia, desdobra-se em um distanciamento.

capítulo IV da obra *Ideias para uma fenomenologia pura e para uma filosofia fenomenológica* (Husserl, 1913/2006), dos livros *Fenomenologia e ciências humanas* (Ales Bello, 2004) e *Introdução à fenomenologia* (Ales Bello, 2006) e da apresentação de Ales Bello (2000) do livro *A estrutura da pessoa humana* de Stein.

Ao se analisar, por exemplo, a existência dos anjos e da vida após a morte, o tomismo entende que esses fenômenos são manifestações de outra realidade que afetam o mundo terreno. Tomás de Aquino não se atém a argumentar se isso é fato ou não. A Fenomenologia aborda essas questões como possibilidades de conhecimento e não como outro plano de realidade superior que afeta o mundo natural. Desse modo, a Fenomenologia trata dos temas aludidos como enunciados sobre uma realidade (fenômenos) que são vividos, e não uma realidade distinta que afeta o humano.

Ao se falar de anjos e da vida após a morte, esse conhecimento é situado numa dimensão do que é conhecido pela experiência e do que é conhecido no mundo. Isso gera possibilidades de conhecimento e variações dele.

Ora, Tomás de Aquino e Husserl se ocupam das possibilidades do conhecimento e do acesso ao mundo e suas essências. O pensamento tomista é, portanto, ontológico e metafísico; e a Fenomenologia separa a ontologia da metafísica, ao contribuir com uma exigência de ontologia formal e material, repensada sob os fundamentos de uma ciência eidética. Salienta-se que Husserl entende que a metafísica se ocupa do conhecimento deste mundo, e não de outro, pois a Fenomenologia se ocupa do exame da experiência vivida. Destarte, Husserl absorve os fenômenos do mundo e os repensa no caráter *em si* que permanece diante do acidental (diante das variações), de modo a alcançar sua essência.

3.6 A questão da intuição nos métodos fenomenológico e escolástico

Em continuidade ao item anterior, este tópico discute como cada método aborda a intuição como uma *visão das essências*.

No pensamento tomista, a visão aludida ocorre como um privilégio da *graça* concedida às almas eleitas pelo conhecimento divino. A graça ocorre pela elevada santidade e por uma rigorosa ascese, embora o humano não possa reivindicar uma graça ou, ainda, gerá-la. Existe nesse ponto uma crítica tomista à Filosofia moderna, que treina seus filósofos a reivindicar, no conforto de suas escrivaninhas, uma graça e encomendar tais iluminações a seu bel-prazer. A Fenomenologia constitui uma exceção a essa crítica, pois o método fenomenológico não espera por uma iluminação, já que a busca pelo intelecto, mediante a profunda análise do fenômeno dado e a elaboração do vivido.

Assim, no método escolástico ocorre uma elaboração lógica e uma exploração da experiência sensível; e, no método fenomenológico, há uma suposta apreensão imediata das verdades eternas, que para o tomismo somente está reservada para os espíritos puros.

Considerando que no pensamento ocidental contemporâneo a noção de *intuição* é impregnada de preconceitos, em desconstrução de qualquer equívoco sobre esse tema, argumentam-se três pontos de interlocução entre os métodos escolástico e fenomenológico, a saber: (1) *a via sensitiva da essência*; (2) *a via intelectiva da essência*; e (3) *a evidência da essência em seu caráter imediato e mediato.*

(1) Tomás de Aquino e Husserl consideram que toda forma de conhecimento começa pelos sentidos, via experiência sensível. No entanto, essa pressuposição é parcial na Fenomenologia, pois esta defende que, para alcançar uma visão da essência, a base de experiência sensível não é algo fundamentalmente necessário.

Por exemplo, os atos de recordar, imaginar e fantasiar, a despeito de utilizarem dados que foram apreendidos sensivelmente via percepção (um contato direto com um objeto), são meios que não requerem mais um estímulo sensível-externo e que podem servir de recursos para alcançar uma essência. Essa constatação husserliana não desconsidera que qualquer intuição ou visão da essência sempre inclui um material de base sensível. A Fenomenologia, destarte, não considera a via do sensível como única base para todo conhecimento.

(2) O tomismo reconhece que todo conhecimento do mundo acontece mediante uma elaboração intelectual do que foi apreendido pela experiência sensível. Essa proposição está contida, igualmente, no pensamento de Husserl. Existe, todavia, uma oposição no entendimento de como ocorre essa elaboração. A Fenomenologia afirma que a intelecção da essência não ocorre exclusivamente pelo processo de indução e que os processos dedutivos de comparação e abstração, também, são insuficientes para alcançar uma essência.

É qualidade da intuição de uma essência um contato direto com o objeto, penetrando-o em todos os nexos que possibilitam sua manifestação segundo os seus substratos. O caráter indutivo e dedutivo do exame desses substratos são posteriores a essa intuição, pois se trata de um movimento intelectivo e filosófico que busca evidenciar o que foi intuído enquanto essência.

Reside aqui uma aproximação entre Husserl e Tomás de Aquino, pois ambos entendem que o intelecto como um *intus legere*, ou seja, ler o interior das coisas. O intelecto não é uma extensão do pensamento, mas é a forma de adentrar e apreender a ideia do fenômeno no que ele mostra. O intelecto também não é uma simples construção pessoal, pois todo conhecimento não depende somente do investigador. Logo, o tomismo e a Fenomenologia concordam que a intuição possui um caráter passivo e ativo. Nessa aproximação reside, ainda, uma distinção sobre o caráter imediato ou mediato da intuição das essências.

(3) Conforme o pensamento de Tomás de Aquino, a visão das essências aparece em um caráter mediato, pois elas derivam diretamente do conhecimento divino (Deus). A intuição das essências tem um componente de verdade fundamental, ao passo que existem verdades inatas que não são conhecidas diretamente pelo homem, porém são conhecidas quando o intelecto age e cumpre os seus atos pela certeza dessas verdades, sempre as visualizando em ato.

Essa proposição tomista, por conseguinte, reconhece a fé como fonte de conhecimento válido. Para o tomismo, a visão mediata das essências é resguardada para os seres humanos, enquanto seu componente imediato somente é alcançado por Deus. Este é a primeira verdade que possibilita os princípios que oferecem luz ao entendimento humano da verdade eterna (essência). A visão imediata, portanto, é privilegiada por ser isenta de erros, algo que não ocorre na visão mediata, dado que na derivação podem ocorrer equívocos.

Para o tomismo os conteúdos da verdade eterna (essência) não são acessíveis em um plano imediato, mas mediado a partir de um trabalho de conhecimento anterior (Deus). Os conteúdos são mediatos por que o homem somente conhece a existência de Deus com base em seus efeitos que variam em diversas medidas e graus no mundo.

Segundo Tomás de Aquino, uma verdade que tem um caráter evidente *em si* pertence sempre a um objeto. Por exemplo, existe o conhecimento universal do bem. Este pode ser concebido como uma verdade *a priori*. Existem, portanto, princípios apriorísticos que são estruturais e afetam o modo de conhecimento, seja ele sensível ou intelectivo, e a forma de se voltar para os objetos do mundo e para si mesmo.

Husserl adota outra via em relação ao pensamento de Tomás de Aquino. A Fenomenologia, pelo seu rigor metodológico, argumenta a possibilidade de atingir um conhecimento puro e isento de erros. Existe, pois, uma diferença entre as verdades dadas imediatamente e as derivadas por mediações. Desse modo, as verdades imediatas possuem conteúdos que são determinados e a visão desses conteúdos é uma visão intelectual e não uma evidência sensível.

Para a Fenomenologia, a intuição é a própria apreensão imediata de uma verdade. O contrário disso é uma compreensão mediada, em que se buscam evidências de verdade com base em premissas e outras conexões lógicas que nos levam a concluir uma verdade. Husserl defende que a apreensão imediata de uma essência não ocorre exclusivamente pela indução, nem tão somente pela dedução.

Ressalta-se que esse caráter imediato não se reduz a um conhecimento que temporalmente é adquirido primeiramente do que outro, pois a experiência sensível é um exemplo disso. Nem tudo que é sentido imediatamente pela experiência sensível evoca a apreensão imediata de uma verdade, sendo necessárias, portanto, outras reflexões sobre o objeto. No entanto, nem tudo que nos é passado mediante premissas e conexões lógicas nos leva a alcançar uma verdade. Um exemplo ocorre na ideia da extensão do Planeta Terra. Há uma experiência sensível que induz à conclusão de que a Terra é plana, mas existem deduções lógicas que contradizem isso e deduzem que a Terra é redonda. Ambas as posições contêm evidências imediatas e mediadas do conhecimento da extensão da Terra, todavia nenhuma delas é suficiente, no plano da imediatez temporal, para atingir uma elaboração sobre a verdade da extensão da Terra.

4. Considerações finais: apontamentos dos aportes steineanos para uma Psicologia da pessoa

Influenciado pela concepção europeia de uma antropologia da pessoa, Gordon Allport (1897-1967) (1955/1966), em uma conferência para a Associação Americana de Psicologia, argumentou que o objetivo da Psicologia é versar a pessoa, em sua totalidade, como o seu objeto de estudo, em vez de dividi-la em processos básicos (memória, percepção, intelecção, etc.) ou um produto de fatores biológicos, sociais e psicológicos.

No entendimento de Allport (1955/1966), as bases para a elaboração de uma Psicologia da pessoa deveriam ser alocadas segundo as tradições aristotélicas (enteléquia), leibnizianas (mônada aberta para o mundo), tomistas (doutrina da *intentio*) e fenomenológicas (da consciência enquanto ato).

Consideramos que o pensamento steineano congrega as mencionadas bases e oferece amparo para o entendimento de como as Filosofias tomista e fenomenológica abordam a questão do conhecimento e da relação da pessoa com o mundo. Logo, a perspectiva steineana possibilita fundamentos para uma proposta de Psicologia da pessoa.

Conforme o entendimento de Stein (1932-3/2007b), a noção de pessoa remete uma unidade que pertence ao humano e que lhe confere/permite uma singularidade em sua relação dinâmica consigo, com o outro e com o mundo. Essa dinâmica permite, então, uma autoconsciência que se volta, ao mesmo tempo, para si e para fora de si.

O ponto de partida da relação pessoa e mundo, para a Fenomenologia, é a consciência imanente e, para o tomismo, é a fé. A pauta que unifica todas as problemáticas filosóficas, em Husserl, é a consciência purificada transcendentalmente. Para Tomás de Aquino, é Deus e sua relação com as todas as criaturas. A Fenomenologia se estabelece como uma ciência das essências e busca demonstrar como uma consciência, em virtude de suas funções espirituais, pode se estabelecer num mundo e, eventualmente, em diversos mundos possíveis em termos de vivências. O tomismo, também, busca a elucidação das essências. Contudo, para Tomás de Aquino, não se trata de investigar possíveis mundos vividos, mas de compreender a imagem plena deste mundo o mais perfeito possível.

Destarte, o tomismo se torna presente na Fenomenologia a partir dos seguintes pontos: (1) a ideia da existência de uma verdade eidética que é evidente e possível de ser acessada segundo um rigor metodológico; (2) a concepção de que o intelecto é um modo de adentrar e apreender o sentido do que se apresenta como essência; (3) o entendimento de que a intuição das essências possui um caráter passivo e ativo; e, (4) a compreensão de que todo ato psíquico desvela uma estrutura que não está restrita a um eu, mas o conecta a outros eus, a comunidade, a sociedade e a cultura.

Nesse panorama, Stein presta uma grande contribuição à ciência psicológica ao possibilitar alguns subsídios para a elaboração de uma Psicologia da pessoa, segundo os aportes do tomismo e da Fenomenologia.

No Brasil, alguns psicólogos, filiados a uma posição humanista, alcançaram semelhante concepção de Psicologia da pessoa com inspiração direta nos aportes de Tomás de Aquino (Amatuzzi, 2003), Husserl e Stein (Mahfoud & Massimi, 2008).

O raciocínio tomista apresenta algumas elaborações sobre o que constitui o humano em seus modos de conhecimento e quais são as operações que ele utiliza em sua busca pelo sentido de existir e estar no mundo (Amatuzzi, 2003). Assim, o legado de Tomás de Aquino para a Psicologia aponta para algumas operações epistemológicas da relação do sujeito com o mundo que culminam na elaboração da experiência com base em uma ipseidade. Esta ocasiona um modo de abertura da pessoa para um acontecimento inusitado (mistério) que lhe acomete e origina um momento de encontro com o sentido (Amatuzzi, 2003).

Pensar o humano como um ser dotado de estruturas que se vinculam para formar sua pessoa possibilita uma nova empreitada na compreensão dos elementos que compõe uma pessoa e conectam-na a outra pessoa, à comunidade e à sociedade (Stein, 1922/2007a; Ales Bello, 2004, 2006). Tal perspectiva implica em uma compreensão empática mais acurada às estruturas universais da pessoa, do que restrita aos conteúdos de sua personalidade.[6]

Diante do contexto apresentado, atualmente, há um movimento psicológico que desenvolve estudos sobre a experiência, retornando a sua ênfase empírica e resgatando categorias ônticas como *estrutura* e *pessoa* (Massimi & Mahfoud, 2007; Mahfoud, 2012). Em suma, esse movimento, notoriamente fenomenológico, "(...) toma em análise a pessoa que se dá conta do mundo que se lhe apresenta e lhe fornece motivações, assim como examina o mundo-da-vida apreendido pela pessoa e por ela é valorado" (Mahfoud & Massimi, 2008, p. 58). O suporte fenomenológico possibilita, pois, um caminho para estudar diversos tipos de experiência (por exemplo, a religiosa) sem perder o norte estrutural que compõe os seus elementos e atos intencionais.

Incorre-se, no campo da Psicologia, outra abordagem experiencial da pessoa. Não é mais uma questão de estudar os processos constitucionais e funcionais da experiência, ou de elaborar outras perspectivas de subjetivação fora dos componentes empírico-antropológicos do humano. Trata-se de abordar os aspectos estruturais da experiência

[6] Entende-se a noção de personalidade, segundo o pensamento de Allport (1955/1966), como um conjunto de percepções e conceituações de si mesmo.

em uma dinâmica e teleologia que estruturam a pessoa-no-mundo. A análise disso constitui a base e o fundamento da Psicologia da pessoa.

Considera-se, finalmente, que a principal contribuição steineana para a referida Psicologia, consiste em pensar a dimensão do *antropos* (homem) como base para elaboração de todas as realizações no mundo. Contudo, esse homem não é concebido em suas dimensões personalistas (egoicas) como um indivíduo autocentrado e dominante em suas relações com o mundo.

Em suma, este capítulo teve o intuito de aprofundar as relações entre o tomismo e a Fenomenologia, revisitados com base no pensamento steineano, de modo a refletir suas implicações para a concepção de uma Psicologia da pessoa.

Referências

Ales Bello, A. (1999). Presentazione. Em E. Stein. *Essere finito e essere eterno: per uma elevazione al senso dell'essere* (4a ed). Roma: Città Nuova, pp. 09-29.

Ales Bello, A. (2000). Presentazione. Em E. Stein. *La struttura della persona umana.* (pp. 05-25). Roma: Città Nuova.

Ales Bello, A. (2004). *Fenomenologia e ciências humanas: psicologia, história e religião.* (M. Mahfoud & M. Massimi, Trads.). Bauru, SP: EDUSC. (Original publicado em 2004).

Ales Bello, A. (2006). *Introdução à fenomenologia* (J. T. Garcia & M. Mahfoud, Trads.). Bauru, SP: EDUSC. (Original publicado em 2006).

Allport, G. W. (1966). *Desenvolvimento da personalidade* (2a ed., C. Bori, Trad.). São Paulo: Herder. (Original publicado em 1955).

Amatuzzi, M. M. (2003). Releitura dos textos de Tomás de Aquino visando a construção de um pensamento psicológico. *Memorandum, 5,* 42-54. Recuperado em 17/09/2012 de: http://www.fafich.ufmg.br/~memorandum/artigos05/amatuzzi01.htm

Amatuzzi, M. M. (2008). *A alma humana em Tomás de Aquino: um debate antigo e atual.* Campinas, SP: Alínea.

Brentano, F. C. (2002). *Drescriptive psychology* (B. Müller, Trad.). London: Routledge. (Original publicado em 1894).

Fragata, J. (1959). *A fenomenologia de Husserl como fundamento da filosofia.* Braga, Portugal: Faculdade de Filosofia de Braga.

Goto, T. A. (2008). *Introdução à psicologia fenomenológica: a nova psicologia de Edmund Husserl*. São Paulo: Paulus.

Greuel, M. V. (1996). *O problema da fundamentação do conhecimento: uma abordagem fenomenológica*. Florianópolis: UFFC-DLLE-CCE. Recuperado em 04 de abril, 2013, de http://www.odialetico.hd1.com.br/filosofia/fundam.htm

Husserl, E. (2001). *Meditações cartesianas: introdução à fenomenologia* (F. Oliveira, Trad.). São Paulo: Madras. (Original publicado em 1931).

Husserl, E. (2006). *Ideias para uma fenomenologia pura e para uma filosofia fenomenológica* (2a ed., M. Susuki, Trad.). Aparecida, SP: Ideias & Letras. (Original publicado em 1913).

Husserl, E. (2008). *A ideia da fenomenologia* (A. Mourão, Trad.). Lisboa: Edições 70. (Original publicado em 1907).

Husserl, E. (2012). *Investigações lógicas: investigações para a fenomenologia e a teoria do conhecimento* (D. P. Alves & C. Morujão, Trads.). Rio de Janeiro: Forense Universitária. (Original publicando em 1900-1901).

MacIntyre, A. (2006). *Edith Stein: a philosophical prologue, 1913-1922*. Oxford: Rowman & Littlefield.

Mahfoud, M & Massimi, M. (2008). A pessoa como sujeito da experiência: contribuições da fenomenologia. *Memorandum, 14*, 52-61. Recuperado em 13/08/2012 de: http://www.fafich.ufmg.br/~memorandum/a14/mahfoudmassimi02.pdf

Mahfoud, M. (2012). *Experiência elementar em psicologia: aprendendo a reconhecer*. Brasília: Universa; Belo Horizonte: Artesã.

Massimi, M & Mahfoud, M. (2007). A pessoa como sujeito da experiência: um percurso na história dos saberes psicológicos. *Memorandum, 13*, 16-31. Recuperado em 15/08/2012 de: http://www.fafich.ufmg.br/~memorandum/a13/massimimahfoud01.htm

Paim, A. (2007). *A filosofia brasileira contemporânea: estudos complementares às ideias filosóficas do Brasil* (Vol. VII., 2a ed.). Londrina, PR: Humanidades.

Sancho, F & Urkiza, J. (2007a). Introducción general. Em E. Stein. *Obras Completas, v. II: escritos filosóficos (etapa fenomenológica: 1915-1920)*. (pp. 20-51). (F. J. Sancho e cols., Trad.). Burgos, Espanha: Monte Carmelo.

Sancho, F & Urkiza, J. (2007b). Introducción general. Em E. Stein. *Obras Completas, v. III: escritos filosóficos (etapa de pensamiento cristiano 1921-1936)*. (pp. 24-54). (F. J. Sancho e cols., Trad.). Burgos, Espanha: Monte Carmelo.

Santos, I. (2012). O tomismo fenomenológico de Edith Stein. *Notandum, 30*, 101-107.

Schutz, A. (2012). *Sobre fenomenologia e relações sociais* (H. Wagner, Ed.). (R. Weiss, Trad.). Petrópolis, RJ: Vozes. (Original publicado em 1970).

Stein, E. (2003). *Nas proximidades da antropologia: ensaios e conferências filosóficas*. Ijuí, RS: UNIJUÍ.

Stein, E. (2007a). Contribuciones a la fundamentación filosófica de la psicología y de las ciencias del espíritu. Em E. Stein. *Obras Completas, v. II: escritos filosóficos (etapa fenomenológica: 1915-1920)*. (pp. 206-520). (F. J. Sancho e cols., Trad.). Burgos, Espanha: Monte Carmelo. (Original publicado em 1922).

Stein, E. (2007b). Estructura de la persona humana. Em E. Stein. *Obras Completas, v. IV: escritos filosóficos (magisterio de vida cristiana: 1926-1933)*. (pp. 555-749). (F. J. Sancho e cols., Trad.). Burgos, Espanha: Monte Carmelo. (Original publicado em 1932-3).

Stein, E. (2007c). La fenomenología de Husserl y la filosofía de Santo Tomás de Aquino: ensayo de una confrontación. Em E. Stein *Obras Completas. v. III: escritos filosóficos (etapa de pensamiento cristiano 1921-1936)*. (pp. 193-221). (F. J. Sancho e cols., Trad.). Burgos, Espanha: Monte Carmelo. (Original publicado em 1929).

Stein, E. (2007d). ¿Qué es fenomenología?. Em E. Stein. *Obras Completas. v. III: escritos filosóficos (etapa de pensamiento cristiano 1921-1936)*. (pp. 145-157). (F. J. Sancho e cols., Trad.). Burgos, Espanha: Monte Carmelo. (Original publicado em 1924).

Stein, E. (2007e). ¿Qué es filosofía?: un diálogo entre Edmund Husserl y Tomás de Aquino. Em E. Stein. *Obras Completas. v. III: escritos filosóficos (etapa de pensamiento cristiano 1921-1936)*. (pp.160-192). (F. J. Sancho e cols., Trad.). Burgos, Espanha: Monte Carmelo. (Original publicado em 1929).

Tomás de Aquino. (2011). *O ente e a essência* (7a ed., C. Nascimento, Trad.). Petrópolis, RJ: Vozes. (Original de 1252-1256).

Van Acker, L. (1983). *O tomismo e o pensamento contemporâneo*. São Paulo: Convívio. (Original publicado em 1946).

Vanzago, L. (2012). *Breve história da alma* (F. Moreira, Trad.). São Paulo: Loyola. (Original publicado em 2009).

Wojtyla, K. (2010). *Mi visión del hombre: hacia una nueva ética* (P. Ferrer, Trad.). Madrid: Palabra. (Original publicado em 1957-69).

PARTE II

Pessoa e sua formação

Formação da pessoa e caminho humano: Edith Stein e Martin Buber

Miguel Mahfoud

"Viena do final do século" – a expressão continua designando um movimento intelectual de grandes repercussões na passagem do séc. XIX para o XX: na ruptura com a tradição filosófica objetivante, o pensamento já não pode prescindir do sujeito (Bacccarini, 2002).[1]

De Franz Brentano com sua "*Psicologia do ponto de vista empírico*" derivam pelo menos três grandes correntes: (a) a de Freud com seu sujeito submetido a impulsos inconscientes, (b) a da Escola da *Gestalt* com seu sujeito intencional submetido a precisas leis de percepção e constituição do mundo, (c) e também a de Edmund Husserl que como anti-idealista propõe uma filosofia da essência fundamentada no mundo assim como vivido pelo sujeito, filosofia esta sempre voltada às coisas mesmas em sua constituição intersubjetiva (superando a mera conceituação ou a mera subjetivação).

Afirmando esta última corrente, como fenomenologia essencial, realista e personalista, amadurece a contribuição de Edith Stein (cf. Ales Bello, 1992/2000, 2003).

Paralelamente a esses movimentos culturais, na contraposição às posturas objetivante e idealista, Rosenzweig e Ebner propõem a subjetividade dialógica e a filosofia do existente. É sob a influência destes que Martin Buber (1923/2004) chega a formular que só existe o eu da relação Eu/Tu: aquela que faz do homem um homem.

1 Texto publicado originalmente no periódico científico "Memorandum: memória e história em psicologia", ao qual agradecemos a autorização de sua publicação na presente obra. O presente texto teve apoio da CAPES.

Temos então Edith Stein fazendo, em geral, uma fenomenologia essencial, análises fenomenológicas particulares e detalhadas para mostrar os traços fundamentais de cada objeto de pesquisa – frequentemente a pessoa humana – buscando respostas a problemas concretos mais do que a questões conceituais; e enunciando teses somente quando os fundamentos chegam a ser clarificados na vivência (cf. Ingarden, 1987). Por outro lado, temos Martin Buber fazendo uma filosofia existencial que para chegar a falar do homem enquanto tal se contrapõe ao essencialismo, afirmando se ocupar "de ti e de mim, da nossa vida e do nosso mundo e não de um Eu em si ou de um ser em si" (1923/2004, p. 60).

Stein e Buber: ambos judeus, filhos de seu tempo e por isso fortemente interessados na centralidade do sujeito humano para a constituição do conhecimento em geral e do processo histórico. Ambos, admiradores das grandes expressões culturais (especialmente literárias). Ambos, marcados por um horizonte universal ao mesmo tempo em que estão empenhados na condição cultural, social e política circunscrita à qual pertencem. De fato, ambos inicialmente foram estudar Psicologia e Germanística, ambos em seguida se dirigiram à Filosofia chegando logo a dar contribuições muito significativas afirmando a intersubjetividade como fundamento do mundo humano. A concepção do sujeito intencional e interrrelacional foi assumida por ambos como caminho para um juízo crítico em relação aos movimentos sociais e políticos de seu tempo, de tal modo que a Filosofia se constituía como contribuição a lutas políticas muito precisas. Não hesitaram, cada um em seu preciso contexto, em se envolver com movimentos sociais e políticos na defesa da dignidade da própria condição a que pertenciam afirmando a necessária abertura ao outro: uma em movimentos políticos e feministas (Stein, 1933-9/2002); o outro, no movimento sionista. Em 1920 Stein lança seu "*Psicologia e ciências do espírito*" enfrentando temas fortes numa sociedade que sustentava o avanço do movimento nazista: as possibilidades de se influenciar as vivências humanas, as possibilidades de resistência na dimensão espiritual, de modo tal que a liberdade seja possível; a diferença entre comunidade e massa, identificando a ontologia do indivíduo e das diversas formas associativas. Em 1922-23 Buber lança seu "*Eu e Tu*" numa crítica à eliminação do outro tida como um bem para a humanidade por parte do nazismo em ascensão, e numa crítica à afirmação da própria identidade de modo separatista, por parte dos judeus sionistas. Assim, tanto Stein quanto Buber colocam sua contribuição filosófica como possibilidade de crítica e de enfrentamento dos grandes temas culturais e políticos de seu tempo, identificando elementos nucleares para que o homem seja homem. Em cada uma daquelas duas obras já estava presente uma semente – facilmente confundida com o solo onde repousa, portanto frequentemente não considerada –: a experiência religiosa como uma radicalidade das experiências ali examinadas.

A partir daquele momento, de fato, cada um deles torna mais aguda a própria posição. Seja no sentido da crítica (Buber enfatiza que os judeus pertencem também à cultura germânica, Stein publica "*Pesquisa sobre o Estado*"), seja no sentido de dedicarem-se a temas religiosos como fundamentais para os próprios objetivos filosóficos e como orientadores do posicionamento político e existencial (Stein, convertida ao catolicismo, dedica-se a traduzir Newman e Tomás de Aquino; Buber inicia uma tradução da Bíblia hebraica para o alemão). Em 1933 a perseguição aos judeus se acentua: Husserl é proibido de deixar a Alemanha; Buber, crítico do sionismo, fortalece a resistência ao nazismo; enquanto Stein, radicalizando sua postura de busca da verdade, da essência, apreendida na vivência e na pertença, oferece sua vida pelo povo judeu tornando-se monja carmelita, continuando suas pesquisas filosóficas (a partir de 1934) (cf. "*Ser finito e Ser eterno*", entre outras). Em 1938, as perseguições raciais se intensificam por parte dos nazistas: Buber deixa a Alemanha e "sobe" a Jerusalém; Stein "sobe" mais alto seu Monte Carmelo transferindo-se para o Mosteiro de Echt, na Holanda. Em 1942, enquanto Buber publicava sua obra sobre o profetismo na contemporaneidade como paradigma interpretativo da vida intelectual ("*A fé dos profetas*"), Stein é capturada e morre no campo de concentração de Auschwitz.

Finda a Segunda Grande Guerra, Buber permanece em Jerusalém trabalhando por boas relações entre hebreus e árabes, continua seu trabalho filosófico enfatizando as múltiplas e necessárias relações entre homem, Deus e história ("*O problema do homem*", 1948; "*A mensagem hassídica*", 1952, "*O eclipse de Deus*", 1953); conclui sua tradução da Bíblia em 1962. Em 1965, em Jerusalém, Buber morre num sábado.

Confrontando dois textos que esses nossos autores nos legaram sobre o processo de tornar-se propriamente humano, queremos – identificando consonâncias e dissonâncias – chegar a apreender também a característica atuação filosófica de cada um deles. Para tanto analisamos o texto "*Sobre a ideia de formação*", conferência proferida a professores por Edith Stein (1930/1999)[2] em 1930 e o texto "*O caminho do homem*" de Martin Buber (1948/1998),[3] também este originariamente uma conferência de 1947 a partir de sua pertença religiosa, ou seja, a tradição hassídica.

Os textos escolhidos veem à luz num momento de produção intelectual particularmente significativo no percurso de cada um dos autores: momento de síntese de um caminho filosófico já constituído, em que os resultados atingidos são oferecidos a um público mais vasto como contribuição a movimentos culturais, sociais e políticos. Neste sentido, o texto de Edith Stein se coloca como crítica às propostas educativas em voga, apoio à educação católica, e testemunho da racionalidade da catolicidade por parte de uma filósofa já de fama internacional. O de Martin Buber surge no pós-guerra frente ao fracasso de várias imagens que o homem formulou sobre si mesmo, enquanto escrevia seu livro "*O problema do homem*", tematizando o que seria propriamente humano.

O texto "*O caminho do homem*" (Buber, 1948/1998) tem como subtítulo "*segundo o ensinamento hassídico*". De fato, trata-se de um conjunto de comentários de Buber a contos hassídicos tendo em vista identificar um itinerário de crescimento no sentido de atingir a autenticidade e o destino humano. Todo o percurso proposto pelo autor começa justamente com a pergunta "Onde você está nesse caminho que deve percorrer ao longo de sua vida?", provocando cada pessoa a um decisivo retorno a si mesmo, isto é, um reconhecimento de uma inautenticidade e de uma responsabilidade para com a própria existência. O tremor do centro do próprio ser é o início de ruptura de um mecanismo de esconderijo, de um beco sem saída estruturado pela renovada fuga do autoexame e pelo sufocamento da suave voz que vem do centro de si mesmo. Voltar-se para si mesmo sem prospectar um retorno à autenticidade, sem que nasça um ardente desejo de o próprio eu vir à tona, faz com que o homem mergulhe na aflição e continue a viver somente em virtude do "orgulho da perversão" (p. 24).

[2] Há uma tradução desse texto ao espanhol: Stein, E. (2003). Sobre el concepto de formación. Em E. Stein. *Obras completas*. v.IV: Escritos antropológicos y pedagógicos. (F. J. Sancho e col., Trad.s). (pp. 177-194). Vitoria, Espanha: El Carmen.

[3] Há uma tradução desse texto ao castelhano: Buber, M. (2004). *El camino del hombre*. Buenos Aires: Altamira. Uma tradução ao inglês é Buber, M. (2002). *The way of man*. London: Routledge.

O segundo passo é o de reconhecer que o caminho iniciado é totalmente particular, pessoal, de modo que não se trata de dizer a alguém como percorrê-lo ou de imitar alguém (por maior que seja o seu exemplo). Trata-se, antes, de conhecer para qual caminho o seu coração o atrai e depois escolhê-lo com todas as suas forças. Com cada homem vem ao mundo algo que nunca existiu: a cada um cabe dar corpo a essa unicidade e irrepetibilidade. Cada um encontrará o próprio caminho dirigindo a força do sentimento despertado no mais íntimo do próprio ser diante daquilo que promete preenchê-lo. Do ocasional ao necessário, do relativo ao absoluto: a tomada dessa direção pode ser interrompida pela alternância de tendências e disposições ou por titubear no passo empreendido. O esforço e a ascese, por si mesmos, não são capazes de criar unidade na pessoa.

Só uma alma unida (inclusive com seu corpo) pode realizar um gesto unitário, realizando obras unitárias, que gerem, por sua vez, unidade no sujeito. Recolher a alma fragmentada e redirigi-la à meta pessoalmente reconhecida é tudo o que o homem pode fazer; e na medida em que se dirige ao absoluto, a unidade vai se reconstituindo renovadas vezes, tornando-se sempre mais constante. O homem pode se unificar porque no mais íntimo da alma há, subjacente, a força divina. No homem de alma unificada, corpo e espírito estão como que fundidos um ao outro.

Mesmo diante das tão frequentes dificuldades de relacionamento, Buber indica que o problema é a unidade da própria pessoa: pensamento, palavra e ação.

Somente a atenção à totalidade pode levar a uma transformação em termos de unidade em si e entre as pessoas. É preciso considerar todos os pontos, não separadamente, mas em sua conexão vital. Para tanto, ou se começa de si mesmo ou se bloqueia qualquer solução possível. Inclusive a compreensão de motivações dos conflitos podem desresponsabilizar e então dispersar e manter a inautenticidade. Partir de si mesmo não significa partir do eu óbvio de um indivíduo egocêntrico, mas partir do profundo da pessoa que vive no mundo.

Trata-se então de começar de si sem que a meta seja si mesmo; conhecer a si mas não se preocupar consigo mesmo. Essas autorreferências, esses sublimes orgulhos dissipam a força do ânimo a ser utilizada na ação no mundo. Trata-se da realização de tarefas particulares, próprias de cada homem. Voltar-se a si mesmo é só um caminho para a realização que implica na transformação da criação através da ação dirigida ao absoluto. Cada alma humana está a serviço de um processo de transformação da criação em Reino de Deus. (Está aí a origem do estranhamento de Buber e de seu eventual distanciamento de um certo cristianismo que fixasse uma meta individual e interior). Voltar-se para fora, com o orgulho redimido, tem também sua regra: respeitar o mistério da alma do outro, abstendo-se de penetrá-lo com indiscrição ou de utilizá-lo para os próprios fins. Mesmo na vida com o mundo é preciso guardar-se de tomar si mesmo como fim.

A condição concreta em que vivemos quotidianamente e os relacionamentos que ela nos traz são a possibilidade concreta de vitalidade, de uma água de vida que irrigue a alma. É na autenticidade do relacionamento com essa realidade concreta e circunscrita que pode se dar a orientação ao infinito pela intenção da ação; e então coisas, pessoas e nós próprios somos introduzidos a uma existência mais autêntica. Tudo tem um significado secreto, tudo tem uma essência espiritual secreta que precisa de nós para atingir a forma perfeita, precisa de nós para se realizar. Ao descuidar de estabelecer um relacionamento autêntico, pensamos somente nos objetivos que estabelecemos de antemão. Ao contrário, trata-se da grande oportunidade supra-humana do gênero humano.

Em "*Sobre a ideia de formação*" Edith Stein (1930/1999) discute inicialmente diversas possibilidades de compreensão do conceito de formação, no sentido geral. Formar significa plasmar uma matéria de modo a criar uma imagem: a autora então se interroga sobre o problema do modelo (fôrma, forma externa a ser imitada ou modelo na mente de quem plasma) inerente ao processo e também sobre o problema de os vários tipos de matéria caracterizarem processos distintos (com possibilidades e limites característicos) chegando à formação do homem, entendida como educação.

Apoiada na filosofia aristotélico-escolástica, Stein classifica as matérias como inanimadas (matéria bruta e objetos) e animadas (diferenciando plantas, animais e ser humano) analisando (a) a característica modalidade de se deixar forjar de cada uma delas, (b) a questão da origem da ação plasmadora característica de cada tipo de matéria e (c) o problema do modelo pertinente a cada matéria específica.

Tomada no âmbito da experiência vivencial, toda matéria tem já sua forma e também disposição a receber novas formas.

As plantas também são de natureza material mas o que as caracteriza é que nelas se dá uma ação plasmadora desde o interior, transformando-se autonomamente: há nelas um princípio vital tradicionalmente chamado de "*alma vegetativa*", que torna possível um processo pelo qual assumem em si as substâncias úteis que as circundam e as elaboram, *formando* a matéria, organizando-a, constituindo o organismo (forma variante articulada e, no entanto, unitária). As possibilidades de transformação estão ligadas necessariamente a seu princípio vital, ou o organismo se destruiria; e não se pode conseguir nada que não esteja já inscrito na própria planta. Influências (naturais ou ações planejadas) conferem formas variadas, no sentido que podem levar a assumir esta ou aquela variedade.

Quanto à matéria animada dos animais, é possível uma ação puramente externa (tosar uma ovelha, por exemplo), e também intervenções mais profundas – com oportunas condições de vida – que influenciem o processo de crescimento. Mas o que caracteriza a *alma animal* é que além das funções vegetativas, ela pode dispor da matéria através do próprio corpo, buscando ou evitando substâncias.

Isso evidencia uma capacidade de perceber o que é útil ou nocivo: sendo uma alma cinética e sensitiva, pode-se falar em *vida psíquica* (com alternância de estímulos e reações); e apresentando características diversas segundo cada espécie, pode-se falar em *estrutura psíquica.* No caso dos animais, no processo formativo a força interior visa dar à alma e ao corpo a forma a eles destinada.

Influências podem alterar o comportamento externo (adestrando) ou variar até mesmo o processo formativo interior, codeterminando a estrutura psíquica (domesticando; domando) podendo-se falar em formação psíquica propriamente dita. No caso dos animais a margem de influência é então bem maior se comparada ao da matéria inanimada ou das plantas; mas há também um limite característico: o próprio animal pode oferecer resistência.

A matéria animada humana é unidade de corpo e alma. A alma que a caracteriza, *alma intelectiva*, é espírito: tem existência própria e superior à do corpo: percebe o que acontece e o que acontecerá a ele, o governa e substancia o corpo de si mesma. A alma intelectiva deve constituir, formar e governar a si mesma e contemporaneamente construir um mundo no qual ela possa viver e operar: seu ambiente é um mundo espiritual. Também esta alma precisa de *material constitutivo, de natureza espiritual.*

O ânimo (conjunto de afetos e sentimentos) percebe o valor dos objetos e assim os absorve ou não utilizando sentidos e intelecto. Assimilando material constitutivo espiritual a alma cresce, se enriquece, se amplia e ao mesmo tempo cresce o mundo que ela explora discernindo.

Quando acontece assim, pode-se falar em *educação*. Nela há *formação do ânimo e formação da pessoa inteira*, do homem uno, corpo e alma. No caso do homem, a forma interior visa modelar o corpo e a alma segundo o próprio arquétipo.

Um elemento de vida espiritual contido num objeto cultural (produzido pelo espírito humano) é apreendido pela alma e ganha vida naquele relacionamento. A pessoa (e isso é ainda mais evidente na criança) se encontra num mundo de pessoas e de bens espirituais pelos quais a vida flui a ela. Mas cabe a cada um decidir sobre o funcionamento do intelecto (se e como), quanto ampliar o mundo espiritual, o quê dos elementos culturais acolher em si mesmo.

O *intelecto* pode ser *passivo* (absorvendo sem tornar próprio) ou *ativo* (elaborando a riqueza espiritual, pelo instrumento da vontade).

A alma, no seu *íntimo*, por ser profundamente associada ao corpo, opera regeneração e fluxo de energia – não por efeito de bens espirituais do mundo externo, mas por um *princípio formativo*.

Além de receber e crescer, a alma humana tem condições também de organizar o que vai assumindo e *se estruturar, se formar*, fazer de si uma forma e conformar-se a uma *imagem*, e intervir no modo formativo do mundo externo. Se a alma se forma assim, resulta *harmonicamente formada* e há quietude, limpidez, paz. Com a nutrição espiritual ela assume o estímulo à ação: sente-se levada a fazer com que a própria essência, aquela que interiormente a plasma, demonstre a própria eficácia no exterior, em atos e obras que a testemunhem: é uma parte essencial da personalidade. (Pode-se treinar dotes práticos e criativos, traduzidos em habilidades concretas, orientando as ações para o externo, possibilitando essa finalidade). Aqui, então, forças exteriores e interiores cooperam juntas para a formação.

Assim, autoeducação só pode ser entendida no sentido de a própria pessoa colocar em ação as forças a serem amestradas, sem, no entanto, excluir a participação de outros, pois a educação não pode depender somente de quem é educado.

Para todo esse processo é necessário um bom material e que seja acessível para a pessoa. Sem material formativo adequado a ela não pode acontecer a formação para a qual, por natureza, ela é dotada. O ser humano é confiado a outros seres humanos que podem e devem levar a ele materiais dos quais sua formação necessita.

Não há material formativo tomado do âmbito cultural ou pessoal de algum educador que possa mudar a natureza de um ser humano: pode somente contribuir a fazer com que ele tome uma ou outra característica dentre suas possíveis direções no processo de formação. O processo evolutivo depende de uma integração de múltiplos fatores externos, internos e do livre arbítrio das pessoas: seu êxito é imperscrutável.

Quanto à *imagem* segundo a qual plasmar o ser humano, uma íntima determinação pode se tornar evidente ao próprio sujeito somente quando ele passa a operar sobre si mesmo. Há sempre o perigo de processos imitativos em que o sujeito aspira algo que não é parte do projeto traçado pela sua própria natureza. Portanto, uma autêntica educação se dá somente à medida que aponta para traços humanos gerais, adquiríveis por todo ser humano, ou então quando conta com uma autêntica afinidade entre naturezas. A quê cada homem é destinado nunca é plenamente percebido; mas Deus colocou no íntimo de cada pessoa um anseio pelo próprio destino. Cada criatura porta consigo uma visão imperfeita da imagem divina à qual nos assemelhamos. Esta visão se dá de modo mais completo no mais completo Filho: devemos assumir em nós o quanto podemos desta imagem, de modo que se faça *forma íntima* e nos plasme desde o íntimo. Devemos também procurar compreender o projeto que nos sustenta, e aquele das pessoas a nós confiadas como educandos. Mas teremos segurança inefável sobre isso se colocarmos todos na mão d'Aquele que sabe o que será de nós e que tem poder para nos conduzir a nosso destino desde que tenhamos boa vontade.

Por análises próprias, com métodos próprios, segundo suas próprias tradições culturais e religiosas, Buber e Stein chegam a afirmar a unidade da pessoa em sua constituição corpo-alma, e nisso a sua originalidade como indivíduo único e irrepetível mas também portador de uma originalidade no mundo criado e no mundo espiritual. Para ambos os autores a pessoa tem um núcleo central de onde emana a verdade de si mesma, um centro a ser ouvido, conhecido, acolhido como fonte de autenticidade, como portador de uma verdade sobre si mesma a ser revelada, como portador de uma estrutura da pessoa a ser respeitada e favorecida. Para Stein, o mundo espiritual que plasma toda a realidade criada se enriquece por meio da contribuição de sujeitos que contribuem autenticamente, originalmente, coerentemente com sua própria estrutura pessoal, que se forma adequadamente à imagem conservada no íntimo da alma. Para Buber, essa mesma contribuição autêntica, se dirigida ao absoluto a partir de cada condição limitada e circunscrita possibilita a realização da pessoa que vive já em relação dialógica com o mundo humano e toda a realidade criada, de modo que a história cósmica é que dá mais um passo em relação ao seu sentido de ser através do posicionamento autêntico de quem dá passos no próprio caminho humano: o Reino de Deus vai sendo construído com a contribuição do homem que retoma a si mesmo ao sair da inautenticidade; redimido, dirige-se ao outro, e com sua ação intencional dirige tudo ao absoluto.

Aqui se insinua a grande diferenciação entre Buber e Stein. Para o judeu, o motor da história pessoal e cósmica pode entrar em ação pelo despertar-se contínuo da responsabilidade do homem que se reconhece inautêntico mas aceita a provocação que advém da dor de sê-lo, e do íntimo de seu coração emerge um projeto pessoal a ser obedecido, uma palavra suave e misteriosa que permite a integração na História que conduz toda a humanidade para uma realização cósmica no Absoluto. Para a judia-católica o íntimo da alma tem poder formador sobre o próprio sujeito e é garantia de autorrealização porque ligada a uma imagem autêntica, já estruturalmente. Para esta, o processo formativo depende do movimento do sujeito, mas inevitavelmente também da matéria que é oferecida à pessoa para seu processo ativo de assimilação, pelo qual vem a plasmar e constituir o seu próprio ser em corpo e alma; contando com o centro pessoal como sede fundante do ser pessoa na medida em que oferece uma imagem autêntica. Mas, sobretudo, o que de mais importante pode ser oferecido para a formação da pessoa, segundo Stein, é a possibilidade de conhecer a correspondência humana experimentada na relação com o Filho de Deus que entrou a fazer parte da história dos homens, de modo tal que sua presença plasme o íntimo da alma que passará a plasmar toda a pessoa, toda sua atividade espiritual, toda relação social, contribuindo a constituir uma cultura marcada por uma certa correspondência com o humano que só algo divino pode proporcionar.

Przywara (1956, 1968, 1962/1995), o filósofo que teve a oportunidade de acompanhar a ambos – Edith Stein e Martin Buber – sublinhou a presença de *analogia entis* também na obra de Stein. De fato, pode-se identificar o traço agostiniano "Deus dentro de nós e acima de nós" associado a traços tomistas – estes assumidos explicitamente no texto examinado – na objetividade da presença do divino na realidade histórica e circunstancial. Przywara (1956) valorizou o essencialismo radical de Stein e evidenciou como o existencialismo radical também poderia levar à concepção do homem como capaz de Deus e a uma metafísica dentro das relações sociais e condições existenciais. Podemos afirmar o mesmo também no caso de Martin Buber, que do hassidismo aprende a reconhecer uma eficácia da ação humana sobre o destino de Deus que quis entrar em uma relação de recíproca realização na história de Israel.

Tudo isso vem a se confirmar quando confrontamos com a concepção de filosofia em sua relação com a religião que cada um dos nossos autores chega a explicitar.

Para Stein (1952/1997; cf. Vanni-Rovighi, 1954) não se trata de reunir filosofia e teologia para constituir uma metafísica (como Przywara desejava), mas de favorecer uma abertura à totalidade tendendo à unidade, constituir um saber que abrace a totalidade, aceitando questões teológicas para serem examinadas filosoficamente. Vemos aqui uma consonância com a análise steiniana do processo de formação baseada principalmente na ação do sujeito que se abre ao que lhe é oferecido, a ser consultado, avaliado e oportunamente assimilado, e nesse processo assimilar o próprio Deus para sua realização e para a participação mais plena na história. Também no que se refere a Buber (1952/2002; cf. Ricci-Sindoni, 2004), que coloca sua filosofia existencial a serviço da provocação de todo homem para assumir uma posição de maior autenticidade e assim participar da missão histórica própria do Povo de Israel na transfiguração de toda a realidade, no avanço do caminho humano no seu conjunto através do avanço do caminho de cada homem.

Tais consonâncias testemunham, por um lado, a raiz comum hebraica de nossos autores que mantêm a tensão entre o indivíduo e suas relações intersubjetivas constitutivas, entre o circunstancial e o histórico. Mas parece-me mais interessante que tais consonâncias tenham surgido de análises metodologicamente distintas, o que vem a confirmar, por um lado, a validade e a profundidade de ambos os métodos no que se refere à formação da pessoa em sua complexidade; por outro lado, vem a confirmar também a validade dos resultados atingidos pelos autores.

As referidas distinções apontam para a contribuição própria do cristianismo (com sua elaboração aristotélico-escolástica) que chega a oferecer fundamentos mais explicitados sobre o dinamismo essencial do processo de formação humana. Sem perder a tensão de responsabilidade para com os sujeitos concretos, oferece critérios para avaliação de processos educativos e relacionais, possibilitando responsabilizar tanto educandos quanto educadores, provocando o respeito pela liberdade de cada pessoa e pelo Mistério que envolve todo o processo.

Em "*O intelecto e os intelectuais*" Edith Stein (1931/2003) afirma que quanto mais nos elevamos no trabalho intelectual, mais participamos da comunidade humana; e que aquele que chega a essa completude, ainda que não ocupe cargos políticos, torna-se guia para seu povo e para a humanidade. Estamos diante de dois grandes guias. Cabe a nós, agora, acolher a provocação à autenticidade de tão grandes testemunhos de vida oferecida e realizada. Cabe a cada um de nós acolher com certeza racional algo do Mistério que chega a nos tocar pela produção intelectual, pela força espiritual e pela vida oferecida por Martin Buber e Edith Stein.

Referências

Ales Bello, A. (2000). *A fenomenologia do ser humano: traços de uma filosofia no feminino.* (A. Angonese, Trad.). Bauru, SP: Edusc. (Publicação original em 1992).

Ales Bello, A. (2003). *L'universo nella coscienza: introduzione alla fenomenologia di Edmund Husserl, Edith Stein, Hedwig Conrad-Martius.* Pisa, Itália: ETS.

Baccarini, E. (2002). *La soggettività dialogica.* (2a ed.). Roma: Aracne.

Buber, M. (1998). *Il cammino dell'uomo: secondo l'insegnamento chassidico.* (E. Bianchi, Pref.; G. Bonola, Trad.). Magnano, Itália: Qiqajon. (Publicação original em 1948).

Buber, M. (2002). *L'eclissi di Dio: considerazioni sul rapporto tra religione e filosofia.* (U. Schnabel, Trad.). Firenze-Antella, Itália: Passigli. (Publicação original em 1952).

Buber, M. (2004). *Eu e Tu.* (9a ed.). (N.A. von Zuben, Trad., Introd., Notas). São Paulo: Centauro. (Publicação original em 1923).

Ingarden, R. (1987). Il problema della persona umana: profilo filosofico di Edith Stein. *Il nuovo Areopago, 6* (1), 17-40.

Przywara, E. (1956). Edith Stein et Simone Weil: essentialisme, existentialisme, analogie. *Les études philosophiques, 11* (3), 458-472.

Przywara, E. (1968). *L'uomo: antropologia tipologica.* (V. Mathieu, Trad.). Milano, Itália: Fabbri. (Publicação original em 1958).

Przywara, E. (1995). *Analogia entis: metafísica: la struttura originaria e il ritmo cosmico.* (P. Volonté, Trad.). Milano, Itália: Vita e pensiero. (Publicação original em 1962).

Ricci-Sindoni, P. (2004). Martin Buber: la freccia e il turcasso. Em P. Ricci-Sindoni (Org.). *La sentinella di Seir: intellettuali nel Novecento.* (pp. 277-306). Roma: Studium.

Stein, E. (1997). Senso e possibilità di una filosofia cristiana. Em E. Stein. *La ricerca della verità: dalla fenomenologia alla filosofia cristiana.* (2a ed.). (A. Ales Bello, Org. e Rev. Trad.; L. Vigone, Trad.). (pp. 132-152). Roma: Città nuova. (Original de 1934-36, publicação póstuma em 1952).

Stein, E. (1999). Sull'idea di formazione. Em E. Stein. *La vita come totalità: scritti sull'educazione religiosa.* (2a ed.). (T. Franzosi, Trad.). (pp. 21-36). Roma: Città nuova. (Publicação original em 1930).

Stein, E. (2002). Vida de una familia judía. Em E. Stein. *Obras completas. v.I: Escritos autobiográficos y cartas.* (J. García Rojo e col., Trad.s). (pp. 159-491). Vitoria, Espanha: El Carmen. (Originais de 1933 e 1939, publicação póstuma em 1964).

Stein, E. (2003). El intelecto y los intelectuales. Em E. Stein. *Obras completas. v.IV: Escritos antropológicos y pedagógicos.* (F.J. Sancho e col., Trad.s). (pp. 215-229). Vitoria, Espanha: El Carmen. (Publicação original em 1931).

Vanni-Rovighi, S. (1954). La figura e l'opera di Edith Stein. *Studium, L* (9-10), 554-568.

A formação da pessoa em Edith Stein

Adair Aparecida Sberga
Marina Massimi

Introdução

Edith Stein trata o tema da formação da pessoa de modo totalizante, porque admite que a formação está conectada com a estrutura do ser humano, com sua real quantidade de força vital, suas inclinações ou disposições originárias; com as influências externas que recebe do próprio ambiente social-cultural, suas tradições e valores; e com situações circunstanciais que podem favorecer o desabrochar de características pessoais. É este conjunto de fatores que fundamenta e possibilita o complexo desenvolvimento pessoal e o modo como se entrelaçam é que permite a formação completa e harmônica da pessoa.

Ao tratar de formação, deve-se adentrar em todas estas características para propiciar a interação dos fatores e compreender o que é possível fazer para que a própria pessoa se ajude neste percurso de autoformação e o que um agente ou educador externo pode complementar para facilitar o itinerário da "construção" pessoal. Assim, a formação se inicia a partir de duas bases fundamentais, definidas pelo aspecto interno, que tem como domínio a compreensão da estrutura da pessoa; e pelo aspecto externo, que tem como foco o processo educativo com a finalidade de favorecer o desenvolvimento das potencialidades e especificidades da pessoa.

Edith Stein explica estas bases, sendo que no primeiro aspecto, o interno, faz uma análise fenomenológica da antropologia filosófica, procurando conhecer analiticamente como se constitui o ser humano e o descreve, não só apresentando suas características comparativas em relação aos outros seres do universo, mas também adentra no seu âmago para desvendar o que é específico do humano e colocar em evidência aquilo que lhe é original, que nem sempre é perceptível e fácil de constatar, tamanha a sua profundidade e complexidade. Como o *ser humano* é o seu *mote* de pesquisa, reflexões e análises, em suas aulas, conferências e escritos, a autora apresenta de modo refinado e didático as concepções acerca da estrutura da pessoa humana e daí parte para delinear as possibilidades do processo formativo. No segundo aspecto, aborda quais as vias possíveis aos agentes externos para colaborar no processo formativo de uma pessoa.

Sua proposta não é ditar receitas ou modelos pré-definidos, mas apresentar princípios norteadores e indicar o método adequado para ir à essência da questão. A formação, portanto, não se limita a propor o estudo de um conjunto de conteúdos teóricos, como tantas vezes se constata, todavia é um percurso de autoconhecimento, realizado com método e princípios, para fazer desabrochar as potencialidades do ser humano, aquelas que estão inerentes no ser e que precisam ser atualizadas. Ao mesmo tempo é um processo de aperfeiçoamento e refinamento das capacidades e qualidades pessoais, com a função de propiciar relações intra e interpessoais harmônicas e saudáveis.

Portanto, quando se quer desenvolver um processo formativo que seja adequado à realidade humana, é necessário ter um método apropriado para conhecer quem é o ser humano e como é sua personalidade e, em seguida, saber o que é de domínio do processo autoformativo e o que é função dos agentes ou educadores da formação.

Baseando-se nisso e em consonância com os fundamentos de Stein, a seguir serão apresentadas, de forma sucinta, concepções da antropologia filosófica e da estrutura da pessoa humana, necessárias para adentrar no conceito da formação e, depois, os principais aspectos que influenciam e determinam o processo formativo.

1. Antropologia filosófica: ponto de partida do processo formativo

Por trás de todo ato pedagógico, há uma concepção antropológica e é essa que, primeiramente, precisa ser bem elaborada para que haja sintonia entre ato pedagógico e processo formativo. Diz Stein que "a pedagogia constrói castelos na areia se não encontra uma resposta à pergunta 'quem é o homem?' "(1932-3/2000, p. 54).

Para responder a esta pergunta, Stein demonstra, fenomenologicamente, a estrutura do ser humano e o seu processo formativo. A partir daí concebe o tipo de antropologia basilar à pedagogia.

Inicialmente afirma que, para o ato pedagógico, é inadequada uma antropologia que se fundamenta nas ciências da natureza, a qual parte de uma tipologia geral para classificar o ser humano (povos, raças, descrições morfológicas, estruturas e leis de desenvolvimento do corpo, etc.) e não o compreende na sua concretude e individualidade. A formação e a educação, além de conceberem o ser humano na sua singularidade e individualidade, devem compreendê-lo como uma totalidade, composto de corpo vivente e alma. Como também para o ato pedagógico é necessário saber que o ser humano faz parte de um todo, ou seja, de um povo, que tem características e costumes próprios e precisa ser formado não só como indivíduo, mas também como parte deste todo.

Assim, Stein faz a opção não pela antropologia que segue a via da ciência da natureza – orientada exclusivamente ao mundo material e às suas leis universais –, mas pela que segue a ciência do espírito, que vai em busca da característica peculiar do ser humano, isto é, da sua individualidade.

> Ao ser humano pertence a individualidade e, portanto, não o compreendemos se não a ganhamos [atingimos]. Este princípio, porém, vai muito além daquilo que uma descrição da individualidade humana pode sugerir. Coloca-se como uma afirmação sobre o "ser humano como tal" e, portanto, como princípio de uma ciência que se pode chamar, com maior razão, de antropologia (Stein, 1932-3/2000, p. 60).[1]

Esta antropologia é compreendida como uma ciência, que busca o que é universal em todos os seres humanos. Também é universal a sua individualidade, concebida como plenitude do ser, ou seja, o ser espiritual. Stein diz que a humanidade concreta tem um *logos*, uma lei ou uma estrutura do ser universalmente compreensível, e esta estrutura pode ser captada a partir da realidade da vida concreta, assim como a partir das formas históricas. Esta manifestação exterior da individualidade é uma linguagem do espírito, que manifesta a plenitude do ser ao próprio ser.

[1] Tradução própria, assim como todas as outras que virão.

A filósofa chega assim a uma antropologia definida como uma ciência *universal* do espírito, que busca conhecer a individualidade presente em todo ser humano, ou seja, é a ciência do homem considerado pessoa espiritual. Esta antropologia da ciência universal do espírito tem como objeto a estrutura de todas as formas espirituais, o que inclui a formação da comunidade, do Estado, da língua, dos direitos, etc. Também esta antropologia tem um caráter diferente daquela da ciência da natureza, porque quer atingir a essencialidade das formas espirituais. No entanto, Stein ainda faz questão de esclarecer que, cientificamente, não há diferença entre a ciência da natureza e a ciência do espírito, porque uma exige objetivamente uma coisa, enquanto que a outra exige outra coisa.

A antropologia da ciência da natureza faliu em relação às questões da individualidade e também não apresentou critérios de como se tratam as demandas supraindividuais, como raça e humanidade e, por isso, não se incorporou no ato educativo, enquanto a antropologia da ciência do espírito oferece uma contribuição muito significativa à pedagogia em todos estes aspectos.

À pedagogia é solicitada uma compreensão mais abrangente do ser humano e do seu processo formativo, portanto, necessita de uma antropologia que abrace também a sua estrutura espiritual. Atenta a isso, Stein afirma

> A antropologia, que exigimos como fundamento para a pedagogia, deverá ser uma antropologia filosófica que precisará, permanecendo em relação viva com a inteira problemática filosófica, estudar a estrutura do ser humano e a sua inserção nas formas e nas regiões do ser às quais pertence. Deverá também responder à pergunta sobre o porquê diferentes ciências do espírito estudam o ser humano segundo métodos totalmente diferentes. O sentido e a legitimidade de tais procedimentos devem ser compreensíveis a partir do pertencimento do ser humano aos diferentes âmbitos da realidade que temos indicado com os nomes "natureza" e "espírito" (idem, pp. 62-63).

Com isso, compreende-se que o ato pedagógico, que quer levar em consideração a formação da pessoa, vai além do ensino teórico e prático de certos conteúdos, implica a formação global do ser humano que envolve suas disposições corporais, emocionais e espirituais.

A verdadeira educação (*bildung* é o termo que utiliza), além da formação científica e cultural, deve conduzir a uma "sabedoria de vida" e a uma completa realização da pessoa. Todo ato pedagógico que não tem por princípio a formação integral da pessoa leva à despersonalização, isto é, a não atualização das suas potencialidades pessoais. Por isso Stein insiste em tomar como ponto de partida a antropologia filosófica, refletindo acerca da estrutura da pessoa humana e sobre seus atos de vivência, para que vividos com consciência favoreçam o processo formativo.

1.1 Concepção acerca da estrutura do ser humano

Tanto Edmund Husserl (1859-1938) quanto Edith Stein procuram conhecer o ser humano na sua estrutura essencial, ou seja, na sua estrutura ontológica.

Para que este conhecimento seja realizado com precisão e rigor, os filósofos partem da análise das vivências e, utilizando o método fenomenológico, constatam que os seres humanos são formados a partir de três dimensões: corpo, psique e espírito. Como todas as pessoas possuem as mesmas dimensões, é possível reconhecer, por meio das vivências, as bases fundamentais da estrutura da pessoa humana. Então, como se constitui a pessoa?

A pessoa registra em sua consciência atos de vivência de três qualidades: o ato perceptivo que reenvia ao corpo; o ato psíquico que reenvia a psique; e o ato intelectivo ou volitivo que reenvia ao espírito. A ciência que estuda estas vivências do corpo, da psique e do espírito de forma integrada é a fenomenologia.

Analisando, mais intensamente o ser humano em sua especificidade, Husserl e Stein admitem que o ser humano, por ter uma estrutura pessoal, diferencia-se de todos os outros seres da natureza. Como pessoa, pode refletir sobre si mesmo, ser sujeito e o objeto da sua própria reflexão. A pessoa se dá conta daquilo que lhe acontece e também o que acontece ao seu redor. Seu corpo é um corpo vivente (*leibniz)*, porque tem matéria e psique. A vida psíquica aproxima o mundo animal do mundo humano, no entanto, a psique humana é mais complexa. O ser humano não tem só estímulo, tem também percepção, que é a primeira operação da atividade intelectual.

O ser humano tem possibilidade, com sua mente, de experimentar toda a sua corporeidade, pode sentir seus próprios membros e por ser consciente do seu corpo, pode conhecer suas emoções e sentimentos. Estes atos são possíveis porque ele possui a psique e o espírito.

O espírito, concebido como alma da alma, núcleo interior da pessoa, que retrata seu intelecto, vontade e razão, é um *plus* específico dos humanos. E, por ser uma pessoa espiritual, pode tomar decisões diante de uma situação e se sentir livre para realizar aquilo que lhe convém.

Logo, o ser humano tem um corpo vivente, tem alma e tem espírito. Seu corpo vivente pessoal é aquele no qual vive um "eu" e pode se configurar num agir livre e ter autodomínio sobre si mesmo. Ele não pode sair do seu corpo, mas pode imaginar estar fora do corpo, estar em outro lugar e esta vivência é permitida pela sua atividade intelectual. Todas as suas vivências estão ligadas à consciência do "eu".

> *Ele* é um ser que diz de si *eu*. Nenhum animal pode dizer isso. Olho nos olhos de um animal e vejo alguma coisa que me olha. Vejo dentro da sua alma uma interioridade, uma alma que percebe o meu olhar e a minha presença. É, porém, uma alma muda e prisioneira, aprisionada em si mesma, incapaz de ir além de si mesma e de compreender-se, incapaz de sair de si mesma e chegar até mim. Olho nos olhos de um ser humano e o seu olhar me responde. Deixa-me penetrar na sua interioridade ou me rejeita. Ele é senhor da sua alma e pode fechar ou abrir as suas portas. Pode sair de si mesmo e penetrar nas coisas. Quando dois seres humanos se olham, um eu está diante de um outro eu. Pode ser um encontro que acontece na soleira da porta ou na interioridade. Quando é um encontro que acontece na interioridade o outro eu é um tu. O olhar do homem fala. Um eu *dono de si*, *vigilante* me vê. Dizemos também: uma *pessoa espiritualmente livre*. Ser pessoa quer dizer ser livre e espiritual. O ser humano é uma pessoa e isto o diferencia de todos os seres naturais (idem, p. 124, grifos da autora).

Portanto, o que diferencia o ser humano é a sua atividade espiritual, que lhe permite ter acesso à sua interioridade e se tornar livre para agir com autonomia.

Resumindo, constata-se que na unidade entre corpo humano e psique se forma o corpo vivente (*leib*), onde se encontra a *força vital* sensível, a força física: Na unidade entre a psique e o espírito está a alma, mas a "alma da alma" está no espírito, na parte mais profunda da pessoa, onde reside sua *força espiritual*, sua motivação, sua liberdade e seu querer agir em vista do bem e da verdade.

Na união entre psique e espírito, as duas dimensões permanecem distintas, não significando duas partes separadas, mas uma unidade sem contrastes, que acontece no âmago do ser. Em razão disso, a alma é uma unidade complexa que engloba os aspectos psíquico e espiritual, que são diferenciados entre si, porém intrinsecamente unidos. O corpo humano é um corpo vivo que tem uma alma humana viva, por isso é um corpo animado. É, ainda, um ser espiritual, um ser que tem consciência de seu corpo e da sua alma, pode conhecer muitos aspectos sobre si mesmo e agir livremente.

Assim, para realizar a formação da pessoa é preciso conhecer sua estrutura, articular um processo que se inicia em seu interior, contar com a *força vital* própria de cada ser e chegar à *forma substancial (forma interior)*, que dá unidade às diversas dimensões do ser, a fim de promover-lhe seu desenvolvimento integral, segundo sua forma mais completa.

Conforme a constituição do ser humano, evidencia-se que o processo formativo da pessoa deve estar embasado em sua *forma interior*, mais ainda, é sua *forma interior* que deve traçar o parâmetro do processo de formação que, apesar de ser o mesmo em termos de princípios para todos os seres, é individualizado para cada pessoa e está ancorado em suas vivências com consciência.

1.2 Vivências com consciência

Dando sequência à análise dos estudos de Stein, é possível intuir que é, sobretudo, na segunda parte do método fenomenológico – que se refere à redução transcendental, a redução ao sujeito humano, ou seja, a via da compreensão de si mesmo, que é o território da consciência com suas vivências – onde se deve focar ao abordar o tema da formação.

Há no ser humano uma luz interior, que é a sua consciência, a qual acompanha estas vivências. Não é só a consciência do ato de perceber, por exemplo, mas é a consciência de que o corpo está percebendo. O corpo que percebe é o corpo da própria pessoa e é conhecido pela pessoa porque ela tem a vivência dele. É, portanto, um corpo vivente, que se reconhece como vivente, portador de força vital e possui características pessoais. A cadeira, em que a pessoa se senta, não é o corpo da pessoa, porque ela não tem a vivência da cadeira. O desejo de comer, o estar com fome, é um desejo que vem do corpo da pessoa. A vivência conduz a pessoa a compreender que seu corpo está com fome.

Indo adiante na reflexão, constata-se que a vivência é diferente do impulso, o qual é um processo que advém de uma causalidade psíquica, de uma mensagem que o corpo envia para o eu central da pessoa. O sentir fome é uma reação psíquica. Mas ao se tornar consciente deste desejo, a pessoa passa a ter uma vivência que se aprimora quando a pessoa reflete sobre esta vontade e faz questionamentos como: é oportuno comer agora, estou no ambiente adequado, tenho o que comer, devo partilhar com quem está próximo de mim? A maneira de como se dá a reflexão sobre estes atos de vivência – ligada às influências dos valores da cultura e de princípios universais – depende da educação que a pessoa recebe e isso vai sendo incorporado à sua formação, permitindo a atualização de suas potencialidades.

Os atos de vivência são fundamentais, porque expressam uma realidade que é descoberta pela consciência. Por meio da consciência se chega à essência, ao sentido da vivência, por isso o corpo, a psique e o espírito (dimensões do sujeito) se reconhecem a partir das vivências, que vêm de dentro do sujeito, portanto é possível com a consciência reprimir, controlar ou realizar um desejo. Só uma pessoa bem formada consegue atualizar suas qualidades potenciais e dá conta de cumprir isso.

O processo das vivências, que vem de dentro da pessoa, é universal (porque todo ser humano o vive) e particular (porque cada um vive ao seu modo) ao mesmo tempo. Então, os atos de vivência são universais, no entanto, a forma de reagir a eles é particular e é esta conformação que entra no processo formativo, que se dá de modo fundamental pela formação da razão, aliada à dimensão afetiva e espiritual.

A novidade assumida e aplicada por Stein, é que a pessoa se conhece, em suas dimensões tanto interna como externa, primeiro por meio do próprio corpo e depois por meio da via cognitiva (transcendental), que é a vivência com consciência. Se a pessoa não tem consciência de suas vivências, suas ações serão impulsionadas pelos atos psíquicos, ou seja, da vivência de um desejo pode-se ir de imediato ao desejar psíquico e não se faz a análise da vivência, para depois saber o que convém segundo a própria vivência. Essa é a via do espírito (*geist*), da avaliação, da motivação, do juízo e da decisão responsável. Não é a via de uma simples opinião pessoal ou de uma apreciação alheia, porém é uma análise qualitativa que faz compreender mais e melhor os próprios posicionamentos.

Partindo destes pressupostos vem a pergunta: educar é o mesmo que formar? Educar é a capacidade de organizar a própria existência para fazer vir à tona as potencialidades próprias da pessoa. Formar é um processo de conformação, de colaboração para que a pessoa se torne aquilo que foi "programada" a ser, segundo suas características de originalidade e pessoalidade, num contínuo processo de atualização de suas potências. Assim, entre educar e formar não há divergência, mas grande sintonia, no entanto, é preciso investigar de modo mais apropriado o que Stein entende por formação.

2. O que é formação?

Para compreender o que é *formação* e como se constitui este conceito, Stein traça um longo percurso, buscando fundamentação, sobretudo, nas concepções do filósofo grego Aristóteles (384 a.C.-322 a.C.), do teólogo Tomás de Aquino (1225-1274), Herdwig Conrad-Martius (1888-1966) entre outros. Inicia o processo investigando qual é a origem da matéria de tudo o que existe e o que faz com que uma matéria tenha vida, enquanto outras não a têm.

Concebe, então, que a matéria para se manifestar precisa ser preenchida por uma forma. "A matéria informe não pode existir, esta recebe o seu ser só mediante a forma" (Stein, 1932-3/2000, p. 103). É a forma que dá vitalidade à matéria e a preenche internamente, tornando-a matéria formada, isto é, matéria viva. No entanto, a matéria não existe antes da forma e nem a forma antes da matéria. Uma não deriva da outra. "Desde o primeiro momento da existência a forma age na matéria" (idem). Por conseguinte, matéria e forma iniciam sua existência ao mesmo tempo, numa profunda unidade e uma necessita da outra para existir.

Aristóteles concebe a forma como *enteléquia*, que é a forma interior que se desenvolve. Tomás de Aquino a chama de forma substancial ou alma. Edith Stein a caracteriza como força vital. Do mesmo modo que esta força dá vida à matéria, também dá vida ao corpo humano. Por isso, o corpo humano para ser um corpo vivente precisa ser preenchido por uma forma, ou seja, a forma humana. Ainda a autora afirma que "a forma vital, a 'alma', faz do corpo humano um organismo. Quando nesse vem menos vida, permanece só uma coisa material como as outras" (idem, p. 77).

Esta forma vivente que age no organismo de uma determinada espécie não é forma só deste organismo singular, mas é a forma de todos os indivíduos da espécie. Por isso, na espécie, a forma tem este caráter que é universal, ou seja, age na totalidade dos indivíduos com o mesmo princípio formativo. Ao mesmo tempo, a forma tem sua especificidade, seu caráter "casual", que dá uma qualificação singular aos indivíduos da espécie.

No entanto, a forma não se apresenta como matéria inteiramente formada, ela é também potência, que precisa ser desenvolvida para ir se tornando cada vez mais completa, segundo aquilo que está determinada na sua base ontológica. Para Stein, este desenvolvimento da forma, concebido a partir de uma força interna, se dá por meio do processo formativo progressivo, que tende a uma finalidade, a um telos, isto é, a conformar-se segundo a forma completa para a qual foi criada.

Nesse sentido, a formação é a atualização cada vez mais completa da forma, num processo que acontece de dentro para fora. A forma ou força vital, como concebe Stein, é um dinamismo imanente na matéria vivente, é uma potencialidade que pode ou não se atualizar, mas essa se atualiza segundo a característica própria da espécie da matéria. Portanto, a forma vital de uma planta se desenvolve de forma diferente da forma vital de um animal, que se desenvolve diferentemente da forma vital do ser humano. Cada espécie adapta-se à força vital presente em sua natureza ontológica, sendo que o ser humano tem algumas possibilidades de escolha sobre esta atualização, que pode desenvolver ou não.

Por isso, para Stein, a formação é um processo conectado com a forma substancial. É uma colaboração entre agentes externos e força vital, que desencadeia um dinamismo para que a pessoa se forme segundo sua potência interna, atualizando aquilo que está prescrito em sua forma substancial.

3. O processo de formação do ser humano

O sujeito não pode autonomamente passar de um modo de ser para um outro mais elevado, ou seja, não pode por si só se atualizar. Isso acontece porque o seu ser e sua essência não são adquiridos por ele mesmo, mas são coisas que ele recebe juntamente com a liberdade de codeterminar a sua mutável atualidade. Ele só pode codeterminar, porque a mudança depende ainda de outros aspectos, como disposições originárias, contextos sociais, influências ambientais, etc.

Cada ato que vem atualizado tem um conteúdo, que pode ser ato cognitivo ou volitivo. O sujeito não pode, por si mesmo, se dar estes conteúdos, mas pode escolher livremente entre um conteúdo e outro. Portanto, a ação livre do sujeito se dá na escolha de qual potência ele se propõe atualizar.

Os atos se diferenciam por meio da forma substancial, que modela, a partir do interno e do externo, o "núcleo da pessoa", ou seja, aquilo que o sujeito pessoal é em si mesmo e isso define a qualidade da sua mutável atualidade. Também Stein salienta que "a força vital é a matéria inseparável da forma substancial, cuja formação é o mesmo ser da forma" (Stein, 1935/2003, p. 335). O que resulta disso, que difere do animal, é algo radicalmente novo, é a forma da personalidade.

Por meio desta compreensão, Stein se pergunta: "qual é a coisa material que vem formada pela forma interior e qual a coisa potencial que o sujeito conduz à atualidade?" (idem, p. 335). Ela mesma responde que é a própria vida da pessoa, que é qualificada pela substância e pela espécie acidental, que determinam alternativamente a sua atualidade.

A alma não tem o poder para manter uma inteira duração numa forma de ser. Mas a pessoa tem a liberdade de passar de um modo de ser inferior a um superior, isto é, tem a possibilidade de passar de uma forma originária de consciência a uma outra, a um ato particular da reflexão, no qual a pessoa se coloca reflexivamente diante de si e do seu ato. "Em tudo isso se funda o fato de que a formação da vida pode aqui ser livre *autônoma-colocar-se-em-forma*" (idem, p. 336, grifos da autora).

A decisão livre sobre diversos atos possíveis significa também uma decisão sobre quais potências devem ser atualizadas e não só uma decisão sobre o ser atual e momentâneo da pessoa. Esta constante atualização das potências as faz passar duradouramente para uma nova forma de ser, a se tornar hábito. Portanto, as potências da alma são possibilidades que, se atualizadas, vão se tornando capacidades duradouras e isso é o que forma e dá consistência ao caráter da pessoa (cf. idem).

3.1. A formação por si mesmo

Em uma de suas lições, Stein pergunta às alunas, "o que quer dizer que o ser humano é responsável por si mesmo?" (Stein, 1932-3/2000, p.

123). Ela mesma responde: "quer dizer que dele depende o que ele é e ele deve fazer de si algo de determinado: *ele pode e deve formar a si mesmo*" (idem, pp. 123-124, grifos da autora).

O ser humano não é como os animais, que vivem segundo o jogo do estímulo-resposta, ele pode e deve se posicionar segundo aquilo que lhe convém. Como pessoa livre, tem poder para tomar decisões e do poder nasce a possibilidade do *dever*. Stein afirma: "é o eu livre, que pode decidir a fazer ou não alguma coisa, a fazer isso ou aquilo (...), ele que é capaz de se colocar objetivos e de realizá-los agindo" (idem, p. 125). Dessa forma, o ser humano que é consciente de si mesmo, é um ser livre e espiritual e tem o dever de desenvolver sua natureza animal, a fim de aperfeiçoá-la plenamente como pessoa.

A pessoa livre e espiritual é a que tem um certo autodomínio sobre si – apesar de não poder ter um controle total por conta dos mecanismos psíquicos – e possui uma espiritualidade pessoal.

Segundo Stein, a "espiritualidade pessoal significa *vigilância* e *abertura*" (idem, p. 124, grifos da autora). Vigilância como forma originária de tomar consciência de si, que lhe permite saber o que se vive e o modo como se vive. Mas esta consciência não é só a reflexiva, que se realiza por meio da autoanálise de uma vivência, é também uma luz que ilumina a vida espiritual e lhe indica direções a seguir. E abertura como possibilidade de dois movimentos: um em relação a si mesmo, voltado para o mundo interior; e outro, em relação ao tu, voltado para o mundo exterior. Sendo livre e espiritual, o ser humano é uma pessoa vigilante e aberta e pode decidir diante das coisas que se lhes impõe ou dos convites que recebe. Por isso, ele não está destinado a seguir esta ou aquela situação. "No ser humano isso [reações instintivas] não é um mero acontecer (...) ele mesmo, como pessoa livre, está no centro e tem nas mãos os comandos, mais exatamente, pode tê-los nas mãos, porque o usá-los ou não é uma questão de liberdade" (Stein, 1932-3/2000, p. 124).

A liberdade é que permite ao ser humano assumir sua vida na verdade e responsabilidade e também é a que colabora para um direcionamento seguro. A pessoa livre, que tem a pretensão de formar o seu ser permanente, deve se nortear a partir de princípios determinados. Assim, "ele precisa saber o que deve reprimir, o que deve deixar acontecer e o que deve almejar. Pode estabelecer a cada vez ou fixar uma finalidade última do que quer alcançar com todo o seu processo de autoformação, pode fixar uma imagem do que quer se tornar" (idem, p. 138).

O dever de formar a si mesmo é um apelo dirigido à alma, ou seja, à consciência, que adverte ao ser humano sobre o tipo de comportamento que deve ter em determinado momento e diante das circunstâncias. Exprime juízos sobre suas ações, faz a pessoa tomar ciência de suas atitudes, classificando-as como boas ou más, favorece o desenvolvimento das suas potencialidades e induz a projetar seu futuro. No entanto, a consciência não dá uma imagem global daquilo que a pessoa deve ser. Uma imagem concreta se pode encontrar no modo de vida de outras pessoas, que se tornam referências e despertam a atenção por seu modo exemplar de se comportar. Sobre isso, Stein explica que é possível

> conhecer uma pessoa e receber dela a impressão de que assim se deveria ser. Disso surge a exigência, o propósito e a decisão de tomá-la como modelo e de dar a si a mesma forma. (...). Encontra-se, assim, um critério que desperta a vontade para o processo da autoformação (idem, p. 139).

Dá-se, então, um contexto motivacional, que é uma característica imprescindível, porque conduz ao percurso da autoformação. A motivação pode e deve tocar a interioridade mais profunda do indivíduo, onde se enraíza sua identidade e se encontra sua "verdade", ou seja, a motivação toca o núcleo central da pessoa e pode provocar sua transformação na direção de seu aperfeiçoamento. Por isso, a necessidade do cuidado do contexto no qual a pessoa está inserida.

Toda a formação deve levar a uma autoformação. Duas vias que devem convergir para um mesmo núcleo, para a interioridade mais genuína do indivíduo. Portanto, o processo formativo, para ser real e eficaz precisa atingir este núcleo, a "alma da alma" do ser humano, e é a partir daí que a pessoa pode decidir, livremente, pela busca da sua felicidade. Diante disso, é possível compreender o porquê, para Stein a formação é um processo ligado à vida espiritual.

Como abordado anteriormente, Stein explica que a vida espiritual ou o espírito, que dá à pessoa o poder para decidir-se diante dos fatos da vida, chama-se intelecto ou razão. Esta faculdade é a que proporciona o poder reflexivo diante dos atos vivenciados, é a que possibilita as abstrações e análises do mundo dos valores. É esta faculdade que forma o "eu" inteligente, que conhece as motivações que advêm do mundo dos objetos, e é o "eu" que movido pelo intelecto voluntariamente toma decisões. Mas o "eu" só se decide por algo que quer, a partir do momento que o conhece. Portanto, *conhecimento* e *vontade* estão em estreita relação, causando uma recíproca dependência entre si, pois um age em função do outro.

Logo, para Stein, a pessoa que conhece o que é o "bem" para si tem mais motivação e incentivo para decidir-se por ele. Assim, a razão permite que a pessoa se decida não só com mais conhecimento, mas que decida a partir da profundidade do seu espírito, que a induz a querer o que é o melhor para si e para os demais.

No entanto, a natureza espiritual da pessoa, composta por razão e liberdade, exige também uma espiritualidade do ato pedagógico, que acontece por meio de uma ação integrada entre o educador e o educando, que leva em consideração o crescimento gradual da espiritualidade. No confronto, entre a atividade de guia do educador e o espaço para a ação do educando é que se constitui a formação, como desabrochar de potencialidades pessoais e aperfeiçoamento de condutas sociais.

3.2. A formação por meio do educador

Na obra *A estrutura da pessoa humana (*1932-3/2000), Stein enfatiza a necessidade de o educador conhecer mais profundamente o educando para se tornar um colaborador na sua formação. Para isso, o educador necessita de um procedimento eficaz, o que a autora já havia delineado em sua tese de doutoramento,[2] na qual discute a questão da empatia, como via privilegiada para a ação formativa. Para a filósofa, isso se dá pelo fato de o educador reconhecer o educando como um " 'Tu' que vive a si mesmo, assim como eu vivo eu mesmo: portanto o 'Tu' é um 'outro Eu' " (Stein, 1917/1998, p. 121).

Quando se dá este reconhecimento, o educador concebe o educando como uma alteridade, que tem uma individualidade própria, uma *ipseità* (si mesmo), a qual precisa ser descoberta, respeitada, considerada

[2] Nesta tese, Stein não trata diretamente sobre a questão da formação, porque este não é seu problema de investigação, mas é possível captar a implicância da empatia no processo formativo, por ser um ponto central na compreensão da constituição do indivíduo.

em seu processo de desenvolvimento e ajudada a se atualizar, segundo suas próprias características. Não no sentido de deixar aflorar atitudes espontâneas sem direcionamentos, que só procuram o bem-estar imediato, por meio do cumprimento de necessidades e exigências, mas no sentido de fazer desabrochar as características da originalidade inscritas na alma da pessoa que quando favorecidas manifestam-se, gradualmente, em qualidades que estão inscritas na alma, na forma substancial da pessoa.

Neste sentido, completa Anna Maria Pezzella, "na ação formativa, há a necessidade de entrar na subjetividade do outro para compreendê-la e eventualmente dirigi-la" (2007, p. 53). Por isso, é preciso ter atenção para que no processo formativo o educador não imponha os próprios esquemas interpretativos, não aplique pré-julgamentos sem antes um conhecimento adequado do educando e não se coloque a guiá-lo sem um embasamento antropológico e filosófico. Por isso, a empatia, que propicia um adentrar na experiência do outro, talvez seja uma das vias que mais permita uma compreensão ampla do universo da pessoa e que favoreça um processo de acompanhamento formativo, porque a

> empatia é aquele ato que me consente olhar o outro com calor, com raiva, com afeto (...), de captá-lo com um olhar humano (...). No mais, se dá a relação (...) só onde existe dois seres espirituais abertos, que não consideram o(a) outro(a) como objeto, mas como sujeito (Pezzella, 2007, p. 54).

É a relação empática que permite o encontro com a subjetividade do outro que, partindo do nível corporal, atinge a dimensão espiritual e ali se conhece com mais propriedade o mundo da motivação e dos valores, aspectos da individualidade mais genuína de cada pessoa.

A partir deste olhar empático, o papel do educador se torna indispensável na relação com os educandos e, por meio deste contato de proximidade e abertura, o educando pode se confrontar, se questionar e ressignificar sua história, como também, traçar novas metas e projetos que o ajudem a desenvolver suas capacidades e qualidades pessoais com mais eficácia.

4. O núcleo como determinante na formação

Stein desenvolveu a noção de núcleo (*kern*), que não é uma substância de condição material. O núcleo é aquilo que a pessoa é em si mesma, ou seja, é a característica da sua pessoalidade e singularidade. Cada ser humano tem uma particularidade, que está além da dimensão da corporeidade, do psiquismo e do espírito. É como uma marca distintiva, um "selo", que identifica a sua peculiaridade como ser único, genuíno. Esta característica distintiva se encontra na essência, no interior mais profundo da pessoa, em seu núcleo, definido por Stein como a "alma da alma". Mesmo os gêmeos univitelinos, que são muito semelhantes entre si, têm um núcleo que os distingue e os torna singulares, inconfundíveis, não como corporeidade, mas como característica originária de constituição de irrepetibilidade.

O núcleo é aquilo que a pessoa é em si mesma. No entanto, nem tudo o que a pessoa é está contemporaneamente atualizado na sua vida espiritual consciente. Assim, o núcleo tem "partes" (porque não se atualiza tudo de uma vez) e extensão, sendo que o termo extensão não deve ser compreendido em sentido espacial, mas em sentido temporal – "a extensão temporal é sem dúvida a pessoa no curso da inteira duração da vida atual e durante o desenvolvimento que em tal curso se cumpre" (Stein, 1931/2003, p. 204).

Stein também esclarece que o núcleo não é algo divisível, mas algo simples, no sentido de não composto. "O que se torna atual não se separa daquilo que permanece potencial. O inteiro está sempre por trás daquilo que de vez em vez se torna atual" (idem, p. 206). A fim de esclarecer melhor a compreensão do que seja a parte, que não admite separação ou divisão no núcleo, Stein esclarece com um exemplo: "uma pequena parte de uma superfície é atingida por um raio de luz que está iluminando um círculo escuro, sem com isso estar separada da superfície que permanece" (idem, pp. 206-207). Outro aspecto que Stein aborda do núcleo é que ele é um inteiro, não à maneira de um contínuo espacial e, por isso, quando se trata de superfície e profundidade, pode ser que o centro coincida com a superfície, justamente por ser algo que não se compreende com as dimensões espaciais.

Adentrando profundamente na compreensão do núcleo, Stein investiga ainda mais a realidade antropológica e afirma que o ser humano é uma pessoa finita, mas com duas espécies de "coisas": ele tem algo de positivo, mas tem também as limitações, que o impedem de se tornar tudo aquilo que deveria ser. A inteireza do ser humano abraça ambas as coisas. No entanto, "com o núcleo da pessoa, ao invés, devemos entender claramente só algo de positivo" (idem, p. 221). Mas se a pessoa ao longo de sua vida supera as suas limitações em virtude da sua liberdade e consegue gradativamente atualizar o seu núcleo, então, vai desaparecendo o que a inibe e o seu núcleo vai se desabrochando.

Ao mesmo tempo pode ocorrer alguma ação na vida atual que não seja provocada pelo núcleo, o que é considerada uma ação impessoal, porque exige um mínimo de atividade intelectual: são as ações realizadas de modo mecânico, às vezes, reações impulsivas. Este tipo de ação tem pouca participação consciente e são, geralmente, ações involuntárias. Stein cita outro exemplo:

> (...) se fecho a janela, de modo que o vento não deixe voar longe as folhas de papel, isso pode acontecer sem que exista em precedência uma reflexão, sem que eu saiba o que faço. Um par de minutos mais tarde eu me maravilho talvez que a janela esteja fechada (idem, p. 208).

Ela mesma comenta que esta atitude é uma reação impulsiva diante do vento e não é um ato livre, um fazer voluntário, consciente. Mas não significa que seja totalmente inconsciente. É o grau de consciência que é baixo, porque ao mesmo tempo, a pessoa estava "centralmente" ocupada com outra atividade e depois nem se lembrava de ter realizado o ato de fechar a janela. Então, este ato foi uma ação realizada de modo periférico e não central. Por isso, Stein explica que "profundidade e superficialidade aderem propriamente ao conteúdo dos atos; centro e periferia descrevem modos de comportamento dos atos, graus de atualidade ao interno da vida atual" (idem, p. 209). Assim, a vida atual pode estar conectada ao núcleo em maior ou menor profundidade e/ou de modo mais ou menos central.

Resumindo, pode-se dizer que, para Stein, o núcleo da pessoa é aquilo que ela é em seu eu central e por meio do qual ela é semelhante ao ser divino. O núcleo é algo de atual, com capacidade de crescimento na forma do ser da vida espiritual consciente. O ser do núcleo se aproxima da simplicidade do ser divino, porém permanece abaixo da simplicidade da vida divina, sendo o seu constante modo de ser um estado de vida sempre capaz de enriquecimento e amadurecimento. O núcleo revela aquilo que a pessoa é, conforme conseguiu se manifestar na atualidade da vida, contudo jamais será completamente atualizado, devido à infinda possibilidade que tem de atualizar sempre mais as qualidades inerentes à sua alma. Por isso, há uma constante tensão na qual se estende o seu ser não só como um contínuo temporal, mas também como um estender-se entre superfície e profundidade, que se manifesta na forma do ser central ou periférico e em diversos graus de intensidade.

Ao mesmo tempo em que o núcleo dirige o curso do desenvolvimento da pessoa, por meio da atualização das potências, não sofre um processo de desenvolvimento. Por um lado, a vida atual da pessoa não é fundada só sobre o núcleo, mas também por meio do mundo objetivo no qual a pessoa está em contato, pelas outras pessoas com as quais convive e por uma disposição potencial que pode se desenvolver em hábitos ao longo de toda a vida (cf. idem, pp. 228-230). Por conseguinte, o que a pessoa é em si mesma, seu núcleo, está em atualização durante a inteira duração do seu ser.

Portanto, é "o núcleo que determina intrinsecamente o inteiro processo de formação" (idem, p. 198) e faz isso por meio do desabrochar daquilo que é potencial e original na pessoa, ou seja, é o núcleo que, quando tocado, favorece o desabrochar da forma substancial. Com este processo, as potencialidades se atualizam e, por consequência, formam-se os hábitos que quando são frequentes, delineia-se o caráter da pessoa.

5. A formação do caráter e o mundo dos valores

Stein considera que a atividade intelectual faz crescer na pessoa a sua dimensão espiritual e que pela potência da cognição se pode chegar a uma configuração habitual. Por meio de atos volitivos que a pessoa realiza, cresce uma esfera de ações externas, mas junto, cresce também a sua interioridade como uma corporeidade ampliada. É isso que propicia a habitual conformação da potência à vontade.

Quando a pessoa se sente tocada interiormente por si mesma ou por outra pessoa, seu ânimo se desperta para a atualidade e ela se sente inclinada, por meio disso, à habitualidade. Sob o jogo da potência, ato e hábito, que acontece devido a um determinado "motivo", dá-se a livre configuração tanto da formação de si como da formação dos outros (cf. idem, pp. 195-196). Assim, a pessoa é estimulada a atualizar algo devido a uma determinada motivação, no entanto, ela também é livre para seguir ou não o estímulo vindo da motivação. Stein salienta esta questão do seguinte modo

> Assim como me é possível conduzir um processo racional para obter conhecimento e para aguçar o meu intelecto ou abandonar este fazer e renunciar o possível aproveitamento que dele advém, da mesma maneira posso deixar crescer, sem inibição, uma cólera ou um rancor que se exalta, abandonando-me a esse e, eventualmente, por meio disso, deixar-me conduzir por determinadas ações, ou seja, contentar-me, inibir-me, reprimir-me. Segundo o modo como acontece, desenvolvem-se estas ou aquelas atitudes habituais do ânimo e da vontade (denominados, em uma avaliação ética, "virtuosas" ou "viciosas" [danosas]) (idem, p. 196).

A essa configuração ou modelação que habitualmente a pessoa permite que aconteça em si, por meio da atualização das suas potências, dá-se o nome de caráter. Logo, o caráter é a "forma" habitual da pessoa. E Stein entende que a formação da pessoa se dá por meio da formação do seu caráter.

Para formar o caráter é necessário, segundo Stein, que a pessoa tenha um conhecimento da essência universal do ser humano e, ao mesmo tempo, tenha um objetivo, uma meta ou um "ideal de caráter" a ser alcançado. Por isso, afirma Stein, a motivação para almejar um ideal de caráter depende do como a pessoa "sente a si mesma". "Quem está em paz interiormente não encontra estímulo algum para mudar a si mesmo; quem ao contrário sente em si um mal-estar (...) interno encontrará nisso motivo para sair do mal-estar" (idem, p. 196).

Portanto, aquilo que a pessoa é e aquilo que encontra em seu mundo externo ou interno, percebido por meio de suas vivências, é o que caracteriza sua vida atual e pela atualização de suas potências forma-se, gradualmente, o seu caráter. Não significa que a pessoa se torna o seu caráter, mas ela tem a posse de um caráter. Isso porque o caráter não determina a globalidade ou a inteireza da pessoa. O caráter também não consegue expressar a inteira forma habitual da pessoa. O caráter só consegue, aos poucos, revelar como a pessoa é, mas não aquilo que a pessoa é integralmente.

Afirma Stein, "o que a pessoa é não parece ato a ser plasmado [modelado/formado]: mas só aquilo que ela tem" (idem, p. 197). Ou seja, aquilo que deve ser formado, por meio do espírito – de atitudes racionais, volitivas, interiores – é o hábito que, quando acontece com regularidade, torna-se caráter. Conclui a filósofa "uma vez que a formação do caráter é uma tradução daquilo que é potencial e habitual, pode-se dizer com certa razão que a pessoa forma a si mesma 'formando seu caráter'" (idem, p. 197). Por isso, normalmente, a esfera da personalidade é apresentada como caráter.

O caráter é o que constitui a particularidade da psique e que diferencia uma psique da outra. Também afirma a filósofa que "o caráter formado é em todo caso dependente da natureza da psique, das forças à sua disposição e das capacidades psíquicas que não se enraízam no núcleo, ou seja, as capacidades sensíveis, a memória, o intelecto" (idem, p. 255).

As capacidades psíquicas também podem se manifestar pela sensibilidade ao mundo dos valores. Para desenvolver esta sensibilidade é preciso da força vital e das circunstâncias externas e para isso devem-se levar em consideração as qualidades permanentes e as disposições originárias, que formam as qualidades do caráter, além disso, entra em jogo o confronto entre a alma e o núcleo da pessoa.

E mais, o caráter está diretamente ligado à sensibilidade aos valores, sobretudo aos valores éticos e morais. A filósofa diz que quando se usa a expressão "homem sem caráter" não significa que ele não tenha características que o diferenciem dos demais, mas que esta pessoa tem um modo determinado de se colocar diante dos valores, diferente daquele que é considerado "homem de caráter". "Reconhecemos o que é a pessoa pelo mundo de valores no qual vive, pelos valores para os quais está disponível e pelo que pode criar por meio dos valores recebidos" (Stein, 1922/1999, p. 245).

A sensibilidade aos valores e o modo como as pessoas se deixam condicionar por eles determinam um comportamento prático, que revela o caráter da pessoa. O caráter se forma com base na personalidade e ao modo como as pessoas se abrem para receber os valores. Por isso, o caráter corresponde ao ser da pessoa e o seu modo natural de agir se expressa, predominantemente, em comportamentos condizentes com os valores para o qual a pessoa é sensível.

E de onde vem esta sensibilidade para acolher os valores? Vem das características da *alma* e o que essa é se anuncia também nas qualidades do caráter.

> As qualidades do caráter, entendidas como capacidades em relação às vivências de valores e em relação às modalidades de comportamento determinadas pelos valores, não pertencem por si mesmas

> nem à alma, nem ao núcleo da pessoa; é o caráter que se expande a partir das qualidades para o externo e essas últimas consentem de avistar o que preenche a alma interiormente. Bondade significa também capacidade de cumprir boas ações, mas não só. Quem é bom, age bem; mas a bondade continua a pertencer-lhe também se não fizesse mais nada de bom (idem, p. 249).

A referência apresentada acima não se justifica no sentido de possuir qualidades boas ou más, porém se trata da qualidade para a sensibilidade, da abertura para o mundo dos valores. Para Stein, esta qualidade é uma capacidade que a pessoa já tem, mas que ao mesmo tempo vai construindo no sentido de acolher os valores e se moldar a eles, sobretudo aqueles morais e éticos que condicionam o comportamento prático.

Como a sensibilidade para os valores está ligada à vida dos sentimentos e do querer motivacional, que brota da profundidade da alma e traz consigo a marca da sua particularidade, esta sensibilidade não pertence por si mesma às qualidades da alma, mas está enraizada no núcleo pessoal que também a alma forma. "Às diversas disposições do caráter correspondem diversas condições de profundidade" (idem, p. 254), no entanto, quanto "mais profundo é o valor, mais em profundidade se situam também o ponto de partida das vivências de valor e os modos de comportamento por esses motivados" (idem, p. 254-255).

Portanto, a abertura da pessoa às virtudes, aos valores morais e às ações condizentes a esses valores demonstra o grau de profundidade que já atingiu de si mesma e as qualidades estáticas da alma que conseguiu revelar em suas ações. Como os extratos profundos da alma e também as qualidades permanentes não sofrem nenhum processo de desenvolvimento, se eles não forem "tocados" por alguma coisa, podem permanecer sempre guardados no fundo da alma.

A pessoa que busca atingir a sua interioridade consegue manifestar em situações concretas de sua vida o como está se deixando formar pelo seu núcleo. Não que toda a vida da pessoa seja determinada pelo núcleo central, mas a personalidade que é formada a partir de um núcleo revela que o caráter formado não é independente da natureza psíquica, das forças vitais e das disposições originárias. Também a sensibilidade ao mundo dos valores, que está em profunda conexão com esses fatores internos e externos, imprime marcas no caráter e determina um jeito de ser e estar no mundo.

6. A vida em sociedade e suas implicações no processo formativo

O ser humano está sempre inserido em um mundo e a sua vida é uma vida em comunidade. "Encontramos o ser humano – nós mesmos e os outros – sempre inserido ao interno de um mundo humano" (Stein, 1932-3/2000, p. 187). A inserção de uma pessoa em um determinado povo lhe permite adquirir características exteriores (raça, língua, etc.) que são sinais visíveis deste pertencimento, mas há ainda, uma outra ligação mais viva e profunda, que é a pessoa sentir-se membro de uma totalidade, de uma comunidade. Com isso, Stein quer demonstrar que a inserção da pessoa em uma totalidade mais ampla, é uma necessidade da estrutura do ser humano.

Esta totalidade pode ser entendida como comunidades, povos ou nações que fazem parte da comunidade universal, chamada de humanidade, que não é só um conjunto de todos os seres humanos, mas tem um algo a mais, que se constitui como um organismo corpóreo espiritual. Isso acontece porque o ser humano se encontra em comunidade com outros seres humanos e é possível que ele forme comunidade com qualquer ser humano. Assim, potencialmente, está em real comunhão com todos.

> Cada ser humano (...) mediante a sua origem e a sua relação com a descendência da qual provem, retorna à origem da comunidade. O nexo genético sozinho, porém, não fundaria alguma comunidade se à humanidade não implicasse uma comunhão de vida (idem, p. 190).

Stein explica isso afirmando que com o nascimento do primeiro indivíduo, inicia a existência da humanidade, que está presente em cada ser humano, o qual carrega em si, tendo consciência ou não, a comunhão, que faz com que cada indivíduo se sinta parte de um todo, pertencente a um povo.

Por um lado, a consciência de ser membro de uma comunidade suscita nos indivíduos uma atitude de autoavaliação da sua conduta em relação à totalidade. Por outro lado, este processo não se dá do mesmo modo em todos os indivíduos e nem da mesma forma em todas as épocas. Há os interesses segundo as características pessoais, a faixa etária e os contextos de época. Mas a comunidade para sobreviver, necessita de normas e valores, que são fundamentais para que a sociedade possa ser considerada uma comunidade.

Assim, o que determina a preciosidade de uma comunidade são os seus valores e o empenho por eles. Nesse sentido, afirma Stein "se a vida do homem e aquela da comunidade são plenas de valor, então têm sentido" (idem, p. 210). Portanto, cada indivíduo recebe os valores do seu povo e, ao mesmo tempo, é responsável por estes valores e quando os preserva, favorece uma vivência social de maior significância.

A filósofa justifica que "não se compreende a estrutura da pessoa humana individual, se não se examina em que medida ela é determinada pelo seu ser social" (idem, p. 187). O que o indivíduo faz ou representa no mundo social (estudante, filho, pai de família, membro de um partido, etc.), contribui para determinar a forma de todo o seu ser psicofísico e do seu pertencimento social.

Por isso, o educador tem a tarefa de se perguntar sob qual forma social a pessoa humana, segundo a sua estrutura, deve se inserir coerentemente. A convivência social estável reafirma no indivíduo as suas especificidades, deixando transparecer aquilo que é interior e pessoal, mas também leva à conformação daquilo que é exterior e universal. Dessa forma, o meio social acaba sendo determinante na formação e constituição das pessoas. Na relação comunitária uma pessoa exerce influência sobre as outras e há uma colaboração recíproca, um ajuda o outro a formar-se, pois, como expressa a filósofa, "viver em comunidade com os seres humanos significa, em boa medida, vê-los agir e agir com eles; viver junto às ações do ser humano, vê-los nascer e morrer, ser formado por esses e, por meio desses, ajudar outros a se formarem: a vida humana é uma vida cultural" (idem, p. 69).

Este pertencimento à vida social e cultural exige, portanto, uma consciência e responsabilidade da parte de cada indivíduo. A vida comunitária se torna bela e prazerosa se é permeada de valores e ética. E diante disso, o indivíduo julga o sentido e o valor da própria vida humana. Uma comunidade que não é somente um agrupamento de pessoas se fundamenta na comunhão, que se alegra com as situações quando se alicerçam nos valores. A autora ainda explica que os valores não nascem nem morrem, mas são eternos. Quando vividos em profundidade, tornam-se expressão da vida pessoal e comunitária.

Além disso, os valores da comunidade ajudam as pessoas a se tornarem melhores e quando há esta cumplicidade e cresce a consciência do próprio modo de ser, pautado nos princípios e valores, o povo se torna uma nação. Compreender o que faz parte da essência de um povo, assumir as responsabilidades políticas e cumprir os deveres como cidadão é sentir-se membro de um povo. Cada cidadão que adquire o sentimento de pertença valoriza a herança cultural e torna próprios os tesouros que seu povo construiu.

Ainda, afirma Stein, é importante que cada povo valorize as contribuições estrangeiras que se incorporaram às próprias culturas, porque cooperam com a história do seu patrimônio cultural e espiritual em vista da evolução do povo. Desse modo, alerta Stein, uma formação completa, não pode limitar-se ao patrimônio do seu país, mas deve estar aberta àqueles dos países estrangeiros e aberta também às personalidades estrangeiras que testemunham valores humanos e espirituais.

Compreende-se a partir disso, que o formador deve levar em conta o ambiente sócio-cultural que contribui na formação de um indivíduo, assim como o modo de vida dos indivíduos que determina a característica de um povo ou nação.

7. A espiritualidade em consonância com o processo formativo

Para compreender o ser humano, retomando o que afirma Stein, é preciso ir além da realidade física e das coisas particulares, é preciso tratar da antropologia filosófica.

Sem desprezar a ciência e os conhecimentos humanos naturais, mas discordando das ideias de Martin Heidegger (1889-1976), que acredita que o homem vem ao mundo do nada e ao encontro do nada vai, Stein propõe a concepção do ser humano segundo a metafísica cristã. Busca nos pensadores cristãos, naqueles que consideram a Revelação Divina como uma fonte de verdade e de segurança contra possíveis erros aos quais está exposta a razão natural, uma via para conhecer qual é a realização máxima, o fim último do ser humano, porque é em vista desse fim que devem ser traçados os objetivos pedagógicos.

No entanto, ainda Stein afirma, é preciso levar em consideração as diferenças que existem entre os seres criados e os não criados, pois é incompleta e inadequada, como fundamento para a pedagogia, uma antropologia que não leva em conta o relacionamento do homem com Deus. Mas este conhecimento deve acontecer por meios filosóficos e naturais

> Se para a pedagogia é necessário compreender o ser humano na sua inteireza, essa não renunciará a alguma fonte que possa dar-lhe esclarecimentos e o pedagogo crente não deixará de levar em consideração a verdade revelada. A antropologia filosófica, portanto, tem necessidade da integração de uma antropologia *teológica*. A partir da filosofia e da teologia ergue-se o edifício da *metafísica cristã* que traça uma imagem global do mundo real. A mais imponente construção deste tipo se encontra no sistema de São Tomás de Aquino. Neste sistema a antropologia assume uma posição central, assim como o ser humano ocupa no cosmo uma posição específica: ele é um microcosmo que unifica em si todos os reinos do mundo criado. Por isso, à antropologia se convergem todas as questões metafísicas, filosóficas e teológicas e dessa partem estradas para cada direção" (idem, p. 63, grifos da autora).

Como a antropologia converge para os questionamentos metafísicos, assim no ato pedagógico não se pode prescindir da questão da pessoa ser alguém que foi criada por alguém.

Stein afirma que só um *ato puro* pode criar um outro ato. Somente Deus é um ato puro. Portanto, Deus é o criador de todas as coisas e, consequentemente, é o criador do ser humano. Assim, no ato pedagógico, além da integração com a antropologia filosófica, há de se fazer uma integração com a antropologia teológica. E isso Stein propõe que se faça com o método fenomenológico sem perder o seu rigor científico.

Esta integração se torna necessária, porque para a metafísica cristã "o homem é bom porque foi criado por Deus, criado a sua imagem e isso num sentido que o distingue de todas as criaturas terrenas. No seu espírito está impresso a imagem da Trindade" (idem, p. 45). Esta doutrina não indica somente uma imagem geral do ser humano, mas leva em consideração a diferença entre os sexos e a individualidade de cada um. Devido a esta individualidade, mesmo considerando aquilo que é comum entre os indivíduos, há algo de específico e original (fim último) que cada pessoa é chamada a desenvolver em si mesma. Aí entra em jogo a ação do educador, como guia, e a natureza do educando, com sua liberdade.[3]

[3] "A natureza espiritual do homem – razão e liberdade – exige a espiritualidade do ato pedagógico, Os *limites* da atividade do educador, dos quais cada um deve ser consciente, se unem à *natureza* do aluno, para a qual nem tudo se pode *fazer*, à sua *liberdade*, que pode se opor à educação e frustrar os esforços do educador e, enfim, à

Stein declara que a individualidade é algo de misterioso e, além disso, em cada geração surge algo novo e que é impossível conhecer cada ser humano na sua profundidade e saber quais os meios necessários para conduzir cada um. Somente o criador do homem pode conhecê-lo profundamente. E como fazer para desenvolver o ato pedagógico, já que este deve conduzir a pessoa à realização da sua natureza? Ao educador isso não é plenamente possível, mas para Deus sim. Por isso, Stein expressa que o verdadeiro educador é Deus e "os educadores humanos são só instrumentos nas mãos de Deus" (idem, p. 50). Os jovens carregam em si um destino divino e cada ação arbitrária é uma intromissão neste plano. Devido a isso, alerta a filósofa, é necessário que as normas educativas se adaptem à natureza do educando, no entanto, o educador pode "aproximar-se às peculiaridades individuais somente através de um vivo contato interior; o ato próprio do compreender, que sabe interpretar a linguagem da alma nas suas diversas formas expressivas (olhar, expressão do rosto, gesto...), pode penetrar no profundo" (idem, p. 51).

Todavia, quando o educando se fecha, o educador precisa encontrar uma via de acesso, mas nenhum ato arbitrário consegue esta aproximação. Somente o amor do educador, consciente da sua responsabilidade, encontra uma brecha para penetrar na interioridade da criança ou do jovem. O educador precisa conhecê-lo para orientá-lo em busca da realização plena da sua natureza. "Não se pode educar os homens a um fim idêntico para todos, segundo um esquema geral. Dar espaço à especificidade própria da criança e do jovem é um meio essencial para caracterizar a orientação interior a este fim" (idem, p. 52).

Se o educador deixa a criança crescer sem orientação, não está cumprindo bem a sua tarefa. Cada ação pedagógica deve conduzir à autoeducação e à consciência de que o educando tem um destino doado por Deus. O educador, colaborando com o desenvolvimento da obra de Deus, desperta também nos educando a fé.[4]

própria inadequação, quer dizer, a limitação do conhecimento, pela qual, por exemplo, mesmo com todo o desejo, não se pode ter completa clareza sobre a natureza do aluno" (idem, p. 50, grifos da autora).

4 "Esta fé deve fazer emergir também nos jovens aquele nexo entre responsabilidade e confiança que é a justa atitude do educador. Responsabilidade significa educar-se a isso que se deve tornar. Confiança quer dizer que não se enfrenta sozinha esta tarefa, mas se deve esperar que a Graça cumpra isso que vai além das próprias forças" (idem, p. 52).

Se a fé é viva tanto no educador quanto no educando, então se consegue a confiança, que gera o afeto humano e se chega à compreensão de que ambos cooperam com a realização de uma obra que é de Deus.

Diante disso, para a autora, a pedagogia não pode renunciar a falar das questões da Revelação Divina, porque esta mostra dados essenciais daquilo que o ser humano é e daquilo que deve se tornar. Ainda afirma que a pedagogia não se torna teologia ao aferir estes aspectos, mas realiza uma relação essencial e indispensável com a teologia. Assim, a ação pedagógica, em seu processo formativo, deve conduzir a pessoa ao seu núcleo interno, à sua dimensão mais profunda concebida como alma da alma. Portanto, a espiritualidade se torna um dado essencial no processo formativo. Sem esta dimensão de abertura espiritual seria muito abstrato para a pessoa atingir a profundidade de si mesma e chegar à sua individualidade, ao seu núcleo central.

Também, segundo Stein, com base nas análises da experiência religiosa, feitas em diversas religiões, descobre-se a presença do núcleo, como elemento comum a todas elas. A filósofa deixa claro, por meio deste dado, que a experiência religiosa conduz ao núcleo da pessoa. Nessa busca, a pessoa descobre aquilo que ela é em essência e o que facilita o seu processo formativo.

Todavia, o núcleo é alguma coisa de novo em relação à mesma vida espiritual, mas nenhum conhecimento completo da vida espiritual ou da vida psíquica seria suficiente para colhê-lo na sua inteireza. O núcleo está na alma do ser humano. E a alma cresce a partir do seu núcleo que é o elemento que a modela e a forma.

Portanto, como já afirmado, no processo formativo é necessário chegar à compreensão do núcleo, que é "constituído pela capacidade do querer, isto é, pela esfera dos atos livres" (Ales Bello, 2000, p. 155). O núcleo é sumamente importante para elevar a pessoa ao mundo dos valores, mas é também necessário levar em consideração as forças ou as capacidades próprias da psique, as capacidades sensíveis, a memória, o intelecto, a vontade e, naturalmente, também as condições externas que contribuem para a formação da personalidade.

Devido a todas estas características e dimensões, compreende-se que para Stein a formação é um processo que se dá ao longo de toda a vida da pessoa.

Referências

Ales Bello, A. (2000). *A fenomenologia do ser humano: traços de uma filosofia no feminino.* (A. Angonese, trad.). Bauru, SP: Edusc. (Original publicado em 1992).

Pezzella, A. M. (2007). *Lineamenti di filosofia dell'educazione: per una prospettiva fenomenologica dell'evento educativo.* Vaticano: Lateran University Press.

Stein, E. (1998). *Il problema dell'empatia* (2a ed.). (E. Costantini e E. S. Costantini, Trads.). Roma: Studium. (Original publicado em 1917).

Stein, E. (1999). *Psicologia e scienze dello spirito: contibuti per una fondazione filosofica* (2a ed.). (A. M. Pezzella, Trad.) Roma: Città Nuova. (Original publicado em 1922).

Stein, E. (2000). *La strutura della persona umana* (M. D'Ambra, Trad.). Roma: Città Nuova. (Original publicado em 1932-33).

Stein, E. (2003). *Potenza e atto: studi per una filosofia dell'essere* (A. Caputo, Trad.) Roma: Città Nuova. (Original publicado em 1935).

Tornar-se si mesmo: elaborações a partir de Luigi Giussani e Edith Stein

Ana Cláudia Bernardes Guimarães
Miguel Mahfoud

Introdução

No âmbito da Psicologia, conceber o que seja pessoa ainda se trata de um desafio: enquanto algumas abordagens não se questionam acerca de seu significado, outras teorizações consideram o conceito de pessoa tomando-o como óbvio, ao invés de se deterem a ele.[1] Diante da dificuldade de descrever criteriosamente o ser pessoa, a compreensão dos fatores que a propiciam ser si mesma mostra-se frágil ou até mesmo negligenciada. Logo, esse contexto nos coloca uma urgência por conceber o fenômeno do ser si mesmo.

Tendo isso em vista, nesse trabalho, optamos por aprofundar as elaborações filosóficas de Luigi Giussani e Edith Stein em função de reconhecermos que suas teorizações podem contribuir para o âmbito da Psicologia no que concerne ao tema "tornar-se si mesmo". Problematizaremos como ambos identificam os elementos propriamente humanos e que função tais elementos têm na totalidade da pessoa: identificamos, desde já, a importância de considerarmos o eu em todas as suas dimensões.

Luigi Giussani (1922-2005), intelectual italiano, padre católico, filósofo, educador e teólogo, fundamentando-se em Tomás de Aquino e

[1] O presente texto foi elaborado a partir da pesquisa "Fenomenologia, pessoa e cultura: experiência elementar e núcleo pessoal" desenvolvida no Laboratório de Análise de Processos em Subjetividade (LAPS UFMG), com apoio da Fundação de Amparo à Pesquisa do Estado de Minas Gerais (FAPEMIG), por meio de bolsa de iniciação científica.

Agostinho de Hipona, propôs uma descrição da pessoa humana a partir de seus elementos constitutivos formulando o conceito de experiência elementar. Por sua vez, discípula de Husserl, Edith Stein (1891-1942), fenomenóloga alemã com referencial na filosofia tomista, propicia uma contribuição fundamental para a Psicologia, pois em suas obras realiza uma fenomenologia do ser humano possibilitando uma compreensão da formação da pessoa em sua unidade e totalidade. Desenvolve uma antropologia filosófica em sua vasta obra fundamentando-se no conceito de núcleo pessoal.

Então, a partir dessa pesquisa teórica, vamos examinar qual a contribuição dos conceitos de experiência elementar e núcleo pessoal para a compreensão dos elementos propriamente humanos e dos fatores que propiciam a pessoa ser mais si mesma.

Experiência elementar & Luigi Giussani

Vemos um cuidado especial na obra de Luigi Giussani, *O senso religioso* (2009), ao procurar compreender passo a passo os fatores fundamentares de toda experiência humana. Essa obra é onde ele sistematiza o conceito de experiência elementar. Por isso, escolhemos adentrá-la unicamente. Em sua concepção, conhecer a experiência humana implica utilizar uma postura científica – na qual se insere um cuidado pessoal – caracterizada por um método de conhecimento que parte de três premissas: realismo, razoabilidade e moralidade.

Realismo – refere-se à importância de se adequar o método de estudo ao objeto. Isto é, "conforme o realismo exige, para observar um objeto de modo tal que ele seja conhecido, o método não deve ser imaginado, pensado, organizado ou criado pelo sujeito, mas imposto pelo objeto"(Giussani, 2009, p. 21).[2] Assim, a maneira pela qual o objeto poderá ser conhecido deve respeitar as características peculiares, sem reduzi-lo a alguns aspectos. Tal método foi utilizado por Giussani para se aproximar de seu objeto de interesse: a pessoa. A partir dessa proposta de investigação do humano, ele reconheceu certas características que permitem visualizar uma universalidade no modo como as pessoas se

[2] Todas as citações literais de Giussani que figuram a seguir são indicadas com a paginação da obra *O senso religioso* (2009).

posicionam no mundo. É justamente o conceito de experiência elementar que carrega os elementos originais, próprios de cada um.

O termo "experiência elementar" representa um ponto de referência, que contém critérios, a partir dos quais todas as experiências são comparadas e avaliadas. "Trata-se de um conjunto de exigências e evidências com as quais o homem é lançado no confronto com tudo o que existe" (p. 24). Às exigências "podem ser dados muitos nomes (...) como: exigência de felicidade, exigência de verdade, exigência de justiça" (p. 25), exigência de amor e exigência de beleza. Exigências no sentido de que carregamos anseios fundamentais em cada movimento que realizamos, ou seja, nas atitudes desde as mais simples até as mais complexas. E as evidências se referem ao real que está além do sujeito. Apesar das não correspondências, esses desejos permanecem vivos nos estimulando. E mesmo diante de alguma experiência que condiz consigo mesmo, a busca continua vitalizada. O fato de as evidências e exigências não desaparecerem indica que são constitutivas da pessoa.

Notamos que adequar o método ao objeto implica a capacidade de identificar os critérios que serão usados para conhecer o fenômeno de interesse que é a experiência humana. Para tanto, é preciso emitir um juízo acerca de qual caminho escolher. Há possibilidade de tomarmos o critério fora de nós, resultando em alienação, ou dentro de nós, correspondendo a um método adequado. Se o ponto de referência não for o ponto radical contido na própria pessoa, as ações serão caracterizadas pela alienação. O critério que parte da própria pessoa – do ponto de referência pessoal – não significa que o mundo não deva ser considerado, pois Giussani ressalta: "Ora, o fato de que esse critério seja imanente a nós – dentro de nós – não significa que nós no-lo demos sozinhos: ele é tirado da nossa natureza, quer dizer, é algo que nos é dado junto com a natureza" (p. 24). A pessoa ao se relacionar com o mundo, ou seja, com outras pessoas, objetos e a natureza, a fim de se realizar, pode tomar os critérios imanentes para se posicionar na realidade.

"É necessário saber emitir um juízo acerca dos resultados de tal investigação sobre nós mesmos (...). Sem uma capacidade de avaliação, o homem não pode fazer nenhuma *experiência*. O que caracteriza a experiência é *compreender* uma coisa, descobrir-lhe o sentido" (p. 23, grifos do autor). A partir disso, notamos que a experiência é um processo que contempla alguns passos: 1) deixar-se ser provocado pelo real; 2) poder ser levado à consciência o que ressoa na pessoa, como os sentimentos; 3) realizar uma avaliação a partir do critério pessoal; 4) emitir um juízo acerca do sentido contido na experiência do real. Esses passos possibilitam o sujeito se apropriar das relações eu-mundo de maneira singular, apreendendo o valor presente nesse contato. Apenas descrever a experiência em seu elemento sentimental não basta. Emitir uma avaliação e um juízo dos acontecimentos, das provocações do mundo é que auxilia na elaboração efetiva das vivências. E, justamente, esse tipo de elaboração e de posicionamento que é próprio da atividade humana.

Perguntar-se pelo sentido de tudo que encontra, auxilia a pessoa encontrar o significado da própria vida. A experiência elementar se expressa por meio de perguntas referentes a questões fundamentais como: "por que do sofrimento?", "no fundo, por que vale a pena viver?". Abrir-se continuamente para as perguntas numa busca ativa de respostas e significados correspondentes é que permite a pessoa experienciar autenticamente a si mesma e o mundo. "A perda do significado tende a anular a personalidade: a personalidade do homem adquire densidade e consistência exatamente como exigência, intuição, percepção e afirmação do significado" (p. 125).

Giussani apresenta algumas elaborações acerca do termo "experiência elementar" que nos ajudam a compreendê-la como um ponto original pessoal.

> Todas as experiências da minha humanidade e da minha personalidade passam pelo crivo de uma "experiência original",. primordial, que constitui o meu rosto ao confrontar-me com tudo. Aquilo que cada homem tem o direito e o dever de aprender é a possibilidade e o hábito de comparar cada proposta com esta "experiência elementar" (p. 24).

Cada experiência humana pode ser avaliada a partir dos desejos originais, que integram a unidade do sujeito. A experiência elementar é o ponto pelo qual todas as experiências podem ser comparadas para possibilitar uma visão crítica a respeito das próprias ações. Diferenciar, assim, comportamentos ou pensamentos que mais correspondem ao eu daqueles que dificultam o alcance da autorrealização. A pessoa é capaz de ser mais si mesma em ação além de poder identificar suas particularidades mediante a sua relação com o mundo. Os fatores que constituem o sujeito se revelam e se desenvolvem ao se posicionar diante dos fatos e não por meio da reprodução de conceitos pré-estabelecidos ou introjeção de modelos já construídos.

Ao analisarmos diversas experiências, percebemos um ponto em comum: a experiência elementar. Imaginemos uma mãe cuidando de um filho. Podemos nos perguntar: por que aquela mãe se relaciona de uma forma tão cuidadosa com seu filho? Ao analisar como ela se relaciona consigo mesmo e com a alteridade, podemos inferir que esse cuidado é apenas um elemento da experiência que essa mãe vivencia. Esse elemento pode representar uma vontade de que seu filho se desenvolva de forma saudável. Ou seja, há um desejo de crescimento em relação a ele que corresponde a um desejo mais abrangente, o de ambos alcançarem felicidade. Desse modo, com esse exemplo, podemos deduzir que buscar a própria realização coincide com o favorecimento da felicidade alheia. Há uma busca dessa mãe em sua vida direcionada pelo ponto de referência que contém critérios para as decisões. Cuidar de si – respeitando seus desejos originais – coincide com o cuidar do próprio filho. Giussani salienta que independente da tradição dessa mãe – pode ser "uma mãe esquimó, uma mãe da Terra do Fogo e uma mãe japonesa" (pp. 26-27) –, as perguntas sobre questões fundamentais surgem na relação mãe-filho. Independente do contexto, dentro da cada vivência, a experiência elementar é orientadora da dinâmica interna e da interação com o mundo.

Relacionar-se com o mundo respeitando as próprias exigências não significa que o bem-estar esteja presente primordialmente. Posicionar-se considerando a própria experiência genuína transcende a ressonância afetiva, implica o surgimento de tensão entre a busca do que corresponde interiormente e aquilo que se experiencia na realidade. É essa tensão que favorece a retomada do que realmente importa para a própria pessoa. Concomitante a essa tensão, os desejos fundamentais permanecem vitalizados impulsionando o sujeito à procura das correspondências.

Podemos pensar, inclusive, em situações nas quais a atitude pessoal é moralmente inaceitável, prejudicando a si e/ou o outro. Nesses casos, a experiência elementar também se faz presente na pessoa, no entanto, a busca se dá sem uma crítica razoável acerca dos próprios valores. Ou seja, de fato a pessoa pode escolher caminhos que vão contra aos próprios desejos fundamentais, surgindo, assim, uma experiência de não correspondência.

Giussani explica que essas exigências para serem correspondidas implicam o respeito direcionado a si mesmo, ao outro, ao mundo.

Para compreender o que é a crítica razoável tomemos o conceito de razão apresentado por Giussani: "capacidade de dar-se conta do real segundo a totalidade dos seus fatores" (pp. 31). Sem atingir a complexidade própria da experiência humana, em sua inteireza, não se poderia conhecê-la. Reduzir a experiência a certos aspectos, renunciando à totalidade dos fatores, é reducionismo que revela atitudes não razoáveis perante a realidade. Nesse sentido, razão não pode ser identificada apenas como raciocínio, isto é, operações cognitivas que procuram identificar relações lógicas. Somente a abertura constante permite apreender a complexidade da experiência, que vai além de seus fatores causais. Pensemos num exemplo: não basta uma pessoa viciada em fumo saber racionalmente que o cigarro causa prejuízos à sua saúde, para assim interromper seu vício. Nesse caso, a ausência da razão inviabiliza uma comoção que mobilizaria de forma totalizante o sujeito para então desejar cuidar de si.

A abertura para a totalidade, que caracteriza a razão, consiste em uma dinâmica adequada ao humano, pois o eu permite ser provocado pela relação eu-mundo e assim tomar consciência dos vários aspectos da realidade. Por meio desse posicionamento, não há cristalização de compreensões que poderiam resultar em preconceitos. A abertura da pessoa inteira contempla justamente o interesse pelo conhecimento da alteridade a partir da novidade que pode apresentar.

Complementando as condições necessárias para compreender a experiência, tomemos a significação da incidência da moralidade sobre a dinâmica do conhecimento. A moralidade refere-se à maneira de se posicionar diante dos fatos. Não é suficiente apenas ser provocado pelo real para ser si mesmo, pois o que se faz com esse impacto é o ponto fundamental. Perante o surgimento de uma emoção agradável, como o bem-estar, a pessoa pode se perguntar "o que esse sentimento me revela?". Ao buscar compreender o significado de sua vivência, ela pode identificar as exigências constitutivas presentes no modo como foi tocada pela realidade. Porém, focalizar no sentido presente e na reação surgida aponta para o campo da moralidade com a pergunta "o que faço com a abertura para essa realidade?". Ou seja, que tipo de ação se realiza a partir da compreensão da importância de certas experiências? Abre-se, então, para além de si mesmo, para além da própria experiência.

Giussani ressalta que a experiência não se reduz ao sentimento despertado, pois o homem possui em sua unidade a interação emoção--razão que nos permite existir como seres propriamente humanos, como sujeitos com buscas, exigências genuínas. É mediante essas buscas que o eu pode ir ao encontro das correspondências, deixando-se ser mobilizado inteiramente pelo real de modo a identificar um significado vivo em tudo. Eis a experiência elementar enquanto "algo que tende a indicar de maneira acabada o ímpeto original com o qual o ser humano se lança na realidade procurando identificar-se com ela" (pp. 27).

A relação emoção-razão implica numa influência mútua e interdependente entre essas duas dimensões. O sentimento ocasionado diante de uma situação é influenciado pelo que se interpreta assim como a compreensão obtida é suscitada pela reação emocional. O tipo de sentimento que é mobilizado depende do valor apreendido do objeto. Giussani se refere a valor como "o objeto do conhecimento enquanto interessa à vida da razão. O valor é a realidade conhecida exatamente enquanto interessa, enquanto vale a pena" (p. 47). Dessa forma, para conhecer o objeto é necessário que esse possua um valor, um significado que possibilite uma aproximação genuína à totalidade de seus fatores. Quanto mais carregado de significado esse objeto se apresenta, maior será a mobilização de emoção: tem-se uma comoção. Retomando o exemplo do cuidado da mãe em relação a um filho, conhecê-lo e aproximar-se dele de forma cuidadosa carrega uma significação que sustenta o interesse por esse ser humano, a partir do valor que possui. Apesar dos sentimentos desagradáveis que podem surgir nessa relação – a partir das não correspondências das expectativas maternas –, essa mãe é capaz de investir nesse cuidado, ou seja, agir conforme sua busca existencial. Além disso, abrir-se para a tradição enquanto horizonte maior – na qual se inclui a relação mãe-filho, por exemplo – auxilia a pessoa a lidar com a própria ressonância afetiva de modo a recuperar o ponto fundamental dos relacionamentos. "Cada um de nós nasce de uma tradição. A natureza nos lança dentro da dinâmica da existência armando-nos de um complexo instrumento para enfrentar o ambiente" (pp. 63-64). É uma visão criteriosa da própria tradição que a permite se colocar em seu relacionamento de modo criativo e singular.

> Se a tradição é usada assim criticamente, torna-se fator de personalidade, material para um rosto específico, para uma identidade

> no mundo. (...). Quanto mais abraça e vive no instante presente tudo aquilo que o precedeu e o circunda, tanto mais alguém é pessoa, é homem (p. 65).

A reatividade – advinda da ressonância afetiva – como "critério de um relacionamento quebra as pontes que conduzem a riqueza da história e da tradição, isto é, quebra as pontes que ligam ao passado" (p. 126). Por isso, "a força da construção futura é a energia, a inventividade, a coragem do presente, mas a riqueza do presente vem do passado" (p. 129).

O homem ao se voltar para o presente, atento à própria busca, à própria dinâmica, percebe que em seu campo de interesses, o mundo é reconhecido com vivacidade. A relação harmoniosa com o seu meio, como o contexto cultural e a natureza, faz parte da realização pessoal, pois cuidar de si remete a atribuir importância também ao outro, a tudo aquilo que não é si mesmo. Tornar-se si mesmo implica a apropriação de si no contato com a realidade; consiste na afirmação do próprio movimento de busca que acontece ao relacionar-se com a alteridade de modo a identificar uma ligação de sentido com tudo que vivencia. Giussani diz que existe "um nexo original, profundo, entre a afirmação da minha pessoa, o caminho da minha pessoa e o destino do mundo" (p. 120). Por isso, a realização pessoal não se refere a uma posição egoísta, pois respeitar os desejos fundamentais pressupõe a valorização da relação eu-mundo. Ou seja, a afirmação de si, que contempla a liberdade de ser si mesmo, necessita de uma interação coerente com todos os fatores da realidade, incluindo o meio no qual se vive: a comunidade. Apropriar-se do mundo implica apreender e elaborar o significado das vivências de modo pessoal, para que não haja apenas repetição do que é percebido. Somente em relação podemos ser; podemos realizar um caminho humano e peculiar.

> A dimensão comunitária representa não a substituição da liberdade, da energia e da decisão pessoal, mas a condição para a sua afirmação. (...) A comunidade é a dimensão e a condição para que a semente humana dê o seu fruto (p. 198).

Núcleo pessoal & Edith Stein

Stein se questiona acerca do que é necessário para que o homem se posicione no mundo tornando-se si mesmo. Segundo ela (1930/2003b), tornar-se si mesmo é formar-se. Esse processo requer o núcleo pessoal para acontecer: eis a pessoalidade como resultado. O caráter pessoal – "estado ôntico, próprio de cada pessoa, (...) que confere a uma pessoa a marca da pessoalidade" (Stein, 1919-32/2005b, p. 805, tradução própria[3]) – é dotado de uma disposição original, denominado núcleo pessoal, que indica possibilidades autênticas de desenvolvimento.

> A disposição original do caráter se distingue de todas as demais disposições da pessoa pelo fato de que é inerente a ela um supremo fator qualitativo indissolúvel que a impregna totalmente, que dá ao caráter uma unidade interna e que o distingue de todos os demais. Essa diferença é a *essência da pessoa* que não se desenvolve, mas emerge unicamente no curso do desenvolvimento do caráter, na qual se manifestam as qualidades singulares e floresce total ou parcialmente dependendo das circunstâncias, sejam elas favoráveis ou desfavoráveis. (...); a "essência" ou o "núcleo" da pessoa põe limites à sua capacidade de mudança (idem, p. 809, grifos da autora).

Nesse sentido, o núcleo pessoal aponta direções de formação pessoal que podem ser expressas em maior ou em menor grau, dependendo da vontade e das condições externas. Sendo assim, esse centro pessoal dá ao ser humano uma marca única, ou seja, tudo o que da pessoa surgir carrega uma peculiaridade pessoal, desde as mais simples expressões corporais até uma elaboração racional de nível superior (Stein, 1919-32/2005b). Por meio desse núcleo, emerge o interesse mesmo pela própria vida e pelo mundo.

Conceber o que seja pessoa pressupõe, segundo Stein (1932-3/2003a, 1922/2005a, 1919-32/2005b, 1932-5/2007a, 1930-2/2007b), identificar as dimensões estruturais humanas – corporal, psíquica e espiritual – que são associadas entre si de maneira dinâmica pelo núcleo pessoal, compondo a unidade da pessoa. Esses três níveis, que foi descrito pela fenomenologia de Husserl (Ales Bello, 2004, 2006, 2006a) correspondem à ontologia humana, ou seja, aos componentes fundamentais para se dizer que o sujeito é um ser humano. A esse respeito, Stein (1932-3/2003a) afirma que "o homem se revela como um organismo de estrutura muito complexa: como um todo vital unitário em contínuo processo de fazer-se

3 As traduções das passagens citadas de Edith Stein no presente texto são de nossa autoria.

e transformar-se" (p. 647). Esse processo de transformar-se, decorrente da articulação entre as dimensões já citadas, resulta no si mesmo. É o núcleo que permite essa interação resultando na expressão singular de cada dimensão e que dá conta da complexidade que constitui a pessoa.

A dimensão corporal humana refere-se ao organismo biológico com os órgãos dos sentidos que permitem captar os estímulos externos e internos, consequentemente vivenciar a realidade. A provocação do mundo suscita no sujeito reações internas emocionais que não se escolhe, denominadas sentimentos e estados vitais: trata-se da dimensão psíquica. E o nível espiritual abrange as capacidades de intelecto e vontade que possibilita uma abertura do eu para colher as provocações do mundo e de si mesma de forma a elaborá-las, apreendendo um significado. Mediante essa elaboração pode decidir de modo voluntário e livre sobre como agir (Stein, 1932-3/2003a, 1930/2003b, 1922/2005a, 1919-32/2005b). Stein utiliza o conceito de alma da tradição aristotélico-escolástica para descrever a alma humana enquanto unidade entre psique e espírito; como princípio formador da vida interior pessoal. O núcleo pessoal é a alma da alma; é o centro da vida interior (Stein, 1932-3/2003a, 1930/2003b). É esse núcleo que possibilita a unidade entre alma e corpo; entre aquilo que é expresso (vida interior) e por meio do qual é expresso (corporeidade). Nesse sentido, Stein (1919-32/2005b) diz: "O expressado é o 'interior' da pessoa. Ambas as coisas – a expressão e o expressado – constituem uma unidade concreta, que somente se pode separar por meio de uma abstração" (p. 797).

Stein (1932-3/2003a, 1930/2003b, 1922/2005a, 1919-32/2005b, 1932-5/2007a, 1930-2/2007b), ao elaborar sua descrição da estrutura humana, aponta que a presença da força vital é fundamental para a constituição da pessoa. "Aqui se revela a força natural do homem como uma quantidade finita que ele tem de administrar bem, porém ao mesmo tempo, susceptível de complemento" (Stein, 1932-3/2003a, p. 683). A força natural (vital) a que ela se refere contempla três tipos de energia: força vital orgânica (sensível, corporal), força vital psíquica e força vital espiritual (Stein, 1919-32/2005b). A força vital orgânica é expressa por meio das atividades corporais, por exemplo, ao nos movimentarmos. O cansaço e o vigor representam estados vitais psíquicos que revelam níveis diferenciados da força vital psíquica. Com o consumo da energia vital sensível (corporal), advindo assim, o estado vital cansaço, há possibilidade de recuperá-la mediante algumas tomadas de decisão de caráter espiritual – que necessitam de força espiritual para serem exercidas –, referentes à alimentação, ao descanso ou até mesmo às atividades espirituais. Tomando o exemplo do acometimento da pessoa por uma doença, podemos verificar que tal limitação não é empecilho para o desenvolvimento até mesmo de capacidades superiores do nível espiritual, como, por exemplo, o perdão. Perdoar necessita de força espiritual da mesma forma que esse tipo de decisão a recupera devido ao seu caráter sublime, podendo, inclusive, influenciar os outros tipos de energia vital.

Há, dessa forma, uma relação de interdependência entre as forças vitais espiritual, sensível e a psíquica. Outra situação que pode exemplificar essa concepção: o cansaço corporal que acometeu uma pessoa pode repercutir no rendimento intelectual rebaixando a força espiritual. Contudo, há possibilidade de ao mirar uma bela paisagem, a pessoa sentir que suas forças (espiritual, psíquica e corporal) foram revivificadas (Stein, 1932-3/2003a). "Essa beleza é clara, suave e pacífica. Quem a acolhe dentro de si participará dessa clareza, dessa suavidade e dessa paz" (idem, p. 690). A partir da beleza reconhecida, a vida interior ganha força espiritual que ressoa, implementando a energia vital em sua totalidade. O impacto com a realidade a partir do qual surge uma vivência de maravilhamento, de paz permite uma maior sintonia entre o eu e o centro pessoal dinamizando a pessoa em sua inteireza.

Stein (1932-3/2003a) também afirma que a força espiritual pode ser incrementada quando a pessoa se relaciona com outras que expressam vitalidade, como uma alegria profunda. Essa alegria pode repercutir nos outros sujeitos mobilizando estados vitais agradáveis. Dessa forma, o eu livre consciente é capaz de se posicionar na realidade de modo a procurar meios de acrescentar força vital, o que auxiliará em sua formação.

O ser humano é capaz de estabelecer relações de sentido com o mundo mediante as elaborações das vivências suscitadas no contato com a realidade. Tais elaborações são possíveis a partir da avaliação (juízo) pessoal acerca da provocação da realidade sendo que o sujeito possui como ponto de referência para a emissão desse juízo o nível mais profundo do seu ser – o núcleo pessoal. Um exemplo utilizado por Ales Bello (2009) nos auxilia a compreender essa noção: uma mulher, ao perceber um vestido numa vitrine (nível corporal), sente-se atraída devido ao sentimento agradável despertado (nível psíquico) e pode decidir comprar ou não. Então, ela se pergunta: "posso comprar?", iniciando uma reflexão acerca de suas condições financeiras (nível espiritual). Por meio de um juízo, conclui que, se gastar o dinheiro com o vestido, endividar-se-á e então decide por não comprar (nível espiritual). Nessa situação, a decisão livre foi baseada na motivação pessoal, razoável e na avaliação intelectual a respeito dos prós e contras da possível compra. As tomadas de posição diante da realidade são influenciadas pelo âmbito dos valores. Stein explicita que o valor – que revela qualidades do objeto – está inscrito na vivência mesma e nasce como percepção de algo como agradável ou desagradável podendo chegar a níveis de valores pessoais superiores, como a bondade (Stein, 1932-3/2003a). Evitar o endividamento corresponde à vontade de permanecer numa estabilidade financeira e, consequentemente, obter uma tranquilidade em sua vida: eis o valor serenidade que condiz com as indicações de seu núcleo pessoal. Quanto ao campo da valoração, Stein (1932-3/2003a) expõe: "os valores nos revelam também algo do homem mesmo: uma peculiar estrutura de sua alma, que resulta afetado pelos valores de modo mais ou menos profundo, com intensidades distintas e repercussões mais ou menos duráveis" (p. 652).

Nesse sentido, no âmago da vida interior – ou seja, no núcleo pessoal – ressoam-se os valores captados na realidade, produzindo comoções das quais podem ser reveladas consequências. Diante de uma relação eu-mundo, pode surgir uma alegria profunda passível de ser contemplada pela pessoa ativa que utiliza sua livre vontade. Dessa forma, essa alegria, que revela uma força espiritual, pode incidir em outros âmbitos de sua vida. Porém, o sujeito opta por reprimir ou não tal comoção devido a outros fatores externos ou, inclusive, subjetivos. Não somente a pessoa é capaz de aceitar ou rejeitar uma comoção, de nível mais profundo, mas também de decidir pela aprovação ou não de um impulso psíquico ou pensamento (Stein, 1932-3/2003a, 1932-5/2007a, 1930-2/2007b).

O eu espiritual livre, a partir do sentido captado nas relações – emergido dos valores – concede uma direção singular a suas ações, respeitando ou não as indicações do núcleo pessoal em direção ao desenvolvimento autêntico. Os valores podem ou não estar em conformidade com as direções do centro pessoal. A realização pessoal depende da coerência entre as direções indicadas pelo núcleo pessoal, os valores pessoais e os posicionamentos na realidade.

O sujeito ativo pode procurar os meios que favoreçam essa coerência e, consequentemente, a formação pessoal. De acordo com Stein (1930/2003b) "entre as matérias [para a formação pessoal] que são recebidas, existem algumas que pertencem à superfície e outras ao profundo. Há uma lei interna que decide esta ordem. Trata-se da razão." (p. 186). Ela enfatiza que o eu – consciente pode dispor da força espiritual, da razão e da vontade para reprimir os impulsos psíquicos – de caráter causal – que lhes geram danos:

> O "acontecer causal interno" tem diversos pontos de partida possíveis: o estado da energia vital orgânico-psíquica – que está codeterminado pela condição do corpo material e pelas conexões causais externas em que se encontra – e o estado da energia vital espiritual – que está codeterminado pelas "impressões" recebidas do mundo espiritual, pelos movimentos da esfera afetiva, que devem seu impulso a um dado objetivo vivenciado. Como terceiro fator há que considerar os impulsos da vontade que paralisam os efeitos dos demais fatores causais. Neste último caso já não temos um puro acontecer causal – que sempre é passivo – mas uma intervenção do "eu" livremente ativo nos acontecimentos causais (Stein, 1919-32/2005b, pp. 795-796).

Stein (1932-3/2003a) utiliza um exemplo de uma pessoa que se irrita facilmente e pode se tornar tranquila. Afirma: "uma transformação desse último tipo somente é possível quando a vontade incide em um nível mais profundo e trata de reprimir as emoções mesmas em seus primeiros movimentos, procurando suscitar as opostas" (p. 661). Nesse caso, o "acontecer causal interno" – caracterizado pela vivência de irritação devido a certo fator – foi interrompido pela livre atividade do eu. Sendo assim, o sentimento pode ser influenciado pela vontade demonstrando que o nível espiritual pode incidir predominantemente sob a dimensão psíquica. E ainda, cada reação psíquica carrega em si a totalidade do eu que se manifesta de forma singular a partir do nível mais profundo da vida interior – o núcleo pessoal.

Não somente a peculiaridade humana é garantida pelo centro pessoal, mas também esse aponta as melhores formas de a pessoa se relacionar com a alteridade de modo a se formar singularmente no mundo. Ser si mesmo, ou seja, respeitar e desenvolver as características mais próprias implica seguir a meta para a qual o núcleo aponta: alcançar o pleno desenvolvimento como ser humano em todas suas possibilidades originais

(Stein, 1919-32/2005b). Para tanto, é preciso que o meio disponibilize os elementos que possibilitem a formação pessoal, entre eles o material espiritual, que abrange, por exemplo, o contato com a cultura. Porém, também é necessário que o sujeito utilize a dimensão espiritual (intelecto e vontade) para colher aquilo que favorece o crescimento pessoal e recusar os conteúdos que prejudicam esse processo. Trata-se do uso da liberdade e autonomia para se tornar si mesmo, para se apropriar dos elementos percebidos de maneira criativa e autêntica.

> Se nela [alma] tudo está "em seu lugar", nela há quietude, clareza e paz, então ela está "harmonicamente formada". Isso não quer dizer que "já não há o que fazer". Quando a alma já recebeu em si uma grande quantidade de material espiritual e o elaborou racionalmente, então está preparada para atuar e mover-se. Essa atividade para fora – o expressar-se, o criar e o configurar – é uma parte essencial da personalidade pela qual o exercício das correspondentes capacidades práticas e criativas, como habilidades dispostas à ação, é uma parte essencial do processo formativo (Stein, 1930/2003b, p. 187).

Desse modo, o processo formativo contempla a atualização das capacidades próprias (potências) por meio da ação no mundo. Vale ressaltar que cada pessoa carrega em si um dinamismo próprio que permite que o fruto da ação seja a formação do sujeito, o desenvolvimento das potências singulares. A partir do modo como lida com o contexto é que brota o eu. Via o posicionamento diante de uma reação interna ou de um valor apreendido na realidade, a pessoa se forma (Stein, 1932-5/2007a). Superficialmente, poder-se-ia interpretar que o eu se desenvolve naturalmente; porém, é uma certa relação construída pelo sujeito com seu mundo que o torna si mesmo. E mais, a autenticidade emerge quando o eu se forma em sintonia com o núcleo pessoal.

Como a pessoa se posiciona depende mutuamente das condições externas e da força espiritual a que a vontade concede certa direção, conforme a indicação ou não do núcleo pessoal. "Neste sentido, o desenvolvimento de uma pessoa depende do grau e do modo com que sua vontade pode dispor da força existente" (Stein, 1932-3/2003a, p. 704). Quando o gesto é modulado pela vontade e pelo intelecto, o eu não se torna alienado, como produto do contexto externo. A pessoa se apropria da experiência de si mesma ao se interessar pelo seu eu, por exemplo, ao decidir se cuidar e ao se abrir para a relação com a alteridade. Desse modo, o eu consciente livre pode abrir espaço para retomar certas experiências que propiciam a sua formação. Somente em ação, na relação ativa com o mundo, é que a pessoa pode conhecer a si e desenvolver suas características autênticas. No contato com a realidade, surge uma dupla busca: por si mesmo e pela alteridade.

As tomadas de posição que formam o eu, que o integram podem resultar em *habitus*. "A inclinação natural permite configurar em *habitus* a disposições existentes com um esforço da vontade relativamente pequeno" (idem, p. 704). Nesse sentido, a noção de *habitus* – a que ela se refere – contempla a ação em consonância com as disposições originais – núcleo pessoal – que constantemente atualizadas integram a pessoa. Quando há essa sintonia com o próprio centro pessoal, as atividades tendem a ser satisfatórias, ainda que possam surgir tensões. "Ter inclinação para algo quer dizer fazê-lo *com gosto*. Por regra geral tendemos àquilo que por natureza estamos dotados e a atividade correspondente produz satisfação. (...). A estimação produz alegria na atividade e a alegria é um incremento da força." (idem, grifos da autora).

Tonar-se si mesmo necessita da atualização constante das potências que está interligada com a satisfação inerente a ser autêntico. A virtude contempla, justamente, a noção steiniana de *habitus*: quanto mais a pessoa se posiciona correspondendo a si mesma, mais facilitada se torna responder voluntariamente na mesma direção. Essa posição por ser facilitada integra a pessoa na sua relação com o mundo possibilitando a constituição de si mesma. Por outro lado, o vício representa a ação no mundo em que o eu é levado pelo contexto; e quanto mais se deixa levar, mais se torna difícil colocar força em direção oposta de modo a se posicionar autenticamente. Nesse caso, a formação de si não ocorre plenamente.

Posicionar-se na realidade implica, então, a ação do sujeito que utiliza a dimensão espiritual para elaborar as provocações da alteridade a ponto de se ligar ao mundo, aderir ao que o realiza e descobrir um gosto pela relação eu-mundo, inclusive, por si mesmo. Esse gosto pelas relações advém do interesse por elas emergido quando o posicionamento está sintonizado com as direções do núcleo pessoal.

Stein (1932-3/2003a) descreve a formação pessoal enquanto um processo de abertura do eu em direção àquilo que o enriquece interiormente:

> A alma é nosso interior no sentido mais próprio, aquilo em nós que se inflama de dor ou alegria, que se indigna por uma injustiça

> e se entusiasma perante uma ação nobre, que se abre amorosa e confiantemente a outra alma ou recusa suas tentativas de fechamento; é aquilo que não só capta e estima intelectualmente a beleza e o bem, a fidelidade e a santidade (e em geral todos os "valores"), mas os acolhe em si e "vive" deles, se enriquece e cresce na amplitude e profundidade graças a eles (p. 679).
>
> É própria da atividade pessoal-espiritual ser *consciente, dirigida a fins* e *livre*. A pessoa é livremente ativa. Seu atuar baseia-se no conhecer e querer. Seu conhecer tem por objetivo a verdade, seu querer se ordena ao bem (ou ao menos o que ela considera um bem). Nem todos os caminhos conduzem a consecução desses objetivos. Quem deseja conhecer a verdade (isto é, captar com o espírito o ente tal como é) e realizar o bem está obrigado a proceder de um determinado modo. E a esta legalidade damos o nome de legalidade *racional* (...). [A pessoa] pode conhecer e guiar-se livremente por ela (p. 696, grifos da autora).
>
> Podemos fortalecer não somente graças à força de outros homens, mas também por causa de tudo o que neles pode ser objeto de tomada de posição positiva, ou seja, todos seus valores pessoais, sua bondade, sua amabilidade, etc. Porém, o círculo se amplia ainda mais: além dos valores pessoais, também a beleza dos seres da natureza e das obras de arte, a harmonia das cores e dos sons podem gerar alegria em mim (p. 689).

Partindo de suas palavras, percebemos que os valores que as pessoas apreendem na realidade ressoam em si de forma a sustentar o modo como se posiciona no mundo. Podem buscar, cada qual ao seu modo, experiências nas quais agem em sintonia com o núcleo pessoal (que está sempre atuando), fornecendo força ao seu ser. É por meio da razão que o eu livre pode procurar os conteúdos que favorecem em sua formação, como a beleza, o amor, o bem, a verdade e o conhecimento (Stein,1932-3/2003a). Essa busca pelo sujeito – ser social – somente pode se dar na relação com mundo, que engloba a cultura, a comunidade, a natureza, etc. O homem ao se abrir para o outro é capaz de compreendê-lo pelo fato de serem pessoas, ou seja, compartilham uma mesma estrutura e uma meta em comum: tornar-se si mesmo. "A existência do homem está aberta para dentro, é uma existência *aberta para si mesma*, porém precisamente por isso está também aberta *para fora* e é uma *existência aberta* que pode receber em si um mundo." (idem, p. 594, grifos da autora). Receber o mundo e assim, posicionar-se também permite o desenvolvimento dessa realidade, ou seja, há uma influência recíproca na relação eu-mundo. E mais, criar a realidade não significa que o eu está distante dela; pelo contrário, essa realidade alimenta espiritualmente o sujeito, oferece sustento para a formação de si mesmo. Colocar algo de si no mundo de forma cuidadosa constitui, de fato, a própria pessoa.

Articulações entre experiência elementar e núcleo pessoal

Tanto Edith Stein quanto Luigi Giussani propõem uma compreensão, a partir da própria experiência humana, acerca de um campo comum: a constituição da pessoa. Cada qual ao seu modo investigou as características fundamentais que nos permitem dizer "somos seres humanos". Stein via sua fenomenologia retomou os conceitos husserlianos sobre a estrutura humana – dimensões corporal, psíquica e espiritual – para elaborar o conceito de núcleo pessoal, disposição essa que produz uma unidade dinâmica entre tais níveis. De modo semelhante, Giussani partiu das vivências mesmas para elaborar o conceito de experiência elementar que concede unidade à experiência humana. Desse modo, evitaram permanecer num nível somente teórico para expor suas concepções de homem o que permite analisar fenomenologicamente o que constitui o posicionamento humano.

A unidade e totalidade da experiência humana são garantidas pelo núcleo pessoal de acordo com Stein, e é marcada por uma dinâmica própria e original – experiência elementar – segundo Giussani. O núcleo pessoal indica uma direção ao próprio desenvolvimento humano que pode ser aceita ou não dependendo da vontade própria do eu livre, capaz de utilizar a razão para formar a si mesmo conforme as características singulares. Ser si mesmo, de acordo com Giussani, também implica em utilizar a razoabilidade para identificar as formas mais próprias de agir no mundo, que se baseiam na experiência elementar como ponto de referência. Esses autores identificam a importância da formação da pessoa realizar-se de acordo com as disposições e os critérios originais – o núcleo pessoal ou a experiência elementar. Trata-se do âmbito da liberdade. Ser livre é justamente se posicionar de acordo com esses elementos humanos mais próprios, permitindo que cada pessoa carregue uma peculiaridade ainda que compartilhem características comuns. Não é por meio de qualquer atitude que a pessoa pode alcançar a autorrealização, apesar de ser livre para se formar. A realização pessoal consiste num processo constante de retomar aquilo que é de fato importante: ser si mesma, seguir os elementos mais próprios.

Esclarecem que as ações puramente reativas não condizem com o eu humano, já que a relação entre a totalidade dos elementos que nos constituem implica emitir um juízo diante das provocações da realidade. Ou seja, reduzir a experiência humana às reações psíquicas – sentimentos e impulsos – não permite apreender o que é propriamente humano. As atividades intelectuais não estão separadas nem dos estados e sentimentos vitais nem da dimensão corporal. Aquilo que tem valor positivo produz uma atração de nível psíquico, porém pode ser elaborado pela atividade espiritual, segundo Stein. E Giussani também se refere ao valor àquilo que nos motiva a interessar pelo ser que o carrega. Ao identificar o sentido contido nesse ser, pressupõe que o valor foi apreendido de maneira a ressoar na pessoa afetivamente. Não se trata apenas de um raciocínio que permite elaborar o significado de uma vivência, e sim da unidade afeição/intelecto – eis uma mobilização totalizante do ser. É justamente a experiência elementar e o núcleo pessoal que permitem que essa unidade se expresse de modo pessoal.

Os elementos próprios da pessoa, isto é, a experiência elementar ou o núcleo pessoal, direcionam a maneira como experiencia as provocações advindas do próprio eu e da alteridade, remetendo-lhes a um sentido existencial. O eu consciente, referido por ambos os autores, possui em si a autonomia de ser mais si mesmo buscando os conteúdos de sentido que mais lhe corresponde. Stein e Giussani remetem ao termo energia como a força que faz o sujeito se mover na realidade e se abrir para o mundo. Incrementar o ser por essa energia motivadora depende de como a pessoa cuida da própria vida, na qual se inclui o mundo. Pode agir de modo superficial em seu cotidiano e assim não ser afetado profundamente, produzindo sensações rasas tanto agradáveis como desagradáveis. Ou pode apreender um gosto intenso pelas coisas, pela alteridade e pelo seu eu, podendo também suscitar sentimentos de dor consideráveis. Posicionar-se diante dessas reações afetivas é que constitui o si mesmo.

Há uma complementaridade entre as teorizações: enquanto Stein descreve a estrutura fundamentalmente humana (corpo, psique, espírito) – possibilitada pelo núcleo pessoal – que sustenta a experiência subjetiva,

Giussani identifica os tipos de relações em que a experiência elementar se apresenta, como, por exemplo, nas buscas em corresponder às exigências. Ambos os conceitos referem-se aos desejos de amor, de verdade, de bem, de beleza, de justiça e finalmente, de felicidade que permeiam a relações com o mundo. Essas buscas são suscitadas no contato com a realidade, que abrange o meio comunitário com sua cultura, cujos conteúdos podem receber novas configurações a partir da atividade criativa peculiar dos sujeitos. Ressaltam que é somente em ação que a pessoa é capaz de desenvolver as próprias potencialidades e interesses que ao serem atualizadas constantemente contribuem para a formação plena de si mesma; posicionamentos estes que propiciam, inclusive, a constituição do meio cultural. É o dinamismo interno que possibilita que o fruto da ação no mundo seja a formação do sujeito. O que se cria é o próprio sustento, alimento espiritual para o processo de ser si mesmo.

Considerações Finais

Após termos percorrido um caminho de investigação de como a pessoa se forma autenticamente – partindo de Luigi Giussani e Edith Stein –, novas possibilidades de compreensão da subjetividade foram lançadas. Cada qual ao seu modo nos auxilia a olhar mais perto do que ocorre no movimento humano. Apesar de terem vividos em momentos históricos diferentes e de terem formações acadêmicas distintas, ambos puderam captar os elementos que compõem o ser pessoa e os fatores propiciadores de sua formação autêntica. A complementaridade entre suas teorizações constitui uma contribuição radical para o campo da Psicologia: o sujeito possui um dinamismo original atuante em direção à realização pessoal – que requer a unidade entre as dimensões humanas, possibilitada pelo núcleo pessoal e a experiência elementar. Diante dessa contribuição epistemológica, perdem força as teorizações simplistas – influenciadas pelo modelo positivista de ciência – que concebem o sujeito como passivo diante de suas reações psíquicas ou de sua realidade (Husserl, 1934-37/2002). Ora, posturas reducionistas acerca da pessoa não abarcam a sua complexidade enquanto ser uno integrado à realidade (Ales Bello, 1998; Coelho & Mahfoud, 2006; Gaspar & Mahfoud, 2006, 2009; Goto, 2008; Japiassu, 1982; Mahfoud, 2005; Mahfoud & Massimi, 2008; Massimi & Mahfoud, 2007).

É por meio da dinâmica original – núcleo pessoal e experiência elementar – que a unidade e totalidade do ser são possibilitadas. Para ser pessoa não basta ser definida unicamente pela dimensão psicológica, ou seja, pela psique; ela é mais que as suas reações emocionais e impulsos. A capacidade de elaborar as provocações da realidade por meio da razão nos aponta para a dimensão espiritual – que permite o eu se abrir para dentro tendo o próprio centro (núcleo pessoal e experiência elementar) como ponto de referência para as tomadas de posição. É a dinamicidade entre as dimensões corpórea, psíquica e espiritual – partindo do próprio centro como articulador – que constitui a pessoa humana.

Em que consiste, então, a pessoa tornar-se si mesma? Consiste no processo contínuo de experienciar singularmente o próprio eu em conexão com o mundo, numa abertura constante para colher um valor nos elementos da realidade. Não se trata de quaisquer valores, mas aqueles que condizem com o próprio centro, com as buscas mais genuinamente humanas (de amor, beleza, liberdade, bem, justiça, felicidade). Valores esses, que ao serem apreendidos ativamente pela pessoa, possibilitam-na agir desenvolvendo suas potencialidades e atuar no real vivenciando um gosto por tudo que não é si mesma, por cada experiência, seja ela a mais simples; um gosto por si mesma que revela uma surpresa com o próprio eu, com o valor que atribui à vida que há em si e à que acontece no mundo. Dessa surpresa, é possível nascer um interesse vivaz por retomar as experiências significativas a partir das quais pode si lançar no mundo, posicionando-se em virtude do próprio centro enquanto referência para a realização pessoal. Realizar-se interconecta, inclusive, com o constituir-se do mundo-da-vida e da realidade sócio-cultural, que se formam enquanto a marca única pessoal se faz presente. Ser si mesmo implica, justamente, o cuidado vivo com a totalidade da experiência, que envolve o próprio eu e as múltiplas formas de alteridade. Com efeito, a inteireza pessoal não se encerra sobre si mesma; ela torna, de fato, um convite potente para outros sujeitos se posicionarem com originalidade.

Por fim, Stein e Giussani nos deixam provocações para serem constantemente pensadas e retomadas no âmbito da Psicologia quanto à complexidade do conceito de pessoa e do fenômeno "tornar-se si mesmo". Diante dessa evidência, resta-nos dar atenção, continuamente, às raízes que fundamentam o humano, o conhecimento: eis a experiência pessoal como fonte de sentido – sobre si e sobre o mundo.

Referências

Ales Bello, A. (1998). *Culturas e religiões: uma leitura fenomenológica*. (A. Angonesesi, Trad.). Bauru, SP: Edusc. (Publicação original em 1997).

Ales Bello, A. (2004). *Fenomenologia e ciências humanas: psicologia, história e religião*. (M. Mahfoud e M. Massimi, Orgs. e Trads.). Bauru, SP: Edusc. (Publicação original em 2004).

Ales Bello, A. (2006). *Introdução à fenomenologia*. (J. T. Garcia e M. Mahfoud, Trads.) Bauru, SP: Edusc. (Publicação original em 2006).

Ales Bello, A. (2006a). *Edith Stein e a psicologia*. Curso ministrado na Faculdade de Filosofia e Ciências Humanas da Universidade Federal de Minas Gerais entre os dias 2 e 6 de outubro de 2006. Mimeografado.

Ales Bello, A. (2009). *A estrutura da pessoa humana segundo Edith Stein*. Curso ministrado na Faculdade de Filosofia, Ciências e Letras de Ribeirão Preto da Universidade de São Paulo entre os dias 28 de outubro e 2 de novembro de 2009. Mimeografado.

Amatuzzi, M. (2007). Experiência: um termo chave para a psicologia. *Memorandum, 13*, 8-15. Recuperado em 20 de setembro, 2009, de: http://www.fafich.ufmg.br/~memorandum/a11/amatuzzi05.pdf.

Coelho Júnior, A.G. & Mahfoud, M. (2006). A relação pessoa-comunidade na obra de Edith Stein. *Memorandum, 11*, 08-27. Recuperado em 15 de junho, 2009, de http://www.fafich.ufmg.br/~memorandum/a11/coelho-mahfoud01.htm.

Gaspar, Y. E. & Mahfoud, M. (2006). Uma leitura histórica do conceito de experiência e uma proposta de compreensão do ser humano em seu caráter essencial: Experiência elementar e suas implicações para a psicologia. Em SEPQ (Org.), Anais, *III Seminário de Pesquisa e Estudos Qualitativos e V Encontro de Fenomenologia e Análises do Existir*. São Paulo: SEPQ. Recuperado em 19 de março, 2010, de http:// www.fafich.ufmg.br/~laps/producoes/yegmm.pdf.

Gaspar, Y. E. & Mahfoud, M. (2009). Pessoa em ação: um percurso a partir das elaborações de Stein e Wojtyla. *Memorandum, 17*, 60-73. Recuperado em 20 de dezembro, 2009, de http:// www.fafich.ufmg.br/~memorandum/a17/gasmah01.pdf.

Giussani, L. (2009). *O senso religioso*. (P.A. Oliveira, Trad). Brasília: Universa. (Publicação original em 1986).

Goto, T. A. (2008). *Introdução à psicologia fenomenológica: a nova psicologia de Edmund Husserl*. São Paulo: Paulus.

Husserl, E. (2002). *A crise da humanidade européia e a filosofia*. (U. Zilles, Trad. e Introdução). Porto Alegre: EDIPUCRS. (Original de 1934-37).

Japiassu, H. (1982). *Introdução à epistemologia da psicologia*. Rio de Janeiro: Imago.

Mahfoud, M. (2005). Formação da pessoa e caminho humano: Edith Stein e Martin Buber. *Memorandum, 8*, 52-61. Recuperado em 20 de maio, 2009, de http://www.fafich.ufmg.br/~memorandum/artigos08/mahfoud02.htm.

Mahfoud, M. (1999). Unidade da pessoa segundo Edith Stein: contribuições à educação para a nutrição. *Psicologia USP, 19*, 2008, 447-454.

Mahfoud, M. & Massimi, M. (2008). A pessoa como sujeito da experiência: contribuições da fenomenologia. *Memorandum, 14*, 52-61. Recuperado em 15 de junho, 2009, de http://www.fafich.ufmg.br/~memorandum/a14/mahfoudmassimi02.pdf.

Massimi, M. & Mahfoud, M. (2007). A pessoa como sujeito da experiência: um percurso na história dos saberes psicológicos. *Memorandum, 13*, 16-31. Recuperado em 15 de junho de http://www.fafich.ufmg.br/~memorandum/a13/massimimahfoud01.pdf.

Stein, E. (2003a). Estructura de la persona humana. Em E. Stein. *Obras completas. v.IV: escritos antropológicos y pedagógicos* (pp. 555-749). (F. J. Sancho e cols., Trads.) Burgos, Espanha: Monte Carmelo. (Publicação original de 1932-3).

Stein, E. (2003b). Sobre el concepto de formación. Em E. Stein. *Obras completas. v.IV: escritos antropológicos y pedagógicos* (pp. 177-194). (F. J. Sancho e cols., Trads.). Burgos, Espanha: Monte Carmelo. (Publicação original de 1930).

Stein, E. (2005a). Contribuiciones a la fundamentación filosófica de la psicología y de las ciencias del espíritu. Em E. Stein. *Obras completas. v.II: escritos filosóficos (etapa fenomenológica: 1915-1920)* (pp. 207-520). (F. J. Sancho e cols., Trad.). Burgos, Espanha: Monte Carmelo. (Publicação original de 1922).

Stein, E. (2005b). Introducción a la filosofía. Em E. Stein. *Obras completas. v. II: Escritos filosóficos.* (C. Garrido e J. Bono, Trads.). (pp. 655-913). Burgos, Espanha: Monte Carmelo. (Original de 1919 a 1932 publicados em 1991).

Stein, E. (2007a). Acto y potencia: estudos sobre una filosofia del ser. Em E. Stein. *Obras Completas. v. III: escritos filosóficos (etapa de pensamiento cristiano)* (pp. 241-536). (A. Pérez; J. Mardomingo & C. R. Garrido, Trads.). Burgos, Espanha: Monte Carmelo, 2007a. (Original de 1932-5).

Stein, E. (2007b). Naturaleza, liberdad y gracia. Em E. Stein. *Obras completas. v. III: escritos filosóficos.* (A. Perez e cols., Trads.). (pp. 55-128). Burgos, Espanha: Monte Carmelo. (Original de 1930-32 publicado em 1962).

Núcleo pessoal e liberdade na formação da pessoa a partir de Edith Stein

Bernardo Teixeira Cury
Miguel Mahfoud

Um dos grandes pensadores ocidentais da virada do século XIX para o XX foi Edmund Husserl (1859-1938), matemático e filósofo que desenvolveu a *fenomenologia*. Dentre muitos que dele se aproximaram, como discípulos interessados no pensamento emergente, destaca-se Edith Stein que, seguindo os passos do mestre e, mais tarde, convertendo-se ao cristianismo, mas sem nunca deixar de se considerar uma fenomenóloga, manteve sempre constante ao longo de sua obra a preocupação com a formação da pessoa humana e com a consequente pergunta, "o que é o homem?" (Ales Bello, 2005; Stein, 1932-3/2003a).[1]

Para a sua investigação sobre o homem, Stein parte do método fenomenológico aprendido com Husserl da análise das vivências para buscar o fenômeno tal qual ele se dá à consciência – muito embora ela também não abra mão de utilizar-se da sua experiência religiosa.

Usando também de um referencial aristotélico-tomista para suas investigações, Stein chega nas suas análises do ser humano à uma estrutura tripartite deste e, na análise ôntica da pessoa, à um centro individual que nomeia *núcleo pessoal*, o aspecto que, dentro de uma estrutura geral do ser humano – a saber, corpo, psique e espírito – dá o caráter singular à cada pessoa, reconduzindo (ou resgatando) esse termo – pessoa – a um outro significado (Ales Bello, 2000, 2004, 2006a, 2006b; Garcia, 1988; Mahfoud, 2005).

O núcleo pessoal é, dessa maneira, apontado por Stein como aquilo que centraliza a estrutura da pessoa e articula todas as dimensões – corpo, psique e espírito – em torno de si. A alma (psique e espírito),

1 O presente texto é redigido com base em pesquisa de iniciação científica com apoio da FAPEMIG.

que possibilita ao homem conhecer o mundo e conhecer-se segundo o dinamismo dela, também possui uma alma – a alma da alma ou núcleo pessoal – no seu interior, que por sua vez dá a possibilidade ao homem de tomar o que conhece para si. É a alma da alma porque ela estrutura o dinamismo próprio da psique e do espírito a partir de si. E por dar a peculiaridade individual (pessoal) a esse dinamismo – não formado, mas dado – e irradiar de um centro para toda a estrutura da pessoa humana é chamado também de núcleo pessoal.

O presente texto pretende aprofundar a análise do núcleo pessoal nas obras de Edth Stein bem como discutir, a partir da análise da estrutura da pessoa humana, a liberdade e a sua relação com o núcleo pessoal.

1. Núcleo Pessoal

1.1. Núcleo Pessoal como fundamento da estrutura da pessoa

O termo *vivência* (*Erlebnis)* é usado especificamente na fenomenologia para designar aquilo que "eu vivo", "aquilo que eu estou vivendo agora." Disto decorre algumas consequências: a vivência se refere a um eu, portanto precisa de um sujeito que a apreenda; ela é vivida por esse eu, isto é, a vivência é apreendida não apenas factualmente, mas enquanto portadora de significado; por último, a vivência se apresenta sempre no presente, inserindo-se dentro de um fluxo de vivências anteriores e mantendo, ao mesmo tempo, uma conexão com elas (é um fluxo) e o seu caráter de novidade. A análise das vivências, mormente aquela relativa ao ato perceptivo, é o ponto de partida, tanto para Husserl quanto para Stein, para a compreensão de um fenômeno, objeto próprio da fenomenologia e pelos atos perceptivos podemos fazer também uma redução ao sujeito do conhecimento para se chegar àquelas estruturas que estão no sujeito e que, portanto, são transcendentes em relação ao objeto. À esta segunda redução Husserl chamou de *redução transcendental*. É a partir dela que Stein se debruça para falar sobre a estrutura da pessoa.

No estudo da estrutura da pessoa, Stein interessa-se não apenas pela análise do ser em geral – o seu caráter ontológico – mas também pelo estudo do ser da pessoa em particular – o seu caráter ôntico (Ales Bello, 2005), entendendo e encontrando pela análise das vivências que a estrutura da pessoa é formada por esses dois aspectos.

A vivência sempre se inscreve, na pessoa que a vive, dentro de um fluxo de vivências próprio daquela pessoa e pode ser então analisada em relação ao modo como o sujeito toma aquela vivência para si. Nesse sentido a vivência se torna única: é algo universal tomado por um sujeito particular.

O que permitiria essa vivência particular seria a sua inscrição em um fluxo de vivências particular e o que permitiria a existência de um fluxo de vivências particular é que ele flui a partir de uma fonte que já é particular (pessoal). Ou seja, o particular da pessoa não é o resultado ou acumulo do fluxo de vivências, mas de onde o fluxo flui. A *nota particular* perpassa todo o fluxo de vivências.

Este particular da pessoa também se evidencia na análise do caráter, aonde podemos encontrar tipos de caráter, mas a tipificação não é suficiente para esgotar a singularidade da pessoa, pois sempre sobra um "excesso", uma nota particular que escapa a tipificação.

> Assim como a todo objeto enquanto ειδος [*eidos*], considerado unicamente enquanto a seu *quid*, lhe corresponde uma *essência* da vivência, um ato de determinada estrutura universal, e, não obstante, cada vivência concreta singular, na conexão de uma corrente da consciência, é uma vivência absolutamente única, um *individuum* absoluto, assim também sucede com a estrutura da psique e – o que aqui nos interessa especialmente – com a estrutura do caráter. (...). O caráter de uma pessoa – ainda que cada pessoa possa classificar-se dentro de um desses tipos – não se esgota com o fato de ser um caso singular do tipo, senão que mostra além uma "nota individual" não somente na totalidade senão também nas distintas qualidades e vivências (Stein, 1919-32/2005b, p. 806, grifos da autora, tradução própria[2]).

Tal diferença que define a pessoa enquanto sujeito singular se expressa não somente como um excesso da tipificação ou como unidade do caráter. É o que caracteriza um determinado ato como próprio de uma pessoa.

> A caracterização positiva que esse núcleo possui na qualidade que é própria dele, o converte em mais que uma capacidade para determinados atos, em mais que um mero lugar de recepção para algo objetivo, que é o que são as demais disposições. É uma coisa

[2] As traduções das passagens das obras citadas de Edith Stein no presente texto são de nossa autoria.

> determinada em si e caracteriza todo o ato que brota dele como vivência precisamente dessa pessoa e de nenhuma outra. Mas marca também seu selo sobre o âmbito de objetos que o núcleo desvela à pessoa: o mundo dos valores (idem, p. 810).

Além de se identificar esta nota individual que "sobra" ao se fazer uma tipificação, também se constata no caráter uma unidade. Sendo o caráter formado por vivências diversas, a identificação de uma unidade entre essas vivências – aonde se poderia ter uma fragmentação – conduz novamente a um ponto central da pessoal que dá essa unidade e que perpassa todo o seu caráter.

> A disposição original do caráter se distingue de todas as demais disposições da pessoa pelo fato de que é inerente a ela um supremo fator qualitativo indissolúvel que impregna totalmente, que dá ao caráter uma unidade interna e que o distingue de todos os demais. Essa diferença é a *essência* [peculiaridade] *da pessoa* (idem, p. 809, grifos da autora).

Assim, se se pode falar de uma pessoalidade ou de uma peculiaridade que se apresenta no universal é porque há um centro pessoal na estrutura universal: um centro pessoal tanto na estrutura geral da pessoa humana – formada pelo corpo, psique e espírito – quanto na vivência de uma estrutura universal que pode ser acolhida pela pessoa de uma maneira pessoal.

A expressão do núcleo pessoal não fica relativa somente ao caráter. Estando ela presente em toda a estrutura da pessoa humana (ela é o seu centro), toda a expressão da pessoa é marcada por essa singularidade. Deste modo, a própria análise da estrutura da pessoa humana nos conduz à existência de um núcleo, ponto de irradiação de toda a pessoalidade que dá unidade a estrutura.

1.2. O núcleo pessoal na estrutura da pessoa – corpo, psique e espírito

Começando pela análise do corpo, podemos dividi-lo em dois aspectos, o corpo animado e o inanimado, ambos com uma característica compartilhada que é própria da definição de matéria: a de receber uma forma. A diferença então do corpo (matéria) animado para o inanimado é que o último necessita de uma atuação externa para se formar, enquanto que o primeiro, além de sofrer o impacto externo, recebe uma forma que lhe é interna. "Interna" significa que ao longo do desenvolvimento do corpo animado – corpo vivo – podemos apreender um movimento que possui uma direção e um sentido inerente à ele. Por exemplo, na observação de uma planta podemos notar a passagem do seu estado material de semente para o de uma árvore sem que isso resulte de uma ação externa que imprima à semente a forma *árvore*. Não que para esta passagem não sejam necessários componentes materiais externos, mas quais componentes, de que maneira eles influenciam e em que medida eles vão alterar a nova forma, depende da estrutura da matéria animada em questão (Stein, 1930/2003b). A semente, a depender das condições ambientais em que se encontra, pode gerar uma árvore mais vistosa ou mais raquítica, porém uma semente de amora jamais gerará uma macieira e sempre precisará de componentes específicos para o seu desenvolvimento, todos determinados pela sua estrutura (idem).

À este componente interno à matéria animada e que à ela imprime uma forma, Stein, utilizando-se da tradição aristotélica-tomista, denomina de alma, diferenciando-a em alma vegetativa, alma animal e alma do homem ou intelectiva (Stein, 2005b).

Podemos dizer que no corpo vivo há também "vida interior" e que no homem o corpo vivo não é um corpo que sente, mas o corpo vivo:

> pertence necessariamente a um sujeito que sente através dele, cuja configuração exterior ele representa, que através dele está posto no mundo exterior e pode intervir sobre o mesmo configurando-o, e que nota seus estados. (...). Na medida em que corpo vivo é corpo físico, é até no mais íntimo, configuração externa daquele interior (Stein, 1930-2/2007b, pp. 103-104).

Tal qual os vegetais, o corpo vivo no homem, como matéria animada, surge então, em um primeiro momento, como expressão externa de um interior. Os limites que o corpo impõe – o que pode e o que não pode assimilar, o que necessita para seu desenvolvimento e a direção e sentido deste –, já são eles mesmos dados por este interior. Porém, diferente dos vegetais, no homem este interior não se refere apenas a algo que determina a forma possível ao corpo vivo e conserva a sua unidade. O interior pressupõe um sujeito que sente pelo corpo. Assim, em um segundo momento, a expressão externa de um interior que se dá no corpo vivo, se refere também à existência de um sujeito que por ele se manifesta no mundo objetivo; sujeito que pelo corpo sente e intervém no mundo.

Porque há um corpo sensível o sujeito pode perceber o mundo e porque há um sujeito a ele vinculado o "acontecer material", perceptível graças ao corpo, pode servir de conteúdo para uma elaboração do "eu" que venha a interferir no corpo, reconfigurando-o segundo os seus limites e segundo a ação tomada pelo eu a partir do que elaborou. Esta união do corpo vivo com o sujeito e a vida da sua consciência também é dada estruturalmente e, portanto, o núcleo continua a existir, na vida interior, para além do sujeito psicofísico no sentido de não ser dele o seu efeito, mas a sua causa.

> A sensibilidade é algo que é possuído em comum pelo "corpo vivo" e pela "alma". A sensibilidade é uma qualidade que se encontra unicamente em corpos materiais, mas não corresponde a nenhum corpo material como tal, senão unicamente no caso de que o corpo esteja unido a um sujeito e a vida da sua consciência. Logo as consequências do acontecer material se ampliam, graças ao papel que as sensações desempenham como material da atividade do "eu", estendendo-se também à "vida superior da alma" (Stein, 1919-32/2005b, pp. 790-791).

Stein ressalta também que, embora possamos identificar estratos na vida interior, eles se encontram relacionados e se influenciando reciprocamente (Stein, 1930-2/2007b). E diz ainda:

> Outra função a mais que é essencial para o corpo vivo da pessoa: me refiro a capacidade para *expressar a vida interior.* (...). A vida interior da pessoa (...) tem a peculiaridade (ao menos em parte) de ser uma desde o interior até o exterior. Não transcorre em si mesma, senão que atua, termina em uma "expressão", imprimindo no corpo seu vestígio. A expressão é certa índole exterior do corpo. O expressado é o "interior" da pessoa. Ambas as coisas – a expressão e o expressado – constituem uma unidade concreta, que somente se pode separar por meio de uma abstração. (...). Assim como uma vivência motivante (por exemplo, um sentimento) prescreve, por meio de seu *sentido*, que coisa ou eventualmente que outras coisas podem resultar dela, assim também existe entre a vida interior e sua expressão uma conexão interna, uma conexão de sentido. Não qualquer coisa exterior pode ser expressão

> de qualquer coisa interior, senão que reina aqui uma lei rígida que atribui de maneira precisa, como sua possível expressão, tal determinado aspecto exterior a tal determinada interioridade. Isto distingue a expressão mímica de toda classe de signos (e entre eles se conta também a "expressão" linguística), cuja índole externa é no fundo indiferente com respeito ao que designa.
>
> Em qualquer parte em que um corpo vivo material se encontra a disposição como portador de fenômenos expressivos, ali devemos constatar também, além de uma conexão de sentido e de motivo, uma relação de efeitos reais entre a interioridade e o aspecto exterior: o interior faz que ressalte a forma exterior, na qual cria sua expressão, da mesma maneira que um ato da vontade põe em marcha uma ação externa (Stein, 1919-32/2005b, pp. 797-798, grifos da autora).

O corpo vivo surge desta maneira como expressão daquela vida interior não apenas no sentido de ser constituído a partir de um centro, mas também no sentido de receber uma forma que advém de um dinamismo interno: o corpo humano se estrutura em uma forma geral, dada por uma imagem original, que o caracteriza como tal; e é também expressão de uma vida interior particular que se expressa nesta forma, tornando-o ao mesmo tempo universal – é corpo humano – e único, relativa à aquele indivíduo: Stein identifica ainda uma unidade entre aquilo que se expressa e a expressão corporal (o medo associa-se a uma certa postura ou movimento do corpo) (Stein, 2005b). Ora, se podemos identificar uma relação de unidade entre o expressado e a expressão, que envolve uma "conexão de sentido e de motivo" e uma "relação de efeitos reais entre a interioridade e o aspecto exterior", podemos pressupor uma unidade entre o corpo vivo e a vida interior. Unidade mantida por um centro que estrutura essa relação.

Porque existe esta unidade entre o expressado e a expressão e porque o expressado contém uma "nota individual", pode-se colher no que se expressa universalmente uma particularidade (o medo tem uma forma de se expressar, mas como o medo é vivenciado de forma particular, ao se expressar, expressa também esta particularidade): naquele modo de expressar uma vivência, que contém uma estrutura universal que lhe é própria, há também uma particularidade de fazê-lo, i.e., o particular se apresenta no universal.

Seguindo essa perspectiva, *tudo* o que um sujeito produz no mundo também carrega a sua nota individual:

> Graças a sua origem anímica, toda a ação da vontade – e igualmente toda ação impulsiva que proceda das profundidades do "eu" – leva o selo da peculiaridade pessoal e o imprime também na obra criada por ela. A vida pessoal que se expressa por um movimento da mão, se manifesta em tudo o que a mão produz: nos traços da escritura, nos sinais que deixam o pincel ou o martelo (de maneira análoga, os produtos do pensamento, além de seu conteúdo objetivo, contém vestígios da espontaneidade interior à que devem a sua existência). O mundo inteiro em que um indivíduo atua, leva o selo de sua personalidade: de seus traços típicos e de sua peculiaridade pessoal (Stein, 2005b, p. 818).

Portanto, o corpo vivo como expressão de um núcleo, indica as qualidades deste, que seriam: dar unidade entre a vida interior e o corpo (unidade entre o expressado e a expressão); ser a nota particular do expressado; estar sempre presente. O corpo vivo já é expressão do núcleo e, no caso do homem, de um *núcleo pessoal*. Portanto, tudo aquilo que o indivíduo pode receber e expressar corporeamente forma unidade com a sua "nota particular". Não é que o corpo vivo se torna pessoal; o núcleo é sua condição de existência e se é um núcleo pessoal – que podemos identificar assim pela expressão mesma do corpo –, esta pessoalidade já o impregna desde quando o corpo vivo existe, podendo ela, ai sim, ser mais ou menos expressada, ainda que sempre presente.

Aquilo que nos chega pela via sensível (corporal) provoca em nós uma reação interior. Um som pode causar irritabilidade, ou uma cena causar medo, ou ainda, um sabor causar deleite. Todos estes estados reativos às impressões que nos chegam apontam para uma *vida interior*: as impressões causam em nós reações. Mas não somente agimos com base nesses estados reativos que as impressões sensíveis provocam em nós. Podemos *decidir* agir, por exemplo com base em valores. O primeiro é identificado como *psique* e o segundo como *espírito*, que juntos formam a *alma* ou, a *vida interior* do sujeito, que é dotado também de corporeidade.

Ao tratar da *psique* Stein a diferencia daquilo que denomina consciência (Stein, 1922/2005a; Ales Bello, 2009). A consciência se refere ao aspecto que é cônscio, que se dá conta da vivência. E a consciência apreende as vivências não por etapas sucessivas e desconexas, mas dentro de um fluxo o qual cada vivência se insere, um fluxo de vivências, é um *fluir*. Por isso podemos falar de uma relação entre as vivências (Ales Bello, 2009).

A psique, por sua vez, pode ser conhecida porque os seus atos se dão à consciência. Sem esta instância (consciência) que nos permite apreender os atos psíquicos não poderíamos falar de psique e, ao mesmo tempo, esta instância também não poderia ser ela mesma uma consequência do ato psíquico.

A consciência se dá conta da vivência, mas a vivência aponta para algo em nós que também se dá à consciência, um estado vital – irritação, prazer, desprazer, medo, etc. – e isso se refere à psique. Tais estados vitais dizem de uma *força vital*. É essa força vital que faz com que tal coisa provoque em nós tal estado vital (Stein, 1930-2/2007b, p. 105). Quando nos sentimos cansados uma música pode se tornar irritante ou uma luz forte mais incômoda. Se, porém, estamos vigorosos, a mesma música pode nos causar prazer.

Ou seja, a variação dos estados vitais aponta para uma qualidade própria da vida psíquica que é a força vital, aonde o vigor e o cansaço representam dois polos de um continuum que causa a variação e que dão testemunho desta força. É por isso que se pode falar em causalidade no âmbito da dimensão psíquica (Stein, 1922/2005a; Ales Bello, 2009).

Assim, Stein encontra na interioridade uma causalidade, mas o núcleo não se identifica com esta causalidade, no sentido de ser um produto seu. Ele é deslocado para o "mais íntimo de toda a interioridade." O núcleo continua presente, mas a resposta psíquica (causal) não pode se confundir com ele. O núcleo, ao ser deslocado para o íntimo, é a instância que dá condição para que exista uma dinâmica entre vivência e força vital, corpo e psique.

> O frescor e o cansaço não são unicamente estados do corpo senão que o são à vez do "eu". São um vivenciar de si mesmo, sentimentos vitais do "eu" – e à vez sobre o corpo, difundidos através dele, não localizados em nenhum lugar como o estão as sensações, senão que o enchem total e inteiramente. Assim que neles se manifesta, além de uma *energia vital orgânica*, uma *energia vital psíquica*, e seu efeito se mostra na índole do transcurso da atividade do "eu", não somente das atividades corpóreas, senão também das atividades espirituais. Posto que os estados do corpo dependem da índole material deste, mas à vez, como estados psíquicos, dão

> o impulso para um acontecer causal interno, constituem o ponto entre o mundo exterior e o mundo interior, fazendo possível uma influência real do exterior até o interior (Stein, 1919-32/2005b, pp. 794-795, grifos da autora).

O núcleo forma esta estrutura – a de um sujeito psicofísico – e dá a esta estrutura uma peculiaridade. Assim, a psique passa a ter qualidades que podem ou não ser desenvolvidas, que se encontram dispostas originalmente e que dizem desta nota particular que o núcleo dá. Por isso Stein fala da necessidade de se "considerar o desenvolvimento da psique e de suas qualidades como o desenvolvimento de uma disposição original. O que não se encontra disposto na psique, não pode desenvolver-se em nenhuma circunstância" (idem, p. 801).

Se a causalidade é a característica definidora da psique, o espírito é definido como aquela instância formada pelo intelecto e pela vontade. Por ele o homem pode abrir o seu "olhar espiritual" para o mundo e acolhe-lo em si, i.e., pode compreender o mundo, a si mesmo, elaborar, refletir e julgar o que recebe. O intelecto possui tanto um caráter passivo quanto ativo: passivo porque recebe algo que se lhe apresenta; e ativo porque pode elaborar livremente o que recebe. É no seu caráter ativo que toma a vez a vontade. Assim como o corpo, o espírito também precisa de material para sua formação, de material espiritual: o mundo interior é estruturado a partir do significado que as coisas que chegam ao espírito possuem, caracterizando esses objetos como objetos de valor para o espírito ou *"bens espirituais."* É preciso, assim, para que o espírito se desenvolva, que encontre um mundo de pessoas e de bens espirituais. (Stein, 1930/2003b; Stein, 1932-5/2007a; Stein, 1930-2/2007b).

Tendo a vontade parte no espírito, passa a ser tarefa do espírito não apenas receber o mundo, não apenas conhecê-lo, mas também estruturar-se, forma-se e governar a si mesmo: "de certo modo, está em nossa mão o si e o como queremos deixar trabalhar o nosso intelecto, e, consequentemente, quanto queremos receber dos elementos da formação" (Stein, 1930/2003b, p. 184).

Pelo o intelecto o homem recebe o mundo e pela vontade o configura. Mas o que recebe, não recebe apenas no sentido de se fazer uma mera constatação e o que chega ao intelecto impele o homem a uma tomada de posição que procura uma direção:

> Entre a recepção do mundo com o intelecto e a configuração do mundo pela vontade está a interior confrontação da pessoa com o mundo na alma. Por regra geral o encontro do sujeito espiritual com um objeto não é algo simplesmente racional, não é simples receber cognoscitivo – assim se é interiormente tocado e impulsionado a uma tomada de posição. O toque é opostamente caracterizado: como *prazer ou desagrado*, as correspondentes tomadas de posição como *consentimento ou recusa*, e em sua forma extrema como *amor ou ódio*. Esta polaridade se manifesta não somente no encontro da pessoa com outros, com ela mesma é, senão também em seu ser consigo mesma (Stein, 1932-5/2007a, pp. 363-364, grifos da autora).

Esta mobilização do ser frente a um objeto ao qual se depara indica uma estrutura do objeto e pode-se conhecê-lo, mas revela também neste confronto a peculiaridade com que colhe o objeto, podendo encontrar em si um mundo de valor:

> aos níveis hierárquicos dos valores corresponde em cada caso um nível profundo no que aqueles "merecem" ser recebidos. Se nos revela aqui a conexão entre o núcleo da pessoa, sua alma e o caráter. Quando à pessoa se lhe "abre" um âmbito de valores, quando este se lhe manifesta de maneira inteiramente nova ou também ela o capta de modo mais claro e pleno que antes, então brota na correspondente profundidade de sua alma um vivenciar no valor, esta se vê enchida por uma objetividade de afetos condicionada não somente pelo valor senão também que pela peculiaridade pessoal e pelo correspondente nível profundo ou pelo estado anímico que a enche, e esse sentimento, enquanto estado psíquico, faz que se forme à vez uma qualidade ou capacidade do caráter que "ordena" eles. Os sentimentos – indiferentemente de que se apresentem unidos concretamente com uma estimação de valores externos (isto é, alheio à pessoa) ou de que se apresentem, qual os estados de ânimo, como um "vivenciar-se a sim mesmo" – estão determinados em sua qualidade pelo nível de que brotam, mas "o mesmo sentimento" (um sentimento da mesma espécie) pode brotar em diversos níveis e pode mostrar unicamente um "matiz" distinto segundo seja o nível de que brote. E, assim, há uma alegria "superficial" e uma alegria "que brota do profundo", "que procede do interior" (Stein, 1919-32/2005b, pp. 811-812).

O núcleo surge aqui como o centro de um mundo de valor que é revelado à pessoa na medida em que esta vai se relacionando com o real, desdobrando este mundo de valor em uma "objetividade de afetos" que, inclusive, podem surpreender a pessoa por não coincidirem com a estimação de valores que tenha eleito para si ou com o estado de alma em que se encontre. E podem também marcar, ainda que consonante com o estado de alma atual, um nível mais profundo daquela vivência, cuja origem não é o estado de alma atual.

1.3. Núcleo Pessoal na unidade da pessoa

Ao identificar o núcleo pessoal na estrutura da pessoa, Stein identifica em uma estrutura universal a sua "marca" individual, onde o núcleo não é encontrado como algo em oposição a esta estrutura, mas formando com ela uma unidade. O núcleo na unidade da pessoa – que é corpo, psique e espírito – não aparece como mais uma instância que tem a sua maneira própria de se desenvolver, como o são o corpo e a alma, mas ele, por sua vez, não é formado. Ao invés, *prescreve* uma maneira singular de desenvolver a estrutura geral da pessoa humana.

Disto, pode-se concluir, ao menos, duas coisas: a primeira é que a estrutura da pessoa humana conserva a sua unidade a partir de um núcleo que prescreve uma maneira particular dela se desenvolver, ou seja, a unidade da pessoa é dada pelo núcleo que irradia uma forma para toda a estrutura; pode-se falar de "êxito no labor da formação" não apenas quando se desenvolve a estrutura geral da pessoa, mas quando o faz levando-se em conta as indicações do núcleo pessoal.

> A "peculiaridade pessoal" é um simples *quale*, que marca seu selo sobre o caráter total e sobre cada vivência em particular. (...). Plasma a pessoa como uma "personalidade unitária". E esse caráter unitário significa uma lei de conexão, um princípio de seleção de qualidades e estados que são possíveis dentro de uma "personalidade unitária". Porque nem toda qualidade possível e nem toda vinculação possível de qualidades é capaz de admitir o correspondente colorido individual (Stein, 1919-32/2005b, p. 807).

Se não há um núcleo pessoal na estrutura geral, o indivíduo se tornaria uma confusão de *tipos,* uma fusão de diferentes papéis adquiridos no contato social ao longo de sua história. Seria a combinação de certos tipos que confeririam a particularidade ao sujeito. Mas, só uma combinação de vários tipos seria sempre redutível a um certo tipo, ou melhor, esta combinação definida formaria um tipo, um tipo que compreendesse esta combinação de vários tipos, portanto, continuaríamos a falar em termos gerais e não em singularidade. Ora, pode-se argumentar contra este raciocínio dizendo que o conjunto de experiências de um sujeito ao longo de sua história nunca é o mesmo e, sendo assim, nunca se poderia reduzir o conjunto de tipos que adquiriu a um tipo que englobasse este conjunto, pois este conjunto seria a própria singularidade. Porém, se estamos falando de uma estrutura que é geral – corpo, psique e espírito – e que permite a aquisição do tipo, e de sujeitos que estão em um *mesmo* mundo, esta redução deveria ser possível. Quer dizer, o particular não poderia surgir de estruturas gerais a menos que esta estrutura geral contivesse já algo particular em si. O que não torna possível a redução de um sujeito a um tipo é que na aquisição do tipo e nas suas combinações posteriores já está presente o núcleo pessoal; o que torna o conjunto das experiências do sujeito singular é a maneira própria com que ele absorve cada experiência. Pode assim fazê-lo porque possui em sua estrutura geral – é uma estrutura humana – um núcleo que é singular.

> Em primeiro lugar: se falamos de uma possível igualdade da disposição sensível e da disposição do entendimento em várias pessoas, isso não se encontra em contradição com a individualidade absoluta efetiva de toda vivência e de toda psique desenvolvida. O que uma pessoa vivência, isso depende não somente de sua disposição senão também das circunstâncias externas, e estas são distintas para uma pluralidade de indivíduos. (assim, várias pessoas que se encontram à vez no espaço, não podem ter a mesma "visão" de uma mesma e única coisa. Por conseguinte, apesar de que uma disposição sensível possa ser eventualmente igual, o estado perceptivo dessas pessoas é sempre um estado individualmente diverso). Mas, por influência do transcurso de seus respectivos estados, as disposições dessas pessoas se desenrolarão também de maneira distinta. Esta individualidade, condicionada externamente, não é em sentido estrito uma *peculiaridade*; não é um fator qualitativo idêntico que possa mostrar-se em toda vida psíquica e na existência das qualidades de uma pessoa.
>
> (...).

> A disposição original do caráter se distingue de todas as demais disposições da pessoa pelo fato de que é inerente a ela um supremo fator qualitativo indissolúvel que impregna totalmente, que dá ao caráter uma unidade interna e que o distingue de todos os demais. Essa diferença é a *essência* [peculiaridade] *da pessoa*, que não desenvolve, senão que unicamente se desprega [se estende] no curso do desenvolvimento do caráter, nele vão despregando qualidades singulares e, segundo que as circunstâncias sejam favoráveis ou desfavoráveis, floresce total ou parcialmente; é o *núcleo* idêntico que se encontra em todos seus possíveis processos evolutivos e também nos resultados do desenvolvimento – condicionados por circunstâncias exteriores – e delimita o âmbito dessas possibilidades. Porque para uma pessoa não é possível qualquer processo evolutivo; a "essência" ou "núcleo" dessa pessoa põe limites a sua capacidade de mudança (idem, pp. 808-809, grifos da autora).

O núcleo, então, dá a nota particular à pessoa e confere unidade ao caráter. Por isso tudo, o núcleo na unidade da pessoa adquire a posição de centro: dele irradia-se a nota pessoal para toda a estrutura, unindo toda a estrutura dentro desta nota particular.

Assim, a peculiaridade não surge como produto de um conjunto de vivências adquiridos. O próprio vivenciar já denota a existência de uma pessoa que vivência e não que passará a existir após a vivência. Porque há a peculiaridade é que se pode adquirir algo como um valor próprio, que esteja em correspondência com a peculiaridade da pessoa (Stein, 1919-32/2005b).

2. Liberdade na estrutura da pessoa

A alma (psique e espírito) é posta em movimento. É a partir das impressões que recebe do mundo externo (da natureza) que nela se despertam *reações*, entendendo por esse termo tanto os estados da alma (horror, surpresa), como o *querer* e o *atuar*. Estes, por sua vez, são atividades, pois não são apenas estados internos à alma, senão que se movem em direção ao mundo, para fora (Stein, 1930-2/2007b, p. 68). Mas, enquanto falamos de reações, mesmo o querer e o atuar, ainda não se pode falar propriamente de liberdade, pois o *ato livre* é marcado pela aceitação ou recusa das tomadas de posição frente às reações causadas pelas impressões recebidas. A pessoa, que é posta em movimento a partir do mundo no qual está inscrita, só é capaz de se *distanciar* destas impressões e reações e, de frente para elas aceitar ou recusar certas tomadas de posição, por causa da dimensão espiritual. Do contrário seria como o animal: incapaz de agir de modo diferente a que a reação prescreve.

Então, pelo espírito se tem os atos livres. Mas esta liberdade é por si mesma *vazia*, pois falta ao espírito uma orientação, um critério, que ordene o uso desta liberdade e as tomadas de posição. Ou seja, para não cair em uma "irracionalidade" (a falta total de critério que norteie as tomadas de posição) o espírito precisa ser *preenchido*, assim como a liberdade (Stein, 1930-2/2007b, p. 71). Temos assim, por um lado, uma liberdade vazia e, por outro, a possibilidade de uma liberdade realizada, que é aquela em que o preenchimento ao qual se entrega o espírito ordena os atos livres.

> Por isso não é possível falar propriamente de um reino da *liberdade*, pois esse reino não tem dimensões, está recolhido em um ponto. A pessoa, tomada *somente* como sujeito livre, não é capaz de nenhum movimento anímico, toda a vida anímica se desenvolve em um reino que tem extensão e a alma necessita a conexão a um reino como esse para poder despregar-se nele. Assim, para poder fazer algo com sua liberdade, o sujeito livre tem que abandoná-la, ao menos parcialmente; para ganhar vida e alma, tem que atar-se a um reino (idem).

O termo reino designa uma esfera espiritual cujo centro flui de uma pessoa e que é transcendente em relação à natureza permitindo à pessoa dela (natureza) se distanciar, no sentindo de não apenas reagir às impressões, mas de orientar a partir de um conjunto de critérios as suas tomadas de posição: "a partir daqui pode receber as impressões que lhe chegam da natureza e responder a elas com reações que agora já não necessitam estar tomadas das possibilidades encerradas no reino da natureza. Deste modo chega a ser verdadeiramente livre da natureza" (idem, pp. 74- 75). Contudo, esse distanciar-se da natureza pela possibilidade de ordenar as tomadas de posição deixa o problema de qual reino ela atou-se e de que modo o fez (idem, p. 75); um problema que passa a existir por não ser qualquer reino capaz de fazer com que a pessoa esteja *em si mesma*.

Ou seja, para se chegar a falar de liberdade no sentindo em que a pessoa esteja em si mesma não é suficiente que ela consiga se distanciar das reações e ser capaz de tomadas de posição, pois como o distanciar-se só é possível através de um preenchimento do espírito, abre-se o problema do que preencheu o espírito. Daqui se extraí um critério para julgar o que preenche, já que nem tudo que preenche o espírito é capaz de deixar a pessoa em si mesma.

O problema da liberdade fica então em torno daquilo que, pela *liberação* das reações através da ordenação das tomadas de posição frente a elas, é capaz de deixar a pessoa em si mesma, onde a alma encontra sua *morada*. E isto solicita a um trabalho de reconhecer essa correspondência e de educar o olhar para ela, pois a "liberdade tem o alcance suficiente para dirigir a mirada às esferas vizinhas, ou para apartar-se delas. Mas somente na medida em que essas esferas se lhe *oferecem* a partir de si mesmas. Conquistar o que não quer se dar é algo que ele não pode fazer" (idem, p. 79).

É um trabalho de adesão e de reconhecer, no que se oferece, a que aderir segundo o que lhe pode deixar em si mesma. Neste sentido, "há *somente uma* tentação a que está exposto o sujeito *livre* puramente como tal e com independência do que preencha sua alma (...): a tentação de firmar-se em si mesmo, de converter-se a si mesmo em senhor" (idem, p. 81).

Debruçando sobre o problema de a que atar-se no reino do espírito, podemos reduzir as possibilidades a duas: a primeira na qual o espírito a que se adere quer a pessoa para si e o outro no qual o espírito quer a pessoa por ela mesma. Stein (1930-2/2007b) os chama de "Reino do mal" e "Reino da graça", respectivamente. A despeito da abordagem religiosa que faz sobre o tema, por esta abordagem ser feita no âmbito da reflexão filosófica (Ales Bello, 2006a), podemos usá-la sem entrar no mérito religioso. O que continua a interessar é o fato de que a pessoa pode estar atada a um reino espiritual que a permita estar em si mesma ou não.

Querer a pessoa para si significa a necessidade do centro daquele reino de irradiar-se, por consumir-se a si mesmo, e, nesta irradiação, consumir a quem a ele adere para continuar a existir. Aqui, não é possível para a pessoa estar em si mesma. Já no segundo reino, ao irradiar-se, o seu centro permanece e conserva a si mesmo "e aquilo que ele preenche é custodiado nele, e ele é custodiado no que ele preenche" (Stein, 1930-2/2007b, p. 83). A consequência aqui é que quanto mais se afirma um bem mais se está em si mesmo.

A liberdade na análise da estrutura da pessoa humana fica reconduzida à adesão ao reino que, ordenando as tomadas de posição frente às reações, deixa a pessoa em si mesma. A liberdade se torna a correspondência ao reino que é capaz de realizar a pessoa por esta encontrar ali a sua morada, por permitir que esta esteja plenamente em si mesma.

3. Conclusão: núcleo pessoal como alteridade para a pessoa e liberdade como abandono ao núcleo

O núcleo surge na análise da estrutura da pessoa como aquilo que dá toda a dinâmica e unidade da estrutura humana, sem o qual não se poderia falar de pessoa. Surge como algo não formado e que não se desenvolve, mas, ao invés, forma e aponta uma direção para o desenvolvimento da estrutura:

> Se temos em conta, ademais, que qualquer estado de uma pessoa se expressa com sua nota individual (claro está que unicamente quando os estados pertencem ao âmbito que participa na peculiaridade pessoal), e que este estado é um *quale*, simples que impregna toda a vida pessoal e constitui a unidade da personalidade, então a peculiaridade pessoal se revela em cada expressão de tal estado (igual que nos traços que refletem o caráter). Estas mesmas distinções, que o interior mostra – no universal e no individual, e novamente nos estados, nas qualidades permanentes e no núcleo a que ambas coisas devem sua origem – e as mesas conexões entre elas se fazem sentir também no exterior (Stein, 1919-32/2005b, p. 817, grifo da autora).

O núcleo pessoal se apresenta então como o princípio de identidade da pessoa. É o elemento último profundo, aquilo que nos diz que existem características absolutamente individuais. Pode-se dizer que, embora corpo, psique e espírito componham uma estrutura comum ao homem, cada estrutura se manifesta de modo singular em cada sujeito em função do núcleo pessoal.

Por outro lado, a constatação do núcleo na estrutura da pessoa humana não apaga o caráter universal do ser: é o particular (pessoal) que se dá no universal. Deste modo, ao descrevermos processos universais podemos também encontrar uma singularidade na qual a estrutura universal se centra e chegar a conhecer o indivíduo nas suas particularidades, procurando entender como os processos universais são tomados especificamente por aquela pessoa.

A atividade da pessoa se distingue da mera reação justamente porque nela está impregnada a pessoalidade. Diante de um certo dado, embora possa haver reações parecidas, surge também um movimento da pessoa que não se confunde com a reação. Aquele dado atinge a pessoa na sua nota particular, com ela se relaciona e, portanto, é vivenciado por aquela pessoa como algo único, ela o vivencia como algo *para ela*. O traço "pessoalístico" que um objeto contém para uma pessoa só é possível porque se encontra em relação com o seu íntimo. Esta relação move a pessoa, pois não a afeta em parte mas por inteiro, põe em marcha aquilo que a define.

> A receptividade estética é um rasgo característico da pessoa, que ela tem em comum com muitas outras. E são os mesmos valores objetivos os que em todas elas chegam a constituir um dado. Mas, apesar disso, cada pessoa tem sua "relação personalíssima" com os valores estéticos, possui seu lugar de desfrute, distinto de qualquer outro. E a mesma obra de arte significa para cada um algo distinto; ademais de seu valor objetivo, acessível a todos, tem para cada um certo valor "individual" especial. Há obras cujo valor é "indiscutível", e nelas que reina unanimidade universal sobre o grau de sua valia. A quem não tenha "sensibilidade" para elas, a esse tal se lhe nega toda compreensão artística no campo correspondente. Mas minha especial "predileção" por tal ou qual obra não se imporá a ninguém mais, porque essa predileção se baseia no que tal obra está dizendo a mim, em último e secreto acordo entre ela e eu (idem, p. 810).

É nas vivências que temos no mundo que surge a nota particular, marcada pela existência de um núcleo. Mas esse "surge" tem como conotação o fato de que surge à consciência e não que resulte da vivência. É diante da realidade e do que se vivencia dela, do modo como se responde a ela e a maneira e intensidade com que ela toca a pessoa, que pode-se compreender a existência de um núcleo e de uma pessoalidade, pois ele é inerente ao vivenciar. O núcleo é *revelado* à pessoa possibilitando uma experiência de surpresa e encontro consigo mesma. "Encontro consigo mesma" porque é um núcleo pessoal, diz o mais profundamente da pessoa, mas é encontro com algo que a ela se revela, algo que de tão íntimo pode deixar a pessoa consigo mesma. Então, o núcleo pessoal como alteridade não no sentido de ser *outra coisa* distinta, mas no sentido de na vivência ser encontrado, apresentado, revelado, algo que o sujeito não reconhece como um produto seu e que, ao mesmo tempo, é o que lhe é mais próprio. Um próprio que é constante e que não se confunde com o resto da estrutura:

> o que chamávamos "individualidade", o mais próprio da alma, não é extinguido. E é que essa individualidade não é uma disposição a determinadas reações, não é uma capacidade psíquica que involui quando não pode desdobrar sua potencialidade em estados psíquicos atuais. Está "atrás de" todas as "faculdades", disposições, reações naturais. Imprime-lhes seu selo ali onde estejam, mas de seu é independente delas e não desaparece com elas. Todo o "caráter" de uma pessoa, ou seja, a totalidade das disposições naturais especificamente coloridas por sua individualidade anímica, pode ser destruído, a alma pode ser arrancada desse fundamento natural a partir o que e com o que se levantou, e sem dúvida, conservar sua individualidade. Essa individualidade intangível. O que entra na alma e sai dela mesma fica impregnado por ela [por essa individualidade]. Também a graça é acolhida por cada alma a *sua* maneira. Sua individualidade não é expulsada pelo espírito da luz, senão que se desposa com e desse modo experimenta verdadeiramente um "novo nascimento". Pois a alma somente desdobra seu modo de ser próprio total e puramente na medida em que permanece em si mesma (Stein, 1930-2/2007b, p. 84).

É porque há um núcleo pessoal que pode encher a pessoa do que é "próprio dela" e que torna possível o reconhecimento deste próprio naquilo que se apresenta, que a pessoa pode estar consigo mesma.

> A peculiaridade dos seres dotados de alma, como somos nós os seres humanos, é que esses seres podem estar consigo mesmos. A alma está enchida do que é próprio dela, independente de todas as "impressões exteriores". Isto não é somente aquela particularidade da pessoa que se manifesta nela com mais pureza que no corpo e no espírito e nas disposições psíquicas que denominamos caráter, senão que são certos estados de ânimo fundamentais, nos que se vive essa particularidade e que a vez são determinantes para a maneira em que alma recebe em si o mundo dos valores acessível a ela, e que conferem seu colorido aos correspondentes atos espirituais (Stein, 1919-32/2005b, p. 811).

Ora, se foi possível concluir que a liberdade para se realizar precisa de uma adesão da pessoa ao que pode deixá-la em si mesma, o núcleo pessoal se torna então o ponto de critério para se estar em si mesma, pois estar em si mesma é permitir que o núcleo pessoal se dê e seja acolhido. Um ponto de critério que é encontrado e que por isso precisa se abandonar a ele. Assim, a adesão libertadora é aquela que permite esse abandono e pode-se chamar de livre aquele movimento de busca e afirmação do núcleo.

Referências

Ales Bello, A. (2000). *A fenomenologia do ser humano: traços de uma filosofia no feminino.* (A. Angonese, Trad.). Bauru, SP: Edusc. (Publicação original em 1992).

Ales Bello, A. (2004). *Fenomenologia e ciências humanas: psicologia, história e religião* (M. Mahfoud e M. Massimi, Eds. e Trads.). Bauru, SP: Edusc. (Publicação original em 2004).

Ales Bello, A. (2005). *Estrutura da pessoa e experiência religiosa em Edith Stein.* Palestra proferida no "Ciclo de conferências: o que é o ser humano?", na Faculdade de Filosofia e Ciências Humanas da Universidade Federal de Minas Gerais nos dia 12 de setembro de 2005. Mimeografado.

Ales Bello, A. (2006a). *Introdução à fenomenologia.* (J. T. Garcia e M. Mahfoud, Trads.) Bauru, SP: Edusc. (Publicação original em 2006).

Ales Bello, A. (2006b). Fenomenologia e ciências humanas: implicações éticas. *Memorandum, 11,* 28-34. Recuperado em 02 de setembro, 2008, de http://www.fafich.ufmg.br/~memorandum/ a11/alesbello04.htm

Ales Bello, A. (2009). *Edith Stein e a psicologia.* Curso ministrado na Faculdade de Filosofia e Ciências Humanas da Universidade Federal de Minas Gerais entre os dias 2 e 6 de outubro de 2006. Mimeografado.

Garcia, J. T. (1988). *Edith Stein e a formação da pessoa humana.* São Paulo: Loyola.

Mahfoud, M. (2005). Formação da pessoa e caminho humano: Edith Stein e Martin Buber. *Memorandum, 8,* 52-61. Recuperado em 20 de maio, 2009, de http://www.fafich.ufmg.br/~memorandum/artigos08/mahfoud02.htm

Stein, E. (2003a). Estructura de la persona humana. Em E. Stein. *Obras completas. v.IV: escritos antropológicos y pedagógicos* (pp. 555-749). (F. J. Sancho e cols., Trads.) Burgos, Espanha: Monte Carmelo. (Publicação original de 1932-3).

Stein, E. (2003b). Sobre el concepto de formación. Em E. Stein. *Obras completas. v.IV: escritos antropológicos y pedagógicos* (pp. 177-194). (F. J. Sancho e cols., Trads.). Burgos, Espanha: Monte Carmelo. (Publicação original de 1930).

Stein, E. (2005a). Contribuiciones a la fundamentación filosófica de la psicología y de las ciencias del espíritu. Em E. Stein. *Obras completas. v.II: escritos filosóficos (etapa fenomenológica: 1915-1920)* (pp. 207-520). (F. J. Sancho e cols., Trad.). Burgos, Espanha: Monte Carmelo. (Publicação original de 1922).

Stein, E. (2005b). Introducción a la filosofía. Em E. Stein. *Obras completas. v. II: Escritos filosóficos.* (C. Garrido e J. Bono, Trads.). (pp. 655-913). Burgos, Espanha: Monte Carmelo. (Original de 1919 a 1932 publicados em 1991).

Stein, E. (2007a). Acto y potencia: estudos sobre una filosofia del ser. Em E. Stein. *Obras Completas. v. III: escritos filosóficos (etapa de pensamiento cristiano)* (pp. 358-429). (A. Pérez; J. Mardomingo & C. R. Garrido, Trads.). Burgos, Espanha: Monte Carmelo. (Original de 1932-5).

Stein, E. (2007b). Naturaleza, liberdad y gracia. Em E. Stein. *Obras completas. v. III: escritos filosóficos.* (A. Perez e cols., Trads.). (pp. 55-128). Burgos, Espanha: Monte Carmelo. (Original de 1930-32 publicado em 1962).

Pessoa em ação: um percurso a partir das elaborações de Stein e Wojtyla

Yuri Elias Gaspar
Miguel Mahfoud

Apontar as deficiências da constituição da psicologia enquanto ciência já não é novidade ou originalidade.[1] Vários autores, das mais diferentes épocas e linhas de pensamento, têm ressaltado, cada qual a seu modo, os vieses positivistas, empiristas e naturalistas que reduzem o conhecimento psicológico a determinado modelo de ciência que preza pela neutralidade, quantificação e experimentação. Desta crítica surgiram variadas formas de conceber e desenvolver o conhecimento em psicologia, gerando teorias psicológicas que, apresentando múltiplas definições para um mesmo conceito – o que leva a diferentes explicações dos fenômenos humanos – muitas vezes não conseguem estabelecer pontos de aproximação e diálogo. Trata-se de posições reducionistas que impossibilitam a apreensão da subjetividade em sua unidade e totalidade (Ales Bello, 2004; Crochik, 1998; Gaspar & Mahfoud, 2006; González Rey, 2005; Goto, 2008; Husserl, 1935/2002; Massimi & Mahfoud, 2007; Morin, 1996; Stein, 1922/2005).

No entanto, a crítica pela crítica não basta. Diante do psicologismo, desvela-se a urgência de, nas palavras de Edith Stein (1932-3/2003), trazer à tona os fundamentos que possibilitem uma psicologia da pessoa. Uma psicologia que se ancore numa antropologia filosófica que evidencie a

[1] O presente texto foi elaborado a partir da dissertação de mestrado "Ser voluntário, ser realizado: investigação fenomenológica numa instituição espírita", orientada pelo Prof. Miguel Mahfoud, defendida no Programa de Pós-graduação em Psicologia da Universidade Federal de Minas Gerais. Apoio: CAPES.
Foi originalmente publicado na revista *Memorandum: memória e história em psicologia* à qual agradecemos a autorização para a presente publicação.

estrutura propriamente humana em seus elementos essenciais. É neste sentido que a Fenomenologia nos traz uma contribuição fundamental por descrever o modo como o ser humano se constitui enquanto pessoa a partir da análise das vivências e da vida da consciência (Ales Bello, 2000, 2004; Goto, 2008; Hussserl, 1935/2002; Mahfoud & Massimi, 2008; Stein, 1922/2005; Wojtyla, 1982).

Giussani (2009) nos indica um caminho para apreender os elementos constitutivos da pessoa ao propor como ponto de partida a observação do eu em ação. "Não existe, efetivamente, um 'eu' ou uma pessoa abstraída da ação que realiza" (p. 60). É somente em ação que a pessoa se revela, nos alerta Wojtyla (1982), e é nesta busca por acompanhar o movimento da pessoa se revelando que podemos estar abertos e atentos ao que emerge de mais radical. Está aí a possibilidade de uma descrição fiel e provocadora da experiência propriamente humana e efetivamente pessoal.

É nesse sentido que objetivamos apresentar as contribuições de dois importantes fenomenólogos que enfrentaram diretamente a questão da constituição do ser pessoa em ação: Edith Stein e Karol Wojtyla.[2]

Temos então, por um lado, Edith Stein, uma fenomenóloga que realizou sua formação diretamente com Husserl, chegando inclusive a ser sua assistente por algum tempo. Apesar de desenvolver sua contribuição em âmbitos que vão além do terreno estritamente fenomenológico – fundamentando-se na filosofia tomista – Stein permaneceu fiel às indicações contidas no método husserliano, especialmente no que diz respeito à análise do ser pessoa. Em síntese, Stein parte de uma Fenomenologia essencial, realista e personalista que apreende as estruturas constitutivas do ser humano tanto em sua singularidade quanto em suas expressões e produções pessoais que carregam também um valor intersubjetivo (Ales Bello, 2000, 2007; Kalinowski, 1984; Mahfoud, 2005).

Por outro lado, temos Karol Wojtyla, que retoma a filosofia clássica, especialmente a metafísica, a antropologia filosófica e a ética aristotélico-tomista a partir de um olhar fenomenológico baseado na interpretação de Max Scheler. Desta articulação Wojtyla elabora um projeto de análise fenomenológica da subjetividade – estruturalmente capaz de agir

[2] Encontra-se também em Kalinowski (1984) uma aproximação entre Stein e Wojtyla quanto à noção de pessoa.

pessoalmente no mundo – que valoriza tanto a descrição compreensiva quanto a explicação existencial deste dado (Tymieniecka, 1982; Ferrrer, 2003; Kalinowski, 1984).

Para realizar o empreendimento proposto, reconstruiremos a análise de cada autor de modo a evidenciar o dinamismo propriamente humano que possibilita apreender a pessoa em ato. Interessados em compreender a dinâmica que motiva o agir e o que essa ação realiza na pessoa, investigaremos os fundamentos e as articulações de dois conceitos que a psicologia tem utilizado para descrever processos humanos: a motivação e a realização.

Da motivação à ação: contribuições de Edith Stein

Apreender os elementos essenciais da pessoa em ato assumindo postura fenomenológica requer um olhar que remonta até a raiz "das coisas mesmas". Edith Stein (1922/2005) nos ajuda a adentrar em tal proposta ao centrar sua análise no âmago do que seja um dos objetos fundamentais da psicologia – a psique – para situá-la no todo da experiência humana.

Mas, para compreender o que seja psique é preciso antes se ocupar do *locus* de sua manifestação: a consciência. A consciência distingue-se da reflexão e não pode ser entendida como algo fixo, estanque. Ela é, outrossim, a condição de possibilidade do vivenciar humano, é a corrente ou fluxo original de vivências puras (Stein, 1922/2005).

Nesse sentido, é possível apreender três características basilares da consciência: 1) ela é um fluxo, puro devir composto por vivências puras que se sucedem e que, apesar de estar em produção contínua, constitui-se como unidade por brotar de um único eu, o "eu puro"; 2) ela é original no sentido de que está na base, na origem de toda ordem de experiência humana; 3) ela é vivenciada, experimenta-se como viva. Portanto, o fluxo da consciência se constitui como um complexo no qual as vivências se despertam (Stein, 1922/2005).

Partindo de exemplos colhidos na experiência comum e cotidiana, Stein (1922/2005) demonstra que toda vivência é composta por:

1. Um *conteúdo* que é recebido na consciência (por exemplo, um dado relativo a uma cor ou um sentimento de bem-estar).
2. A *vivência* desse conteúdo, sua acolhida na consciência (o *ter* a sensação, o *sentir* bem-estar).

> 3. A *consciência* dessa vivência que a acompanha sempre – em maior ou menor grau – e pela qual a vivência mesma é designada também como consciência (p. 232).

A variação do conteúdo implica em variações na vivência e na sua respectiva consciência, mas é importante não tomar um pelo outro, pois, "a sensação intensa do roxo não é necessariamente a sensação de um roxo intenso; a entrega intensa à dor não é a entrega a uma dor intensa" (idem).

Em obras posteriores, Stein (1932-5/2007a, 1934-6/2007b) retoma esta noção de consciência em articulação com as contribuições da filosofia tomista, reelaborando o modo de apreender o ser, a temporalidade e o eu puro no fluxo de vivências. Partindo da evidência indubitável do próprio ser, isto é, que eu vivo e sou consciente da vida do meu ser, Stein reconhece diferentes *modos de ser* que constituem o fluxo temporal da consciência. Trata-se, na linguagem escolástica, das *potências* e dos *atos*. Para os nossos propósitos, vale destacar o reconhecimento de diferentes potencialidades que são e estão presentes na vida do eu, mesmo que não ativadas em ato no momento atual.

Como corolário, pode-se identificar disposições de ser que constituem a estrutura da pessoa, cabendo ao eu atualizá-las e desenvolvê-las em função de *si mesmo*. Nesse sentido, o "eu puro" – o eu tomado *substancialmente* em si mesmo e consciente de si – é existencialmente presente na experiência humana, com qualidades tais que podem conduzir a formação da pessoa (Stein, 1932-3/2003).

Estabelecidos tais desdobramentos da descrição precisa do que seja consciência, voltemos à análise da mesma por meio da investigação das modalidades de manifestação das vivências. Tais modalidades abrangem tanto um conteúdo de vivência, que pode ou não ser egológico, isto é, referir-se ao próprio eu (*sentimento vital*); quanto o estado interno que esse mesmo conteúdo exprime (*estado vital*). A manifestação dos sentimentos vitais e estados vitais indica a existência de uma qualidade real permanente que os sustenta: a *força vital*. Trata-se de certo *quantum* de energia próprio de cada individualidade, que pode variar de acordo com modificações nas condições vitais (Ales Bello, 2000; Stein, 1922/2005). Para fundamentar essa análise e facilitar sua compreensão, destacamos a seguinte situação apresentada por Stein (1922/2005):

> Se sinto frio, então não me engano nem acerca do conteúdo desse sentimento – que designo precisamente como frio –, nem acerca da consciência desse vivenciar. Sinto, indubitavelmente, quando sou consciente disso; e sinto frio, e não outra coisa, quando tenho precisamente esse sentimento. Porém, é possível que eu me sinta com frio, sem que exista realmente uma situação de frio, podendo conscientizar-me de tal fato somente em seguida (p. 236-7).

O conjunto formado por força vital, sentimentos vitais e estados vitais constitui a *dimensão psíquica*. As vivências psíquicas se articulam no âmbito da força vital e se expressam nos estados vitais por elos causais, porém não de maneira exata ou quantificável. Trata-se de uma causalidade peculiar, posto que uma vivência é *condição para* o acontecimento de uma gama *possível* de outras vivências, de modo que todo efeito possui uma causa, mas não se pode fazer a passagem de que uma causa necessariamente leva a certo efeito. Daí porque somente se pode investigar as causas retroativa e empiricamente, a partir de seus efeitos concretos. Em oposição à delimitação de uma causalidade *quantitativa* tal como perseguida pelas ciências da natureza, tem-se, portanto, o reconhecimento de uma causalidade *qualitativa*, na medida em que é possível identificar essencialmente as mudanças de qualidade dos estados psíquicos e as diversas gradações dessa qualidade (Stein, 1922/2005).

Destaca-se ainda a importância dos *impulsos* na dinâmica de funcionamento do mecanismo psíquico, uma vez que são tendências não motivadas, vivências sem fundamentação objetiva, isto é, sem um sentido *a priori* que as sustente. "Temos aqui um mero ser impulsionado, como no caso de uma bala que, por um disparo, é arremessada em uma determinada direção" (Stein, 1922/2005, p. 278). Embora o eu tenha consciência do fato de ser impulsionado, tanto a direção quanto a concretização do impulso são em função da satisfação real ou possível do próprio impulso. Nesse sentido, se eliminarmos eventuais interferências da vontade, o impulso depende puramente do correspondente estado vital pelo qual é gerado e da energia psíquica consumida ou incrementada pela força vital que o alimenta. Portanto, a vida da psique me acontece, pois eu não decido ter certos impulsos (Stein, 1922/2005).

Dando continuidade ao percurso de análise da manifestação das vivências no fluxo de consciência, é fundamental reconhecer outra classe de fenômenos, os *atos* – tomados aqui no sentido de *vivências intencionais* –

que se referem ao movimento da consciência de se voltar para aquilo que se mostra (fenômeno), dinamismo este que evidencia tanto o eu quanto o mundo apreendido de modo humano. Se tal mirada se dirige a um objeto exterior, transcendente, trata-se do ato da percepção (Ales Bello, 2000). Diante do objeto transcendente, pode-se ainda discriminar os atos de relacionar aspectos singulares numa apreensão contínua (apercepção), numa apreensão sintética (síntese) ou numa apreensão do movimento que conecta um aspecto a outro (motivação) (Stein, 1922/2005).

Stein, portanto, nos provoca a ampliar o conceito de motivação ao defini-lo como *a* vinculação que liga um ato a outro, ligação esta que estrutura toda a dimensão das vivências intencionais (Ales Bello, 2000). Não se trata de mera fusão, **copenetração** ou conexão associativa entre vivências, mas sim de procedência, isto é, de uma vivência *partir* de outra, ser completada por motivo da outra, um realizar-se ou ser realizado de um *em virtude* do outro, *por razão* do outro (Stein, 1922/2005). Tal vinculação só é possível se se reconhece a presença ativa do eu como ponto de origem dos atos: o eu realiza um determinado ato *porque* já realizou um outro anterior. Nesse sentido, o eu não só vivencia os atos como também é "senhor de seu vivenciar", nas palavras de Stein (1922/2005, p. 264), ou seja, o ato é a realização do movimento do eu em direção a algo. É nestes termos que podemos distinguir "realização" da pura espontaneidade, pois é o posicionamento do sujeito que possibilita que o ato se realize, e não algo que acontece de modo causal e arbitrário.

A análise da experiência cotidiana evidencia que os fatores causais e motivacionais podem interferir um no outro, o que possibilita reconhecer tanto o condicionamento da força espiritual à sensível[3] quanto a independência dos mesmos (Stein, 1922/2005).

Com tal descrição original da motivação, faz-se forçoso reconhecer que estamos diante de outra dimensão da pessoa, caracterizada por um dinamismo próprio. Para diferenciá-la da dimensão psíquica, que é regida pela causalidade, a fenomenóloga ancora-se em Husserl ao utilizar a noção de *dimensão* ou *vida espiritual*, que se refere justamente ao dinamismo propriamente humano de abertura para dentro (percepção de si mesmo

3 "Como unidades constituídas na corrente original, os atos (...) estão condicionados no ritmo de seu transcurso e em seu 'colorido' por variações dos sentimentos vitais. Precisamente essas vivências, que são 'realizadas' em sentido próprio, mostram com particular clareza a 'energia de tensão' do vivenciar" (Stein, 1922/2005, p. 288).

enquanto ser autoconsciente e livre) e abertura para fora (mundo físico, social, comunitário, cultural, histórico, divino) (Stein, 1932-3/2003, 1922/2005, 1932-5/2007a). É o reconhecimento desta dimensão espiritual que possibilita Stein conceber efetivamente o que seja pessoa:

> O eu pessoal é aquele que se delineia a partir da corporeidade, com uma base de *pré-datidade* (*predatità*) que se pode definir psíquica, mas se configura como pessoa, realmente unitária num sentido superior, como sujeito das tomadas de posição da vontade, das ações do pensamento; numa palavra, como eu livre. O eu puro, então, é o espelho, a via de acesso a uma realidade corpórea, psíquica e espiritual, que constitui o eu pessoal (Ales Bello, 2007, p. 72).

Para melhor explicitar a ligação por motivação, própria da vida espiritual, vejamos um exemplo de Stein (1922/2005) no campo perceptivo:

> Quando capto uma coisa extensa no espaço, percebo também "com" ela o lado de trás, que não capto por si mesmo, e essa coapreensão pode motivar, por sua vez, a eventual realização de um movimento livre, que faça ressaltar o lado de trás coapreendido em uma genuína percepção. Pode-se apreender a maneira peculiar do dar-se de um objeto como um motivo para uma tomada de posição do eu frente a este objeto, a datividade perceptível, por exemplo, como motivo para crer em sua existência (p. 254).

Deste modo, a motivação se dá a partir do momento em que o eu apreende um objeto não como um vazio, mas como algo carregado de conteúdo de sentido (chamado usualmente de motivo) que aponta para certas direções, com consistência unitária de ser. É esse conteúdo de sentido que provoca o eu a se voltar[4] e a se posicionar diante do objeto com o intuito de conhecê-lo em sua totalidade e de se mover em função desta compreensão.

> Daqui há que deduzir a exigência de que todo aquele que tiver formulado os correspondentes juízos como premissas, deduza deles também a conclusão. O sentido de uma coisa reconhecida como valiosa ao mesmo tempo se apresenta como algo que deva ser.

[4] "A unidade de sentido prescreve quais complementações admitem um sentido parcial dado, e, portanto, quais passos ulteriores podem ser motivados por este primeiro passo" (Stein, 1922/2005, p. 255).

> Daqui se deve deduzir a norma de que, aquele que leva o valor à condição de datividade (tanto no caso da não existência do valor como no caso da possibilidade de sua atuação), deve tomar para si a meta de sua realização (Stein, 1922/2005, p. 256).

É a partir de evidências colhidas na experiência que podemos concluir que a motivação não só *pode* como *deve* ser regida pelas leis da razão (Stein, 1922/2005). Isto quer dizer que não é o fato do ser humano possuir certas estruturas que o leva necessariamente a atuar no mundo, mas sim que a compreensão do conteúdo de sentido motiva o eu a tomar posição considerando um espectro limitado de direções razoáveis. "O *relâmpago* se converte para mim no motivo para esperar que aconteça o trovão, não a *percepção* do relâmpago" (p. 256). Há motivos vivenciados pelo eu que permitem diferentes tomadas de posição sem solicitar nenhuma em particular, entretanto, existe *fundamentação racional* somente quando o posicionamento assumido corresponde àquilo que é *exigido* pelo conteúdo de sentido apreendido.

A lei de motivação é, então, a base sob a qual os atos e, correlativamente, a própria motivação, se estruturam no fluxo original de vivências. Como decorrência, é possível apreender e discriminar diferentes configurações de atos presentes no eu: 1) a tomada de conhecimento como ato de se voltar a algo, no qual o objetivo de tal mirada se converte em datividade, sendo que cabe ao eu receber o que lhe foi dado; 2) a tomada de posição do eu ante o conhecimento de algo num sentido mais básico de dar espaço ou não ao que o conteúdo de sentido do objeto lhe indica; e 3) o ato livre propriamente dito, que é um posicionamento num sentido genuinamente pessoal de aceitar ou rechaçar as provocações do objeto e tirar daí as consequências para a ação (Stein, 1922/2005).

Quanto aos atos livres, há diferentes classes que se conectam, estruturando possíveis configurações da dinâmica da vida espiritual (Stein, 1922/2005). Diante de algo, o eu é levado a crer na existência desse estado das coisas tal como se apresenta, estando assim convicto em sua crença. Desta convicção suscitada cabe ao eu conceder ou não o seu reconhecimento, isto é, *reconhecer*, a partir de si, que o motivo que se apresenta é razoável, está fundamentado objetivamente. É a partir daí que se pode afirmar genuinamente um estado de coisas. No entanto, a própria experiência indica que há afirmações que não estão nem suficientemente fundamentadas (motivadas somente pela crença) nem se baseiam na convicção. Embora estas últimas não estejam fundamentadas *teoricamente*, elas podem estar motivadas no sentido *prático* da vida cotidiana.

Vejamos um exemplo apresentado por Stein (1922/2005) que nos ajuda a compreender as nuances de um possível ato livre: "asseguro a um enfermo que seu estado de saúde melhorará logo, porém sem crer nisto (ou crendo precisamente no contrário). Esta certeza que dói está motivada pelo desejo de tranquilizar o paciente" (p. 266). Não se trata de uma afirmação genuína por não estar presente frente a mim mesmo ou frente ao outro, embora não se configure por definição como uma afirmação mentirosa ou falsa. Nesse sentido, é possível distinguir as certezas que se dão sem convicção, das mentiras que estão em contradição com a convicção.

Vale a pena retomar que todos estes atos são livres, ou seja, a existência dos motivos não *força* o sujeito a efetuar os correspondentes atos, mesmo porque há situações em que há motivos opostos em cena. Estes casos explicitam ainda mais que a decisão por uma ou outra direção não se dá automaticamente, "como se a agulha indicadora de uma balança indicasse o prato que contivesse maior 'peso' de motivos" (Stein, 1922/2005, p. 268), mas depende radicalmente do *eu* que toma a decisão em função do que lhe é mais importante. Assim todo ato livre pressupõe um motivo, mas não é ele que determina por si o curso da ação.

Aqui nos aproximamos, por conseguinte, da esfera do querer e do agir, que completa o arco dos atos livres, ou melhor, dos atos *voluntários*. Stein (1922/2005) delimita o querer como um propósito da vontade que tem por pressuposto necessário um "poder", no sentido de possibilitar a ação propriamente dita. Isto não significa que todo ato livre *seja* um propósito – embora todo propósito tenha como pressuposto uma tomada de posição da vontade – porém há um âmbito de atos livres que *podem* proceder de um propósito e que *devem* ser realizados por um *"fiat!"*, uma aceitação e decisão voluntária que efetivamente provoca uma ação exigida naquele momento. Acompanhemos uma situação cotidiana descrita pela autora:

> Por exemplo, que eu me tenha proposto dar uma notícia importante a alguém quando uma ocasião propícia se apresentar. Encontro-me com esta pessoa, e no transcorrer da conversa se produz o "momento favorável": enquanto me dou conta claramente dele, digo internamente a mim mesma "agora!" e começo

> a dar a notícia. O dizer "agora!" não é uma renovação do propósito que eu "tenho estado abrigando" eventualmente há muito tempo; é o *"fiat!"* que dá vazão à execução do propósito (Stein, 1922/2005, p. 270).

É somente nesta dimensão dos atos livres que a motivação – inicialmente tomada enquanto vinculação geral que conecta as vivências intencionais – adquire um sentido *expressivo*, na medida em que se refere a um nível de vinculação em que a pessoa se atualiza e se realiza em toda a sua potência espiritual. Na esteira do pensamento de Pfänder, Stein (1922/2005) apreende a motivação na relação existente entre um *motivo exigido pela vontade* e o *ato da vontade baseado nele*. Tomada nestes termos, a motivação se realiza enquanto tal na medida em que o eu percebe, reconhece e afirma uma exigência que emerge do centro de si mesmo, passando a agir em função da correspondência entre essas exigências constitutivas da sua pessoa e as provocações apreendidas no mundo.

A esse respeito, escreve Stein (1922/2005):

> Semelhante exigência (uma *possível* razão da vontade) se transforma somente em razão real da vontade e, com isso, em motivo, quando o eu "*fundamenta* na exigência o ato da vontade e o que faz sair dela... então o eu não deixa fora de si a exigência e simplesmente a reconhece e aceita, mas a integra em si mesmo, a incorpora; logo, *apoiando-se* nela, realiza o ato voluntário em conformidade com a exigência e a cumpre assim provisoriamente de maneira ideal". Ressalta-se, além disso, como característica do ato da vontade – em contraste com a tendência – o fato de que este ato "não é cego em si mesmo", mas que contém "em sua essência uma consciência do que é querido"; de que, "pensando nele, se faz um propósito prático"; finalmente se afirma que é inerente ao ato voluntário uma espontaneidade que falta na tendência; que o ato voluntário parte do centro do eu, porém, não como um acontecer, mas como um agir peculiar, no qual, saindo centrifugamente *de si mesmo*, executa uma pulsação espiritual (pp. 272-3).

A partir destas elaborações é possível retomar tanto o sentido espiritual que realiza o ser pessoal quanto a radicalidade de um centro que indica e determina a direção de desenvolvimento formativo das capacidades psíquicas e espirituais.

> A vida espiritual de um indivíduo é determinada pela singularidade deste núcleo; todavia, o núcleo é algo novo em relação à própria vida espiritual, e nem mesmo um conhecimento completo da vida espiritual – ou da vida psíquica – seria suficiente para captá-lo em sua inteireza (Ales Bello, 2007, p. 72).

Trata-se, portanto, de um núcleo singular, princípio de identidade da pessoa – constituído por esta capacidade do querer – que motiva, direciona e integra a pessoa no momento mesmo de seu *agir.* (Ales Bello, 2000; Stein, 1922/2005, 1932-5/2007a).

A ação enquanto autorrealização: contribuições de Karol Wojtyla

A apreensão da estrutura propriamente humana passível de ser realizada em ato nos conduz à análise da ação propriamente dita capaz de *revelar* a pessoa, questão esta desenvolvida por Wojtyla (1982) em seus múltiplos aspectos.

Nesse sentido, a ação – enquanto ato autêntico da pessoa – é um momento singular para captação e conhecimento da estrutura essencial do ser humano. Para tal empreendimento, é imprescindível retomar a descrição aristotélico-tomista do dinamismo potência-ato tal como proposta por Wojtyla (1982):

> A potência, em latim *potentia*, pode ser definida como potencialidade, como algo que já é mas que ainda não é; como algo que está em preparação, que está disponível, inclusive ao "alcance de nossa mão", mas que ainda não está realizado. O ato, em latim *actus*, é a atualização da potencialidade, sua realização (p. 78).

Todo ato humano (*actus humunus*) provém de uma potência correspondente e se realiza no mundo a partir do momento em que o homem se volta intencionalmente para aquilo que se lhe apresenta e decide agir voluntariamente, ampliando a consciência de si neste processo. No entanto, elevar a consciência à categoria de valor central do acontecer humano é um problema próprio do pensamento e da vida contemporânea que precisa ser enfrentado, pois as filosofias clássica e escolástica a concebiam implicitamente, subjacente aos conceitos de racionalidade e vontade (Wojtyla, 1969/1982, 1957/2003a).

A consciência emerge então como base sob a qual é possível conceber e conhecer a pessoa em ação, aspecto *intrínseco* e *constitutivo* desta estrutura dinâmica. A consciência carrega tanto uma função *cognoscitiva*, quanto *reflexiva*, isto é, ela não busca somente conhecer o mundo, mas também interioriza à sua própria maneira o que é conhecido, explicitando assim a presença autoconsciente e criativa do *eu* neste processo. Deste modo, a consciência possibilita a subjetivação do ser humano nas ações realizadas no mundo. Segundo Wojtyla (1982), "a consciência é o 'fundo' em que se manifesta o próprio *eu* com toda a sua peculiar objetividade (ao ser objeto de autoconhecimento) e ao mesmo tempo experimenta plenamente sua própria subjetividade" (p. 52).

É neste sentido que se pode diferenciar aquilo que *ocorre no homem* – processo este em que o eu é passivo – da ação enquanto execução concreta de um *ato humano* intencional, consciente e voluntário que realiza a estrutura propriamente humana (Wojtyla, 1982).

Portanto, é imprescindível reconhecer e incluir a dimensão da *realização* na análise da pessoa em ação, pois é somente a partir dela que a pessoa se expressa em toda a sua potência. Tomada nestes termos, a realização mesma tem, em certa medida, um caráter estrutural, que se atualiza no agir propriamente humano. Assim, toda realização de uma ação no mundo é também autorrealização da estrutura da pessoa.

Realizar-se significa não somente atualizar, mas sim levar à devida plenitude a estrutura própria do homem. Nesse sentido, a realização implica e solicita o ser humano em sua unidade e totalidade, não bastando a atualização parcial de alguns dinamismos humanos. Para Wojtyla (1982, 1961/2003), o homem se realiza enquanto tal a partir do momento em que *é* pessoa, que se caracteriza pelo reconhecimento de uma personalidade concreta, singular e pelo fato de ser alguém e não meramente algo. Ser alguém é ser uma presença no mundo, é ser capaz de governar e possuir a si mesmo no sentido de querer e agir a partir da correspondência entre os objetos que se lhe apresentam como valor e o próprio *eu* como centro de avaliação.

Tal estrutura fundamenta a dimensão da *moralidade* como realidade existencial presente no interior do homem, alcançando certo nível de durabilidade que procede da pessoa (Wojtyla, 1982). Partindo desta evidência, a moralidade não consiste em um jogo abstrato dos valores morais do que é bom e do que é mal, mas solicita um envolvimento da pessoa em toda a sua estrutura humana, além de explicitar a possibilidade da não realização da pessoa na ação. Portanto, segundo o autor, do ponto de vista axiológico (ou ético), a bondade moral leva à realização da pessoa enquanto a maldade moral equivale à não realização. Como decorrência, a realização em sua plenitude não prescinde da dimensão ética, pois a pessoa somente se realiza verdadeiramente na medida em que se posiciona levando em consideração a bondade moral de sua ação: a mera execução da mesma ação não lhe basta.

> Para ser moralmente bom é necessário não somente querer um bem, mas o querer de modo bom; se não se quer de modo bom, o homem chega a ser moralmente mal, ainda que o que queria seja sempre um certo bem. A moralidade, por conseguinte, pressupõe o conhecimento, a verdade sobre o bem, mas se realiza através do querer, através da escolha, de uma decisão (Wojtyla, 1961/2003, p. 314).

A partir desta constatação, ressalta-se a centralidade da liberdade para a realização da pessoa, não no sentido de uma independência incondicional e absoluta do poder de escolha, mas enquanto possibilidade real de reconhecimento e afirmação pessoal da verdade tal como se lhe apresenta na experiência.

Sintetizando as proposições até aqui apresentadas, Wojtyla (1982) enuncia que:

> A realização, que ontologicamente corresponde à própria estrutura da pessoa, unicamente se pode conseguir na pessoa. A pessoa encontra sua realização ao executar uma ação, e ao conseguir assim sua adequada plenitude ou perfeição, que em sua estrutura se adapta essencialmente à condição estrutural de autogoverno e autoposse. Na ação, a pessoa consegue sua própria realização, convertendo-se em "alguém", e o ser "alguém" é a manifestação de si mesmo. Junto com essa realização pessoal – a palavra "junto" tem aqui muita importância – ou em união direta com ela, se dá a realização do eu em sentido axiológico e ético, a realização mediante a cristalização do valor moral. Esta realização ou não realização depende diretamente da consciência, do juízo formado na consciência. A função da consciência é assim determinada pela estrutura ôntica da pessoa e pela ação, especialmente pela dependência da liberdade em relação à verdade, que corresponde

> unicamente à pessoa; este é o centro em que deve convergir a transcendência da pessoa na ação e a espiritualidade do homem (p. 183).

A consciência tem então uma função essencial por referir-se à capacidade humana de compreender, avaliar e distinguir o que é verdadeiro daquilo que não o é. Em outras palavras, ela busca apreender a verdade enquanto valor, condicionando assim a experiência de *veracidade*, regra normativa da verdade. Nesta busca, a consciência não só aspira a verdade na esfera dos valores como também identifica o *valor fundamental da pessoa* enquanto sujeito da vontade e, portanto, agente das ações (Wojtyla, 1982).

É possível destacar novamente a centralidade da pessoa na experiência de realização, subordinada à consciência da verdade de si nas ações executadas no mundo. Trata-se de um reconhecimento que brota na transição do "é" ao "deve" – transição do "X é verdadeiramente bom" ao "eu deveria fazer X" (Wojtyla, 1982).

O centro de referência na experiência de *dever* é o eu, que toma para si a função de agir em conformidade à verdade reconhecida por evidência. Uma ação que se baseia numa convicção ou certeza subjetiva e que desemboca numa experiência de obrigação interior, no sentido de um "chamamento" que conduza à realização de tal reconhecimento. A pessoa se torna responsável por suas próprias ações, no sentido de ser capaz de responder aos valores a partir desta correspondência eu-mundo que a realiza. Por isso a *responsabilidade* está em conformidade tanto com aquilo que se apresenta à pessoa como importante quanto com o próprio eu como sujeito e agente da ação. Todo esse processo é entendido como um dinamismo que explicita a radicalidade da *potencialidade espiritual* – dimensão irredutível à matéria, que se refere ao entendimento e à vontade – enquanto fator constitutivo da ação humana que possibilita a realização do eu pessoal na e por meio da ação (Wojtyla, 1982).

É a partir destas elaborações que se conclui que realização e *felicidade* são sinônimas, no sentido de apontar para o mesmo dinamismo estrutural presente na ação (Wojtyla, 1982). "A felicidade constitui o fim da natureza e não um objeto que se possa escolher" (Wojtyla, 1955-57/2003b, p. 73), pois ela é um anseio por totalidade correspondente à estrutura da pessoa e não um conjunto de normas que acabam se tornando abstratas se não consideram esta busca pessoal.

Por outro lado, tal noção de felicidade se diferencia do *prazer*, que está estritamente relacionado à dimensão natural, psíquica, isto é, fenômeno que *se dá* no homem (Wojtyla, 1982). Entretanto, esta distinção não é fácil de apreender no vivo da experiência, uma vez que felicidade e prazer podem sobrepor-se. Não obstante, Wojtyla (1982, 1955-57/2003b) não abre mão desta diferenciação por entender que a estrutura pessoal de felicidade não se reduz à dimensão do prazer, não sendo nem guiada nem determinada pelo pressuposto da busca do prazer e distanciamento da dor, tal como anunciado pelos sistemas éticos utilitaristas. Nesse sentido, a realização experiencial do ser humano inclui o dinamismo do prazer-desprazer, mas não é definida por ele.

É indispensável destacar ainda a dimensão intersubjetiva presente na realização da pessoa em ação. De fato, a ação humana carrega em si um aspecto individual e um aspecto social. Isto quer dizer que toda ação é uma ação da pessoa realizada num mundo de relações, sendo que a pessoa pode agir junto a outras pessoas. É nesse sentido que se reconhece um fator essencial da estrutura humana que possibilita 'estar junto' com os outros: a *participação* (Wojtyla, 1982). Mais do que simplesmente "fazer parte de", participação se expressa no homem concreto enquanto capacidade intrínseca de agir com outros, atualizando e valorizando as potencialidades pessoais na relação com outras pessoas. Isto indica que o ser humano se realiza em sua plenitude na medida em que participa pessoalmente e comunitariamente do mundo de relações que o constitui.

Uma das consequências existenciais decorrentes da participação é a *atitude de solidariedade*, que consiste em reconhecer o bem comum que condiciona adequadamente e que possibilita a participação mútua da pessoa na comunidade (Wojtyla, 1982).

Stein e Wojtyla: um percurso possível

Dois autores, dois caminhos e uma mesma intuição: a radicalidade de considerar o ser pessoa em ação. Para compreender a subjetividade, não bastam investigações minuciosas dos mecanismos que a compõem. Para ambos os autores, a pessoa *é*; e se manifesta atualizando sua singularidade, unidade e complexidade. É sobre este dado existencialmente presente que as análises devem se centrar. Não se trata, porém, de uma ideologia à qual se deva filiar, mas de uma evidência que se deve colher e reconhecer no vivo da experiência. Enquanto Stein apreende esta estrutura por meio da análise das vivências, lançando mão de exemplos da vida cotidiana para explicitar tanto as sutilezas que diferenciam as qualidades de vivências quanto as conexões que as possibilitam, Wojtyla descreve o dinamismo propriamente humano identificando os modos de revelação da estrutura da pessoa na ação e as consequências existenciais deste dado.

Nesse sentido, embora "filhos" de uma mesma tradição tomista e fenomenológica, é possível reconhecer o modo próprio de cada autor desenvolver e elaborar o tema, mostrando assim uma maturidade intelectual que traz contribuições originais para enfrentar a problemática da subjetividade na contemporaneidade, especialmente na produção do conhecimento em psicologia. As variações que se pode reconhecer nos percursos de investigação de ambos fortalecem a profundidade e validade dos resultados alcançados, pois cada autor, a seu modo, revela traços da constituição da pessoa, seja pela via da dinâmica que motiva (Stein), seja pela via da autorrealização (Wojtyla).

Da via steiniana é possível destacar a radicalidade da motivação como a vinculação capaz de desvelar as especificidades da experiência humana, posto que indicativa da existência da vida espiritual. As vivências também podem se ligar por causalidade, mas são os vínculos por motivação que nos caracterizam enquanto humanos. Não obstante o caráter estrutural da motivação, é somente na pessoa – entendida em sua singularidade, unidade e totalidade – que o dinamismo motivacional efetivamente se constitui. Nesse sentido, não basta compreender somente os antecedentes que levam o homem a agir no mundo, é preciso considerar a dinâmica de elaboração pessoal destes motivos que possibilitam a ação propriamente dita. Ales Bello (2004) sintetiza tal compreensão ao dizer que "a motivação é, portanto, a análise pessoal das condições que tornam possível a realização de um motivo" (p. 114). É daí que se conclui que a motivação não é um mecanismo que opera à revelia da pessoa, mas emerge enquanto dinamismo estrutural e existencial, porque reconhecido na experiência. Somente a partir daí que se pode apreender o valor da motivação em sua plenitude, expressão do centro e da integração do eu em ação, que efetivamente se realiza por se abrir verdadeiramente às suas exigências mais radicais, aos anseios mais profundos que o mobilizam no mundo.

E é caracterizando este agir realizador que podemos identificar a segunda via de análise, desenvolvida por Wojtyla. Agir é realizar algo que o homem é e para o qual ele foi feito. E, conforme evidenciado, o homem é pessoa e foi feito para se posicionar em função daquilo que mais o corresponde moralmente no relacionamento com a vida. Realizar-se é realizar a si mesmo no mundo, é um acontecimento que se faz presente e que mobiliza a pessoa por inteiro. Trata-se de uma mobilização justamente porque toca naquilo que a pessoa almeja de mais verdadeiro, como um chamado que brota do centro do eu, um dever ser. Deste modo, a realização tanto é conduzida quanto conduz a ação humana, mas sempre em função de uma estrutura pessoal que precisa acontecer existencialmente.

Ora via motivação, ora via realização, chega-se a um ponto comum: a presença ativa do sujeito. Não qualquer presença, mas uma presença livre que brota do centro da pessoa. Ambos os autores explicitam a presença de um núcleo fonte da verdade de si mesmo, um centro que mobiliza, que estrutura, que desperta, que busca, que pede e que espera. Um ímpeto tão radical que precisa acontecer no mundo para que o eu aconteça, posto que é somente aqui, neste nível, que se pode dizer, verdadeiramente, "eu sou".

Diálogos e conclusões

Adentrando a obra de Stein e Wojtyla, pudemos elaborar um percurso que busca apreender a experiência da pessoa em ato, com atenção à motivação e à autorrealização contida na ação. A complementaridade vislumbrada entre as contribuições dos dois fenomenólogos vai ao encontro da conclusão apresentada por Kalinowski (1984), segundo a qual as diferenças na formação acadêmica de Stein e Woytila não impedem a proximidade quanto à maneira de conceber e descrever a pessoa humana em seus atributos essenciais partindo da análise da experiência.

Agora é chegado o momento de apreciar as contribuições desse percurso para a psicologia fazendo-o dialogar com a produção atual do campo. A temática do centro pessoal tem sido abordada tanto em pesquisas de campo em psicologia social (Araújo, 2008; Leite & Mahfoud, 2007), quanto em investigações de cunho teórico (Mahfoud, 2005; Mahfoud & Massimi, 2008; Massimi & Mahfoud, 2007) e de psicologia aplicada (Mahfoud, 2007, 2008; Safra, 2006).

Uma vez que tais apropriações situam-se no âmbito da Fenomenologia, julgamos ser pertinente a interlocução com a psicologia histórico-cultural de Fernando Luiz González Rey (2005) por sua proeminência nos debates contemporâneos acerca dos problemas epistemológicos e metodológicos do estudo da subjetividade (Gómez & González Rey, 2005).

Segundo González Rey (2005), são dois os elementos imprescindíveis na compreensão do fenômeno psicológico enquanto fenômeno subjetivo: seu caráter histórico-social e sua natureza única, irredutível e complexa. O desafio seria, então, encontrar uma chave de leitura da subjetividade capaz de conciliar o aspecto individual e a instância social. Como resposta, o autor defende que, não obstante a condição de sujeito individual somente se defina dentro do tecido social, o homem configura subjetivamente tudo aquilo que recebe em unidades de sentido estáveis que se tornam critério para avaliação e integração da própria experiência.

Esta breve apresentação da perspectiva teórica de González Rey permite-nos acentuar as aproximações entre a proposta do psicólogo cubano e o percurso por nós desenvolvido: ambos apontam a interdependência eu-mundo na configuração da subjetividade e reconhecem a centralidade do modo como a pessoa elabora aquilo que recebe de seu contexto para sua constituição enquanto sujeito. Entretanto, a novidade contida nas provocações de Stein e Wojtyla consiste em: 1) valorizar a análise das vivências como caminho privilegiado para a descrição do dinamismo subjetivo; 2) evidenciar a centralidade da ação enquanto reveladora e constituinte da pessoa; 3) acentuar que o ser pessoa emerge somente de um certo tipo de elaboração que coincide com o que lhe é mais próprio; 4) reconhecer o núcleo pessoal como capaz de estruturar e formar a pessoa em sua unidade e totalidade.

Tendo chegado a delimitar esses pontos de unidade que possibilitam retomar todo o percurso de constituição do ser humano em suas múltiplas configurações existenciais, concluímos que apreender a pessoa em ação significa levar a sério a subjetividade e, portanto, levar a sério os fundamentos que a sustentam. Por isso, a partir das contribuições de Stein e Wojtyla, podemos, ou melhor, devemos afirmar que construir conhecimento em psicologia é mais do que descrever, compreender e avaliar mecanismos e processos humanos: é edificá-los em bases sólidas, é elaborá-los em função da pessoa.

Referências

Ales Bello, A. (2000). *A Fenomenologia do ser humano: traços de uma filosofia no feminino* (A. Angonese, Trad.). Bauru, SP: Edusc. (Original publicado em 1992).

Ales Bello, A. (2004). *Fenomenologia e ciências humanas: psicologia, história e religião* (M. Mahfoud & M. Massimi, Trads.). Bauru, SP: Edusc.

Ales Bello, A. (2007). A questão do sujeito humano na perspectiva fenomenológica (G. B. Machado, Trad.). Em L. Moreira & A. M. A. Carvalho (Orgs). *Família, subjetividade, vínculos* (pp. 59-82). São Paulo: Paulinas.

Araújo, R. A. (2008). *Uma tradição viva: raízes para a alma: uma análise fenomenológica de experiências de pertencer em uma comunidade rural de Minas Gerais.* Tese de Doutorado, Programa de Pós-Graduação em Psicologia Clínica, Instituto de Psicologia da Universidade de São Paulo, São Paulo, SP.

Crochik, J. L. (1998). Os desafios atuais do estudo da subjetividade na Psicologia. *Psicologia USP, 9*(2), 69-85.

Ferrer, M. P. (2003). Introducción. Em K. Wojtyla. *Mi visión del hombre: hacia uma nueva ética.* (4a ed., pp. 7-22) (Serie Pensamiento, 2). Madrid: Palabra.

Gaspar, Y. E. & Mahfoud, M. (2006). Uma leitura histórica do conceito de experiência e uma proposta de compreensão do ser humano em seu caráter essencial: Experiência Elementar e suas implicações para a Psicologia. Em *Anais, III Seminário de Pesquisa e Estudos Qualitativos e V Encontro de Fenomenologia e Análises do Existir*, (pp. 1-10). São Paulo: SEPQ. Recuperado em 20 de março, 2009, de www.sepq.org.br/IIIsipeq/anais/pdfs/pchf11.pdf

Giussani, L. (2009). *O senso religioso.* (P. A. E. Oliveira, Trad.). Brasília: Universa. (Original publicado em 1987).

Gómez, A. D. & González Rey, F. L. (2005). Subjetividad: una perspectiva historico cultural. Conversación con el psicólogo cubano Fernando González Rey. *Universitas Psychologica, 4*(3), 373-383.

González Rey, F. L. (2005). *Sujeito e subjetividade: uma aproximação histórico-cultural* (R. S. L. Guzzo, Trad.). São Paulo: Pioneira Thomson Learning. (Original publicado em 2003).

Goto, T. A. (2008). *Introdução à psicologia fenomenológica: a nova psicologia de Edmund Husserl.* São Paulo: Paulus, 2008.

Hussserl, E. (2002). *La crisi delle scienze europee e la fenomenologia trascendentale.* (E. Filippini, Trad.). Milano: Net. (Original de 1935 e publicado em 1954).

Kalinowski, G. (1984). Edith Stein et Karol Wojtyla sur la personna. *Revue Philosophique de Louvain, 82*(56), 545-561.

Leite, R. V. & Mahfoud, M. (2007). Cuidar da educação, da cultura e de si: horizontes de uma experiência de resgate da cultura popular na escola. *Revista Brasileira de Crescimento e Desenvolvimento Humano, 17*(2), 74-86.

Mahfoud, M. (2005). Formação da pessoa e caminho humano: Edith Stein e Martin Buber. *Memorandum, 8*, 52-61. Recuperado em 10 de abril, 2007, de http://www.fafich.ufmg.br/memorandum/artigos08/mahfoud02.htm

Mahfoud, M. (2007). Centro pessoal e núcleo comunitário, segundo Edith Stein: indicações para estudo sobre família. Em L. Moreira & A. M. A. Carvalho (Orgs.). *Família, subjetividade, vínculos* (pp. 107-124). São Paulo: Paulinas.

Mahfoud, M. (2008). Unidade da pessoa segundo Edith Stein: contribuições à educação para a nutrição. *Psicologia USP, 19*, 2008, 447-454.

Mahfoud, M. & Massimi, M. (2008). A pessoa como sujeito da experiência: contribuições da fenomenologia. *Memorandum, 14*, 52-61. Recuperado em 08 de setembro, 2008, de http://www.fafich.ufmg.br/memorandum/a14/mahfoudmassimi02.htm

Massimi, M. & Mahfoud, M. (2007). A pessoa como sujeito da experiência: um percurso na história dos saberes psicológicos. *Memorandum, 13,* 16-31. Recuperado em 08 de setembro,2008,de http://www.fafich.ufmg.br/memorandum/a13/massimimahfoud01.htm

Morin, E. (1996). A noção de sujeito. Em D. F. Schnitman (Org.). *Novos paradigmas, cultura e subjetividade* (pp. 45-58). (J. H. Rodrigues, Trad.). Porto Alegre: Artes Médicas.

Safra, G. (2006). *O ser humano: corpo, psique e espírito: estudo de Edith Stein por Safra I* [DVD]. São Paulo: Sobornost.

Stein, E. (2003). Estructura de la persona humana. Em E. Stein. *Obras completas. v.IV: Escritos antropológicos y pedagógicos* (pp. 555-749). (F. J. Sancho e col., Trad.) Vitoria, Espanha: El Carmen. (Original publicado em 1932-33).

Stein, E. (2005). Contribuiciones a la fundamentación filosófica de la psicología y de las ciencias del espíritu. Em E. Stein. *Obras completas. v.II: Escritos filosóficos (Etapa fenomenológica: 1915-1920)* (pp. 207-520). (F. J. Sancho e col., Trads.). Burgos, Espanha: Monte Carmelo. (Original publicado em 1922).

Stein, E. (2007à). Acto y potencia: estudos sobre una filosofia del ser. Em E. Stein. *Obras Completas. v. III: Escritos filosóficos: etapa de pensamiento cristiano* (pp. 241-536). (A. Pérez, J. Mardomingo & C. R. Garrido, Trads.). Burgos, Espanha: Monte Carmelo. (Original de 1932-5).

Stein, E. (2007b). Ser finito y Ser eterno: ensayo de una ascensión al sentido del ser. Em E. Stein. *Obras Completas. v. III: Escritos filosóficos: etapa de pensamiento cristiano* (pp. 589-1201). (A. Pérez, J. Mardomingo & C. R. Garrido, Trads.). Burgos, Espanha: Monte Carmelo. (Original de 1934-6).

Tymieniecka, A. T. (1982). Introducción editorial a la edición anglo-americana. Em K. Wojtyla. *Persona e Acción* (pp. XIII-XVIII). (J. F. Zulaica, Trad.). Madrid: Biblioteca de Autores Cristianos. (Original publicado em 1980).

Wojtyla, K. (1982). *Persona e Acción* (J. F. Zulaica, Trad.). Madrid: Biblioteca de Autores Cristianos. (Original publicado em 1969).

Wojtyla, K. (2003). El personalismo tomista. Em: K. Wojtyla. *Mi visión del hombre: hacia uma nueva ética* (4a ed., pp. 303-320). (M. P. Ferrer, Trad.). (Serie Pensamiento, 2) Madrid: Palabra. (Original publicado em 1961).

Wojtyla, K. (2003a). El problema de la voluntad en el análisis del acto ético. Em: K. Wojtyla. *Mi visión del hombre: hacia uma nueva ética* (4a ed., pp. 153-280). (M. P. Ferrer, Trad.). (Serie Pensamiento, 2). Madrid: Palabra. (Original publicado em 1957).

Wojtyla, K. (2003b). Introducción a la ética. Em: K. Wojtyla. *Mi visión del hombre: hacia uma nueva ética* (4a ed., pp. 40-116). (M. P. Ferrer, Trad.). (Serie Pensamiento, 2). Madrid: Palabra. (Original publicado em 1955-57).

PARTE III

Temas em psicologia: pesquisas com base em Edith Stein

As especificidades da comunidade religiosa na obra de Edtih Stein

Achilles Gonçalves Coelho Júnior
Miguel Mahfoud

Ser pessoa e ser comunidade mostraram-se, a partir da análise fenomenológica, ontologicamente interdependentes.[1] A compreensão de cada um desses entes nos solicita um olhar atento na tentativa de explicitar os elementos singulares e recíprocos que entram no processo de sua constituição (Coelho-Júnior & Mahfoud, 2006). O desejo de aprofundar o caminho de conhecimento sobre a estrutura da pessoa humana e da estrutura das formas sociais, possibilitou a Edith Stein permanecer aberta intelectualmente para acolher os dados disponibilizados pela experiência religiosa e acolher deles novos horizontes intelectuais e caminhos que pudessem iluminar a resposta aos problemas que filosoficamente ela vinha enfrentando desde o início de suas pesquisas.

Buscamos explicitar, neste capítulo, a especificidade da comunidade religiosa quanto ao processo de tornarem-se si mesmas da pessoa e da comunidade, na obra de Edith Stein. Isso implica identificar como a estrutura da pessoa e da comunidade vêm mobilizadas dinamicamente em seu processo formativo, através dos elementos especificamente religiosos, identificados nas vivências pessoais e comunitárias. Portanto, trata-se de descrever as especificidades da comunidade religiosa e identificar a essência desta especificidade na dinâmica humana e comunitária.

[1] Este capítulo é baseado na dissertação de mestrado: Coelho Júnior, A. G. (2006). *As especificidades da comunidade religiosa: pessoa e comunidade na obra de Edith Stein.* Dissertação de Mestrado. Programa de Pós-graduação em Psicologia da Faculdade de Filosofia e Ciências Humanas da UFMG. Belo Horizonte, MG; orientada pelo Prof. Dr. Miguel Mahfoud.

1. A vivência religiosa

Próprio do método fenomenológico de Husserl, a estrutura da pessoa é colhida a partir da análise de suas vivências. Identificar as dimensões corpórea, psíquica e espiritual, só foi possível após identificar diferentes gêneros de vivências que ativam dimensões distintas da pessoa (Ales Bello, 1992/2000). Para Husserl, não é apenas o vivido cognoscitivo, o cogito cartesiano, que constitui a essência da estrutura da pessoa, mas toda a complexidade de vivências próprias da corporeidade, da psique e do espírito, que permitem uma compreensão mais complexa do que é o ser humano (Manganaro, 2004). Edith Stein manteve esse horizonte metodológico e, desde o início de suas pesquisas, adotou o caminho de partir das vivências para chegar à descrição cada vez mais profunda da essência do ser humano.

Ao final de sua primeira obra, *Sobre o problema da empatia*, Stein (1917/1998) identifica um tipo de vivência da pessoa que, posteriormente, retornará a analisá-lo mais profundamente em outras obras. Reconhece que "existem estados nos homens que, em uma mudança imprevista da sua pessoa, acreditam experimentar um influxo da graça divina; outros que nas suas ações se sentem guiados por um espírito protetor" (obra citada, p. 229, tradução própria). Termina perguntando "quem decidirá se aqui trata-se de uma experiência genuína ou daquela obscuridade sobre a própria motivação?" (idem). Este tipo de vivência seria uma ilusão provocada pelo fato de ainda não conseguirmos descrever todo o processo motivacional que exerce influência nas mudanças psíquicas, ou se trata da possibilidade de uma verdadeira experiência que possui elementos essenciais específicos? Stein não se propôs a resolver rápida e preconceituosamente essa questão, após aprofundar seus estudos sobre a estrutura da pessoa e sobre a dinâmica que a motivação exerce na vida psíquica e espiritual, identificou que estaríamos diante de uma vivência diferente daquela da fantasia, identificando a possibilidade de que a pessoa venha a ser nutrida pelos valores subjetivos dos outros, o que permite estruturalmente a possibilidade de encontrar o Outro e ter sua dinâmica mobilizada a partir deste encontro (Stein, 1922/1999h).

No livro *Introdução à filosofia*, buscando explicitar a estrutura ôntica da pessoa, Stein (1919-32/2001) descreve um tipo específico de vivência, denominada religiosa, onde os elementos essenciais podem ser identificados no polo da pessoa quem vivencia ou no polo do objeto que apreendido.

> No sentimento de segurança que nos invade em uma situação "desesperada", quando o nosso intelecto não vê mais nenhum caminho de saída possível e quando sabemos que em todo mundo não existe ser humano que tenha a vontade ou o poder de aconselhar-se ou ajudar-se; neste sentimento de segurança sentimos a existência de uma força espiritual que nenhuma experiência externa nos faz conhecer. Não sabemos o que acontecerá conosco, a não ser que está diante de nós um abismo escancarado e a vida é arrastada inexoravelmente para dentro dele, porque está adiante e não tolera nenhum passo atrás; mas ainda que acreditemos nos precipitar, nos sentimos "nas mãos de Deus" que nos sustenta e não nos deixa cair. E em tal viver não só se torna clara sua existência, mas também *o que é*, a sua essência se torna visível nas suas irradiações últimas: a força que surge, quando se anulam todas as forças humanas, que nos dá nova vida quando pensamos estar mortos interiormente, que dá vigor à nossa vontade quando esta está paralisada - esta força pertence a um ser onipotente. Esta confiança que nos faz supor que a nossa vida tem um sentido mesmo que um intelecto humano não seja em grau de decifrá-lo, se faz conhecer a sua sabedoria. E a confiança que este seja um sentido de salvação, que tudo, mesmo as piores coisas, servem para nossa salvação e, portanto, que este Ser supremo tem piedade de nós, quando os seres humanos o recusam, que não conhece em absoluto alguma infâmia, tudo isto nos mostra a sua suprema bondade (Stein, 1919-32/2001, pp. 222-223, tradução própria).

Na citação acima, podemos identificar que em uma situação específica onde se vivencia o sentimento de desespero e impotência, a pessoa toma consciência do surgimento de um "sentimento de segurança". Este é identificado pela pessoa com um caráter de excepcionalidade, um tipo de tensão no vivenciar que é diverso do comumente vivenciado no mundo-da-vida. Um sentir-se seguro que não é identificado como resultado de um esforço próprio, mas resultado de uma atividade e uma força que não é da pessoa mesma, mas aponta para "existência de uma potência espiritual" que é apreendida como correlato desta vivência, como objeto considerado sagrado. Desta forma, o conhecimento intuitivo (no sentido da intuição das essências identificada como meio de conhecimento natural da estrutura humana) identifica não apenas um dado de existência, mas possibilita uma identificação dos aspectos essenciais deste Outro. Este Ser é identificado como alguém onipotente e onicompreensivo, tem a força dotada de tamanha intensidade que não é identificada na pessoa mesma ou nos demais e manifesta-se em uma situação considerada pela pessoa com uma urgência de ser socorrida.

Podemos identificar que o influxo de uma força vital, no contexto de uma vivência religiosa, contextualizada na citação acima referente a um momento de extremo esgotamento humano, desperta na pessoa uma unidade na dinâmica de sua estrutura. Edith Stein já havia identificado que a unidade da pessoa pode ser apreendida pela influência recíproca das dimensões pessoais através da força vital (Stein, 1922/1999h). Na vivência religiosa, a força vital espiritual vem nutrida através do encontro com um Outro, provocando uma reação espontânea – uma tomada de posição espontânea identificada através do sentimento de segurança – proporcional ao significado encontrado; a reação identificada em si remete aos elementos próprios deste Outro que foi apreendido na vivência. Não somente a dimensão espiritual vem alimentada a partir do encontro com o Ouro e com os significados acolhidos em si mesmo a partir deste encontro, mas na dimensão psíquica são identificados novos sentimentos que emergem – segurança, confiança, esperança, sentir-se cuidado e compreendido – e na dimensão da corporeidade a força sensível vem renovada – a pessoa sente um novo vigor. Na vivência religiosa, assim como foi descrita até aqui, a pessoa vivencia uma unidade constitutiva de si mesma, que é evidenciada a partir do encontro com o Outro.

Considerando ainda que pela vivência religiosa acontece na pessoa uma tomada de posição espontânea diante do sentido apreendido, este mesmo sentimento (ou tomada de posição espontânea), a exemplo do que ocorre nos outros tipos de vivência, será uma vivência fundante para outros tipos de vivências que implicarão um posicionamento pessoal (Stein, 1917/1998, 1922/1999h). A pessoa pode posicionar-se voluntariamente abandonando-se a este sentimento de segurança e buscar um aprofundamento no conhecimento d'Este que despertou nela esta mudança, podendo sentir um preenchimento gradativo deste sentimento em sua interioridade, mas pode também se fechar a Este que intuitivamente apreendeu. Desta forma, a vivência religiosa não se constitui como uma vivência de passividade, mas implica um posicionamento pessoal onde a abertura ou o fechamento para esta Presença encontrada, irá manifestar diferentes tipos específicos de vivência religiosa (Stein, 1946/1983).

1.1. O senso religioso e conhecimento natural de Deus

No artigo *Caminho do conhecimento de Deus*, Stein (1946/1983) identifica que ao encontrar com a realidade, na atitude natural do mundo-da-vida, a pessoa pode apresentar uma dinâmica de experiência onde reconhece na realidade um "todo ordenado e pleno de sentido" (p. 155, tradução própria). A realidade vem colhida enquanto símbolo, apontando para uma mensagem e um sentido a ser decifrado e elaborado pela pessoa. A realidade, considerada seja em seu elemento natural, seja em seu aspecto sócio-histórico, é apreendida pela pessoa como mensagem. A pessoa pode se perguntar sobre este "quem" se dirige a ela. Pode, ainda, a partir de um olhar atento para sua realidade do mundo-da-vida, apreender um Outro que se dirige a ela através dos acontecimentos.

A possibilidade de reconhecer na natureza o expressar-se de um Outro que se dirige à pessoa, não é considerada como um dom extraordinário de algumas pessoas possuidoras de uma sensibilidade excepcional. Pelo contrário, esta é uma atitude espontânea que pode ser vivenciada a partir de uma atenção com a realidade. Edith Stein identifica esta capacidade estrutural da pessoa de reconhecer o sentido da realidade e o Mistério nela presente, que a ordena e a comunica a nós, denominando-a como "senso religioso" (idem, p. 157, tradução própria). Cada pessoa possui uma atenção mais ou menos cuidadosa com este senso religioso presente em sua vivência. Isto depende das circunstâncias específicas às quais a pessoa está submetida, sobretudo, daquelas circunstâncias relacionadas aos aspectos formativos e culturais que permearam seu desenvolvimento.

O tipo de educação recebido pela pessoa influenciará se ela estiver desorientada e abandonada ao mundo externo, ou até mesmo cega frente ao chamado que do mundo conduz à Deus (idem, p. 178). Aqui a tradição cumpre um papel diferenciado.

O senso religioso possibilita um olhar para a realidade apreendendo nela o seu sentido, apreendendo cada evento dentro de um encadeamento de situações que não acontecem aleatoriamente, mas dotadas de um significado implícito que pode ser explicitado pelo caminho de uma ajuda educativa. A estrutura da pessoa vem mobilizada de forma a buscar uma atenção a cada evento natural, a não desconsiderar nada da realidade, uma vez que tudo pode remeter a um aprofundamento do conhecimento do Outro. Todas as vivências, sejam elas específicas da corporeidade, do psiquismo ou do espírito, podem ser acolhidas como meios para conhecer o sentido da realidade e, conhecendo-o, aproximar-se do Outro. A desconsideração deste senso religioso na experiência vivida, pode gerar uma desorientação, uma não apreensão do sentido da realidade que pode chegar a um profundo niilismo e pessimismo, a um vazio existencial onde a falta de sentido apreendido na realidade pode provocar na dinâmica humana uma sensação da falta de sentido da própria vida (Frankl, 1946/1989, 1948/1993).

A identificação do senso religioso na estrutura da pessoa, possibilita reconhecer esta disponibilidade estrutural para o conhecimento da presença do Mistério, do Outro apreendido como Mistério, através da realidade que passa a ser sinal de Sua presença. A pessoa pode tanto se voltar para este senso religioso e acolher a realidade a partir deste critério de julgamento que reconhece um sentido nos eventos naturais, como também pode se fechar a esta possibilidade. Abrindo-se a este senso religioso, pode cuidar de aprofundar esta dinâmica na sua vida de forma mais ou menos intensa, mais ou menos estável. Tudo isto revela o caráter ativo da pessoa ao cuidar desta dinâmica que lhe é estrutural, ao tomar uma posição de acolher o sentido da realidade, sua dinâmica mesma vem organizada e orientada como resposta a este sentido apreendido. Os elementos da realidade tornam-se símbolos e possibilitam um conhecimento natural do Outro que vem ao encontro do homem e a ele dirige sua palavra (Stein, 1946/1983). A vivência religiosa torna-se um reconhecimento e uma resposta à uma Palavra que é dirigida ao homem.

1.2. A fé

Inserida no mundo-da-vida, a pessoa encontra com a realidade como correlato de suas vivências. Discutimos anteriormente que a pessoa pode apreender a realidade como um todo significativo, como símbolo, e perguntar-se sobre aquele Mistério para o qual a realidade mesma aponta, para esse Outro que se expressa de forma misteriosa, mas também inteligível. Na dinâmica das perguntas pelo sentido das coisas, da vida como um todo e do sentido de sua vida pessoal, a pessoa pode identificar um tipo de ato específico pela qual ela se depara com algumas destas respostas: trata-se da fé (Stein, 1930-32/1999g).

O que é a fé? Se analisarmos este tipo de vivência, identificamos que usamos este termo para nos referir a uma série de atos, distintos entre si, que são correlatos da existência de objetos reais ou ideais, expressando a ideia de uma certeza da existência de algo. Podemos utilizar a palavra fé para nos referir à certeza da existência de um objeto, à certeza de que este objeto possui certas características específicas, à uma tomada de posição que implica em uma convicção fundamentada, à uma opinião que esteja aberta a ser verificada e abandonada ou, até mesmo, à um acreditar cegamente em algo – o que afirma uma certeza interna que pode se opor ao saber por afirmar prioritariamente uma certa posição intelectual do que a verdade que se mostre na realidade (idem). Entre estes diversos significados, a fé religiosa (*fides*) tem um sentido diferente destes identificados anteriormente.

Na busca pela verdade, a pessoa pode deter-se em uma opinião do que seja a realidade, em uma convicção parcial do que a realidade aparenta ser, o que geraria uma atitude reducionista, pode adotar uma crença cega ideológica e alienante na busca de construir uma segurança intelectual, mas pode também se abrir para acolher do encontro com o Outro, que se revela naturalmente ou sobrenaturalmente, a verdade sobre o que é a vida, o que é o homem, o que o homem pode ser, quem é Aquele que sustenta a vida, entre muitas outras coisas.

A expressão teológica fé indica não só a virtude (*fides, qua creditur*), mas o objeto da fé, a verdade revelada (*fides quae creditur*) e, enfim, a viva atuação da virtude, o crer (crer), ou o ato de crer (Stein, 1934-36/1996).

Retomando a descrição da vivência religiosa apresentada no início deste capítulo, podemos considerar a fé como a resposta dada pela pessoa, um posicionamento consciente e livre, que vive a presença de um Outro como certeza vivencial e conhece-O através das características que apreende em sua experiência como correlato (onipotência e onisciência) desta presença, bem como conhece algo mais de sua realidade que sozinha naquele momento não poderia conhecer ("experimenta que a vida tem um sentido, mesmo que o intelecto humano não seja em grau de decifra-lo"). A definição de fé como ato específico de tipo religioso, implica tanto o tipo de tensão e as vivências ativadas na pessoa, quanto o objeto da fé.

Podemos compreender melhor o que é a fé religiosa (*fides*) se comparamos com as outras vivências que consideramos com o mesmo termo no mundo-da-vida: (a) a fé religiosa não é um ato puramente teorético, a pessoa é afetada por um Outro, não apenas intelectualmente, mas inteiramente – nas suas dimensões estruturais – e responde em um único ato que implica conhecimento, amor e ação; (b) a compreensão do Outro advinda da fé não é perceptiva, porque o objeto do qual se compreende algo é invisível, mas é possível devido ao fato que o Outro é apreendido como presença; (c) este Outro que apresenta-se como objeto da fé é considerado pela pessoa que crê como sendo o próprio Deus, uma vez que são apreendidas características que remetem à infinitude: onipresença, onipotência, onisciência, etc; (d) o objeto da fé é essencialmente marcado por uma imutabilidade, o que implica que o correlato deste objeto não varie quanto à diferenças de grau de certeza – ou se tem fé ou não – embora haja diferenças na maneira como as pessoas sintam-se afetadas pelo Outro.

A vivência da fé, enquanto vivência religiosa, é abordada como um ato da pessoa de "aceitação da revelação sobrenatural e da fidelidade a esta"(Stein, 1946/1983). Este tipo de vivência implica um posicionamento voluntário da pessoa de aceitar uma palavra revelada que é entendida como uma autocomunicação de Deus e dos seus mistérios, mistérios estes que não seriam acessados apenas com o esforço da razão humana para alcançá-los. A aceitação e a fé na Revelação transmitida através de "mensageiros" é considerada como um processo de conhecimento religioso tanto de Deus quanto da realidade objetiva e de seu sentido.

Stein (1946/1983) apresenta um exemplo em sua discussão onde podemos comparar a relação entre conhecimento natural, fé e experiência mística. Se conhecermos uma pessoa primeiramente através de um retrato dela, quando a encontrarmos poderemos reconhecê-la mais facilmente. Ou, se pelo contrário, esta pessoa já nos é conhecida, podemos julgar melhor o quanto tal retrato corresponde ou não à representação figurativa desta pessoa no momento que sua foto nos é apresentada. A revelação, diante da qual a pessoa se posiciona pelo ato de fé, apresenta os mistérios de Deus que por si só o homem não poderia descobrir, retrata a presença e o rosto de Deus para o homem e pode ajudá-lo a reconhecer a presença divina na realidade natural, o significado desta realidade ou despertar o desejo de um encontro pessoal com o Outro.

1.3. A experiência mística

Existe um tipo específico de vivência religiosa onde a pessoa vivencia uma certeza da presença de Deus, um sentir-se em contato direto com Ele, vivencia um encontro com Deus de pessoa a pessoa (Stein, 1946/1983). Este tipo de vivência, identificada como experiência mística, frequentemente é enquadrada como um tipo de vivência irracional, emocional, intimista e, até mesmo, patológica, desconsiderando tanto a alteridade que se dá na experiência vivida, quanto às especificidades estruturais que são ativadas na pessoa que se submete a esta experiência (Manganaro, 2004). Confunde-se mística com misticismo, reduzindo a experiência da presença de Deus marcada pelo mistério, com uma postura de uma religiosidade estetizante ou uma disposição de apreender a dimensão interior de forma sentimentalista ou espiritualista. Contudo, a experiência mística, fenomenologicamente apreendida, é considerada como um tipo específico de vivência religiosa, por tratar-se de um encontro imediato com Deus, um sentimento da própria presença de Deus.

A vivência mística, assim como é descrita por santos como Santa Tereza D'Ávila ou São João da Cruz, oferece uma contribuição muito precisa no que se refere ao conhecimento da estrutura da pessoa humana e de sua interioridade, de sua alma. Stein (1917/1998) havia identificado que o eu pode se voltar para sua interioridade, identificando diversas vivências e diferentes graus de profundidades que estas podem ocupar na alma, um lugar mais central da alma e outros mais superficiais ou periféricos. Desta forma, apreendeu uma espacialidade interior e a possibilidade do eu se mover na identificação das vivências desta espacialidade da alma. Edith Stein manteve a abertura intelectual e acolhendo as descrições de Santa Tereza D'Ávila e de São João da Cruz, ampliou o horizonte de compreensão da alma humana. A partir de experiências religiosas identificou que estas ativam de forma específica a estrutura da pessoa (Stein, 1942/1999a). Poderíamos dizer que encontra neste trabalho, junto às obras dos místicos, um aprofundamento e uma "confirmação das descrições essenciais da estrutura da subjetividade obtida através do método fenomenológico" (Ales Bello, 1999, p. 23, tradução própria).

Na análise das descrições das experiências místicas analisadas por Stein (1936/1999e), identifica-se as características essenciais dessa experiência que implicam uma abertura do eu para percorrer o caminho da interioridade em busca de uma verdade vivenciada, iniciando este caminho através do autoconhecimento; mas também uma iniciativa da parte do Outro que busca uma comunicação direta e uma habitação reconhecida na alma humana, podendo suscitar na pessoa um sentimento profundo de união com o próprio Deus, gerando uma atitude de realização plena que pode ser vivenciada na forma de um êxtase.

Edith analisa a maneira própria como Tereza D'Ávila descreve a alma humana em sua experiência mística, através da imagem de um castelo que possui vários aposentos que podem ser percorridos até chegar a um lugar central (idem). A descrição da santa confirma as conclusões que Stein havia chegado a partir do método fenomenológico sobre a interioridade, isto é, que espírito e alma apresentam uma leve distinção embora sejam apreendidos como uma unidade, diferente da corporeidade (Manganaro, 2004). A descrição da experiência mística permite compreender ainda de forma mais clara, a unidade da pessoa e de sua estrutura. A interação e a distinção entre "alma" e "espírito" permite considerar aspectos que vinham sendo rejeitados pela psicologia do século XX, recuperando o reconhecimento da alma humana como categoria central na compreensão do que é o ser humano e da sua maneira de se posicionar na realidade (Stein, 1936/1999e). A possibilidade de o eu se mover na sua interioridade e ocupar um lugar central onde a partir dali pode emitir juízos e tomar decisões de maneira mais pessoal, bem como identificar um desejo de se doar ao outro e comunicar sua interioridade vivendo relacionamentos também de forma personalizada, são identificadas na vivência da pessoa a partir da descrição da experiência mística, onde todas estas possibilidades são ativadas a partir de um encontro imediato com o Outro.

A vivência religiosa, nas suas modalidades específicas com as quais podem ser identificadas na experiência da pessoa (conhecimento natural, fé e experiência mística), não é um tipo de vivência que acontece como resultado de um esforço pessoal, nem um tipo onde a pessoa assiste passivamente a si mesma ser determinada mecanicamente a partir do exterior, mas são vivências que implicam uma interação entre a pessoa e o Outro (Stein, 1930-32/1999g). Na vivência religiosa é apreendia uma presença que se move em direção ao homem, se mostra através de símbolos naturais ou de maneira imediata. Identificar esta dialética entre o eu e o Outro, entre o ato de buscar e ser buscado, atividade e passividade, criar e ser criado, revela a forma como a vivência religiosa desperta as dimensões da pessoa, ativando de maneira dinâmica aspectos estruturais e universais da pessoa.

2. A vivência religiosa propriamente comunitária

A vivência religiosa pode ser uma vivência pessoal, mas também pode constituir-se enquanto uma vivência comunitária. O fato de uma pessoa estar vivenciando um conteúdo sagrado ao lado de outra pessoa, não é o suficiente para definirmos uma vivência religiosa como comunitária. A soma de vivências individuais não é o suficiente para a constituição da vivência comunitária (Stein, 1922/1999h). Então indagamos: como uma vivência religiosa individual pode constituir-se como vivência comunitária? Que elementos nos permitem identificar uma vivência religiosa enquanto vivência comunitária?

2.1. Vivência religiosa comunitária considerada em sua origem

Através da descrição das modalidades de vivência religiosa individual, identificamos como a estrutura humana vem despertada e como algumas vivências são ativadas de maneira específica. A vivência religiosa, diferente de ser uma vivência subjetivista e solipsista, mostra-se como uma vivência que envolve um Outro. Neste sentido, identificamos que uma das maneiras que podemos reconhecer como a vivência religiosa individual passa a constituir-se como uma vivência religiosa propriamente comunitária, refere-se à origem da vivência religiosa, ou seja, como a vivência religiosa é despertada na pessoa.

"Não se pode forçar ninguém a se salvar e não se pode pretender a Graça por ninguém" (Stein, 1930-32/1999g, p. 76, tradução própria). A vivência religiosa é um ato que exige um posicionamento pessoal, entretanto, é possível que a Graça seja recebida através de uma mediação humana que desperta o desejo de uma pessoa encontrar com o Outro e este desejo, por sua vez, motiva uma resposta pessoal com um *fiat*.

> É possível que a Graça não chegue ao homem imediatamente, mas escolha passar através de pessoas finitas. E na estrutura da pessoa finita existem diversos pontos de partida para levar em consideração a atividade mediadora. Em outros termos: o ser humano pode, em diversos modos, ser útil para a salvação dos outros homens (idem, p. 76, tradução própria).

Uma pessoa, diante de uma outra que já vivencia uma experiência religiosa e pode já estar preenchida pela Graça, pode reconhecer em si o emergir de um tipo de desejo de plenitude e uma possibilidade de respondê-lo através de uma busca religiosa. Pode surgir na pessoa o desejo de imitar a esta outra que contempla, imitando não apenas exteriormente um certo tipo de comportamento, mas buscando repetir o encontro feito desta outra pessoa a quem observa com aquela fonte de onde nasce aquele tipo de vitalidade e realização de vida desejada. Tudo isto cumpre-se, segundo Stein, sem que haja uma colaboração da liberdade do mediador, sem que seja planejado qualquer tipo de estratégia de fazer ressoar na outra pessoa algum tipo de sentimento específico. Por isso, Stein denomina este primeiro elemento como um movimento que nasce da liberdade divina de se mostrar à pessoa através da mediação de alguém. Este tipo de evento onde é despertada a vivência religiosa pode ser considerada como "testemunho", uma vez que é através de uma vivência pessoal – ainda que sem uma escolha consciente e premeditada – que alguém torna-se "instrumento da Graça" (idem, p. 76, tradução própria).

Uma pessoa também pode se mover e buscar um encontro com o Outro, quando é despertada: comunicações diretas ou reenvio às fontes da qual traz ao conhecimento relativo isto que falta (Stein, 1930-32/1999g). Assim, a vivência religiosa já se origina numa provocação de um outro que lhe propõe através de um ato de "ensino", um conteúdo sagrado que responda às exigências daquilo que falta, que lhe propõe uma resposta que corresponda ao desejo de totalidade almejado (Stein, 1919-32/2001).

Existe ainda uma outra possibilidade de uma vivência religiosa comunitária ser constituída na sua origem, refere-se à situações onde a pessoa sente-se surpreendida com a Graça que lhe vêm ao encontro, mesmo que essa não tenha se esforçado ou se dedicado a atos que expressasse um pedido. Isto pode acontecer quando uma pessoa coloca-se como mediadora da Graça e reza por uma pessoa na intenção de que a Graça a alcance. "O crente pode, na oração, voltar-se a Deus e suplicá-lo a conceder a Sua Graça a um outro. E Deus pode, por amor a uma alma que foi acolhida junto a Ele, atirar uma outra a Si" (Stein, 1930-32/1999g, p. 77, tradução própria). Trata-se de um caminho que escapa à compreensão da razão e só pode ser compreendida por meio da fé. Contudo, considerando esta possibilidade, identificamos que a vivência religiosa que nasce deste encontro com a Graça, que vem como resposta à oração de um terceiro, na medida em que a primeira pessoa acolhe esta Graça, já participa de uma experiência que não é apenas sua, é uma experiência que a conecta com outras pessoas numa comunidade espiritualmente constituída que se relaciona com uma mesma Fonte de Graça. Desta forma, temos que a vivência religiosa origina-se marcada por elementos de comunhão e solidariedade, considerados essenciais de uma vivência propriamente comunitária (Stein, 1922/1999h).

Portanto, a vivência religiosa pode constituir-se como vivência religiosa propriamente comunitária, quando é despertada através de uma vivência comunitária, podendo ser despertada através de um testemunho, de um ensino e dos efeitos da oração de intercessão de alguém.

A dinâmica pela qual descrevemos como pode ser despertada a vivência religiosa na pessoa, uma vivência que nasce como uma vivência comunitária, nos ajuda a aprofundar a discussão sobre a estrutura pessoal e a estrutura comunitária. Isto que somos e que podemos vir a ser, não é reconhecido apenas individualmente, mas é provocado no encontro com o outro, numa relação própria de comunidade onde identificamos um ao outro como sujeitos. Neste encontro com o outro, nos damos conta do que somos não apenas porque encontramos com a diferença, onde o ser si mesmo pode se explicitar numa dinâmica de diferenciação e de ruptura, mas nos damos conta que o outro possui uma mesma estrutura humana que eu, nele vem mobilizado uma dinâmica vital desejante e uma resposta a esta que corresponde também a um desejo pessoal. Olhando para o outro, enquanto *alter ego*, me dou conta que sou constituído pela mesma estrutura que ele e posso examinar se aquilo que para o outro se constitui como resposta à sua busca, para mim também seja. A relação com o outro, nesta dinâmica específica de uma relação de comunidade, pode despertar uma consciência mais precisa do que sou e de como cuidar ativamente da minha realização, mas ao mesmo tempo pode fortalecer a própria estrutura da relação de comunidade onde meu eu vem ativado, vem provocado a percorrer um caminho pessoal de realização.

2.2. Vivência religiosa comunitária considerada enquanto ato de comunicação de sentido

A vivência religiosa individual pode constituir-se como vivência comunitária, não apenas na sua origem ou no modo como é despertada, mas também quando, depois de vivenciada individualmente, provoca um movimento na direção de compartilhar esta vivência com outras pessoas. Desta forma, o conteúdo pessoal da vivência religiosa pode ser compartilhado com outras pessoas, tanto o núcleo de sentido quanto o invólucro específico de sentido do núcleo que uma pessoa vivencia, tornando-se parte de uma bagagem cultural comum. Este núcleo compartilhado passa a ser disponibilizado aos outros como conteúdo de vivências a ser visado (Stein, 1946/1983).

Esta dinâmica é própria de uma teologia simbólica, onde é comunicado ao outro um caminho de experiência de Deus, de conhecimento deste Outro. Para constituir-se como comunicação de um sentido sistematizado, este sentido deve primeiro ter sido vivenciado por alguém, só posteriormente poderá comunicar tanto as metáforas e analogias apreendidas do invisível no visível, quanto o próprio significado da experiência de tê-las apreendido.

Além da experiência do reconhecimento da presença do Outro através dos símbolos naturais, também a vivência da fé pode ser compartilhada e se tornar uma vivência religiosa propriamente comunitária. Tanto a verdade revelada, quanto às atitudes que surgem como resposta a esta revelação, podem ser compartilhadas com outras pessoas da comunidade e estas, respondendo a estes conteúdos compartilhados, podem passar a compartilhar uma nova vivência comum.

Quanto à vivência religiosa através da experiência mística, poderíamos inicialmente objetar à possibilidade deste tipo de vivência se tornar comunitária, uma vez que se trata de um encontro tão pessoal com Deus e de uma revelação de Seus mistérios que podem ser de difícil expressão. Contudo, Stein (1935/1999f) discute a possibilidade de que a experiência mística de alguns, na medida em que são descritas e apresentadas à comunidade religiosa a qual pertencem, suscite o desejo de um encontro também profundo e pessoal com o próprio Deus. A experiência mística depende de uma iniciativa de Deus que vem ao encontro da pessoa e a toca de forma especial, e, neste sentido, não depende de um esforço pessoal, mas da própria vontade divina. Ao compartilhar as suas experiências místicas e as ações que a precederam ou prepararam a alma para tal encontro, os místicos oferecem um caminho que passa a ser seguido por aqueles que aspiram a uma experiência religiosa mais profunda e por aqueles que buscam se aprofundar no conhecimento dos Mistérios divinos revelados (Stein, 1942/1999a, 1936/1999e). Desta forma, as vivências religiosas individuais passam a constituir um patrimônio espiritual comum da comunidade religiosa, tornando-se vivências comunitárias desde que sejam adotadas e inseridas na unidade da comunidade e, partindo do relato e das indicações dos místicos, outros podem refazer o caminho deste tipo de experiências. O próprio desejo de compartilhar este caminho da mística é gerado internamente à vivência mística, como Stein (1999e) descreve na análise das moradas da alma descritas no "Castelo Interior", por Santa Tereza D'Ávila. Percorrendo um caminho místico-espiritual em direção ao centro da alma, ao chegar no que é identificado como a "quinta morada", a pessoa passa a sentir um profundo desejo de se dedicar ao serviço de Deus através de obras direcionadas às outras pessoas, suscitando uma atitude de abertura – nascida do centro da pessoa quem vivencia a mística – em direção aos outros (Ales Bello, 1999).

Concluindo, podemos nos perguntar quais são as características específicas identificadas na vivência religiosa? Como as vivências religiosas, individuais ou comunitárias, ativam a estrutura dinâmica da pessoa e da comunidade?

A primeira característica identificada nas vivências religiosas é que estas apresentam a mesma estrutura dos demais tipos de vivências, ou seja, na vivência religiosa são ativadas as vivências sensíveis, categoriais, atos de sentimentos, atos livres, entre outras; embora se voltem para um conteúdo sagrado que intende ao Outro – o que caracteriza sua especificidade – sua natureza dinâmica comum da estrutura humana fica preservada. Isto significa que a vivência religiosa não é um tipo de vivência à parte da dinâmica da experiência humana, mas exige que as dimensões da pessoa (corpórea, psíquica e espiritual) estejam integradas na constituição dessas vivências religiosas.

A especificidade da vivência religiosa encontra-se no objeto ou conteúdo desta vivência. Tratando-se da vivência religiosa, o conteúdo vivenciado é identificado com uma Transcendência, ou uma pessoa divina em algumas culturas religiosas, que é reconhecida de forma imediata (através da experiência mística, por exemplo) ou mediada através das outras pessoas ou elementos da própria natureza que passam a ser sinal desta presença (através da experiência natural ou da fé). Ao vivenciar esta Alteridade, a pessoa percebe ainda que existe um movimento deste Outro que vem ao seu encontro e se manifesta a ela. A pessoa reconhece a sua liberdade pessoal, de onde origina uma abertura para este encontro ou até mesmo um abandono a Este que está diante de si, mas também uma liberdade divina que pode ou não se mostrar e, mostrando-se, pode-o fazer de uma forma mais clara ou obscura. A especificidade do objeto da vivência religiosa inclui, então, a presença e o mostrar-se de uma pessoa divina, ou do Transcendente, da qual depende a própria constituição da vivência, o que faz com que liberdade e dependência sejam características essenciais deste grupo de vivências.

Outra especificidade que Stein reconhece nas vivências religiosas é a forma como a liberdade pessoal é ativada nestas vivências. A pessoa pode abrir-se e buscar uma vivência religiosa, pode buscar uma compreensão do objeto a ser vivenciado através da Revelação e da formação religiosa, pode se abrir progressivamente na medida em que é solicitada pela Graça, ou então pode se fechar para este tipo de vivência. Pode se abrir para ser ajudada pela comunidade religiosa neste caminho e pode contribuir com suas experiências individuais, compartilhando-as com a comunidade, o que introduz uma modificação no seu próprio ambiente formador. A mesma liberdade que a possibilita de se fechar e se isolar em relação a uma vivência religiosa individual ou comunitária, pode possibilitar uma atitude de abertura que potencializa seu vivenciar. Mesmo nas experiências místicas, onde a pessoa vivencia o encontro com Deus de uma forma mais passiva porque é tomada em sua sensibilidade, existe uma experiência de liberdade quanto à sua abertura e o deixar-se tomar pela Graça numa atitude de abandonar-se a Ela. Esta liberdade identificada na vivência religiosa carrega um potencial de realização mais pleno da pessoa, a possibilidade de tornar-se si mesma de uma forma mais plena, porque as ações da vida não ficam limitadas a atitudes reativas e instintivas, mas age de acordo com um critério valorativo e espiritual que carrega, por estar inserira num mundo de valores religiosos (Stein, 1930-32/1999g).

A vivência religiosa traz consequências específicas para a vida da comunidade religiosa. Quanto mais as pessoas da comunidade se voltam para o objeto da vivência religiosa, quanto mais se voltam para o Outro e para seus mistérios que lhe são revelados, maior é a possibilidade de fortalecimento do vínculo comunitário. A unidade da comunidade é consequência de como é vivenciado o mesmo núcleo comum e de como as pessoas se unem em torno deste núcleo de vivências (Stein, 1922/1999h).

3. A pessoa libertada e a pessoa senhora de si mesma

Após a explicitação da estrutura da pessoa quanto à sua natureza humana, perguntamos agora como é inserida a vivência religiosa neste processo de formação de si mesmo? Como se dá o papel da Graça na constituição da pessoa e como esta se relaciona com a liberdade da pessoa?

Edith Stein (1930-32/1999g) enfrentou diretamente esta discussão em um texto escrito nos anos de 1930-32, chamado *A estrutura ôntica da pessoa e a problemática do seu conhecimento.* Nesse texto, a estrutura da pessoa humana é analisada fenomenologicamente, onde partindo de uma pesquisa descritiva essencial, chega à formulação de uma metafísica substancial, que mais tarde desenvolverá de forma mais sistemática na obra *Ser finito e Ser eterno* (Stein, 1934-36/1996). A pesquisa nasce de uma descrição dos aspectos da exterioridade, chegando a interioridade humana e nesta reconhecendo a ação de uma força potente e externa à pessoa mesma, derivada da intervenção divina por meio da graça (Ales Bello, 1997/1998a). Ultrapassando a discussão da constituição do sujeito humano, é analisada a dimensão ética da pessoa a partir da experiência religiosa.

A pessoa está inserida em um mundo de objetos e de valores diante dos quais recebe suas impressões e vem colocada em movimento através de posicionamentos pessoais. (Stein, 1922/1999h, 1930-32/1999g). Na vida psíquica natural-espontânea impressões e reações estão em constante alternância. Estas impressões são acolhidas na alma humana, em diferentes profundidades, através da vida espiritual com a qual os objetos são apreendidos. Diante de cada objeto, juntamente com seu significado e valor, existe na pessoa uma tomada de posição espontânea através de reações psíquicas, marcadas pela afetividade, ou melhor, identificada nos sentimentos. Estas reações podem provocar na pessoa uma expressão externa através de ações específicas, motivadas por cada sentimento, deixando assim a sua marca no mundo natural. Todavia, vale ressaltar aqui que o posicionamento, pode se expressar através de um querer e de uma ação consciente e livre, permanecendo entretanto estritamente vinculado ao mundo natural no qual a pessoa está inserida. Sua ação nasce como resposta a um determinado estímulo ou impressão acolhida dentro de si. Neste sentido, podemos reconhecer que a pessoa não se tem em mãos totalmente, uma vez que seus posicionamentos não nascem de forma aleatória, mas como resultado de seu encontro com o mundo.

Enquanto falamos de um mecanismo de tomadas de posição naturais ou espontâneas, identificamos esta dimensão passiva e não livre na pessoa, pelo fato de que estes movimentos não estão submetidos à direção de seu centro interior, mas configuram-se ainda como simples reações. Apenas na medida em que a pessoa passa a ter o comando dos seus próprios movimentos e submete sua atividade à ação da liberdade, é que podemos falar de um sujeito livre (Stein, 1930-32/1999g). Justamente nesta dimensão da atividade livre, própria de uma discussão ética – porque o que está em jogo não é apenas que eu posso fazer algo, mas o que eu devo fazer – podemos refletir sobre quais critérios a pessoa fundamenta sua liberdade e suas decisões.

A diferença entre a pessoa e o animal é que essa pode não simplesmente reagir espontânea e automaticamente aos estímulos exteriores, mas ao recebê-los em sua alma, posicionar-se voluntariamente diante deles. Os impulsos e sentimentos suscitados na pessoa pela realidade, podem ser acolhidos ou rejeitados pela pessoa, possibilitando atos livres. É esta possibilidade estrutural da liberdade na pessoa que permite a passagem da vida natural-espontânea àquela identificada como a vida da pessoa "senhora de si mesma", termo escolhido por Stein (1930-32/1999g) para ressaltar o uso da liberdade mediante os posicionamentos voluntários. A sua atividade consiste no escolher entre as possibilidades que lhe são apresentadas. Essa pode reprimir determinados sentimentos da alma ocasionalmente ou sistematicamente, considerar importante e cultivar outros, e assim fazendo, trabalha na construção do próprio caráter. Isto é autodeterminação e autoeducação da qual é capaz. O domínio de si, isto é, a radical transformação do eu natural e o preenchimento de si com um novo conteúdo interior é, em via de princípio, impossível para pessoa senhora de si.

Existe neste processo de posicionamento voluntário diante das reações sentidas pela pessoa, um trabalho de autoformação, no sentido de que ao escolher entre uma ou outra possibilidade de reação, o que está em jogo não é apenas uma decisão atual mas a própria formação de seu caráter, a formação de um *habitus*. Contudo, esta autoformação encontra um limite ao se deparar com a impossibilidade de preencher seu interior com conteúdos que não nasçam senão do encontro com a realidade. A pessoa é afetada e, em certa medida, determinada pelo ambiente social e cultural na qual está inserida e se desenvolveu. Suas escolhas são escolhas entre as possibilidades concretas disponibilizadas pela sua natureza e pelas propostas morais e sociais que lhe são oferecidas e sua liberdade está delimitada por estas possibilidades.

No seu posicionamento voluntário, a pessoa senhora de si pode escolher aceitar o mecanismo natural-espontâneo da alma através de um livre fluxo de reações ou pode também seguir critérios estáveis através de leis ou padrões morais livremente escolhidos e conscientemente atuados. Ela pode através de um processo de autoconhecimento, identificar suas tendências impulsivas e ter um maior cuidado em não permitir que algumas destas sejam cumpridas automaticamente, conhecendo sua dinâmica própria, pode escolher e cuidar de como se comportar de agora em diante.

"A pessoa que quer dominar a própria liberdade e ser senhora de si mesma corre sempre o perigo de cair vítima da irracionalidade. A sua vida psíquica é a parte especificamente indefesa" (Stein, 1930-32/1999g, p. 58, tradução própria). A busca do domínio de si e da autoafirmação, característicos da pessoa senhora de si, pode tornar-se uma atitude irracional na medida em que desconsidera os motivos próprios de cada objeto que prescrevem uma determinada reação, na tentativa de buscar um posicionamento individual específico pela autoafirmação. Stein (1917/1998) já havia identificado que a vida espiritual está submetida à lei da razão e que agir razoavelmente implica reconhecer e se posicionar diante das possibilidades inscritas em cada motivação. Desconsiderar as possibilidades de ação inscritas pela motivação, pode gerar uma arbitrariedade irracional de comportamentos, na ilusão de que assim se estaria agindo livremente. A cada objeto e valor apreendidos é pedida uma reação mais adequada à sua natureza. Diante do belo, do justo, do bem, do crime, da dor, corresponde uma reação natural e uma intensidade de sentimento específico motivado pelo objeto do qual está diante de si, de forma que responder arbitrariamente a estes objetos e valores poderia ser considerada uma atitude irracional.

"Quem quer conservar a própria alma a perderá" (Stein, 1930-32/1999g, p. 68, tradução própria). A dinâmica própria da vida espiritual implica abertura para o exterior e para sua vida interior, ou seja, para um entrar na vida da alma e buscar um posicionamento pessoal a partir dela. Inserida nesta dinâmica a pessoa age livremente na busca de ser si mesma. Nesta busca, pode adotar pelo menos três caminhos, os dois primeiros próprias da pessoa senhora de si e o terceiro, próprio da pessoa libertada. Os caminhos que a pessoa pode adotar na tentativa de encontrar a si mesma e conservar-se são:

Primeiro: O homem pode tentar encontrar a si mesmo afastando-se do mundo, suspendendo as reações naturais. Acreditando que através deste caminho estaria livre dos efeitos da realidade exterior, na busca de encontrar o que lhe é interior e próprio, a pessoa pode se entregar a um processo de mortificação. Contudo, Stein adverte que este caminho conduz à morte pelo fato que é próprio da vida animada brotar como resposta à realidade e por ela ser nutrida, sendo que o caminho de se fechar para a realidade teria como consequência uma atrofiamento gradativo até o consumar-se das próprias energias de seu ânimo.

Segundo: A pessoa pode buscar a si mesma através de uma atitude de explicitação de sua individualidade por meio da autoafirmação. Trata-se de contrapor a própria singularidade ao mundo. Busca, inserida no mecanismo natural de impressões e reações, acentuar um modo de agir peculiar. Seria uma atitude do tipo: "eu me comporto como eu quiser, do jeito que eu quiser!". Contudo, este caminho é contraditório no que diz respeito à intenção da atitude e o comportamento concreto. Isto porque as reações que são consideradas como "individuais" são desenvolvidas dentro de um *habitus* social, elas são construídas socialmente através da cultura; compartilhadas no mundo-da-vida as possibilidades de comportamento são como instrumentos adquiridos que são utilizados individualmente, mas que possuem origem social. As reações, pretendidas como originalmente individuais, carregam a marca da individualidade, mas estão apoiadas na dimensão social (Stein, 1930-32/1999g).

Terceiro: A pessoa pode ainda buscar a Graça a fim de encontrar a si mesma no Reino da Graça. Diante de um horizonte amplo de possibilidades de reações, racionais e irracionais, a angústia diante da possibilidade de *não-ser-si-mesma* é dissolvida pela Graça que preenche a alma humana com paz e segurança, de forma que a pessoa pode habitar em si mesma, e do seu centro pessoal se sentir em sua própria morada. Esta atitude de buscar a Graça e se posicionar a partir do seu centro preenchido por esta, caracteriza a "pessoa libertada".

Contraposta à vida natural-espontânea da alma, a pessoa libertada, termo utilizado por Edith Stein, possui uma dinâmica vital diferente onde a vida da alma não vem movida pelo externo, mas guiada pelo alto. A passagem da vida natural espontânea à vida libertada acontece com a participação livre da pessoa, com a sua colaboração é conduzida de uma maneira de viver à outra pela presença da Graça que vêm ao seu encontro. O sujeito psíquico libertado, como aquele natural-espontâneo, colhe o mundo com o espírito. Mesmo recebendo na sua alma as impressões do mundo, não se coloca imediatamente em movimento por estas impressões. A pessoa libertada acolhe o mundo a partir daquele centro por meio do qual é ancorada ao alto, ao mesmo tempo que suas tomadas de posição relacionam-se a este centro que também acolhe uma espécie de prescrição ética vinda "alto". Stein chega a afirmar que este seria o *habitus* interior dos filhos de Deus (idem).

A pessoa libertada está inserida na realidade concreta, aberta à realidade e às impressões que a realidade lhe provocam, vive sua vida religiosa de forma concreta e inserida no ambiente social e cultural. A diferença advertida por Stein é que a pessoa libertada não age apenas instintivamente, sua vida não é reduzida aos aspectos instintivos da psique ou da corporeidade, ou até mesmo reduzida a uma lei externa acordada socialmente que lhe diz como agir, mas age a partir de critérios que lhe são transmitidos do alto por meio da Graça vivenciada de diversos modos.

A consideração das categorias filosóficas disponibilizadas pela metafísica cristã, possibilita uma discussão sobre a antropologia filosófica e a ética a partir de novos horizontes (Stein, 1934-36/1996; Ales Bello, 1998). A busca da pessoa de possuir a si mesma, de viver uma verdadeira liberdade, não é possível ser atingida plenamente se a pessoa permanece reagindo espontaneamente às impressões externas ou se age aleatoriamente desconsiderando à lei da razão na tentativa de se autoafirmar e autodominar. Libertar-se do Reino da Natureza somente é possível se a pessoa é inserida em outro reino: o Reino da Graça. Pelo influxo da Graça novos conteúdos são acrescentados na alma humana, de forma que a pessoa pode responder de maneira mais livre à realidade. Atitudes como perdão, sacrifício, obediência, solidariedade, mesmo que se apresentem como reações naturais contrárias a certas circunstâncias, podem carregar um potencial de realização mais pleno de si mesmo e, em muitos casos, só podem ser conseguidas se a força vital espiritual é alimentada pela Graça divina (Stein 1922/1999h, 1930-32/1999g, 1919-32/2001). Assim, a alma não pode ser si mesma se não se eleva ao Reino da Graça, se permanece no reino da natureza vive a mercê das reações naturais ditadas pelas leis da razão natural.

Existem várias possibilidades da força vital espiritual ser nutrida pela graça ou da alma ser preenchida com um conteúdo novo, diferente daqueles que seriam prescritos pelas impressões naturais. A pessoa pode voltar-se a um espírito que transcende a natureza e que lhe confira novas energias. No relacionamento com este espírito, a pessoa pode instalar-se e a partir deste relacionamento pode receber as impressões que vêm da natureza e responder a essas com reações que agora não devem ser mais tratadas como possibilidades recebidas no reino da natureza. Com isto, a pessoa vai se tornando, cada vez mais, livre da natureza – ainda que inserida no relacionamento com a realidade concreta, a pessoa não vem determinada apenas pela natureza. Este voltar-se à um espírito transcendente e se entregar-se a ele, deixar-se guiar em suas reações, pode acontecer de forma indireta quando a pessoa se submete a outra pessoa que já pertence a esta esfera espiritual, por exemplo, através de um relacionamento comunitário com uma pessoa santa – santa no sentido de ser uma pessoa que já vive no reino da Graça. Até que ponto a pessoa manterá a sua liberdade e seu ser si mesmo, dependerá do tipo de espírito ao qual a pessoa se dedica e a intensidade desta dedicação.

A entrada no Reino da Graça só pode acontecer se o homem vem afetado por ela, sua liberdade é uma resposta àquilo que o toca (Stein, 1930-32/1999g). Contudo, na pessoa existem duas possibilidades: dedicar-se ao bem ou ao mal, realizar plenamente sua natureza enquanto pessoa ou viver uma degradação de sua natureza e do potencial que carrega em si enquanto pessoa espiritual (Ales Bello, 2004).

O contato com a Graça preserva a individualidade e a liberdade da pessoa. No confronto com a Graça que vem ao encontro da pessoa, a liberdade pode gerar diversas atitudes livres: (1) a pessoa pode fechar os olhos diante da Graça e não reconhecê-la quando esta lhe é oferecida; (2) a pessoa pode estar diante da Graça, percebendo-a, mas manter-se fechada a esta, numa atitude de resistência; (3) e, finalmente, a pessoa pode ainda abandonar-se à Graça sem reservas, usando todo o potencial de sua liberdade num ato de abandono de si. Para poder abandonar-se assim, a Graça deve ter afetado de forma forte, ter abraçado seu centro interior em uma vivência religiosa pessoal e profunda. "O abandono é o ato mais livre da liberdade" (Stein, 1930-32/1999g, p. 72, tradução própria). Contudo, este abandono da pessoa à graça divina não é um ato de apenas um momento, mas uma luta durante toda vida, que exige da pessoa libertada um constante e persistente posicionamento.

"Saber o que somos, o que devemos ser e como podemos chegar a sê-lo, é a questão mais urgente para cada um" (Stein, 1932-33/2000, p. 217, tradução própria).

4. Especificidades da comunidade religiosa

A comunidade religiosa, em suas características típicas, compartilha todos os elementos essenciais das comunidades no sentido geral, conforme discutido por nós em outro estudo (Coelho-Júnior & Mahfoud, 2006). Contudo, existem algumas especificidades neste tipo de comunidade, identificada na vivência dos seus membros, especificidades estas que são consequências das vivências propriamente religiosas, ou seja, do lugar central que a vivência religiosa comunitária ocupa na constituição destas comunidades.

Stein (1930/1999b) discute os elementos essenciais da comunidade religiosa, seu processo de tornar-se si mesma e o processo de formação de seus membros. Contudo, a metodologia fenomenológica adotada em suas pesquisas, lhe permite identificar os elementos estruturais da comunidade religiosa. Identificar os elementos estruturais da comunidade religiosa e como esta ativa as vivências potenciais da pessoa humana e da comunidade, oferece elementos para um estudo comparativo entre culturas e comunidades diferentes e uma explicitação dos elementos específicos de uma dada comunidade (Ales Bello, 2004).

4.1. Reconhecimento da humanidade como comunidade religiosa potencial

A primeira característica que destacamos na discussão realizada por Edith Stein (1932-33/2000, 1934-36/1996), refere-se ao reconhecimento vivido na comunidade religiosa de que a primeira comunidade de pertença é a própria humanidade.

> De outro lado, trata-se de compreender a humanidade enquanto totalidade que nos rodeia e nos sustenta, é importante a experiência dos elementos comuns que, apesar de toda diversidade, nos unem aos homens de todos os tempos e de todos os horizontes, assim como o enriquecimento e o complemento que podemos receber por este contato com a humanidade diferente da nossa (Stein, 1934-36/1996, pp. 524-525, tradução própria).

A partir do reconhecimento de Deus como criador e salvador, a comunidade religiosa reconhece que Ele constitui o ponto de referência, enquanto origem, destino e sustento, de todos seres humanos (Stein, 1932-33/2000). A vivência religiosa possibilita o reconhecimento de uma pertença comum, superando a temporalidade e espacialidade imediata. Esta unidade possibilita a comunhão potencial de todos os seres humanos, no sentido que cada pessoa pode potencialmente associar-se com outros uma vez que, de antemão, possuem uma origem e um destino comum, de forma que podem se tornar companhia no caminho (Stein, 1930/1999b).

> (...) é possível que ela [a pessoa] forme uma comunidade em ato com qualquer outro ser humano, uma vez que, potencialmente está em comunhão real com todos. Esta comunidade atualiza-se como realidade que abraça a todos (não somente mediante as comunidades singulares atuais) pelo fato que os seres humanos singulares (não todos) vivem conscientemente como membros da humanidade. E isto seria verdadeiro mesmo que nenhum homem sobre a terra vivesse conscientemente como seu membro, porque essa foi resumida em Deus feito homem e participa da sua vida, antes já existe em Deus como unidade (Stein, 1932-33/2000, p. 190, tradução própria).

A humanidade é apreendida como organismo, onde analogicamente os membros são as pessoas e a cabeça, Deus. Cada membro possui um lugar e uma função a ser ocupada na vida do organismo e está diretamente associado à Cristo. Desta forma, cada pessoa humana é considerada parte deste organismo unitário e possui potencialmente a capacidade de, desenvolvendo suas potencialidades particulares, contribuir com o desenvolvimento de todo o organismo, isto é, da humanidade. O reconhecimento do outro não só como pessoa, mas como membro de um mesmo organismo social, gera uma abertura de relacionamento e marca diretamente a vivência dos atos sociais através de um critério ético adotado a partir desta experiência de reconhecimento de uma pertença.

4.2. Servir a Deus através da vida comunitária

A vivência religiosa propriamente comunitária, fundamento da vida da comunidade religiosa, desperta uma abertura à realidade sendo acolhida e significada como uma manifestação da presença de Deus –

vivida como sinal da Presença – e um meio de encontrá-Lo e servi-Lo (Stein, 1946/1983).

> (...) amá-Lo com todas as nossas forças não pode manifestamente significar senão: colocar todas as nossas forças ao seu serviço. Isto não pode ter lugar fora do mundo, mas só no mundo, no âmbito de um relacionamento correto com as criaturas; e para isto são necessárias capacidades naturais e dons da graça (Stein, 1933/1999d, p. 217, tradução própria).

O relacionamento com Deus acontece no encontro com a realidade concreta; através do relacionamento com as criaturas, a pessoa posiciona-se no mundo a partir de seu centro, adotando critérios valorativos religiosos, em seu posicionamento deixa-se guiar pela Graça (Stein, 1930-32/1999g). Assim, a dimensão ética da vida da comunidade religiosa é marcada pela qualidade de suas vivências religiosas comunitárias. Ética não é entendida aqui como uma lei que é imposta de fora ou de cima, mas "é algo que atua dentro do ser humano, uma forma interna, uma atitude da alma constante, aquilo que a escolástica chama de hábito" (Stein, 1930/1999c, p. 55).

A vivência religiosa, que possibilita a inserção da pessoa no Reino da Graça, permite que a liberdade presente em cada escolha humana seja vivida a partir do reconhecimento da presença de Cristo na realidade da vida e da comunidade religiosa (Stein, 1930-32/1999g). As pessoas membros da comunidade são consideradas companheiras de caminhada rumo ao destino comum, onde cada um assume a responsabilidade de contribuir para que o outro caminhe em direção ao seu destino, em direção aquilo que ele é chamado a ser, seja individualmente, seja enquanto membro da comunidade. O desejo de um caminho pessoal rumo ao destino coincide com um cuidado com o outro que lhe foi dado para caminhar ao seu lado como membro da sua comunidade (Stein, 1932-33/2000). A presença da Graça na pessoa, despertando em si o desejo de amar o outro e, ainda, o reconhecimento do outro como pessoa e como alguém que é chamado a seguir o mesmo Caminho, motiva um relacionamento de cuidado e de corresponsabilidade junto à vida de cada membro da comunidade.

4.3. Missão da comunidade e da pessoa conferidas por Deus

A comunidade religiosa identifica sua origem em Deus e não apreende sua missão e seu projeto dentro da sociedade como algo criado aleatoriamente, ou muito menos a partir da vontade arbitrária de seus líderes. Não apenas sua origem provém de Deus, mas também aquilo que deve tornar-se entre as demais comunidades, ou na sociedade, é prescrita em sua criação e apreendido através de um olhar atento dos seus membros para a realidade concreta. É Ele quem "tem conferido a cada povo uma missão sobre esta terra e para a eternidade, e a cada um uma missão internamente a cada povo". Desta forma, cada pessoa membro da comunidade religiosa também possui um lugar específico na vida comunitária onde realizará de forma objetiva a missão comunitária recebida e o processo de tornar-se si mesma da comunidade.

> Assim, é conforme ao plano divino, que a pessoa seja formada como membro da totalidade do seu povo segundo os dons que tem recebido, que o povo no curso da sua história realize o próprio ideal e que em tal modo cumpra seu objetivo no complexo da humanidade (Stein, 1932-33/2000, p. 221, tradução própria).

A comunidade possui um lugar essencial na formação da pessoa e na constituição de sua personalidade individual. Contudo, na comunidade religiosa é reconhecido que a pertença comunitária possui um caráter secundário, no sentido que aquilo que a pessoa é, ela não só deve à comunidade, mas à Deus quem a criou com suas aptidões originárias e a inseriu em uma dada comunidade empírica já existente antes do nascimento da pessoa – como é o caso de algumas comunidades como a família, comunidade religiosa, povo, tribo, etc.

Desta forma, podemos perceber que as exigências de um posicionamento pessoal e comunitário solicitados pela realidade, são assumidos como um dever, como um compromisso diante de Deus. Responder à realidade, vivenciando seu ser responsável, significa responder diretamente a um chamado de Deus, a um pedido d'Ele endereçado a cada um, através da realidade. Surge um tipo de compromisso com o real e uma necessidade de não negar nada, de tudo enfrentar, conforme o sentido vivenciado pela pessoa de estar respondendo ao próprio Deus.

4.4. Liberdade e responsabilidade recíproca diante do destino comum

Identificando na liberdade humana a sua possibilidade de se abrir para o Reino da Graça ou permanecer em uma postura reativa na vida, a pessoa pode se posicionar diante da realidade abrindo-se ao Outro ou isolando-se. A liberdade que a isola é a mesma que a permite vincular-se aos outros, contudo, na medida em que vivencia a Graça e a possibilidade de mediação desta em relação aos outros, a pessoa se dá conta que é responsável não apenas pela forma como usa a sua liberdade em relação a si mesma, mas também em relação aos outros. Diante da possibilidade da salvação, da qual a pessoa participa com a sua liberdade, não apenas o seu destino está em jogo pela maneira como se posiciona no mundo, mas também o destino dos outros. Eles podem ser ajudados pela mediação da pessoa, através da oração, por exemplo.

> É singular como isto que isola totalmente o homem e o põe totalmente sobre si mesmo – e isto faz a liberdade – o liga, ao mesmo tempo, indissoluvelmente a todos os outros e funda a uma verdadeira comunidade unida pelo mesmo destino. Ele é responsável pela própria salvação porque essa não é atingível sem a sua colaboração e nenhum outro pode subtraí-lo desta responsabilidade. E ao mesmo tempo, ele é responsável pela salvação de todos os outros e todos os outros pela sua; ele não pode subtrair dos outros a sua responsabilidade e esses não podem subtraí-lo da sua. É assim que cada um carrega sozinho a responsabilidade de si mesmo e dos outros. E, todavia, esta recíproca responsabilidade é, na mais alta medida, formadora de comunidade, mais de todos os vividos comunitários que podem ser, em sentido autentico, comunitários. Sobre essa se funda a Igreja (Stein, 1930-32/1999g, p. 78, tradução própria).

A comunidade religiosa está fundada sobre uma responsabilidade recíproca diante de um destino comum. O que está em jogo na maneira como cada pessoa vive a sua vida dentro da comunidade religiosa é o seu destino, a sua salvação e a dos demais membros da comunidade. Ao afirmar que esta atitude é "na mais alta medida formadora de comunidade", Stein está chamando atenção para um elemento essencial e potente da vida da comunidade religiosa: conceber-se como pessoa vinculada ontologicamente aos outros, enquanto membros de um mesmo organismo, provocando uma interdependência dos atos pessoais na realização do destino pessoal e comunitário. Pela maneira pessoal como cada membro se insere na comunidade religiosa, ocupa seu lugar e caminha solidariamente ao lado dos outros, ajudando-os a estes ocuparem seu próprio lugar, possibilita a realização última da pessoa e de sua comunidade com a qual está vinculada.

Na comunidade de tipo religioso, conforme a experiência cristã que geralmente acompanha a descrição das experiências de comunidade realizadas por Stein, ao conceber a humanidade como uma comunidade potencial, seu olhar para o outro na sua diferença vem despertado de uma maneira específica. Voltar-se para o outro ou para outras comunidades não provoca nos membros uma rivalidade e uma intolerância devido à diferença, mas uma abertura que ao acolher o outro, na sua diferença singular e na sua igualdade enquanto homem, permite à comunidade religiosa fortalecer sua personalidade própria. A pertença da pessoa na comunidade religiosa não é fundada sobre uma utopia da busca de uma segurança sentimentalista e intimista, como alternativa de se proteger da diferença e da angústia suscitada no confronto da diferença de valores, pelo contrário, esta pertença é fundada na diferença e necessita dela para que a personalidade da comunidade seja fortalecida (Stein, 1922/1999h; Bauman, 2003). Na comunidade religiosa, o relacionamento interno entre os membros também vem ativado de uma maneira específica a partir da vivência religiosa. O relacionamento comunitário fundamentado na vivência religiosa, expressa-se na solidariedade, onde cuidar do outro e servir à Deus é apreendido em um único ato, o que potencializa o significado e a pertença no interior da comunidade religiosa.

O acolher sua missão como proposta originada de Deus, provoca um cuidado dos membros da comunidade em não se desviar daquilo que originalmente pode contribuir para a realidade social concreta. No seu processo vital, submetida às trocas com outras comunidades, com a sociedade, ou até mesmo com a entrada ou mudança dos membros, a comunidade busca manter sua fidelidade à sua personalidade, acolhendo as diferenças e integrando-as no seu caminho pessoal. Da mesma forma, as pessoas membros da comunidade, buscam manter um caminho pessoal no interior da vida da comunidade, integrando os elementos disponibilizados pela comunidade e disponibilizando suas características pessoais aos outros.

Referências

Ales Bello, A. (1998). *Culturas e religiões: uma leitura fenomenológica* (A. Angonese, Trad.). Bauru, SP: Edusc. (Original publicado em 1997).

Ales Bello, A. (1999). Introduzione. Em E. Stein. *Il castello dell'anima* (pp. 17-33). (Edizione O.C.D., Trad.). Milão, Itália: Mimep Docete.

Ales Bello, A. (2000). *A fenomenologia do ser humano: traços de uma filosofia no feminino* (A. Angonese, Trad.). Bauru, SP: Edusc. (Original publicado em 1992).

Ales Bello, A. (2004). *Fenomenologia e ciências humanas: psicologia, história e religião* (M. Mahfoud & M. Massimi, Eds. e Trad.). Bauru, SP: Edusc.

Ales Bello, A. (2005). *Estrutura da pessoa e experiência religiosa em Edith Stein.* Conferência proferida em 12/09/2005, em Belo Horizonte, Departamento de Psicologia da Faculdade de Filosofia e Ciências Humanas da Universidade Federal de Minas Gerais. Mimeografado.

Bauman, Z. (2003). *Comunidade: a busca por segurança no mundo atual* (P. Dentzein, Trad.). Rio de Janeiro: Zahar. (Original publicado em 2001).

Coelho Júnior, A. G. & Mahfoud, M. (2006). A relação pessoa-comunidade na obra de Edith Stein. *Memorandum, 11*, 08-27. Recuperado em 01 de maio, 2012, de http://www.fafich.ufmg.br/~memorandum/a11/coelhomahfoud01.htm

Frankl, V. E. (1989) *Psicoterapia e sentido da vida: fundamentos antropológicos da logoterapia e análise existencial* (A. M. de Castro, Trad.). São Paulo: Quadrante. (Original publicado em 1946).

Frankl, V. E. (1993). *A presença ignorada de Deus* (3a ed. rev.; W. O. Schlupp & H. H. Reinhold, Trads.). São Leopoldo, RS: Ed. Sinodal; Petrópolis, RJ: Vozes. (Original publicado em 1948).

Manganaro, P. (2004). Alteridade, filosofia, mística: entre fenomenologia e epistemologia. *Memorandum, 6*, 3-24. Recuperado em 24 de fevereiro, 2006, de: http://www.fafich.ufmg.br/~memorandum/artigos06/manganaro01.htm

Stein, E. (1983). Vie della conoscenza di Dio. Em E. Stein. *Vie della conoscenza di Dio* (Suor Giovanna della Croce o.c.d, Trad.). (pp. 125-187). Padova: Messaggero. (Original publicado em 1946).

Stein, E. (1996). *Ser finito y Ser eterno: ensayo de una ascensión al sentido del ser* (2a ed.). (A. P. Monroy, Trad.). México: Fondo de Cultura Económica. (Original de 1934-36, publicação póstuma em 1950).

Stein, E. (1998). *Il problema dell'empatia* (2a ed.). (E. Costantini, Trad.). Roma: Studium. (Original publicado em 1917).

Stein, E. (1999a). *A ciência da cruz: estudo sobre São João da Cruz* (2a ed.). (D. Beda Kruse, Trad.). São Paulo: Loyola. (Original de 1942, publicação póstuma em 1950).

Stein, E. (1999b). As bases da formação feminina. Em E. Stein. *A mulher: sua missão segundo a natureza e a graça* (pp. 135-154). (A. J. Keller, Trad.). Bauru, SP: Edusc. (Original publicado em 1930).

Stein, E. (1999c). Ethos das profissões femininas. Em E. Stein. *A mulher: sua missão segundo a natureza e a graça* (pp. 55-71). (A. J. Keller, Trad.). Bauru, SP: Edusc. (Original publicado em 1930).

Stein, E. (1999d). Formare la giuventù alla luce della fede cattolica. Em E. Stein. *La vita come totalità: scritti sull'educazione religiosa* (pp. 209-229). (T. Franzosi, Trad.). Roma: Città Nuova. (Original publicado em 1933).

Stein, E. (1999e). *Il castello dell'anima* (A. Ales Bello, Intr.; Edizione O.C.D, Trad.). Milão: Mimep Docete. (Original publicado em 1936).

Stein, E. (1999f). Il magistero di Tereza di Gesù in campo educativo e formativo. Em E. Stein. *La vita come totalità: scritti sull'educazione religiosa* (pp. 165-189). (T. Franzosi, Trad.). Roma: Città Nuova. (Original publicado em 1935).

Stein, E. (1999g). La struttura ontica della persona e la problematica della sua conoscenza. Em Stein. *Natura, persona, mistica: per una ricerca cristiana della verita* (pp. 49-113). (2a ed.). (M. D´Ambra, Trad.). Roma: Città Nuova. (Original de 1930-32, publicação póstuma em 1962).

Stein, E. (1999h). *Psicologia e scienze dello spirito: contributi per una fondazione filosofica* (A. M. Pezzella, Trad.). Roma: Città Nuova. (Original publicado em 1922).

Stein, E. (2000). *La struttura della persona umana* (M. D'Ambra, Trad.). Roma: Città Nuova. (Originais de 1932-33, Publicação póstuma de 1994).

Stein, E. (2001). *Introduzione alla filosofia* (2a ed.). (A. M. Pezzella, Trad.). Roma: Città Nuova. (Originais de 1919 a 1932, Publicação póstuma de 1991).

O percurso de um jovem educador compreendido à luz da Fenomenologia de Edith Stein

Suzana Filizola Brasiliense Carneiro
Heloisa Szymanski

Introdução

Este artigo é fruto de uma dissertação de mestrado (Carneiro, 2011) inserida no grupo de pesquisa em Práticas Educativas e Atenção Psicoeducacional à Família, Escola e Comunidade (ECOFAM), do programa de Pós-Graduação em Educação: Psicologia da Educação da PUC-SP, coordenado pela Profa. Dra. Heloisa Szymanski.[1] O ECOFAM desenvolve um trabalho há quase vinte anos na periferia da zona norte de São Paulo, realizando pesquisas (de iniciação científica, mestrado e doutorado) a partir de estudos com famílias, escolas e líderes comunitários. Recentemente este grupo de pesquisa coordenou um projeto de articulação que teve por objetivo acompanhar ações educativas que envolvessem a participação de educadores de instituições e grupos comunitários do bairro, com vistas a oferecer uma educação mais harmônica e integrada às crianças e aos jovens da região.

Nesta pesquisa buscamos compreender uma das facetas do projeto de articulação que foi a realização de oficinas de *literatura marginal* em uma escola pública de Ensino Fundamental. Segundo Nascimento (2006), literatura marginal é um termo disseminado no cenário cultural contemporâneo para caracterizar a produção de autores que vivenciam situações de marginalidade (social, editorial ou jurídica) e que trazem para o campo literário os temas e o linguajar igualmente "marginais".

[1] Apoio do CNPq.

Ela visa expressar o que é peculiar aos espaços tidos como marginais, especialmente em relação à periferia, dando voz aos moradores e expressando uma cultura própria. As oficinas de literatura marginal foram ministradas por um jovem do bairro representante de um movimento político-cultural que se utilizava desse tipo de literatura como instrumento para a transformação social.

As oficinas foram oferecidas aos alunos do Ensino Fundamental II (jovens de 11 a 14 anos) como uma atividade optativa. Seguimos o projeto por um semestre, acompanhando o desenvolvimento da articulação tanto do ponto de vista da escola (equipe gestora, professores e alunos), quanto do ponto de vista do educador e do movimento ao qual pertence. Nesse processo, buscamos descrever a complexa rede de relações que se criou, abordando os desafios, possibilidades e repercussões do ponto de vista do desenvolvimento, tanto no nível pessoal como no coletivo.

Para ilustrar os aspectos acima citados, escolhemos apresentar o percurso do educador das oficinas. Iniciaremos com uma breve apresentação dele, seguida de uma discussão dos objetivos e do dia a dia das oficinas, descrevendo os desafios enfrentados pelo educador, bem como as transformações pessoais relatadas por ele e observadas pela pesquisadora ao longo desse percurso. Tal discussão será permeada pelas contribuições da fenomenologia de Edith Stein (1892-1942), filósofa alemã cujas investigações possuem grande repercussão no campo da Psicologia e da Educação (para citar alguns), pela possibilidade que oferecem de compreensão do ser humano e das relações intersubjetivas.

A escolha da autora para a compreensão da articulação se deu principalmente por dois motivos. Em primeiro lugar, o contexto de articulação envolvendo pessoas e grupos de pessoas com pensamentos e características bastante diversificados e, ao mesmo tempo, unidos pelo ideal comum de trabalhar em prol da educação remeteu-nos à questão da *harmonia* em Edith Stein. *Harmonia* foi um termo cunhado por Ales Bello (2009) para referir-se à capacidade da autora de articular coisas que parecem opostas, encontrando nelas uma unidade: "unidade nas diferenças, harmonia das diferenças e para além das diferenças" (idem, p. 236). Através deste modo de olhar e de viver, acreditamos que Stein nos auxiliaria – e de fato nos auxiliou – na compreensão da articulação à medida que essa postura reflete uma visão ampla e relacional das coisas, evitando absolutizar pontos de vista.

A característica da harmonia se faz presente também nos temas que a autora trabalhou – e este é o segundo aspecto relevante para a escolha de Edith Stein como referência nesta discussão. Stein proporciona uma riqueza de repertório tendo pesquisado e publicado a respeito de assuntos como comunidade, política e educação; temas cuja diversidade encontra seu ponto de união na questão central de suas investigações: a pessoa humana.

Como fenomenóloga, buscou a compreensão desses temas a partir das vivências das pessoas, evitando teorias herméticas descoladas da experiência vivida. Sob este aspecto, Ales Bello (1999) afirma que, "nas pesquisas de Stein, nada é pré-constituído por um pensamento que já pense a totalidade, mas busca, com paciência, repercorrer os fios que tecem a realidade" (idem, p. 25).

Somada a estes aspectos, a escolha de Edith Stein se deu pela rica discussão que a autora faz a respeito da relação entre pessoa e comunidade. Retomando a noção da harmonia, Stein supera uma visão relacional dicotômica e aponta para uma "interdependência ontológica" entre indivíduo e comunidade (Coelho Jr. & Mahfoud, 2006, p. 16). De acordo com Rus (2006), na visão steiniana o indivíduo constitui a comunidade e esta, por sua vez, o encoraja a manifestar sua singularidade e o incita ao pleno desenvolvimento de si. Em outras palavras, o desenvolvimento do indivíduo contribui para o desenvolvimento da comunidade à qual está inserido, e vice-versa (Carneiro, 2011).

Como decorrência desta visão, a autora afirma uma dupla contribuição da tarefa educativa: a individual e a comunitária. A realização das aspirações profundas de um indivíduo e o desenvolvimento de suas potencialidades estão relacionados a sua inserção fecunda na sociedade.

> O sentimento de pertença que integra o sujeito em uma comunidade humana se constrói progressivamente, conjuntamente com a constituição de sua identidade própria (...). A transmissão de uma cultura, que é uma missão confiada à escola, tem um papel determinante para que ela participe da elaboração de sua memória, ligando cada homem a um passado que o torna capaz de se abrir para o futuro. Será sobre esta base que o indivíduo poderá colocar seu ser e suas competências a serviço da sociedade (RUS, 2006, p. 186, tradução própria).

A partir desta visão integradora de Edith Stein, pudemos compreender e relacionar as diferentes vivências dos participantes do projeto de articulação e identificar, nessa teia de relações, a complementariedade dos movimentos individuais e comunitários e contemplar as repercussões em ambos os contextos. Apresentaremos, a seguir, o percurso e as repercussões no educador das oficinas de literatura marginal.

O percurso de um educador

Conforme afirmamos na Introdução, escolhemos ilustrar a complexidade e riqueza do projeto de articulação a partir do percurso do educador. Tal escolha não foi aleatória, mas consequência da intensidade com que ele viveu o projeto e das profundas transformações que esta vivência lhe suscitou.

Trata-se de um jovem negro, bonito, com 25 anos no momento da pesquisa, morador da periferia da zona norte de São Paulo. Encontramo-nos pela primeira vez no contexto da oficina de literatura marginal, que ele coordenou desde o início. Nessa ocasião, relatou-nos que morava em Pirituba e tinha se mudado para o bairro havia aproximadamente um ano, para morar com o pai.

Knup Acrata, nome escolhido por ele para ser referido na pesquisa, fazia parte do movimento *anarcopunk*.[2] Em um poema de sua autoria, do qual selecionamos um pequeno trecho ilustrativo, ele explicita o sentido desta pertença:

> Preso, capado, isolado no gueto periférico,
> Não vou seguir o caminho do pensamento Maquiavélico
> Nasci pra ser escravo, analfabeto funcional
> Não ter noção de política, mais um marginal
> Trancado lá na ilha ou morto na mão da polícia
> Mão de obra barata que não sabe de nada,
> Quebrando com tudo isso aprendi o que é pensar
> Sangue nos óio, autodidata, o livro é minha arma!
> O Punk me mostrou como Lutar
> e com isso eu comecei a me IMPORTAR

De acordo com suas palavras, o punk lhe mostrou como lutar contra as dificuldades de sua situação periférica de prisão, incapacidade e

[2] Knup Acrata significa punk anarquista.

isolamento. O punk lhe mostrou como lutar contra a dificuldade de um destino imposto aos que moram na periferia: "escravidão, analfabetismo funcional, alienação, marginalidade". Destino cujo fim apresenta duas possibilidades: "prisão e isolamento" ou "morte por assassinato policial". Knup Acrata vislumbrou a possibilidade de mudar esse destino quando aprendeu o que é pensar. O livro passou a ser sua arma. Afirma que é "autodidata", se esforça para aprender, "sangue nos óio". Isso foi o punk que lhe mostrou. Começou a se "importar" com as questões sociais, a ter um senso crítico, a se ver como um "ser político", como parte da sociedade.

Também é "anarquista"; acredita não depender do instituído para viver. Como vimos, afirma ser "autodidata". Acredita que o conhecimento não está só na escola; ou seja, que "a escola não é a única maneira de uma pessoa se educar". Afirma que "a rua é uma escola", que "as pessoas estão aprendendo e ensinando a todo momento" e não apenas quando estão "olhando uma lousa". Exemplifica esta ideia ao dizer: "uma mãe, por exemplo, que quer estudar, mas não tem tempo para ir à escola, acaba não fazendo nada. Ela precisa saber que ela não depende só da escola. Ela pode ler os livros, estudar sozinha, fazer um grupo de estudos etc"(trechos analisados em Carneiro, 2011).

É interessante notar que, apesar de expressar verbalmente a sua pertença ao movimento *anarcopunk*, de afirmar com clareza e firmeza suas convicções, Knup Acrata era discreto no *visual* e escolhia cuidadosamente as situações em que se expressava através do modo de se vestir. Segundo ele, preferia se deixar conhecer sem nenhuma marca externa que permitisse identificá-lo de antemão como *anarcopunk*, para evitar preconceito das pessoas. Na escola, por exemplo, usava sempre um gorro que escondia o corte moicano do cabelo – do nosso ponto de vista, uma das marcas mais características do punk.

Ao chegar no bairro, Knup Acrata se aproximou de pessoas que possuíam uma visão semelhante a sua, ou seja, que falavam da necessidade de conscientizar os moradores da periferia a respeito de seu papel político a fim de saírem da situação de alienação e conformismo e de assumirem uma postura ativa em prol da transformação social. Essas pessoas – a maioria jovens – reuniam-se em pequenos grupos denominados *coletivos* que atuavam através da produção e divulgação cultural, promovendo eventos no bairro. Cada coletivo focava uma forma específica de produção: música, dança, grafite entre outros. O trecho abaixo, retirado de depoimentos de um vídeo sobre os coletivos, ilustra o sentido de existir desses grupos.

> Os coletivos e as pessoas que mostramos aqui existem por acreditarem que são capazes de mudar a realidade deste bairro. Alguns no meio de sua caminhada conseguiram o suporte financeiro através de editais. Mas não é a grana vinda de projetos, nem o suporte físico de instituições que os fazem existir. Em toda a periferia as pessoas se organizam para arquitetar um amanhã menos pior que o de hoje. A autogestão e paixão pelo que fazem são os pontos comuns desses coletivos. Porque aqui, do céu só cai chuva.[3]

No início, Knup Acrata uniu-se a um *coletivo* de literatura que realizava oficinas de produção literária em escolas e saraus uma vez por mês em um bar da região. Além disso, produziam livretos com seus poemas distribuindo-os ou vendendo-os a preços simbólicos a fim de divulgar seu pensamento.

Segundo relato de Knup Acrata, quando o coletivo de literatura iniciou os saraus no bar, as pessoas de outros coletivos começaram a participar e, a partir desses encontros, surgiu um projeto de criarem um grande *Espaço Cultural* que reunisse todos os coletivos (um local que fosse a sede de todos eles) e possibilitasse maior articulação entre eles de modo a fortalecer suas ações. Pelo que pudemos perceber, Knup Acrata assumiu um papel de liderança nesse projeto. Contou-nos que havia um antigo cinema, há anos abandonado e que desejavam ocupar o prédio para transformá-lo no Espaço Cultural. Knup Acrata motivou-os e coordenou o processo, segundo ele, por "ter experiência neste tipo de ação".

Tal projeto, entretanto, acabou sendo interrompido por dificuldades surgidas com o dono do imóvel. Acabaram ficando sem o espaço e começaram a buscar lugares alternativos. Nessa ocasião, conheceram o diretor da EMEF que lhes cedeu uma sala para se reunirem. O contato do diretor com os coletivos ocorreu principalmente através do coletivo de literatura do qual Knup Acrata fazia parte. Deste contato, além da sala, surgiu o projeto das oficinas de literatura marginal. Knup Acrata assumiu

[3] Documentário produzido por membros dos coletivos durante uma oficina de vídeo promovida por uma ONG da região.

as oficinas e, no início, contou com a colaboração de outro membro do coletivo, que acabou desistindo após alguns encontros.

Knup Acrata relatou-nos como a experiência de coordenar as oficinas era algo novo para ele e, no início, lhe trouxe muito receio. Apesar de ter participado de outras oficinas em escolas com seu coletivo, esta era a primeira vez que tinha contato com alunos do Ensino Fundamental II, ou seja, jovens de 11 a 14 anos, pois normalmente trabalhava com alunos do Ensino Médio. A idade dos alunos era um primeiro desafio a enfrentar. Em suas palavras: "não porque eu não goste dos mais novos, mas porque acho que não tenho tanto jeito".

Vale ressaltar que a escola estava em seu primeiro ano de funcionamento e havia uma dificuldade em lidar com muitos desses alunos em sala de aula. Alguns vinham "expulsos" de outras escolas e, de acordo com os professores, "conversavam se batendo". Nesse contexto, havia uma expectativa, principalmente da coordenadora pedagógica, de que as oficinas de literatura marginal despertassem interesse nos alunos e mudassem sua postura em relação ao estudo, à escola e à leitura. Em relação a esta última, a coordenadora afirmou esperar que Knup Acrata passasse aos alunos a "paixão pela leitura" que ela percebia nele e nos outros membros de seu coletivo.

Diante dessas expectativas, Knup Acrata teve que enfrentar outros desafios: inserir nas oficinas o tema da cultura de paz – proposto pela escola – e lidar com as questões atitudinais dos alunos que surgiam durante os encontros. Além disso, a proposta se diferenciava do modelo de oficinas que seu coletivo costumava oferecer, principalmente em relação ao tempo. O coletivo tinha uma programação predefinida composta por quatro encontros, cada um deles contemplando um tipo de literatura: literatura marginal, poema, fanzine, produção de um livreto; por fim, o fechamento com um sarau dos alunos. No início do projeto, ao perceberem que, de acordo com a proposta da escola, as oficinas durariam mais tempo, ou seja, tratava-se de um trabalho de natureza diferente, os membros do coletivo de literatura acabaram decidindo não participar, por entenderem que suas oficinas tinham um caráter itinerante nas escolas. De acordo com Knup Acrata, isto acabou distanciando-o do coletivo.

Esses desafios, porém, não intimidaram Knup Acrata. Seu movimento em relação à escola foi o de uma crescente inserção nesse ambiente. Além de ministrar as oficinas, ele passou a coordenar o Espaço Cultural (que funcionava na sala cedida pelo diretor aos coletivos), dedicando bastante tempo a isto. Em seu relato afirmou que o projeto do Espaço Cultural havia sido uma ideia dos coletivos e que a responsabilidade sobre o seu funcionamento deveria ser dividida, o que, entretanto, não ocorreu. Na prática as pessoas alegavam não ter disponibilidade de tempo, o que fez com que ele assumisse o projeto praticamente sozinho. Dedicou-se a montar o Espaço que abrigou uma biblioteca comunitária composta por produções dos coletivos e de livros da escola. Ajudou a catalogar e organizar os livros e assumiu o funcionamento da biblioteca, que servia aos alunos e aos moradores locais. Além disso, promovia saraus literários e cine-debates abertos à comunidade.

Assumiu também as oficinas de grafite que aconteciam no contraturno da escola. Essas oficinas eram coordenadas por um grupo de jovens que Knup Acrata havia apresentado ao diretor. Após algum tempo de oficina, os jovens acabaram desistindo do projeto por dificuldade em lidar com alguns alunos e também, segundo Knup Acrata, por ser se tratar de um trabalho voluntário. Segundo os gestores da escola, a remuneração por esses trabalhos (tanto dos educadores do grafite como do próprio Knup Acrata que também era voluntário) foi uma preocupação desde o início, quando começaram a buscar financiamento inscrevendo o projeto em concursos e editais. Apesar do esforço, só obtiveram retorno quase um ano depois.

Em relação ao trabalho voluntário, Knup Acrata afirmou que, embora fosse uma situação que o cansava, poder ver a transformação dos alunos o motivava a continuar. Sustentava-se "fazendo bicos". Trabalhava esporadicamente em um bar à noite e buscava verba através de editais para projetos pontuais, como, por exemplo, a realização de um documentário sobre as famílias negras do bairro; ou outras iniciativas culturais realizadas em conjunto com os coletivos.

O seu comprometimento com as oficinas e o longo tempo que permaneceu na escola trouxeram uma proximidade grande com os alunos. Knup Acrata decidiu que queria fazer esse tipo de trabalho profissionalmente e resolveu cursar Pedagogia. De acordo com seu relato, a questão financeira, o ideal anarquista e a dificuldade de concorrer com pessoas que haviam tido mais oportunidade de estudo por terem cursado escolas particulares foram fatores que dificultaram a realização desse projeto. Entretanto, após idas e vindas, Knup Acrata passou no vestibular e decidiu cursar. Hoje está no primeiro ano de Pedagogia e, apesar de ter uma bolsa de estudos, luta para conseguir sustentar-se e manter-se no curso.

Compreensão do percurso de Knup Acrata

O percurso de Knup Acrata será discutido à luz da fenomenologia de Edith Stein, principalmente em relação a sua visão de pessoa, comunidade e educação. Os relatos foram organizados em quatro grandes temas, apresentados neste item na seguinte ordem: (a) Princípios e objetivos dos coletivos e das oficinas de literatura marginal; (b) Conflitos vividos durante a articulação; (c) Ação pedagógica de Knup Acrata; (d) Repercussão das oficinas nos alunos.

Com relação aos princípios e objetivos dos coletivos, julgamos importante ressaltar que, apesar de termos tido acesso a um documentário que reuniu depoimentos de diversos membros dos coletivos, as ideias apresentadas referem-se principalmente às vivências de Knup Acrata com esses grupos. Os coletivos buscam divulgar e produzir a cultura da periferia. Acreditam no seu papel como canal de transformação social e querem aproximá-la dos moradores locais mostrando que a cultura é de todos e para todos. Para Knup Acrata, "a pessoa se fortalece ao se perceber como um ser político e, assim, se vê capaz de fazer cultura para o bairro. Todos os vieses culturais [produzidos pelos coletivos] têm um cunho político, [ou seja], não é uma cultura de espetáculo". Acreditam que, pela consciência política e pela cultura decorrente dessa consciência, a periferia pode ser fortalecida (Carneiro, 2011). O trecho abaixo, transcrito do documentário sobre os coletivos, ilustra esta ideia:

> Não interessa se você é punk, se você é rastafari, se você é gótico, rapper, não interessa. O objetivo é um só: a gente tem que fazer a cultura crescer aqui dentro pra transformar as pessoas, o social. Porque a gente que vive dentro da periferia, a gente já passou por muitas coisas e a gente não quer ver as crianças, as outras pessoas passarem pela mesma coisa. Estamos obtendo conhecimento para que isto não ocorra com os outros. A gente acredita que a cultura pode transformar o social, deixar o social bem amplo.[4]

[4] Documentário produzido por membros dos coletivos durante uma oficina de vídeo promovida por uma ONG da região.

Outro exemplo desse modo de pensar é a ideia apresentada em um poema discutido na oficina de literatura marginal. O poema intitula-se *A elite treme.* Ao questionar o educador a respeito do porquê desta afirmação, um aluno obtém a seguinte resposta: "Porque a periferia tem conhecimento; o conhecimento traz reflexão, a reflexão traz ação e a ação traz transformação social".

Alinhados a esse princípio comum, cada coletivo encontra seu meio próprio de expressão. Como vimos, o coletivo de literatura atuava através da produção de livretos, saraus e de oficinas itinerantes nas escolas. Ao serem convidados a ministrarem as oficinas de literatura marginal na escola em que a pesquisa se desenvolveu, a visão de literatura e o modelo de oficinas que costumavam dar foram trazidos para esta experiência, permeando os objetivos em relação aos alunos e a sua organização.

De acordo com Knup Acrata, o objetivo amplo das oficinas era "trazer cultura local e fazer com que os alunos fossem protagonistas de sua própria história". Como objetivos específicos, buscava, em primeiro lugar, apresentar a literatura marginal, *desconstruindo* a noção clássica de diferentes modalidades de literatura e ajudando os alunos a enxergarem a *literatura* presente em seu cotidiano. Enxergar, por exemplo, poesia na "letra de rap" ou "em uma frase no muro". Colocar os alunos em contato com os poetas do bairro ("aqui da quebrada"), "com poemas que mostram a luta da periferia". Ao abordar o gênero poema, Knup Acrata explicou aos alunos que a poesia marginal "usa uma linguagem coloquial [que] quebra [com os] padrões da academia". Comparou a relação periferia-centro à relação interior-cidade. Segundo ele, são contextos diferentes, expressam-se de modos distintos; "cada um tem uma cultura própria" (Carneiro, 2011).

O segundo objetivo específico das oficinas era fazer com que os alunos produzissem sua própria escrita; e o terceiro, ajudá-los a divulgar o material produzido através da organização de livretos e saraus, mostrando que a cultura é uma maneira de dar voz às nossas ideias e que a sua expressão é parte da transformação.

Esses objetivos foram acolhidos pela escola e, mais do que isto, de acordo com a coordenadora pedagógica, se alinhavam às expectativas da gestão em relação aos alunos. Entretanto, apesar desse alinhamento com a gestão, houve resistência por parte dos professores. Entramos aqui no segundo tema da discussão: a ação pedagógica de Knup Acrata e os desafios da articulação.

Havia uma expectativa inicial do diretor e da coordenadora pedagógica de que Knup Acrata trabalhasse de forma integrada com o professor de português, o que não aconteceu. Pareceu haver de ambos os lados uma resistência em derrubar os muros que separam o que podemos chamar de cultura escolar e cultura marginal. De acordo com o professor, "as propostas eram diferentes" e os objetivos de Knup Acrata não contemplavam a correção gramatical, por exemplo, que ele entendia ser papel da escola e, portanto, dele enquanto professor dessa instituição. Pareceu-nos que o professor não queria pactuar com um tipo de trabalho alternativo ao seu modo tradicional de pensar a literatura.

A postura de Knup Acrata em relação a esta integração também não foi favorável. Ele não via pontos convergentes que permitissem um trabalho conjunto e fazia questão de diferenciar as *oficinas* das *aulas escolares*. Um exemplo disso foi a forma como lidou com o tempo de duração das oficinas. Após quatro encontros, ele anunciou que finalizaria aquela oficina e começaria uma nova, possibilitando a entrada de outras pessoas. Ao ser questionado pela pesquisadora a respeito dessa decisão, Knup Acrata respondeu que "a maioria eram alunos antigos, [e que] se continuasse, viraria aula de português e que não era esse o objetivo".

Tanto Knup Acrata quanto o professor de português pareciam querer enfatizar a especificidade de sua proposta contrapondo-se à do outro. Sendo assim, a articulação ficou impossibilitada pela compreensão e postura pessoal dos educadores envolvidos, que escolheram trabalhar separadamente. De fato, buscar pontos de convergência na multiplicidade parece ser um grande desafio da articulação. Na visão de Edith Stein (1922/1999b), esta postura refere-se ao ideal de convivência humana que ela denomina comunidade. A essência da vida comunitária "exige, em lugar de um fechamento monádico, uma dedicação aberta e espontânea; uma vida não dividida, mas vivida em comum; ser nutrida por fontes comuns e, enfim, ser movida por motivos comuns" (idem, p. 233).

Em uma comunidade, as vivências pessoais unem-se em torno de um *núcleo de sentido comum*, tornando-se comunitárias. Cada um apreende os conteúdos deste núcleo de acordo com sua singularidade, enriquecendo a comunidade com seu modo particular de ser e vivenciar as coisas. Utilizando-nos do caso acima para exemplificar as relações comunitárias, diríamos que o professor de português e Knup Acrata poderiam unir-se em torno da literatura e do objetivo de ajudar os alunos a produzirem seus próprios textos. Neste caso, a visão de mundo e o modo de trabalhar escolar e dos coletivos se dariam as mãos e se enriqueceriam mutuamente em prol de um objetivo comum. Mas esta situação dependeria, antes de tudo, do posicionamento pessoal de adesão de cada uma das partes, e o fato de ela não ter ocorrido remete-nos novamente à visão de Stein (1922/1999b) a respeito dos agrupamentos humanos. A autora afirma que os agrupamentos são dinâmicos porque dependem o tempo todo do posicionamento de seus membros, que podem variar conforme a situação. Sendo assim, um grupo de pessoas ora se configura como uma comunidade, ora como massa e ora como sociedade, podendo inclusive vivenciar as três formas de agrupamento ao mesmo tempo.[5]

De toda forma, a compreensão da vivência comunitária em Stein auxilia-nos na compreensão da articulação e dos desafios e exigências que ela traz, principalmente no que diz respeito à necessidade do diálogo entre grupos e pessoas bastante heterogêneos. Em uma vivência comunitária, o modo de ser *acadêmico* e o modo de ser anarcopunk poderiam ser acolhidos naquilo que têm como contribuição a dar ao projeto, sem *pré-conceitos* ou fechamentos por parte de seus membros, uma vez que a abertura ao outro e o deixar-se afetar mutuamente é uma das características fundamentais das relações comunitárias.

Esta relação de abertura entre os membros de uma comunidade pôde ser percebida no contexto das oficinas, em um movimento iniciado pelo educador e, com o tempo, correspondido pelos alunos. Ilustraremos este aspecto a partir do relato da ação pedagógica de Knup Acrata.

Antes de dar início à oficina, Knup Acrata ficava na porta acolhendo os alunos que chegavam. Alguns entravam e se sentavam e outros ficavam em pé, parados, hesitantes. Knup Acrata *incentivava-os a entrar e participar*. Normalmente apresentava o estilo literário a ser trabalhado no dia, oferecia uma explicação teórica e oferecia-lhes um modelo de produção. Em seguida, discutiam o conteúdo do texto, lido coletivamente, e era proposto que cada aluno fizesse sua produção.

Além de apresentar o modelo e refletir em conjunto a respeito dos conteúdos, Knup Acrata incentivava os alunos a se expressarem verbalmente, procurando partilhar suas próprias ideias a respeito do assunto.

[5] As formas de agrupamento de sociedade e massa não serão tratadas neste artigo. Este tema pode ser encontrado em Stein (1922/1999b).

Intervinha frequentemente na tentativa de ajudá-los a enriquecer seu vocabulário superando expressões do senso comum como *legal*. Quando os alunos se utilizavam desta expressão, ele pedia para se expressarem "melhor, passando uma ideia".

A forma como Knup Acrata trabalhava a literatura com os alunos e os ajudava a se expressarem converge com a ideia de Edith Stein (1968/1999a) a respeito do papel do educador e da formação pela palavra. Segundo a autora, um dos objetivos do trabalho educativo deve ser ajudar a pessoa a expressar exatamente aquilo que ela quer dizer e compreender corretamente aquilo que os outros dizem.

> Onde não for possível encontrar a expressão linguística correta, não estará terminado o processo de reflexão. O que não se consegue expressar continua obscuro e abafado na alma, e quem não consegue comunicar-se está como que preso em sua própria alma: ele não consegue mover-se livremente nem chegar aos outros (idem, p. 255).

Além disso, Knup Acrata procurava apresentar a literatura partindo da realidade concreta dos alunos e aos poucos ia introduzindo novos vocabulários conforme eles surgiam nos textos. De acordo com Stein (1968/1999a), o trabalho formativo em relação à palavra deveria se iniciar a partir da linguagem viva e concreta, das peculiaridades individuais ou das diferenças regionais. Stein afirma também que o incentivo à livre expressão no início (sem intervenções para correção) é um auxílio importante para ajudar a pessoa a expressar sua alma pela palavra.

É interessante notar como Knup Acrata buscava alinhar a produção dos alunos não apenas ao tipo de literatura, a sua forma externa (fanzine, poemas etc), mas também aos conteúdos discutidos; ou seja, buscava fazer com que os temas refletidos fossem expressos de maneira pessoal pelos alunos nas suas produções e, mais do que isso, esperava que fossem vividos de forma coerente através de atitudes concretas. Com relação a esta expectativa, uma situação vivida que expressa fortemente esta ideia ocorreu em uma oficina quando um dos alunos começou a chorar porque os outros riam dele. Knup Acrata parou a oficina para conversarem, como sempre fazia em situações semelhantes. Perguntou se "eles ainda não aprenderam a trabalhar em grupo [e afirmou que] um dos objetivos era eles se conhecerem melhor, fazerem amizades porque eram de turmas diferentes". Disse que eles "escreviam coisas bonitas como um dos alunos leu: '- a gente tem que lutar pelo que quer, lutando a gente consegue', mas que essas coisas bonitas estavam sendo da boca pra fora porque as atitudes eram de violência". Explicou que ali "não era teoria, era prática; que eles tinham que colocar em prática o que falavam".

Vemos a preocupação de Knup Acrata com a formação no sentido compreendido por Stein (1930/1999c), ou seja, esperava que, diante das situações que a vida apresentava aos alunos, eles soubessem fazer escolhas e se posicionassem de forma coerente com aquilo que diziam, esperava uma resposta não em qualquer direção, mas de acordo com certos princípios de convivência, pautados pelo tema da cultura de paz.

Essa visão de convivência de Knup Acrata também se alinha com a noção de comunidade de Stein (1922/1999b). De fato, diante da resposta de um dos alunos a respeito de uma briga que ele tivera com duas meninas que, por conta disso, pararam de frequentar a oficina, Knup Acrata demonstrou uma visão orgânica do grupo e o desejo de construção de relações comunitárias. Ao falar para o aluno que gostaria de conversar com ele junto com as meninas e tentar trazê-las de volta ao grupo, este aluno respondeu que "tudo bem [elas terem saído] porque ele trouxera dois novos para o grupo", e Knup Acrata respondeu: "ninguém substitui ninguém". Esta visão demonstra que a pessoa está em primeiro lugar, um aluno não é qualquer aluno, um número a mais. Cada um, com sua singularidade, é fundamental para o grupo. Cada um que entra ou sai modifica o todo; e a posição, a escolha pessoal dos membros do grupo afeta a todos.

Ao se relacionar com os alunos, podemos dizer que Knup Acrata teve um papel importante como educador à medida que ele foi uma referência com suas atitudes pessoais, mas também pelo fato de motivá-los a fazerem escolhas. Procurava lidar com as situações de conflito através do diálogo levando o aluno a refletir e dando-lhe margem para escolher. Novamente remetemo-nos a Edith Stein (1930/1999c) e a sua visão de educação. Stein afirma o papel do educador de colocar os educandos em contato com o mundo dos valores, levando-os a vivenciarem o entusiasmo que brota de uma situação de solidariedade, por exemplo. Por outro lado, a autora afirma que os jovens não entrarão em contato apenas com situações positivas e, neste caso, faz-se importante também educá-los para a livre escolha.

Em uma situação, por exemplo, em que havia muita conversa na oficina, Knup Acrata disse: "a oficina acabou". Os alunos reclamaram porque queriam continuar e ele explicou que eles "não eram obrigados a escrever". Explicou que "se estavam ali era para escrever, mas que, se não quisessem, poderiam sair", e os alunos decidiram que queriam continuar. Em situação semelhante, Knup Acrata conversou com os alunos sobre as constantes brigas e perguntou-lhes "o que eles sugeriam para que melhorasse o clima". Explicou "que não queria eles quietos. Queria que eles se movimentassem, falassem, escrevessem, só não queria que brigassem". Frente à solução apresentada por uma das alunas, de separá-los, afirmou "que a solução de serem separados uns dos outros seria a mesma coisa que fazem com eles que moram na periferia, e que eles não poderiam fazer a mesma coisa entre si". Neste caso, Knup Acrata incentivou os alunos a pensarem em soluções para a questão da convivência. Escutou-os e orientou-os, discutindo a solução proposta de acordo com as reflexões e os temas discutidos nas oficinas.

Vimos, portanto, como a escuta, a acolhida e o olhar atento à necessidade dos alunos permearam a ação educativa de Knup Acrata, que se abriu a esta experiência, deixando-se afetar profundamente por ela. É interessante notar como a abertura e o comprometimento do educador suscitou uma atitude correspondente nos alunos, gerando uma relação de reciprocidade e, em alguns momentos, podemos dizer até de comunidade. Entramos, aqui, no quarto tema a ser abordado neste item: a repercussão das oficinas nos alunos.

A relação dos alunos com Knup Acrata e as oficinas também foram um desafio a ser enfrentado durante o processo. Conforme relatamos no início, havia uma queixa da escola de dificuldade de relacionamento entre os alunos e de *atitudes de violência*. Associado a isso está o fato de que alguns alunos se inscreveram na oficina de literatura por ela estar ligada à oficina de grafite, sendo este o seu real interesse. Knup Acrata relatou-nos haver de fato certa impaciência e cansaço dos alunos durante as oficinas, o que facilitava a ocorrência de brigas entre eles. Em suas palavras, no início os alunos "só queriam saber da tinta", sem se importar com o conteúdo a ser discutido na literatura e transmitido pelo grafite.

Com o tempo, entretanto, essa situação mudou. De acordo com relato de Knup Acrata e dos próprios alunos, mudou a visão deles a respeito da periferia; mudou a relação com Knup Acrata e com a literatura.

No primeiro caso, passaram a reconhecer um saber da periferia. A certa altura, Knup Acrata afirmou: "Os alunos estão tendo uma coerência maior, eles percebem que 'o tio' da rua sabe as coisas e pode ensinar para eles". Um aluno também relatou que as oficinas proporcionaram maior conhecimento em relação à comunidade e um olhar positivo, "diferente do que veem nos jornais". Afirmou: "A gente é trabalhador, a gente é sofredor sim, só que não é bandido. Alguns fugiram um pouco do caminho, mas nem todos são assim".

É interessante notar que essa mudança de olhar está atrelada à percepção dos alunos como moradores da periferia, como membros dessa comunidade. Antes viam a periferia com os olhos estrangeiros dos jornalistas e agora a veem como alguém de dentro, que sabe que nem tudo é bom, mas que há sim coisas boas, pessoas trabalhadoras. Esse fato nos remete a Edith Stein (1930/1999c) ao falar do papel da escola de colocar a criança em contato com a cultura e do quanto a inserção e colaboração na vida da sociedade é parte integrante do processo de desenvolvimento pessoal.

A abertura das oficinas para as pessoas da comunidade local também foi percebida e apontada como uma experiência importante para os alunos. Um deles relatou que "achou legal o fato da oficina não ter sido apenas para eles. [Que] convidaram a comunidade para o sarau, fizeram o livro, [e que] até na internet [eles estiveram]". Este aluno percebeu a dimensão da articulação que a oficina trazia. Apesar deste tema não ter sido discutido explicitamente com eles, a articulação foi vivenciada e apreciada. Podemos afirmar que, a partir dos saraus, da biblioteca comunitária e da divulgação dos livretos, os alunos vivenciaram situações que os sensibilizaram para este tipo de integração. Em relação a este tema, como vimos, Stein (1968/1999a) destaca a importância de ações educativas vivenciais planejadas, como um trabalho de sensibilização da alma para certos valores. Por vivências compreendemos "as operações do sujeito [recordar, sentir, imaginar, perceber] que podem ser captadas a partir de uma atitude de autorreflexão e, portanto, de evidenciação de sentido" (Ales Bello, 1999, p. 9). As vivências nos falam, portanto, da consciência do sujeito a respeito de uma experiência vivida e do sentido por ele atribuído a esta experiência.

Foi também pelas vivências de Knup Acrata em relação aos alunos, que se criou uma proximidade e diríamos até uma relação de admiração e solidariedade destes em relação a ele. É significativo o depoimento de um aluno ao afirmar que Knup Acrata é punk e que no início ele "achava punk meio estranho, meio bicha", mas que com o tempo ele conheceu Knup Acrata e mudou sua opinião. Agora "acha legal ser punk porque ele tem outro jeito de ver as coisas, tem mais conhecimento". Este aluno relatou experiência semelhante em relação à literatura. Contou-nos que não gostava de poemas e que Knup Acrata o ajudou a escrever. Ficou entusiasmado quando percebeu que conseguia rimar as palavras. Knup Acrata pedia que ele dissesse uma palavra e depois outra e outra, e assim ele foi se soltando.

Retomando a análise das vivências de Stein e as dimensões da pessoa a que ela chegou (dimensão física, psíquica e espiritual), podemos dizer que a relação inicial do aluno com Knup Acrata e com a literatura correspondia a uma vivência psíquica de repulsa, antipatia e fechamento. Com o tempo, entretanto, este aluno aprendeu a gostar. Se abriu para a experiência de aproximação frequentando as oficinas (o que não fazia no início), lendo livros e escrevendo seu próprio poema. Essa abertura trouxe aprendizado. Neste sentido, podemos dizer que este aluno foi além da relação psíquica de antipatia e escolheu permanecer na oficina de literatura marginal e fazer a experiência proposta ou, talvez, a experiência vivida o tenha feito escolher ficar. Não sabemos a ordem dos acontecimentos, mas podemos dizer que, em algum momento, houve uma escolha pessoal do aluno e que essa decisão possibilitou um aprendizado. Este fato reflete uma vivência espiritual de decisão e abertura em relação a Knup Acrata e à literatura – vivência esta que acabou por transformar a própria relação psíquica de repulsa e antipatia em uma relação prazerosa, entusiasmante. Apesar de alguns alunos terem desistido das oficinas no começo, muitos, como ele, escolheram ficar e passaram por uma experiência transformadora a partir da articulação – transformação a cujo alcance não podemos ter acesso, mas que podemos intuir a partir destes pequenos exemplos relatados. De fato, Edith Stein (1930/1999c) afirma que cabe ao educador apresentar os bens espirituais necessários como alimento da alma, mas, se a pessoa apropria-se ou não destes bens e como o faz, foge ao seu alcance.

Antes de finalizarmos este item, gostaríamos de ressaltar que o não envolvimento dos professores com o projeto acabou impedindo-nos de obter informações mais precisas a respeito de suas repercussões na vida escolar dos alunos. Entretanto, alguns relataram ter percebido uma mudança de postura em sala de aula e o professor de português observou que as meninas estavam lendo mais.

Passaremos agora às considerações finais, nas quais buscaremos sintetizar o percurso de Knup Acrata na articulação, compreendendo-o a partir de seus posicionamentos pessoais e dos sentidos do projeto para ele, relacionando-os principalmente com a visão de formação de Edith Stein.

Considerações finais

Diante dos relatos apresentados, podemos perceber o papel fundamental de Knup Acrata na articulação. A abertura com que ele se colocou diante de situações novas e desafiadoras, bem como sua capacidade de circular por ambientes tão heterogêneos, transformando-se e transformando-os com sua presença, permitem-nos afirmar que Knup Acrata atuou diversas vezes como um "sustentador da vida comunitária", expressão cunhada por Edith Stein (1922/1999b) para definir uma pessoa que "vive sua própria vida como membro da comunidade e compreende o próprio destino enquanto este tem um significado para a totalidade". Os sustentadores da vida comunitária são a alma da comunidade e garantem a sua continuidade (idem, p. 296).

Knup Acrata atuou como sustentador não apenas da vida comunitária à qual pertencia de antemão – a comunidade anarcopunk, mas das várias vidas comunitárias das quais participou ao longo do seu percurso: coletivos, escola e oficinas de literatura marginal. Em cada um desses grupos, colocou-se a serviço do desenvolvimento do grupo, com seus ideais, posicionamentos e habilidades pessoais. Desta forma, integrou-se aos ambientes de forma livre e plena (com todo o seu ser: corpo, psique e espírito), participando da vida comunitária "com sua alma" (idem, p. 297).

De fato, ao abordar a especificidade da comunidade, Stein (1922/1999b) afirma que sua origem está na relação recíproca entre os sujeitos, cujos vínculos são corporais, psíquicos e espirituais, abrangendo toda a vida das pessoas. Cada membro considera sua liberdade e quer a liberdade do outro e, nesse contexto, os membros criam um projeto comum. Cada um realiza uma parte do trabalho tornando-se um órgão único do todo.

Como sustentador, Knup Acrata provocou transformações nos membros das comunidades, transformando consequentemente as próprias comunidades. Para Edith Stein (1922/1999b), a comunidade compara-se a uma personalidade individual, sendo suas características constituídas a partir da vivência pessoal de cada membro. Nesse sentido, a entrada ou saída de um membro modifica o todo, bem como o grau de envolvimento de cada um com a vida comunitária.

A abertura de Knup Acrata e o modo como ele se deixou afetar pelo contato com os diferentes grupos provocaram também reflexões, descobertas e transformações nele mesmo. Abordaremos estes aspectos a seguir, ilustrando-os a partir de exemplos vivenciais de Knup Acrata em cada um dos grupos. Trataremos respectivamente de sua vivência no bairro e coletivos, na escola e nas oficinas de literatura marginal, seguindo a ordem em que estes contatos ocorreram.

Apesar de morar há menos de um ano na zona norte na ocasião em que nos encontramos, o relato de Knup Acrata a respeito dos coletivos e do projeto de criação do Espaço Cultural passou-nos a impressão de que ele fosse um membro antigo do grupo, apresentando certa liderança sobre o mesmo. Além disso, ele foi um dos pontos de contato com a escola, intermediando a relação dos coletivos com o diretor. Em consonância com esta percepção, em um relato a respeito do movimento de resgatar o cinema, comentou: "não adianta vir gente de fora com as coisas prontas para trabalhar com a comunidade". Afirmou ser criticado por "não gostar das pessoas de fora, [mas que] as pessoas de fora eram bem-vindas se quisessem ajudar e construir junto".

Tanto a postura como a fala de Knup Acrata demonstram forte sentimento de pertença ao bairro, apesar do pouco tempo de convivência no local. Ao falar de pessoas de fora, refere-se a pessoas ou instituições que não conhecem a realidade do bairro e que chegam com projetos prontos negando a possibilidade de diálogo com a população local. Por outro lado, ele parece não negar a ajuda de pessoas de fora quando estas querem "construir junto". Portanto, a questão neste caso não é tanto quem é de dentro ou quem é de fora da comunidade no sentido físico-geográfico, mas tem a ver com a integração entre as pessoas e as ideias propostas (Carneiro, 2011). Edith Stein (1922/1999b) nos auxilia na compreensão do sentimento de pertença de Knup Acrata e de sua visão a respeito do estrangeiro, ao afirmar que a comunidade se constitui pelo posicionamento das pessoas e não pela sua estrutura externa. Ela afirma, por exemplo, que em uma mesma comunidade as pessoas têm graus diferentes de envolvimento e isso dentro de um largo espectro de possibilidades que vai desde uma imersão da pessoa total na vida comunitária até uma mera presença física através da qual a pessoa usufrui da vida comunitária sem, no entanto, dar sua contribuição pessoal à mesma. Neste último caso, ocorre o inverso de Knup Acrata, ou seja, é possível que alguém more há anos no bairro e, no entanto, pela falta de envolvimento, prevaleça uma vivência de estrangeiro. Sendo assim, o ser "de dentro" ou "de fora" diz respeito mais à comunhão ou não à vida comunitária, ao posicionamento interno das pessoas do que a critérios externos como posição geográfica ou tempo de pertença a determinado grupo.

Dando continuidade ao percurso, a inserção de Knup Acrata nos coletivos conduziu-o ao encontro com o diretor e à entrada na escola. O movimento pessoal de Knup Acrata em relação à escola pode ser descrito a partir de três momentos distintos: um posicionamento inicial mais fechado e cauteloso, seguido de um período de profunda imersão e abertura, e um retrocesso final.

A postura cautelosa de Knup Acrata em relação ao ambiente escolar no início da articulação refletiu-se na impossibilidade de integrar seu trabalho e o do professor de português, bem como na necessidade de verbalizar para os alunos da oficina que seus encontros não se caracterizavam como "aula escolar". O sentido maior da vivência com a escola para Knup Acrata, nesse primeiro momento, era a oportunidade de ter um local para o encontro dos coletivos – um sentido que ele trouxe para dentro da escola e que fazia parte de sua história antes da articulação. O trecho abaixo, escrito por ele e divulgado em um livreto do coletivo, ilustra este sentido:

> *Iniciamos as atividades na EMEF (...). Para o coletivo, o espaço veio para trazer reflexão sobre nossas ações, ideologias, estudos e focos! Entendemos que o processo de crescimento é ininterrupto, por isso, da reflexão/ação! Por isso queremos comungar desse espaço com todos os coletivos da região, então é só chegar! Nesses meses já realizamos eventos de rap, sarau, oficinas de grafite e literatura!*

Movido pelo ideal de criação do Espaço Cultural, Knup Acrata iniciou um percurso de crescente imersão na escola, estreitando laços com a coordenadora pedagógica e com alguns professores cujo trabalho possuía algum ponto de contato com as atividades do Espaço, como, por exemplo, a gravação de vídeos. Como vimos, ajudou também a montar a biblioteca comunitária e coordenou as atividades de sarau e cinema promovidos pelo Espaço em parceria com a escola. Esta dedicação de Knup Acrata ilustra como ele foi um sustentador da comunidade-coletivos, responsabilizando-se tanto pelo Espaço Cultural quanto pelas oficinas, que a princípio seriam ministradas por vários membros e que ele acabou assumindo sozinho.

A opção de dar continuidade às oficinas de literatura marginal apesar da desistência dos outros membros do coletivo foi um momento importante a partir do qual novos sentidos se abriram para Knup Acrata. Esta situação ilustra a dinâmica do processo formativo e o papel das vivências comunitárias neste processo, de acordo com a visão de Edith Stein (1930/1999c). Segundo a autora, o processo formativo acontece a partir da inter-relação entre fatores internos (potencialidades, habilidades e também limites pessoais), externos (bens materiais e culturais) e o livre arbítrio da pessoa. Este último consiste no posicionamento pessoal do sujeito diante da dialética eu-outro/eu-mundo. Afirma que "toda formação é autoformação" na medida em que, ao entrar em contato com uma realidade, a pessoa – e só a pessoa – pode consultar-se intimamente e responder se aquilo que se lhe apresenta é um bem ou não para si e, assim, dar uma resposta pessoal de adesão ou não àquela realidade (idem, p. 30).

Foi isto o que Knup Acrata fez ao decidir continuar as oficinas apesar da saída dos coletivos, por entender que ficar fazia parte de seu caminho pessoal, ou seja, fazia mais sentido para ele naquele momento a vivência na escola do que seguir a decisão dos coletivos, esta última não correspondia a um apelo pessoal. O apelo maior parecia ser o compromisso de continuidade do trabalho com os alunos e a crença de que seu papel como educador da oficina de literatura marginal poderia promover uma transformação nos alunos (e, como vimos, de fato promoveu).

Este parecia um novo sentido da articulação para Knup Acrata, ou seja, a possibilidade de transformar os alunos. Um sentido que o conduziu a uma profunda imersão nas oficinas e na escola, doando seu tempo, suas habilidades, enfim, todo o seu ser ao projeto. O fato de Knup Acrata ter trabalhado de forma voluntária como educador das oficinas ilustra sua abertura e doação. De acordo com seu relato, "voluntariado cansava, mas fazia esse trabalho porque acreditava que esse tipo de ação poderia transformar a visão dos alunos". Em um dado momento do percurso, afirmou que não sairia da escola "enquanto não conseguisse que os alunos fizessem um poema (...)". Queria tentar fazer com que "o máximo de alunos tomassem gosto pela leitura, que tomassem a poesia como uma maneira de se expressar".

Vemos, portanto, como o ideal de transformação dos alunos é maior do que o cansaço advindo de sua difícil condição de trabalho sem remuneração. Este aspecto nos permite dizer, fazendo referência a Edith Stein (1922/1999b), que há uma ligação espiritual (um livre posicionamento para além das reações psíquicas que a situação adversa poderia suscitar) de Knup Acrata com as oficinas. Este livre posicionamento pode ser compreendido à luz da noção de *ato livre* de Stein (1922/1999b) segundo a qual "o eu não apenas vive, mas é 'mestre' dos próprios atos, que podem ser cumpridos autenticamente" (idem, p. 84). Como vimos, essa postura de Knup Acrata fez dele um dos sustentadores do projeto de articulação e da vida comunitária que surgiu da relação entre a "comunidade-escola" e a "comunidade-coletivos". De fato, para Stein (1922/1999b), onde há pessoas reunidas, ali a comunidade é possível e o encontro entre duas comunidades pode gerar uma nova comunidade.

A vivência com os alunos na oficina, a abertura e o comprometimento de Knup Acrata com o processo formativo destes o fizeram descobrir novas possibilidades de seu ser. Podemos dizer que a experiência de articulação fez com que ele se descobrisse educador. Estudou para ministrar oficinas com temas novos para ele, começou a ler Paulo Freire e descobriu o valor de sua prática. Relatou-nos que estava lendo *Pedagogia do oprimido* e que, "sem saber, estava fazendo coisas que tinham a ver com a teoria". Tanto a reflexão a respeito de sua prática na oficina quanto o olhar estrangeiro lhe falam desta nova dimensão. Contou-nos a situação de uma visita externa à escola com os alunos, na qual o segurança do local o surpreendeu ao referir-se a ele como *educador*. Lembrou de quando era aluno e bagunçava nos passeios com a escola, e que foi "estranho, de repente, ele estar do outro lado e responder pelo BO dos caras", ou seja, agora ele era o educador, o responsável.

Vemos, portanto, como o contato com a escola ampliou o olhar de Knup Acrata a respeito de si. Retomando novamente as ideias de Stein a respeito da pessoa na comunidade, vemos em Knup Acrata um exemplo de como as vivências comunitárias são importantes para o crescimento pessoal na medida em que possibilitam a apreensão de significados e valores compartilhados que talvez sozinha a pessoa não apreendesse, e suscitam propósitos que motivarão suas ações concretas e seu posicionamento diante dos outros (idem).

A vivência como educador suscitou em Knup Acrata novos projetos e ações concretas. Ao ser questionado a respeito do futuro, ele afirmou querer estudar, dar aula e possivelmente cursar faculdade de Pedagogia. Contou que o tema da faculdade surgiu pelo fato de ele precisar trabalhar e não querer "sair da área", ou seja, querer continuar atuando como educador, aliando esta dimensão à questão profissional (Carneiro, 2011).

Knup Acrata viu-se novamente nesse momento (da mesma forma como teve que decidir no início se continuaria ou não na escola) diante do desafio de ter que responder pessoalmente ao modo como o mundo escolar o afetou. Seguir ou não o caminho da faculdade pareceu ser uma difícil decisão para Knup Acrata. Isto por dois motivos. Primeiro pela questão social que teria que enfrentar, ou seja, ter que "concorrer com gente que estudou muito mais, em escola particular"; e, segundo, pelo fato de a faculdade representar para ele um enquadramento, certa submissão ao instituído ao qual ele se opunha enquanto anarquista. Knup Acrata nos indicou este segundo aspecto ao afirmar que um dos problemas da faculdade era o de "se enquadrar". Explicou que, enquanto "autodidata", acreditava que "não seria um diploma que iria fazer com que ele se tornasse educador". Contou que "se dobrou à ideia de faculdade porque precisava trabalhar" e parecia sentir-se mais confortável ao pensar que, assim como ele, outros também se enquadraram. Citou o exemplo de um grupo anarquista presente em uma universidade particular de São Paulo. Contou que eram anarquistas e que "tinha até professor e gente com doutorado".

Os sentidos que se abriram e a nova visão de si como educador parecem exigir de Knup Acrata um movimento de articulação interno. Articulação entre ser anarquista-punk e educador; articulação entre uma ideologia à qual aderiu e um novo apelo que experimenta: o de ingressar na estrutura formal de ensino. Esses dois mundos aparentemente incomunicáveis para Knup Acrata agora buscam uma forma de dialogar. Isto demonstra que houve uma abertura pessoal de tal modo que seu envolvimento com o projeto de articulação foi além de ações negociadas externamente, gerando um apelo interior transformador/formador.

Retomando a visão de formação de Edith Stein (1930/1999c) para quem toda educação é autoeducação, ou seja, para quem a educação depende das escolhas, da vontade daquele que é formado, podemos dizer que, diante do desejo de trabalhar como educador (o que implicaria a submissão a certas regras como a necessidade de um diploma) e da opção ideológica à qual adere (anarcopunk), Knup Acrata terá que conhecer melhor estas duas realidades, questioná-las e posicionar-se. O processo de formação acontece na medida em que este posicionamento for fruto de um contato consigo mesmo, de uma consulta a critérios internos que lhe apontem o que é justo e construtivo e o que é nocivo para si. É um processo dinâmico no qual não há respostas prontas. Na medida em que a pessoa se posiciona, seu Eu emerge, amadurece e, no caso de Knup Acrata, o modo de ele ser anarquista e/ou de estudar se torna mais pessoal. Com isso, a contribuição que ele terá para dar às comunidades às quais pertence (projeto articulação, coletivos, movimento anarcopunk, escola etc.) será maior do que se ele ficasse preso ao modelo externo, estereotipado do ser estudante ou do ser anarquista (Carneiro, 2011).

Este exemplo ilustra a dependência ontológica à qual Stein (1922/1999b) se refere ao abordar o tema pessoa e comunidade, ou seja, quanto mais a pessoa se torna ela mesma, mais ela contribui para a comunidade, ao mesmo tempo em que a comunidade a provoca no sentido de um crescimento pessoal. No caso de Knup Acrata, houve um primeiro movimento de prestar vestibular e entrar no curso de Pedagogia de uma faculdade particular; mas, segundo relatou-nos, por falta de tempo e recursos financeiros acabou desistindo e conseguiu um emprego como educador em um centro cultural da região. Ao ser incentivado pela pesquisadora a buscar outros cursos e instituições, repondeu: "ainda não é o momento da faculdade".

Este fato demonstra novamente, segundo Stein (1930/1999c), que o processo de formação depende de uma tomada de posição pessoal. O educador ou outras pessoas podem até sugerir caminhos para o educando, mas a resposta, ainda que seja aderir à sugestão do outro, será pessoal. De fato, Stein afirma que "cabe a nós decidirmos o quanto queremos ampliar o nosso mundo espiritual, o que queremos acolher em nós dos elementos culturais" (idem, p. 26). Isto não quer dizer que não possa acontecer uma adesão da pessoa a projetos externos, já que nem sempre conseguimos ter uma escuta e um autoconhecimento tão apurados para perceber o apelo de critérios interiores. Para Stein, formação é movimento, é um processo complexo e não um caminho linear (Carneiro, 2011).

Entramos aqui no terceiro momento do percurso de Knup Acrata. Vimos como a imersão no ambiente escolar lhe proporcionou novas descobertas de si, suscitando novos apelos cujo caminho para a realização ele buscava discernir. Nessa busca, pudemos perceber uma mudança de postura em relação à escola. Knup Acrata pareceu dar um passo atrás na imersão da escola, para se voltar para sua comunidade de origem, ou seja, o movimento anarcopunk. Com esse movimento, pareceu querer buscar possibilidades de resposta para a questão educacional no modo de ser anarquista, reforçando sua pertença a esta comunidade.

Nessa busca, encontrou um ponto comum de diálogo com a escola: a *pedagogia libertária*. A partir de então, Knup Acrata pareceu mais confortável em relação à realidade escolar e com maior clareza no que diz respeito aos pontos divergentes e convergentes entre esta realidade e a sua. Ao explicar sobre o anarquismo, por exemplo, ele afirmou "que este era o princípio deles [do movimento anarcopunk], ou seja, que valorizavam a individualidade", o ser de cada um. Afirmou ainda que "anarquismo era uma postura pessoal sua, que não refletia a ideologia da sala. Na sala trabalhavam com pedagogia libertária, que foi desenvolvida por anarquistas" (idem).

Retomando a ideia de Stein (1922/1999b) a respeito da vida comunitária, vemos que a autora afirma a importância de se conservar a singularidade das pessoas para a sua constituição. Quanto mais a pessoa consegue viver a comunidade de forma pessoal, mais ela contribui e enriquece a vida comunitária. Sendo assim, pensando na articulação como uma nova comunidade que se formou a partir das comunidades *coletivos* e *escola*, podemos dizer que Knup Acrata, com o seu modo de ser *anarcopunk,* com essa sua singularidade, enriqueceu a proposta pedagógica da escola, ao mesmo tempo em que sua vivência na escola enriqueceu o movimento anarcopunk ao refletir sobre sua contribuição no campo pedagógico.

É interessante notar como o ser anarcopunk revelava-se em Knup Acrata não apenas pelo seu nome e pela sua fala, mas também no seu modo de vestir, atingindo todas as dimensões da pessoa apresentadas por Stein (1922/1999b): física, psíquica e espiritual. Mais do que isso, foi interessante notar como a expressão física do ser anarcopunk acompanhou os diferentes momentos de Knup Acrata na escola, revelando aquilo que Stein afirma a respeito da unidade da pessoa, ou seja, que, apesar das vivências físicas, psíquicas e espirituais serem abordadas separadamente por motivos didáticos, a pessoa é um todo inseparável e estas vivências ocorrem concomitantemente.

No início da articulação a expressão física do ser punk foi expressa de forma bastante discreta. Apesar de predominar a roupa preta, Knup Acrata usava sempre um gorro que escondia o corte moicano do cabelo. Já no segundo semestre, em algumas vezes em que nos encontramos na escola, ele estava sem gorro e parecia não se importar em revelar o *visual*.[6] Interrogado a este respeito, Knup Acrata afirmou que utilizava o *visual* quando estava entre pessoas que o conheciam. Caso contrário, preferia vestir-se de outro modo porque acreditava que o *visual punk* gerava um impacto nas pessoas, que podiam ter algum tipo de preconceito. Ele preferia primeiro se aproximar e falar das suas ideias para depois revelar-se por completo.

Este posicionamento de Knup Acrata mostra que ele parece querer evitar, de acordo com Edith Stein (1922/1999b), uma reação psíquica negativa das pessoas, que, por preconceito, por exemplo, poderiam se fechar e impedir uma aproximação mais profunda com ele, no nível espiritual. Knup Acrata explicou que era como ler um livro. Achava que as pessoas primeiro deveriam ler o livro, ver o conteúdo, para depois saber quem era o autor. Ele queria passar das dimensões físicas e psíquicas para a dimensão espiritual, a partir da qual as pessoas poderiam compreender sua visão de mundo, suas motivações, reflexões e ideais, para em seguida poderem se posicionar de forma mais consciente e não apenas reativa (Carneiro, 2011).

Na escola, afirmou que no segundo semestre os alunos já o conheciam e por isso não se preocupou. Por outro lado, afirmava que tinha um cuidado em relação aos pais, que estranhavam este modo de ser. Essa atitude demonstra um zelo de Knup Acrata em relação à escola e ao modo como ela poderia ser vista e interpretada pelas famílias. Foi uma atitude solidária em relação ao diretor e à preocupação de *autoconservação*

[6] Forma como se refere ao modo de vestir punk.

da comunidade escola, compreendida por Stein como a criação de instrumentos na comunidade para responder as suas próprias necessidades e ao modo como ela os utiliza (idem, p. 56).

Retomando o percurso de Knup Acrata, após a finalização da articulação ele saiu da escola e trabalhou por um ano em um Centro Cultural da Juventude, onde ministrou curso de fotografia, além de trabalhar como guia cultural nas exposições de arte promovidas pelo centro. Após um ano, prestou novamente vestibular e hoje frequenta o primeiro ano de Pedagogia em uma faculdade particular de São Paulo. Mantém-se com uma bolsa de estudos que a faculdade oferece para alunos que participam de programa de estágio em escolas públicas.

Para finalizarmos, gostaríamos de ilustrar o percurso pessoal deste jovem educador e seu movimento formativo, citando os diferentes posicionamentos que ele assumiu nas comunidades por que passou: aproximação cautelosa da comunidade, abertura total e imersão, incorporação de elementos significativos para seu desenvolvimento, retorno a si mesmo e retomada do caminho próprio, agora transformado pela vivência comunitária que o afetou. A partir deste movimento, Knup Acrata ilustrou-nos a articulação, feita por Edith Stein, entre vivência comunitária e desenvolvimento pessoal. Mais do que isso, a postura de abertura e o seu modo de se colocar no mundo nos mostram a possibilidade de formação de vivências comunitárias onde ela talvez ainda não exista. Este fato aponta para um dos papéis mais importantes do educador na visão de Edith Stein (1930/1999c): fazer com que uma sociedade se torne comunidade. Nisto Knup Acrata confirma o ser educador, uma vez que acendeu centelhas de vida comunitária por onde passou. Como educador, Knup Acrata nos ensina que a comunidade é sim um ideal de convivência humana, mas um ideal possível de ser vivenciado. Finalizamos este artigo com uma citação de Edith Stein que confirma esta noção, apontando-nos para um caminho de abertura e esperança em relação ao ser humano:

> A possibilidade de formação de uma comunidade está ligada à compreensão recíproca dos indivíduos. Onde os sujeitos entram em relação há um terreno fértil para uma unidade de vida, para uma vida comunitária que se alimenta de uma única fonte. Esta comunidade de vida entra em vigor quando os indivíduos se oferecem espontaneamente uns aos outros, estão abertos uns em relação aos outros e não possuem a relação artificial de sociedade (Stein, 1922/1999b, p. 226, tradução própria).

Referências

Ales Bello. A. (1999). Presentazione. Em E. Stein. *Psicologia e scienze dello spirito: contributi per uma fondazione filosófica.* (pp. 5-32). Roma: Città Nuova.

Ales Bello, A. (2009). *Edith Stein o dell'armonia: esistenza, pensiero, fede.* Roma: Studium.

Carneiro, S. F. B. (2011). *A articulação entre escola e comunidade do entorno em um projeto de literatura marginal: um olhar fenomenológico.* Dissertação de mestrado, Programa de Pós-Graduação em Educação: Psicologia da Educação, Pontifícia Universidade de São Paulo. São Paulo, SP. Recuperado em 14 de maio, 2012, de http://aleph50018.pucsp.br:80/F/QVLFJJQEGPKKP47333NQ86MT5STQVKF8JLA5N7RNM269S9R6TX39849?func=service&doc_library=PSP01&doc_number=000259690&line_number=0001&func_code=WEB-BRIEF&service_type=MEDIA

Coelho Jr., A. G. & Miguel, M. (2006). A relação pessoa-comunidade na obra de Edith Stein. *Memorandum, 11*, 08-27. Recuperado em 14 de maio, 2012, de http://www.fafich.ufmg.br/~memorandum/a11/coelhomahfoud01.pdf.

Nascimento, E. P. (2006). *Literatura marginal: os escritores de periferia entram em cena.* Dissertação de Mestrado, Programa de Pós-Graduação da Faculdade de Filosofia, Letras e Ciências Humanas, Universidade de São Paulo, 2006. Recuperado em 13 de setembro, 2010, de http://edicoestoro.net/attachments/057_LITERATURA%20MARGINAL%20-%20OS%20ESCRITORES%20DA%20PERIFERIA%20ENTRAM%20EM%20CENA.Pdf

Rus, E. (2006). *Interiorité de la personne et éducation chez Edith Stein.* Paris: Cerf.

Stein, E. (1999a). *A mulher: sua missão segundo a natureza e a graça.* (A. J. Keller, Trad.). Bauru, SP: Edusc. (Original publicado em 1968).

Stein, E. (1999b). *Psicologia e scienze dello spirito: contributi per una fondazione filosofica.* (A. M. Pezzella, Trad.). Roma: Città Nuova, 1999b. (Original publicado em 1922).

Stein, E. (1999c). Sull'idea di formazione. Em E. Stein. *La vita come totalità: scritti sull'educazione religiosa.* (2a ed., pp. 21-36). (T. Franzosi, Trad.). Roma: Città Nuova. (Original publicado em 1930).

Posicionamento pessoal, continuidade da tradição e transformação da escola na comunidade rural de Morro Vermelho

Roberta Vasconcelos Leite
Miguel Mahfoud

Expectativa na escola.[1] Nos arredores do pátio, finalizam-se preparativos. Meninas aguardam o auxílio das professoras para completarem sua transformação em mucamas. Meninos conferem vestimentas e cuidam com atenção das varas, almas dos negros que devem ser levadas com todo o respeito: não se pode sequer tocá-las, usa-se um lenço para as segurar. Aproxima-se o momento esperado: alunos em fila, juiz e juíza à frente, seguidos por mucamas e "mucamos". Atrás, sombrinhas enfeitadas, preparadas em sala, são seguras pelos irmãos de vara para proteger a vara levada por um amigo, que vai ao lado.

[1] O presente texto foi elaborado a partir da pesquisa "Fenomenologia, pessoa e cultura: educação escolar e cultura popular em Morro Vermelho" desenvolvida no Laboratório de Análise de Processos em Subjetividade – LAPS UFMG, com apoio do Conselho Nacional de Desenvolvimento Científico e Tecnológico – CNPQ, por meio de bolsa de iniciação científica. Resultados parciais foram publicados em Leite & Mahfoud (2010a, 2010b). Agradecemos às revistas *@mbienteeducação* e *Krínein, Universidad Católica de Santa Fe* a autorização para a presente publicação.

Um ancião adentra o pátio: é o Senhor Enoque, que vem tocando tambor e transmitindo nos olhos intensa emoção. O som de outros instrumentos une-se ao seu batuque: a bandinha dos alunos da educação infantil soma-se à Corporação Musical Santa Cecília, banda da comunidade. Tudo para anunciar a chegada de outro cortejo: mais sombrinhas e varas, agora nas mãos de adultos. A juíza à frente espera a companhia do seu juiz, representado pela comitiva da escola. Ao fundo, o Congado, convidado especial, abrilhanta a festa com cantos e danças.

Encorpada, a procissão deixa a escola e segue rumo à Matriz. Sombrinhas e varas colorem o corredor central. No lugar de destaque, alunos, professoras, diretora. Silêncio, a missa se inicia. Batuque, a missa prossegue com a ginga do Congado. Finda a celebração, recomeça a andança. Seguindo o rumo do lugar das origens, o Rosário dos negros, o cortejo para à entrada de casas e mais irmãos de vara somam-se à procissão. Subindo o morro, o canto dos alunos sobressai:

Ô Aluá dendê, ô Aluá dendê,
ô Aluá dendê mandei fazer pra nós bebê
ô Aluá dendê...

Lá no alto, o Rosário, igreja que viu nascer o povoado do Morro Vermelho. À porta, espaço preparado para receber autoridades: juiz, juíza, tocadores. Toda a gente reúne-se em volta para ver e ouvir. Sons de caixas de latas, chocalhos, tamborins, cantos e coreografias: alunos têm lugar central. Finda a dança, oferecem a bebida. Abacaxi fermentado com rapadura e farinha de mandioca: Aluá. Finda a festa, as famílias voltam para suas casas.

Aquele não era um dia letivo. Não havia cadernos, diários, carteiras. Ao invés de livros, música, dança, oração e bebida. No lugar das disciplinas e provas, festa na comunidade. Admirados, perguntamo-nos o que se passou diante de nós. Qual seu sentido? Quem são essas pessoas que cantam e dançam uma tradição que creem ter nascido nas senzalas, há séculos? Que escola é essa, capaz de aproximar-se assim da comunidade? Que comunidade é essa, aberta a receber a escola em suas celebrações? Como ambas empenham-se nesse relacionamento?

Para começo de conversa

Há muitas formas de buscar integrar educação formal – realizada nas escolas com normas e práticas próprias (Forquin, 1993) – e cultura popular – realidade emergente a partir de relações internas ao coração da sociedade, marcada pelo caráter passadista e inovador (BOSI, 2000). No contexto brasileiro atual, a valorização dos saberes populares no âmbito escolar e a recuperação do papel da escola como agente transformador da realidade local parecem terem se tornado unanimidade nos mais diferentes discursos (Simões, 2007). Não obstante o risco de que esta apologia à introdução da cultura popular na educação formal se concretize de modo artificial e ideológico (Dayrell, 1996; Nunes, 2000), permanece sendo reconhecida como urgente a necessidade de recuperar, em todos os âmbitos educativos, posições e práticas culturais que façam frente à homologação globalizante e tecnicista:

> No panorama contemporâneo, trata-se de um desafio mais do que urgente. Pois, os graves problemas emergentes (violência, narcotráfico, corrupção e falta de ética, falta de sentido, desagregação social, pobreza e desigualdades sociais crônicas – apesar de anos de regime democrático) apontam todos para a necessidade de uma educação real. Que somente assim será, na medida em que não seja homologadora e que preserve e afirme sujeitos vivos, presentes e operantes no tecido sócio-cultural, portadores de memória e de criatividade, capazes de solidariedades e culturalmente expressivos (Massimi, 2006, p. 186).

É uma necessidade que nos empenhemos por uma educação que afirme sujeitos e sua cultura. A força desta afirmação suscita interrogações: por que é radical a importância de unir educação e cultura? Por que continuar a defendê-la, mesmo sob risco de artificialidade? Como essa união pode concretizar-se de forma vitalizada, não homologadora?

Questionamentos dessa natureza estão no coração do percurso de pesquisa que desenvolvemos na comunidade rural tradicional de Morro Vermelho, vilarejo histórico do município de Caeté (Minas Gerais) com cerca de 900 habitantes (IBGE, 2002).

Morro Vermelho caracteriza-se pelo caráter tradicional, por fortes traços barrocos (Mahfoud, 2001a, 2001b; Mahfoud & Massimi, 2007, 2009) e pela religiosidade popular, tendo em Nossa Senhora de Nazareth sua principal figura de devoção (Araújo & Mahfoud, 2004; Mahfoud, 2002). Acontecimentos históricos ligados à origem da comunidade, conservados por intenso trabalho de memória coletiva,[2] são tomados como expressões da identidade local que perduram no tempo (Mahfoud & Massimi, 2009). Dentre as expressões características da comunidade, destaca-se a defesa da liberdade em variados contextos.

O contínuo trabalho da memória coletiva fundamenta também a manutenção de tradições seculares, como a Cavalhada de Nossa Senhora de Nazareth.[3] Sua transmissão intergeracional, "de pai para filho", caracteriza-se como educação informal: modalidade de formação calcada na memória coletiva e característica das comunidades tradicionais (Halbwachs, 1950/2004). Crianças compartilham o mesmo universo de sentido dos adultos, aprendendo enquanto se desenvolvem o modo próprio da comunidade elaborar experiências e constituir conhecimentos significativos (Alves & Mahfoud, 2001; Leite & Mahfoud, 2007b).

A educação formal no vilarejo teve início em meados do século passado. Atualmente, a escola local vincula-se à Secretaria Municipal de Educação de Caeté e oferece formação nos primeiros anos da educação básica (educação infantil à quinta série do ensino fundamental). Gradativamente, a aproximação da cultura escolar à concepção de mundo hegemônica na sociedade urbana intensificou tensões entre a educação formal e a modalidade tradicional de transmissão cultural (Alves & Mahfoud, 2001). Neste contexto de intensas negociações, as professoras, naturais de Morro Vermelho, esforçavam-se por conciliar os parâmetros exigidos na educação escolar e as tradições vivenciadas cotidianamente, tendo como ponto de partida suas próprias elaborações pessoais. Contudo, esse empenho concretizava-se em ações isoladas, não sistematizadas (Leite & Mahfoud, 2006).

[2] O "levante do quinto do ouro", ocorrido em 1715, é caso exemplar. Indignados com a nova modalidade do imposto sobre extração de ouro, moradores de Morro Vermelho, armados e gritando "viva o povo", cercaram e mantiveram cativo por uma noite o então governador de Minas, D. Balthasar da Silveira, exigindo modificação na forma de cobrança (Anastasia, 1998). O episódio foi preservado com grande fidedignidade na memória coletiva, embora somente há poucos anos a comunidade tenha conhecido registros documentais, como a carta escrita pelo governados explicando o ocorrido ao rei de Portugal (Costa & Mahfoud, 2001; Leite & Mahfoud, 2007b).

[3] A Cavalhada, tradição medieval trazida ao Brasil pelos portugueses, é realizada em Morro Vermelho durante a festa de Nossa Senhora de Nazareth desde 1704, segundo relato dos moradores. Trata-se de representação do encontro entre cavaleiros mouros e cristãos, quando os primeiros já foram convertidos (Mahfoud & Ribeiro, 1999).

Em 2003, a escola local[4] organiza o "projeto charola",[5] dando início a um novo processo de articulação com a cultura popular local. Em lugar de tomar essa manifestação cultural apenas como conteúdo para atividades rotineiras – algo usualmente feito nos trabalhos escolares que se ocupam do "folclore" – a escola buscou contribuir para a continuidade da tradição e valorizar a vinculação estreita dos alunos a seu meio cultural. Aos alunos coube pesquisar a sua história e os cânticos que são entoados na procissão, além de confeccionar réplicas da Charola que foram expostas na Secretaria de Educação na sede do município.

Ampliando tal proposta, em 2004 empreendeu-se um projeto que envolveu todas as classes da escola, tendo como tema as comemorações dos 300 anos da Festa de Nossa Senhora de Nazareth. Mais uma vez buscando recuperar a relação orgânica com a cultura popular local, a escola promoveu uma feira cultural para apresentar à comunidade o material produzido pelos alunos. Neste evento, vários elementos das tradições do vilarejo estavam presentes: a Bandeira de Nossa Senhora de Nazareth, que é reverenciada e erguida no mastro durante a Cavalhada; o Tapete de Serragem feito no adro da Igreja para a procissão da festa da padroeira; e a Corporação Musical Santa Cecília, que abre a apresentação da Cavalhada. Além disso, os alunos encenaram a Cavalhada-Mirim,[6] de maneira que naquele momento todos os presentes faziam experiência das festas próprias de Morro Vermelho.

Investigando motivações dos educadores que operaram essa recuperação da relação orgânica com a cultura local, compreendemos a novidade presente em tal iniciativa: mais que tematizar conteúdos novos visando a objetivos meramente acadêmicos e desvinculados da vida dos alunos, esses educadores empenhavam-se na promoção da continuidade

[4] Atualmente, Anézia Maria Pinheiro, funcionária já falecida e conhecida por seu intenso trabalho social, dá nome à escola. Para escolha deste nome, a direção da escola realizou votação no principal local de encontro da comunidade, a igreja Matriz, objetivando favorecer com que toda população se envolvesse no processo.

[5] Charola é andor para a imagem de Senhor dos Passos Pequeno. Com ela, crianças e devotos percorrem casas do vilarejo e região cantando e pedindo esmolas para custear os festejos da Semana Santa (Ribeiro & Mahfoud, 2005).

[6] Cavalhada-Mirim é "tradição recente", nascida do interesse das crianças pela Cavalhada e proposta para prepará-los a assumirem quando adultos. Meninos proferem as falas e coreografias dos cavaleiros da outra encenação, "montados" sobre cavalos de pau (Murta, 1997). Em Morro, integra a Festa do Rosário, em outubro.

da tradição e no respeito à vinculação estreita dos alunos a seu meio cultural. O que não significa esquecimento dos propósitos e práticas escolares, pois a iniciativa é formalizada no planejamento pedagógico anual pela via da elaboração de projetos interdisciplinares e a sua eficácia pedagógica é amplamente reconhecida (Leite & Mahfoud, 2007a, 2007b).

Em 2007, novo passo é dado neste percurso. Além de promover atividades internas tendo como escopo a valorização e difusão das tradições locais, a escola decidiu participar oficialmente de uma festa da comunidade: o Aluá, manifestação de origem afro-brasileira, tida como a mais antiga de Morro Vermelho. Para tanto, foi apresentado à Secretaria de Educação de Caeté um projeto pedagógico com as atividades a serem realizadas, incluindo a preparação e realização da festa do Aluá junto à comunidade e sua representação dentro da escola, em uma feira cultural.

É no contexto desse projeto que se desenrola a cena descrita no início deste artigo. Sua singularidade indica-nos que há muito por aprender com o processo de aproximação entre a Escola Municipal Anézia Maria Pinheiro e as tradições de Morro Vermelho. Entendemos que a vitalidade dessa articulação – que parece se intensificar com a passagem do tempo – pode contribuir para elucidar como a escola pode se ocupar da cultura sem que isto se torne proposta artificial e vazia de sentido. Nosso objetivo, portanto, é identificar elementos típicos de uma interação entre instituição formal de ensino e comunidade que tem conseguido preservar sua vitalidade com o passar dos anos.

Para adentrar o campo é preciso delimitá-lo: conceituações fundamentais

Situando-nos no âmbito da Psicologia da Cultura (Augras, 1995) e adotando a *fenomenologia clássica* de Edmund Husserl (1952/2006a, 1924/2006b, 1954/2008) e Edith Stein (1932-3/2003a, 1930/2003b, 1922/2005, 1932-5/2007) como referencial teórico-metodológico, propomos conhecer o fenômeno cultural em questão a partir da análise das vivências daqueles que o constituem.

Qual a originalidade da análise das vivências? É permitir investigar-se a experiência subjetiva sem incorrer no relativismo, pois se reconhece o fundamento comum da multiplicidade de expressões humanas. Reconhecimento que não nega a diversidade, pois inclui a constatação de que as vivências não têm organização rígida: são moldadas pelas variadas expressões culturais (Ales Bello, 2004). Percorrendo este caminho, Husserl (1952/2006a) e Stein (1932-3/2003a, 1922/2005, 1932-5/2007) identificaram peculiaridades das vivências que desvelam o ser humano como composto por três dimensões intimamente relacionadas, porém distintas. Sensações remetem ao *corpo vivente*, o nível mais imediato de percepção de si. Sentimentos e estados vitais indicam a existência da *psique*, que é domínio passivo, das reações àquilo que nos acontece. Intelecto e vontade desvelam a dimensão do *espírito*, que é domínio ativo, da capacidade de juízo e ação baseada na decisão livre.[7]

Destaca-se que a distinção das dimensões não implica em conceber o homem como ser dissociado. Por isso a fenomenologia busca a concepção clássica de ser humano como *pessoa*, de modo a expressar bem a unidade existente nessa estratificação (Stein, 1932-3/2003a). Além de explicitar a unidade, essa concepção dá conta do contínuo processo de desenvolvimento e transformação do ser humano, que se constitui na contínua interação entre interior e exterior. Pessoa é, por definição, ser de relações, de abertura para "dentro" e para "fora". A abertura para dentro configura-se pela capacidade de perceber a si mesmo, o saber-se vivo que atravessa a própria vivência em ato; enquanto a abertura para fora descreve a indissociabilidade entre a individualidade e o mundo circundante, que é físico, social, comunitário, cultural, histórico (Stein, 1922/2005).

A respeito do desenvolvimento da pessoa nesse constante intercâmbio entre interior e exterior, Stein (Stein, 1930/2003b) explicita ainda o papel central da coletividade, pois é somente por crescer como membro de um grupo (ou de vários) que a pessoa pode ver florescer aquilo que lhe é mais característico. Por outro lado, também a coletividade se transforma a partir do crescimento e desenvolvimento pessoal de seus membros. Essa estreita vinculação, entretanto, não elimina a tensão do processo, pois a coletividade pode sufocar e inibir o desenvolvimento

[7] Considerar a possibilidade da decisão livre significa reconhecer que o homem pode aderir ou não se ao jogo de estímulos e respostas que o envolve. Tal reconhecimento não significa afirmar que o horizonte de ação humana seja ilimitado, pois há um princípio ordenador da natureza humana, que lhe confere potências e limites, e há um senso de dever, em que a possibilidade se converte em chamado a realizar algo (Stein, 1932-3/2003a).

da natureza individual, assim como a pessoa pode reconhecer seu grupo de pertença como demasiado estreito e optar por se desvincular dele.

Abre-se, assim, o caminho para a investigação do que favorece ou não o desenvolvimento da pessoa, aproximando-nos da problemática da educação, extensamente trabalhada por Stein (1932-3/2003a, 1930/2003b).

Para Stein (1930/2003c), educação em sentido pleno é *formação*, indicando que é preciso dar forma à unidade corpo-psique-espírito para que ela alcance o feitio da imagem que interiormente lhe plasma a forma. É possível que uma atividade formadora externa "dê forma" tanto à matéria inanimada quanto à matéria animada, isto é, aos seres vivos. Estes últimos, porém, impõem mais limites a esse tipo de formação porque são capazes de modificarem-se mesmo sem intervenção externa: há uma espécie de forma interior que atua formando-os desde dentro. Uma semente, por exemplo, precisa do solo e do clima favoráveis para se tornar uma planta, mas não são fatores externos que determinam se ela será uma violeta ou uma palmeira: há uma forma interior que dirige seu desenvolvimento.

Também no ser humano, como em todos os organismos viventes, a formação acontece nessa interação entre os fatores do ambiente em que ele está inserido e o dinamismo próprio de sua forma interior. O ambiente humano é o mundo físico e, principalmente, o contexto sócio-cultural dos grupos de pertença, que oferece à pessoa materiais e caminhos possíveis para seu desenvolvimento enquanto unidade corpo-psique-espírito. Se não receber de outros seres humanos o material adequado para sua formação, a pessoa não poderá alcançar aquilo que por natureza é dotada. Tal dependência complementa-se com algum grau de autonomia. Justamente por seu caráter espiritual, a pessoa pode buscar e produzir materiais propícios à sua formação (também chamados "alimento espiritual") e absorvê-los de maneira ativa: ela incorpora-os pelo ânimo (constituído por afetos e sentimentos) e elabora-os podendo estruturar, formar e governar a si mesma (Idem; Mahfoud, 2005).

Reconhecer o caráter ativo do sujeito, que pode em certo sentido decidir o quê e como receber os elementos de sua formação, não implica caracterizar esse processo como puramente voluntarista. Além do fato de que a pessoa se forma assimilando e respondendo àquilo que recebe do seu meio, vimos que há uma forma interior – ou princípio formativo – que dirige o desenvolvimento da pessoa. Não há decisão do sujeito ou mesmo material formativo que possa mudar sua constituição peculiar.[8] É nesse sentido que a formação busca alcançar a forma interior, pois, mesmo sendo possível seguir por outros caminhos, a pessoa somente está harmonicamente formada quando se "*con-forma*" à imagem que interiormente lhe plasma e busca demonstrar sua eficácia no exterior (Stein, 1930/2003c).

Com tais concepções de pessoa como ser de relações, e de educação como processo formativo, percebe-se também que a investigação fenomenológica da subjetividade não prescinde de reflexões sobre a intersubjetividade: para compreender o modo como o ser humano se põe no mundo e constitui esse mundo é preciso considerar toda a bagagem de vivências que cada um possui e compartilha com o grupo de pertença (Ales Bello, 1998). A conceituação do mundo-da-vida (*Lebenswelt*) vincula-se a tal reflexão sobre a radicalidade do contexto intersubjetivo de significação para a constituição da realidade tal como experimentada pelo homem, seu mundo histórico concreto com seus usos e costumes, saberes e valores (Husserl, 1954/2008; Schutz, 1973/2003; Wagner, 1979; Zilles, 1996).

O mundo-da-vida[9] é matriz de significação em que se constituem as vivências e se revelam imbricações de nossas elaborações com aquelas de nossos contemporâneos e predecessores, copartícipes do mesmo ambiente social. Refere-se ao mundo da vida prática, às receitas coletivas sobre como lidar com as coisas e solucionar problemas típicos do cotidiano. É estável e relacionado ao presente, embora possa ser tomado como objeto de reflexão (Wagner, 1979). Necessariamente vinculado à experiência, o mundo-da-vida é, por conseguinte, calcado na estrutura da subjetividade (Ales Bello, 1998).

Disso decorre que o mundo-da-vida seja a base na qual se assentam as elaborações mais complexas que se constituem como cultura. Husserl (1954/2008) chama a atenção para o fato de que a cultura – científica ou não – pode afastar-se do mundo-da-vida, tornando-se abstrata e levando

[8] Em outras obras, Stein trata dessa questão do direcionamento da formação segundo um princípio interno ao discorrer sobre o núcleo ou eixo (*kern*) em torno do qual a pessoa se constitui, o qual não se desenvolve, mas indica a direção para o desenvolvimento de todas as dimensões da pessoa (Stein, 1932-5/2007).

[9] Conceito amplamente difundido, mundo-da-vida tem sido trabalhado por diversos teóricos, em que se destaca Habermas. Para reflexão sobre a apropriação habermasiana do conceito em Husserl, ver Pizzi (2006).

sujeitos a vivenciarem experiências fragmentadas. Entretanto, permanece aberta a possibilidade de constituição de cultura articulada organicamente ao mundo-da-vida, desde que se busque preservar a centralidade da pessoa e a promoção de espaços para que ela elabore suas vivências de modo integrado (Husserl, 1924/2006b, 1954/2008).

Com tal delimitação das inter-relações entre cultura e mundo-da-vida, Husserl abriu caminho para uma crítica da cultura e para uma retomada do conceito de cultura em seu significado profundo, que é "constituído pela mentalidade, pela forma de orientação, pelas expressões e pelos produtos próprios de um grupo humano" (Ales Bello, 1998, p. 42). A manutenção da cultura vincula-se, pois, aos juízos e crenças daqueles que a compõem, de modo que sem as pessoas ela não se constitui e não se pode compreendê-la (idem). Investigando tal relação entre pessoa e cultura, Stein (1930/2003c) demonstra que é com sua dimensão espiritual que o homem cria os bens culturais, configurando o mundo que o rodeia e podendo constituir objetos de valor para sua formação interna.

Assim, delineia-se como o pessoal e o coletivo não se separam e se reconhece a centralidade da ação do sujeito para a constituição da matriz social. Como corolário, explicita-se a relevância da tematização do mundo-da-vida e da cultura em investigações interessadas na experiência de sujeitos concretos, como é o nosso caso.

Stein (1932-3/2003a) nos alerta que há ainda outro fator a ser considerado, pois a tematização do mundo-da-vida e da cultura de um povo não pode prescindir da consideração da modalidade de associação desse povo. Em nosso caso, pesquisas anteriores apontam que a modalidade de associação presente em Morro Vermelho é a comunidade, fortemente marcada pela religiosidade popular e pelo caráter tradicional (Mahfoud, 1999, 2001a, 2001b; Mahfoud & Ribeiro, 1999; Alves & Mahfoud, 2001).

Mas o que significa comunidade? Qual o papel da religiosidade em sua estruturação? O que diferencia uma comunidade tradicional das demais? Evidenciando as contribuições de Stein, Ales Bello (2000) afirma que comunidade é modo de associação de um povo no qual seus membros unem-se pela "conexão profunda que nasce da força psíquica ou espiritual do indivíduo, a qual interage com aquela dos outros" (p. 168). Na comunidade, portanto, as pessoas tendem a tomar a vivência do outro como parte da própria vida, procurando cuidar de seus caminhos e sentindo como suas as dores dele (Stein, 1922/2005).

Nas comunidades em que a vivência religiosa está presente, esta pode se configurar como eixo central em torno do qual a vida de seus membros se estrutura, de tal sorte que todas dimensões da existência pessoal e coletiva encontram-se unificadas, tendo como centro a esfera do sagrado. Essa centralidade do fenômeno religioso é característica distintiva das comunidades tradicionais, conferindo-lhes elevado grau de integração (Berger, Berger & Kellner, 1979). Nessas comunidades, há um sistema de valores supra-ordenado e coerente, ao contrário do que ocorre nas sociedades tipicamente modernas, nas quais não há mais valores e saberes autoevidentes comuns a todos (Berger & Luckmann, 2004). São marcantes no contexto tradicional a confiança depositada nos antepassados, a abertura diante do mistério e o trabalho vivo da memória coletiva (Mahfoud, 2001c; Schmidt & Mahfoud, 1997).

Até aqui, buscamos delinear as linhas gerais do referencial teórico-metodológico que guia nossas análises, a Fenomenologia, tendo também o cuidado de destacar o que as investigações desenvolvidas em seu âmbito estabeleceram a respeito de dimensões centrais em nosso trabalho: a educação, a cultura e o contexto das comunidades tradicionais. Agora, faz-se necessário esclarecer de modo mais preciso como esse referencial ajudou-nos a proceder na prática da pesquisa.

Procedimentos metodológicos: passos do caminho

Já acenamos ser nosso objetivo delinear os elementos típicos do relacionamento entre escola local e comunidade em Morro Vermelho. Ancorados no referencial fenomenológico, o primeiro passo que se faz necessário para atingi-lo é a realização da *epoché*: pôr entre parênteses nossa atitude natural, de observadores externos, para buscar uma leitura interior do fenômeno. Para tanto, procuramos tomar o relacionamento entre escola e comunidade em Morro Vermelho a partir da perspectiva daqueles que contribuem para a constituição dessa relação.

A escolha dos sujeitos revela-se, portanto, como passo crucial. Com um recorte tão preciso, a seleção aleatória de sujeitos destacaria elementos acidentais do fenômeno, inviabilizando o alcance de nosso objetivo. Optamos, então, pela seleção de sujeitos por amostragem intencional, que consiste em identificar, a partir de informações disponíveis, figuras emblemáticas para a temática estudada (Gil, 2008). Com esse critério, escolhemos três sujeitos, naturais da comunidade, cuidando em privilegiar a diversidade de perspectivas sobre o fenômeno, pois entendemos, com Ales Bello (2004), que na atenção ao singular pode se revelar o que é comum, compartilhado.

A perspectiva da escola que se volta para a cultura local é contemplada no depoimento de Silvana[10] (36 anos), sua diretora e principal responsável pela idealização e implementação dos projetos que tematizam as tradições de Morro Vermelho. Nossas pesquisas anteriores apontam para a centralidade de sua atuação para a mudança radical no modo como a escola se insere em seu contexto (Leite & Mahfoud, 2007a, 2007b).

A perspectiva da comunidade que acolhe o movimento de aproximação da escola é contemplada pelo depoimento de Nivaldo (38 anos), membro atuante na organização de muitas festas do vilarejo e uma figura central na mudança de posicionamento da escola, uma vez que auxiliou a diretora Silvana na elaboração de projetos (Leite & Mahfoud, 2007a). Quanto ao projeto empreendido à época de realização desta pesquisa, foi sua a sugestão de trabalhar a Festa do Aluá.[11]

Complementando as duas perspectivas, temos o depoimento de Nislene (42 anos), que de certa forma situa-se em ponto intermediário entre os polos escola-comunidade. É que Nislene já trabalhou na escola e também já liderou a organização de festas em Morro Vermelho. Atualmente, é professora de História em Caeté, fato que, somado a suas atuações anteriores, permite-lhe contemplar o processo de inserção da escola na comunidade de Morro Vermelho confrontando-o ao que se assiste em outro contexto, de modo a elaborar uma compreensão complexa do processo.

Realizamos a coleta de dados durante trabalho de campo de cunho etnográfico (Brandão, 2007). Entrevistas semiestruturadas foram realizadas com os 3 sujeitos em momentos propícios à elaboração. Uma vez que nossa pesquisa desenvolve-se no contexto de um projeto pedagógico que

[10] Apresentamos nomes verdadeiros dos entrevistados. Decisão compartilhada com os sujeitos, que se baseia no relacionamento do grupo de pesquisa com a comunidade. Dar a conhecer sua experiência em contextos amplos é o sentido que eles conferem às investigações (Mahfoud & Massimi, 2009). Divulgar sua identidade solicita cuidado ainda maior na análise e apresentação dos resultados, que são devolvidos aos participantes da pesquisa.

[11] Este capítulo é dedicado à memória de Nivaldo, falecido em 24 de janeiro de 2012.

buscou inserir a escola, oficialmente, em uma manifestação cultural da comunidade, entendemos serem momentos propícios à elaboração aqueles que se aproximam temporalmente da realização dessa manifestação cultural, a Festa do Aluá. Por isso as entrevistas foram realizadas na semana precedente (Silvana), durante (Nislene) e logo após a festa (Nivaldo).[12] Em seu decorrer, buscamos favorecer que os sujeitos relatassem o vivido e não opiniões sobre o assunto (Amatuzzi, 2008). Gravadas em áudio, as entrevistas foram transcritas integralmente, respeitando a dinâmica da fala de cada sujeito e buscando a máxima aproximação ao modo como o próprio sujeito escreveria o que fala (Mahfoud, 2003).

O passo seguinte foi a análise deste material, na qual seguimos as orientações de van der Leeuw (1933/1964): partirmos da experiência relatada, pré-reflexiva, para, por meio da atenção às propriedades dessa experiência, chegar a seus elementos estruturais, suas características intrínsecas. Buscamos aprofundar a compreensão de como cada sujeito concebe e se posiciona na imbricação entre educação escolar e cultura popular local, de modo que possam aparecer suas elaborações pessoais a respeito de elementos que, caso se mostrem comuns, irão delinear uma experiência típica do relacionamento entre escola e comunidade em Morro Vermelho. A partir das reflexões anteriores sobre as contribuições teóricas da Fenomenologia, podemos afirmar que este passo, ao articular o pessoal e o comunitário, vincula-se à elucidação de aspectos próprios do mundo-da-vida do grupo humano em questão (Husserl, 1954/2008; Zilles, 2007).

Paralelamente à explicitação dos traços dessa experiência típica, buscaremos confrontá-las com marcos teóricos levantados, de modo a chegar a conclusões sobre o objetivo pretendido que se constituam como contribuições e provocações para compreensão da articulação entre escola e comunidade em contextos diversos.

Experiências

Silvana: A escola, transformadora

Na semana antecedente à festa do Aluá, fomos recebidos na Escola Municipal Anézia Maria Pinheiro por sua equipe de profissionais. Já em

[12] A apresentação das análises das entrevistas seguirá a ordem em que foram realizadas.

nossa chegada, a diretora Silvana diz querer apresentar-nos uma aluna: Adrielen, bisneta do Senhor Enoque e, portanto, membro da família responsável pela manutenção da festa do Aluá. Como Adrielen possui "de família" vasto conhecimento da festa que a escola tematiza este ano, essa escolha nos intriga: como a diretora, para mostrar o trabalho da escola, quer que conversemos com aluna que traz o conhecimento "de casa"? O que significa o trabalho da escola, se a aluna tomada como exemplar já conhecia o conteúdo a ser apresentado?

Interpelados por seu gesto, voltamo-nos com atenção para seu depoimento, buscando compreender os sentidos dessa escolha. Ao falar dos objetivos do trabalho desenvolvido, Silvana começa a fornecer-nos indícios:

> *A tradição faz parte do distrito, agora está fazendo parte da escola (...). Valorizar mesmo a cultura local, valorizar as crianças, as famílias, as gerações: de geração em geração, cultura não é isso? De geração em geração vai passando. Vamos aproveitar essas crianças que estão aqui que já têm o conhecimento dentro da família, que os pais participam, os avós, tios. Então já têm um conhecimento, pré-conhecimento e desenvolvem aqui junto com a gente e com os outros que não conhecem.*

Suas afirmações indicam que o trabalho sistemático com a cultura popular é concebido como forma de sintonizar-se ao movimento de transmissão intergeracional já existente na comunidade, pois o sentido da cultura é justamente esse: "*de geração em geração vai passando*". E o modo proposto para fazer isto consiste em dar visibilidade à atuação de famílias e grupos que tradicionalmente se dedicam à continuidade das manifestações culturais. Isso significa que, para contribuir na difusão cultural, a escola alia-se a uma dinâmica que já é própria da comunidade: valoriza a transmissão "de pai para filho" ao mesmo tempo em que, reconhecendo os diferentes graus de conhecimento e participação, empenha-se para que o sentido das manifestações seja cada vez mais compartilhado.

Voltando à cena na escola, Silvana quis mostrar-nos também as crianças da educação infantil, para que víssemos "*os meninos como estão cantando*". De novo, ela elege como foco a participação dos alunos. Por que tal escolha? Qual é seu sentido?

Recorrendo ao modo como Silvana completa a exposição sobre a proposta da escola, vemos que, ao tratar das crianças cujas famílias não estão à frente na manutenção das manifestações culturais, ela assim define a ação escolar:

> *E esses outros? Que não tiveram essa oportunidade dessa riqueza, do pai, da mãe estarem levando eles a participarem? Aí é que vem a escola, transformadora, a escola tem que estar transformando, levando esse conhecimento para os outros alunos, para eles no futuro perpetuarem, darem continuidade nessa tradição, que ela é riquíssima.*

Uma afirmação assim desconcerta: como a escola pode ser transformadora, se o que quer é dar continuidade? Para compreendê-la, acompanhemos seu percurso de elaboração: na sua preocupação com os "*outros*", aqueles que conhecem ou participam menos, colhemos o reconhecimento de que as tradições, mesmo sendo mantidas por alguns, são algo de todos e para todos, são herança "*riquíssima*" que deve ser cuidada pela população inteira.

Por isso, para Silvana, transformar não significa pretender mudar a realidade da comunidade para adequá-la a um modelo diverso. Transformar é agir para dar força a um processo que já existe, para que aquilo que se reconhece como valor não se perca, para que o risco da não continuidade seja combatido com o empenho para que os perpetuadores do futuro já estejam envolvidos desde pequenos.

E, querendo transformar para dar continuidade à tradição, Silvana também nos revela um significado peculiar para continuidade. Ora, se para perpetuar é preciso formar as novas gerações, podemos apreender que o esforço pela continuidade não se destina genericamente à estrutura social, mas às pessoas que a compõem. A continuidade, portanto, não é mera reprodução de festas, manifestações culturais, mas sim continuidade de posicionamentos pessoais de manutenção do sentido e do envolvimento com a cultura da comunidade.

Tal caráter pessoal inscreve-se no modo como ela descreve o processo de constituição do projeto pedagógico sobre a festa do Aluá. Ele nasceu como desdobramento do processo de resgate das tradições que se originou de desejo seu, abraçado por outros:

> *É, era o sonho desde que eu entrei aqui na escola (...). Você tem uma ideia, aí vem o professor e se empolga, porque vem uma ideia e nasce aqui e outra que já tem outra ideia, outra já tem... Aí junta as ideias todas e faz, sai o projeto quase perfeito, que perfeição a gente não adquire totalmente.*

A escolha do tema partiu do interesse de alguns alunos e da provocação de Nivaldo, que, como responsável pelo Aluá *"fez esse convite para nós participarmos da festa, e como você participa sem os meninos terem conhecimento?"*. Então, para efetivamente fazer parte da festa, Silvana narra como a escola se organizou, escreveu o Projeto apresentado à Secretaria de Educação de Caeté e começou a promover o conhecimento entre alunos e professores.

E como tudo isso foi proposto para as crianças? Silvana responde:

> *Aqui tem aquela liberdade, cada um faz o que eles se identificam. "Eu estou me identificando com o irmão de vara", então nós vamos trabalhar a parte do irmão de vara com ele. Tem os outros que já identificam com o dançar, então os "mucamos" e as mucamas. E também o juiz e a juíza, o que se identifica com essa parte, o rei e a rainha... Então já tem, você lança a sementinha e cada um vai procurando (...). É o respeito que você tem que ter no trabalho: na escola, você tem que deixar aquela liberdade de escolha. Porque se eu for pedir àquela criança: "você vai fazer isso", de repente não brota lá dentro e não tem como sair um trabalho legal.*

Conectando os pontos, percebemos que o projeto iniciou-se pelo movimento pessoal da diretora que encontrou ressonância, provocações e pedidos. É do "*sonho*" de Silvana que nasce a iniciativa, mas ela não a realiza sozinha: seu empenho pela continuidade do valor reconhecido mobiliza os demais, favorece que deem ideias para consolidação daquele "*sonho*", que já se tornou compartilhado. Compartilhado também pela comunidade que se torna "*disponível*" porque a escola demonstra querer acolher o que é mais próprio de Morro Vermelho, sem perder a particularidade da sua contribuição.

Compartilhando ideias e empenho, profissionais da escola e pessoas da comunidade unem-se em torno de um valor tendo como meta trabalhar para "*dar continuidade mesmo*". Construído dessa forma, esse trabalho pode ser considerado "*quase perfeito*" e pode concretizar-se em propostas prenhes de respeito à liberdade de adesão dos alunos porque sem isso "*não tem como sair um trabalho legal*".

E o que é "*trabalho legal*"? Como Silvana nos diz, é justamente que os alunos reconheçam o valor oferecido e respondam livremente. Por isso o objetivo de que todos conheçam, valorizem e participem não se traduz em prática coercitiva, como "olhos estrangeiros" poderiam supor precipitadamente. Por isso é possível mostrar o trabalho feito ao mostrar a participação dos alunos. Por isso não se pode tomar a tematização da cultura nessa escola como mero conteúdo de atividades, pois tematizar a cultura coincide com posicionar-se diante das tradições herdadas e esperar posicionamentos.

Um olhar atento às vivências expressas por Silvana traz consigo a provocação de que a educação pode ser concebida a um só tempo como afirmação explícita de valor, reconhecimento da contribuição de cada um e defesa da liberdade de participação. Concepção ancorada na compreensão de que a ligação das novas gerações à cultura de seus antecessores não é mecânica: é preciso propiciar experiências, mas é somente pela identificação pessoal e trabalho dos mais novos que essa cultura poderá permanecer.

Nislene: Um exemplo a ser seguido

É chegado o dia: festa do Aluá. Acompanhamos o cortejo junto a Nislene, professora que não atua mais na escola de Morro Vermelho, mas insiste em destacar a relevância do que se passa diante de nós: "*falei que vou até conversar com Silvana para ver se ela candidata* (...) [para fazer] *uma divulgação mais ampla, porque é um exemplo, um exemplo a ser seguido, não é fácil*".

O que ela vê de tão especial no trabalho dessa escola? Por que é exemplo merecedor de ampla divulgação? Nislene não discorre diretamente a esse respeito, pois complementa a argumentação perguntando-se:

> *Imagina um lugar pequeno como esse sem essas coisas? Seria perdido. (...) O pessoal pode até achar sem graça, infantil, mas é muito bom. Só para quem está aqui e sente mesmo: não é para qualquer pessoa. E não é só uma manifestação católica. O pessoal fala assim: "ah, divulgação da religião daqui". Não é só isso (...). Isso mantém unida a população. É muito raro confusões, manifestações de briga, discussões; você não vê muito, é raro isso acontecer.*

"*Essas coisas*" a que ela se refere são as tradições, as festas. Por isso, desperta atenção que, tendo começado a afirmar a singularidade da aproximação com a cultura local iniciada pela escola, Nislene, em lugar de focar a atuação da instituição de ensino, continue sua argumentação com um percurso de elaboração – que vai se estender por todo o depoimento

– sobre o valor das tradições de Morro Vermelho. Ou seja, para elogiar a escola, ela nos apresenta o que é típico da comunidade. Para compreender essa escolha, é necessário que acompanhemos suas elaborações.

Comecemos com o fato de que, ainda nesse trecho, é possível perceber seu diálogo com discursos que desmerecem o trabalho com práticas de origem religiosa em ambientes laicos. Frente a esse "*pessoal*", Nislene busca deixar claro que as tradições são sim religiosas, mas tematizá-las, no caso de Morro Vermelho, não se reduz a propaganda do catolicismo porque "*isso mantém unida a população*". As tradições seriam o elo de ligação da comunidade, ponto em torno do qual a vida coletiva se estrutura, inclusive para aqueles que não compartilham a mesma expressão de fé:

> *As pessoas costumam muito tachar como sendo uma divulgação do catolicismo, mas não é só isso. Eles acham, assim, que a divulgação é do povo católico, mas não é. Tem muitas crianças ali [participando da festa do Aluá] que não são. (...) A preocupação é de manter vivo o alicerce, é não deixar morrer.*

Como ela chega a tal compreensão das tradições como alicerce da comunidade? Ficando um pouco mais com o trecho precedente, vemos que Nislene elabora sua compreensão ao observar a vivência coletiva em Morro Vermelho, de onde apreende como o empenho para a continuidade da cultura herdada significa muito mais que trabalhar pela realização periódica das festas. Exemplos disso são a "*união*" e as raras "*confusões, manifestações de briga, discussões*". E como é possível que se articulem dedicação às festas e certo modo de viver coletivamente? Nislene compreende que

> *Essa tradição é muito importante para a formação das pessoas. A gente sai, mas continua guardando, assim, muita coisa boa. (...) É uma coisa que eu sinto quando eu saio: eu tenho muita coisa para contar do lugar onde eu nasci e eu percebo que as pessoas que conversam comigo não têm.*

A tradição "*é muito importante para a formação das pessoas*". Importante porque propicia aprendizados e experiências que se "*continua guardando*". Importante porque isso que propicia é "*coisa boa*" que merece ser afirmada mesmo em outros contextos. Admirados, vemos como é possível que ela afirme que o esforço coletivo de manutenção das tradições liga-se à forma como a comunidade se estrutura: é que as tradições são apreendidas como base da constituição dos sujeitos, da "*formação das pessoas*". E esse empenho na preservação daquilo que foi herdado entrelaça-se à "*formação das pessoas*" também no tocante à esfera dos relacionamentos, pois

> *Para fazer as festas, para elaborar, existe essa coisa de família [ênfase] (...). Esses vínculos familiares, isso tem muito aqui e eu acho que é por causa disso que nós conseguimos manter as tradições, conseguimos ser agradecidos por quem plantou tudo isso, a gratidão por essas pessoas sem recurso nenhum... As festas, hoje, têm muito brilho, mas eu acho que ainda mantém um pouco do antes, eles preservam isso, eles têm amor a isso. Você pode conversar com qualquer pessoa, eles te contam vários nomes de pessoas que participaram, (...) eles têm esse agradecimento e isso eu acho muito importante para o Morro Vermelho. Hoje eu percebo que é valorizar o que o outro fez, querer que o que o outro fez não seja esquecido: o agradecimento... É uma forma de você preocupar com o outro, de achar que o outro é importante, é como se você fosse dar um presente para ele daquilo que você tem de melhor. (...) E eu acho isso super importante, porque hoje a gente está vivendo essa época do consumismo, só consumo, consumo, consumo e deixando de viver essas tradições locais que são importantes.*

Nislene expressa como, diferentemente do crescente individualismo percebido em outras localidades, em Morro Vermelho ainda há fortes vínculos familiares e profunda valorização do "*outro*". A reverência e gratidão aos predecessores que se dedicaram à manutenção das manifestações em épocas muito mais difíceis indica o respeito a cada pessoa, à contribuição dada por cada pessoa. Esse respeito se contrapõe à configuração social atual "*nessa época do consumismo*" e descarte do outro. Com olhos estrangeiros, tendemos a supor que tal diferenciação entre o que se dá em Morro Vermelho e as tendências hegemônicas na sociedade ocidental hodierna implicam em – ou são derivados de – um isolamento da comunidade. Antes de concluir apressadamente, vejamos o que Nislene diz a respeito da festa do Aluá, a que assistíamos:

> *– Essa, o Aluá, é uma festa que quase se perdeu. Muitos anos, depois de muitos anos é que começou a resgatar isso. E foi justamente com o conhecimento maior das pessoas. (...) Minha mãe achava que "se fulano morrer, isso acaba" morreu todo mundo e isso continuou.*
>
> *– O que você percebe que mudou, disso que sua mãe achava, para agora, que está continuando?*

– Eu acho que é conhecimento. Existem muitas pessoas que aprenderam a perceber isso como um valor histórico, cultural, importante para a comunidade.

– Aprenderam onde?

– Eu acho que foi, assim, saindo para fora. A maioria do pessoal que faz isso hoje, que trabalha, igual, meu irmão, Adriana e outras pessoas, são pessoas que viveram muitos anos fora, estudando, e quando voltaram, perceberam que isso é muito rico, eles não vão achar isso em outro lugar. Isso é que foi importante, saíram e não encontraram isso, sabe?

Surpreendentemente, com essa declaração sobre a importância do conhecimento formal para que a geração atual dê prosseguimento às tradições, Nislene não só anuncia a existência, como também fundamenta a relevância do contato com propostas culturais distintas para a presente configuração da comunidade de Morro Vermelho. Vislumbramos então como aprendizados em outros contextos podem favorecer a valorização da própria "*raiz*". É que conhecimentos adquiridos "*fora*" – muitas vezes em faculdades, como nos casos citados – podem ser tomados como ferramentas para defender o que é mais constitutivo da comunidade: o empenho com as tradições pode ser traduzido em termos hoje popularizados cientificamente, como "*valor histórico, cultural*". Além disso – e tão importante quanto – "*sair*" se revela possibilidade de comparação com outras propostas, comparação que permite verificar o valor do que foi herdado, que "*é muito rico, eles não vão achar isso em outro lugar*".

Nossa análise indica que Nislene não batalha ingenuamente para comprovar que, por ser a sua comunidade, Morro Vermelho é sempre melhor – o que seria simplesmente bairrismo. Ao invés, ela demonstra ser capaz de contemplar diferentes modos de estruturação da vivência coletiva e dar juízos a partir do confronto entre elas. Empreendendo tal comparação durante a entrevista, reflete sobre o que é distintivo de Morro Vermelho pela contraposição com Caeté. Afirma que "*lá eu não vejo as pessoas se apaixonarem tanto com a cultura local como aqui*", isto é, em Caeté as pessoas não reconhecem o "*patrimônio*" que possuem e não amam a cultura local como em Morro Vermelho.

Sendo professora em Caeté, ela percebe como "*lá*", até as crianças refletem essa tendência de desvalorizar o local e supervalorizar o que é importado. Nesse sentido, o contato com o estrangeiro parece dificultar o reconhecimento e a valorização do que se tem, num movimento oposto ao que ocorre "*aqui*" em Morro Vermelho. Mas por que a diferença? Nislene faz-se a mesma pergunta durante a entrevista e, com surpresa, vai descobrindo, em suas elaborações, que o fato de não ser capaz de distinguir o lugar e seu povo, como o fazem seus alunos caeteenses, revela o cerne da diferença entre Morro Vermelho e Caeté:

> *Eu não entendo como as pessoas conseguem olhar o local sem olhar... O local é simplesmente pedra e terra! O lugar são pessoas, quando você fala que não gosta de um lugar, você fala que não gosta de si próprio, porque você faz parte daquele lugar. (...) Eu falei [com seus alunos]: "Caeté são vocês, se Caeté não presta, é porque o povo caeteense não presta; se você falar que não presta, você está falando de você". (...) É essa a diferença! [ênfase] A gente associa Morro Vermelho ao povo que mora, eles associam Caeté aos prédios, sabe? É material. É isso que eu não entendo, eu falei com eles [seus alunos] que se alguém falar comigo que não gosta do Morro eu me sinto ofendida, porque não gosta do lugar que eu moro só não, não gosta é de mim, do povo.*

Sua constatação permite-lhe compreender como, na vivência coletiva dos morrovermelhenses, o lugar é sempre um meio humano e, portanto, cuidar dele não se separa de cuidar das pessoas que o constituem. Invertendo a sentença, cuidar das pessoas coincide com cuidar do lugar no que ele tem de mais próprio: suas tradições. À luz dessa descoberta, tornam-se ainda mais compreensíveis sua crítica ao posicionamento que desmerece a cultura local adotado por seus alunos; sua insistência na importância da tradição para união da comunidade e formação das pessoas; e sua defesa de que o trabalho com essas tradições não se reduz a propaganda do catolicismo.

Assim, podemos voltar às perguntas iniciais – por que Nislene toma a atuação da escola como exemplo a ser seguido? Por que, para elogiar a atuação da escola, ela apresenta-nos o que é mais típico da comunidade? – e perceber o quanto elas se implicam mutuamente. É que, para justificar que o trabalho da escola é exemplar, ela precisa demonstrar seu diferencial, que está no que abraça e busca apoiar: o modo de viver próprio da comunidade de Morro Vermelho. A necessidade passa a ser, então, demonstrar o diferencial deste modo de viver e é isso que Nislene faz ao esclarecer como o empenho coletivo pela continuidade das tradições é complexo e rico de consequências para a formação pessoal e comunitária.

Como desdobramento, ao se enraizar nessa forma de viver, a educação proposta pela escola de Morro Vermelho torna-se modelo não só para os "*de fora*", mas também para a própria Nislene, que quer implementá-lo na escola em que trabalha em Caeté, pois "*a minha maior preocupação como professora de História é fazer as pessoas amarem a cultura local*". E, fazendo isso, ela espera também contribuir para que, apesar das diferenças e separação históricas, mais "*pessoas percebam isso que eu percebo: Caeté e Morro Vermelho são uma coisa só, se tiver a divulgação lá vai ajudar mais e vai ajudar também aqui*".

Em suma, emitindo juízos calcados na observação atenta ao seu próprio contexto e na comparação com o que é diverso, Nislene mostra-nos como a intensa vivência cultural de uma comunidade confere uma identidade a um só tempo forte e não individualista, consciente de seu próprio valor e aberta ao diálogo. E, como frutos, essa vivência cultural carrega a potência de mobilizar o ímpeto por realizar um trabalho educativo de ajudar outras pessoas a descobrirem a riqueza do próprio lugar, a amarem a cultura do local em que nasceram: essa é também a contribuição de Nislene para a superação da rivalidade histórica entre Morro Vermelho e Caeté, num movimento que só trará benefícios a todos.

Nivaldo: Se nós não fizermos isso, morre a tradição

É tarde. A festa do Aluá encerrou-se, os instrumentos foram guardados e a igreja do Rosário, arrumada e fechada. Com cuidado, fazemos o caminho de volta: não há iluminação na descida do morro que há algumas horas subimos, em procissão. Nesse retorno, Nivaldo acompanha-nos, revelando suas impressões sobre a festa:

> *A gente que está à frente fica naquela expectativa: "o que vai ser?". A grande preocupação que a gente tem é o que vai virar, como vai ser, se vai ter recepção, como os meninos vão ver. Então, [hoje] você vê aquele entusiasmo, eu falei: "Silvana, eu vejo realizado tudo isso. Eu estou vendo que está sendo mantido".*

Neste trecho entrevemos duas vivências que marcarão o desenrolar da entrevista: de um lado, preocupação com a continuidade das tradições, que não parece garantida; de outro, satisfação por ver que "*está sendo mantido*". Num primeiro olhar, parece-nos existir uma tensão entre essas duas vivências, despertando-nos o interesse por compreender como elas se articulam em sua elaboração e, nesse processo, captar a sua perspectiva acerca do relacionamento entre comunidade e escola.

Iniciemos com sua "*expectativa*", sua "*preocupação*". Nivaldo diz que, estando "*à frente*" das festas, muitos questionamentos emergem quanto à continuidade das tradições e todos parecem se dirigir à resposta que as novas gerações precisam dar para que essas tradições, tão importantes para ele, permaneçam. Sua preocupação intriga-nos: quais seriam suas razões? De onde nasce a expectativa de que possa acabar algo que perdura por séculos? Vejamos o que ele diz a respeito:

> *Estava perdendo – igual essa do Aluá – pelo fato de ela ser uma tradição de negros, muito simples, estava perdendo o sentido (...). Por exemplo, a vara, eles levam de qualquer jeito. Na época antiga o povo não levava de qualquer jeito, era um respeito muito grande: aquela vara representava a alma dele, ele não brincava. Hoje, muitos brincam com a vara como se fosse uma coisa normal e, naquela época, não. É igual os instrumentos: os instrumentos eram as divindades que eles tinham da África. Então eles têm um simbolismo, tinham um simbolismo muito grande, mas como não passaram para nós o significado, a gente foi perdendo.*

Nivaldo mostra-nos estar atento às modificações que as tradições sofrem ao longo do tempo e como as vivencia como sinal da perda do seu "*sentido*". Ele vê que as novas gerações, incluindo a sua, agem de modo diferente do povo da "*época antiga*", pois não foi preservado todo o simbolismo, o que faz com que as pessoas, hoje, tomem os artefatos ligados às festas de "*qualquer jeito*", brinquem com eles "*como se fosse uma coisa normal*". Por que isso acontece? Para Nivaldo, as tradições têm perdido o sentido por não serem transmitidas adequadamente, pois, se o significado não é repassado aos mais jovens, não há meios dele permanecer. Como desdobramento,

> *A gente fica preocupado, porque cada vez mais a nossa cultura vai... Não é que ela vai desaparecendo, ela vai ganhando uma roupagem nova e muitas vezes vazia, vazia de conhecimento, vazia deles se identificarem. Por exemplo, não sei se você reparou na igreja, alguns meninos que estavam lá e não faziam parte do evento, eles brincando... por quê? Porque é uma coisa alheia a eles. Os outros, não: estavam participando, porque é uma coisa do dia a dia deles. Então é bem essa questão.*

Nivaldo preocupa-se, vê-se diante do risco de que a cultura de Morro Vermelho perca seu sentido, pois não basta que as manifestações continuem acontecendo: é preciso preservar o conhecimento do seu significado, é preciso uma identificação pessoal com ela. Se as pessoas não se identificam com a cultura, ela torna-se vazia, de onde a compreensão de que a continuidade da cultura coincide com o posicionamento de identificação, com a vinculação muito estreita entre cada pessoa e a herança transmitida por seus predecessores. Se não há esse relacionamento íntimo, no "*dia a dia*", se a cultura é algo alheio, que não faz sentido, vazio de significado, a resposta é brincadeira, o não comprometimento.

> *Não sou contra a cultura que vem, eu tenho medo é de nós perdermos a nossa e não termos mais identidade. (...) Então, um dia, estavam falando: "ah, porque vocês não passam pr'os Sarandeiros?*[13]*" e eu falei: "olha, a nossa cultura, ela perde o sentido a partir do momento em que ela é transportada". Por quê? Porque eles não vão representar do jeito que nós representamos. Por exemplo, se ele encenar uma Cavalhada, vai encenar como um espetáculo e não como uma devoção de fé como é o nosso caso. (...) Aí a gente fica com medo de virar somente uma coisa que perde um pouco o sentido, o sentido de sagrado, aquele sentido religioso.*

Para Nivaldo, perder a própria cultura resultaria na perda da própria identidade. E não se trata apenas da identidade de cada indivíduo, pois ele faz-nos essa afirmação na primeira pessoa do plural: é o "*nós*", é seu povo, sua comunidade que corre risco de não ter identidade se perder sua cultura. Cultura que, novamente, é diferenciada da representação, do mero "*espetáculo*", posto que suas manifestações são repletas de sentido, dificultando que outros grupos representem-nas do mesmo modo.

E que sentido é esse que ultrapassa a simples reprodução das festas e ritos? Nivaldo expressa reconhecimento do caráter religioso desse sentido, pois as manifestações culturais são para ele expressões de "*uma devoção de fé*" do povo de Morro Vermelho. Sua afirmação aponta para a ligação entre essas tradições e uma religião específica – a católica – que é professada pela maioria dos morrovermelhenses, mas não por todos. Mas, se esta cultura, marcadamente católica, é base da identidade de toda a comunidade, como ficam aqueles que não compartilham a mesma religiosidade?

[13] Grupo de danças folclóricas brasileiras vinculado à Universidade Federal de Minas Gerais.

> *Mesmo aqueles que vão na igreja evangélica, chega essas festas, estão todos dentro da igreja [católica]. Porque eles têm a raiz muito mais na católica, porque ele participa [ênfase] no dia a dia, é o que mantém essa unidade. Ao mesmo tempo que Morro Vermelho tem essas diferenças, ele tem essa unidade em cima da tradição.*

Observando a realidade de Morro Vermelho, Nivaldo chega à conclusão de que a tradição é "*raiz*" da comunidade inteira, é base da vivência coletiva porque é capaz de unir até mesmo pessoas que não professam a mesma fé. Uma tradição que suplanta as diferenças religiosas, pois o sentido "*de sagrado*" que a sustenta é ponto de "*unidade*" e não de discórdia. Essa caracterização da cultura de Morro Vermelho admira-nos e faz-nos contemplar mais profundamente o respeito por ele demonstrado para com a significação dos elementos da festa do Aluá. Mesmo não sendo descendente de negros ou da família responsável pela manutenção desta festa, Nivaldo valoriza esses elementos que têm origem em religiões africanas e teme que eles se percam por não fazerem mais sentido para as novas gerações.

Com tal compreensão da tradição como algo tão complexo, que não se resume à manifestação externa (espetáculo) e ultrapassa a barreira das diferenças religiosas, torna-se mais vívida sua preocupação e mais intenso nosso interesse por apreender como ele responde a ela. Voltando ao depoimento, descobrimos que

> *– O Aluá estava morrendo, então a gente começou organizando as sombrinhas, organizando o cortejo, trazendo o congado... para dar mais pompa, porque no Aluá quase não subiam mais pessoas, era uma coisa que foi perdendo o sentido. (...) Eu falei com Silvana: "Silvana, nós temos que resgatar nos meninos, se nós não fizermos isso, morre a tradição". Então ficamos preocupados, aí fizemos. Falei: "Silvana, vamos sentar e montar o projeto em cima do Aluá".*
>
> *– E por que vocês pensaram justo o Aluá?*
>
> *– Porque é o que está mais em risco de acabar. É o que nós estávamos vendo que, se não tomasse providência, iria acabar. (...) Então é a criança fazendo, porque ela aprende a ter gosto.*

Entrelaçada ao reconhecimento vivo da importância da tradição, a preocupação de Nivaldo o põe em movimento. Como responsável, ele busca dar "*pompa*" à festa que estava perdendo o sentido, para que as pessoas sintam-se atraídas e participem. Mas só isso não basta: as novas gerações precisam responder à riqueza da cultura, caso contrário "*morre a tradição*". Por isso a escola emerge como potencial parceira, já que tem como público aqueles que Nivaldo quer atingir: "*os meninos*". Assim, ele alia-se à diretora Silvana, contribuindo na elaboração de projetos para potencializar o contato dos mais novos com as tradições – especialmente aquelas que correm risco de acabar – de modo a favorecer que, conhecendo, eles possam participar e, assim, aprender "*a ter gosto*".

Oferta de conhecimentos acerca da cultura, estímulo à participação e espera pelo nascimento do "*gosto*", da afeição. Para Nivaldo, esses três momentos constituem o percurso de uma educação capaz de favorecer que as novas gerações assumam as tradições. E é assim que ele espera que a cultura seja trabalhada na escola:

> *Eles queriam só fazer no dia da apresentação simbólica no Grupo.*[14] *Eu falei: "Silvana, não pode, ela [a festa do Aluá] tem que ter o brilho pr'o menino ver que é uma coisa dele". Porque se ficar só no dia [da Feira Cultural], fica como se fosse uma coisa de Morro Vermelho e não dele. Ele participando [da festa], ele fala: "eu estou representando o que é meu". Por isso que eu falei com ela: "olha, tem que ter o mesmo brilho que vai ter no Grupo", ou até melhor, porque aqui ele está no evento dele e lá no Grupo ele está apenas representando. Aqui não, aqui ele está participando.*

Não basta tematizar uma tradição e representá-la dentro da instituição: para que as crianças efetivamente envolvam-se de modo pessoal, identifiquem-se, elas precisam participar da festa na comunidade. Nivaldo insiste nisso, busca convencer os profissionais da escola de que a apresentação simbólica não pode ser a culminância desse projeto Aluá, pois ele deve responder ao propósito de dar continuidade às tradições. O projeto deve ser meio para que cada aluno conheça melhor sua cultura, entenda que não se trata apenas de algo de Morro Vermelho que ele estuda, mas "*uma coisa dele*".

Ao atender a tal chamado de atenção, os membros da escola revelam empenho para sintonizarem-se ao esforço comunitário de preservação das tradições. Tanto é assim que Nivaldo aponta frutos dessa parceria, que se estende por alguns anos, indicando que "*nós temos reflexo, por*

[14] Refere-se à Escola Municipal Anézia Maria Pinheiro. A designação Grupo deriva da antiga denominação dos estabelecimentos públicos de ensino como Grupos Escolares.

exemplo, os meninos que fizeram o trabalho da Charola[15] *são aqueles meninos que acompanham, são eles que vão. (...) Deu continuidade. Então, eu vejo que é uma coisa, assim, que deixa a gente hiperfeliz*". E afirma sua pretensão de dar continuidade a esse relacionamento:

> – *Mesmo a Contradança...*[16] *que é o próximo trabalho que eu vou tentar levar para a escola, para os meninos pequenos começarem a dançar a contradança.*
>
> – *Por que a Contradança?*
>
> – *Porque todas as manifestações, se você tem ela numa geração após a sua, você tem ela garantida. Então, é uma forma de garantir, porque se algum dia nós formos, uma geração que vem depois da minha sabe. Teve uma contradança que se perdeu, porque o único moço que sabia dançar se recusou a ensinar, então ela se perdeu.*

Apresentando-nos os resultados do trabalho em parceria com a escola, Nivaldo expressa, mais uma vez, como em sua vivência se articulam o pessoal e o coletivo: a realização da tradição – sua manutenção pelas novas gerações, que estão dando "*continuidade*" – corresponde à sua realização pessoal, o deixa "*hiperfeliz*". Assim, estrutura social e subjetividade apresentam-se a nossos olhos estrangeiros como intimamente vinculados, sem a cisão que normalmente esperamos, sem a ressalva de que o que é pessoal somente pode emergir na oposição ao que é compartilhado.

Com essa afirmação de Nivaldo, nós, que partimos da sua preocupação, retornamos à vivência da satisfação, podendo agora compreender com maior clareza a articulação entre ambas: é atrelada ao reconhecimento do valor da tradição para si e para sua comunidade e à observação das suas mudanças ao longo do tempo, que brota a experiência do risco da sua não continuidade, já que esta depende da adesão dos mais jovens. Mas a preocupação não o paralisa, ao contrário: leva-o a refletir sobre a necessidade de uma educação que proponha a cultura e fomente a participação e a empenhar-se para que tal educação se concretize em Morro

[15] Ao mencionar "o trabalho da Charola" Nivaldo refere-se ao primeiro projeto pedagógico sobre a cultura local feito pela escola. Este projeto ocorreu em 2003, portanto, quatro anos antes do momento da entrevista.

[16] Contradança é encenação com oito peças. Acredita-se que se trata de uma "contra a dança convencional", por originalmente ser dançada apenas por homens, metade deles vestidos de mulher (Marques, 1984).

Vermelho. Nesse processo, a escola se lhe apresenta como aliada e ele investe nesse relacionamento, do qual já é possível colher resultados. A certeza quanto aos resultados é vivida como satisfação, mas não como fim do processo: é preciso continuar cuidando, "*porque todas as manifestações, se você as tiver numa geração após a sua, você tem ela garantida*".

Alinhavando trajetórias: o singular, o típico

Perguntando-nos como se estrutura o relacionamento entre escola local e comunidade em Morro Vermelho, salta aos olhos que para todos os sujeitos o objetivo desse relacionamento seja a promoção daquilo que é mais próprio do distrito, suas tradições, por meio do empenho para que todos possam conhecê-las. Essa compreensão corrobora o que constatamos em pesquisas anteriores (Leite & Mahfoud, 2006, 2007a, 2007b) e impulsiona-nos a elucidar peculiaridades dos posicionamentos encarnados por representantes da escola e comunidade no esforço para o alcance do objetivo visado.

Comecemos com a insistência de todos na importância do conhecimento:

Em Silvana, ocupar-se do conhecimento das tradições tem como objetivo explícito favorecer a participação dos alunos nas manifestações da comunidade. Para ela, conhecimento não se separa de participação, por isso o papel da escola deve ser valorizar os grupos que cuidam da manutenção das festas, auxiliá-los na transmissão dos sentidos das tradições a todos, e oferecer aos alunos não meros conteúdos, mas provocações para que façam experiência dessas tradições. Assim, conhecer envolve apreender os significados que são transmitidos e agir, "fazer parte à sua maneira", introduzir-se na dinâmica da cultura a partir do que cativa contribuindo de modo pessoal para sua continuidade.

Em Nislene, conhecimento liga-se à abertura de horizontes: entrar em contato com outros contextos e proposições difundidas na atualidade. Mas não se limita à introdução da novidade, pois implica no juízo diante do que é encontrado: quem sai de Morro Vermelho não conhece mais apenas porque encontra outras possibilidades, mas porque julga o que encontra a partir do que recebeu em sua formação. No caso da sua comunidade, Nislene entende que o encontro com o diferente não leva ao esvaziamento do antigo, mas à valorização, à descoberta potente da riqueza que ele representa, de onde deriva um cuidado renovado em sua manutenção. Assim, conhecer implica em confrontar e em se posicionar.

Em Nivaldo, conhecimento é pressuposto para a apreensão do sentido, sem o qual as tradições tornam-se vazias. Ao invés, quando o conhecimento é transmitido com a certeza de seu valor e de um modo realmente belo e atrativo, é possível "tomar gosto" e viver a cultura como algo cotidiano. É possível, então, a descoberta do sentido das manifestações, base da constituição da identidade pessoal e unidade comunitária. Assim, conhecer é receber o transmitido e reconhecer seu valor para a própria vida.

Nessas elaborações emerge a insistência no conhecimento que claramente carrega a afirmação de um valor, neste caso, a afirmação das tradições como bem a ser preservado. Vimos na análise do depoimento de Silvana que uma educação assim caracterizada não se configura como prática coercitiva por reconhecer a liberdade de adesão daqueles a quem se dirige. Também em Nislene e Nivaldo encontramos essa consciência – por vezes dramática – da centralidade da resposta do outro para a continuidade do valor que lhe é apresentado.

Buscando compreender essa vivência a partir do diálogo com Edith Stein (1932-3/2003a, 1930/2003b, 1922/2005), encontramos em sua sistemática análise a afirmação de que educação, em sentido pleno, é formação da pessoa. Ao recorrer à concepção clássica de ser humano como *pessoa*, Stein (1932-3/2003a) explicita que nós não apenas somos e vivemos, mas sabemos de nosso ser e de nossa vida; assim como não estamos inertes no jogo de tendências e condicionamentos, mas podemos dar ou não seguimento ao que sucede dentro e fora de nós. A formação, nesse sentido, constitui-se na complexa articulação entre os materiais e caminhos possíveis de desenvolvimento que a pessoa recebe de seu mundo físico e sócio-cultural, e o seu posicionamento ativo ao receber e buscar tais materiais de formação (Stein, 1930/2003b). E é por isso que "o caminho que deve percorrer o educador situa-se entre dois abismos" (Stein, 1932-3/2003a, p. 576). De um lado, ele precisa cuidar da célula germinal oferendo-lhe solo e clima favoráveis, isto é, conhecimentos e valores propícios ao seu desenvolvimento; e, de outro, precisa respeitar os limites à sua atividade impostos pela individualidade e liberdade do educando.

De modo correlato, Pierluigi Bernareggi (2008) define a educação como articulação entre proposta e resposta. Uma vez que não somos seres totalmente autônomos, precisamos de propostas para podermos crescer como pessoas. A proposta não coincide com imposição, pois nasce do propósito de que a pessoa se torne cada vez mais si mesma e se configura como oferta de um caminho ao qual caberá ao educando responder.

Tais marcos teóricos auxiliam-nos a avançar na compreensão das vivências dos sujeitos que ora analisamos. Ainda que a continuidade não esteja garantida apenas pelo esforço de transmissão, transparece nos depoimentos a necessidade de que o conhecimento continue a ser repassado, pois as novas gerações somente poderão aderir se conhecerem muito bem as tradições. Não há resposta sem proposta: é preciso lançar a semente.

A forte articulação entre afirmação de valor e abertura é também apreensível na decisão firme e justificada por não omitir a dimensão religiosa inerente às tradições, ainda que isso implique em dialogar com possíveis opositores. Não se trata simplesmente de defender a própria religião, como insiste Nislene, mas principalmente de afirmar o eixo reconhecido como sustentáculo das tradições, que lhes confere sentido e continuidade ao longo de sucessivas gerações. O fato de que a religiosidade vivida neste nível permite ações que superam barreiras entre diferentes expressões de fé indica a complexidade de tal compreensão e vivência religiosa.

Encontramos em Carmine Di Martino (2008), a afirmação de que a experiência religiosa vincula-se originalmente a um profundo questionamento do real. Ainda que tal experiência possa cristalizar-se na defesa fundamentalista de certos valores e concepções do mundo e da divindade, sua raiz calcada numa racionalidade aberta a conhecer desvela a possibilidade de que o encontro com pessoas de religiões distintas seja ocasião para questionar o que é encontrado, questionar se os próprios valores são fruto apenas do hábito ou se referem-se à estrutura universal do humano.

Tal compreensão aproxima-se das vivências por nós analisadas: nos depoimentos, reconhecemos ser a consciência crítica da própria tradição a base que possibilita diálogos com diferentes expressões de fé e que fundamenta a articulação entre a cultura escolar, com sua racionalidade característica, e a cultura popular, com sua raiz expressamente religiosa.

Nossa análise dos depoimentos também indica que, para os três entrevistados, o conhecimento não se separa da verificação pessoal e do posicionamento: conhecer é descobrir o que cativa, é comparar propostas e dar juízos, é "*tomar gosto*" e, consequentemente, empenhar-se na continuidade do que é reconhecido pessoalmente como significativo. Assim fazendo, o sujeito pode conhecer as tradições que lhe são transmitidas por seu grupo de pertença, e conhecer a si mesmo no relacionamento com elas.

Dialogando com Luigi Giussani (2004, 2009), colhemos a provocação de que a pessoa somente se desenvolve plenamente em conexão estreita com a realidade em que se insere. Para Giussani (2004), isso significa que a possibilidade de enfrentar adequadamente o real está no encontro entre a autoridade que oferece uma tradição e a pessoa que aceita o que lhe é ofertado, verificando-o existencialmente. Receber uma tradição é receber uma hipótese explicativa da realidade que permite ao sujeito compreender as solicitações que lhe chegam e responder a elas, o que inclui perguntar-se sobre a pertinência de suas propostas, rejeitar o que se mostra inconsistente e aderir de modo maduro àquilo que se reconhece como valor.

Nesse sentido, a dinâmica da experiência humana tal como descrita por Giussani (2004, 2009) favorece com que compreendamos a proposta educativa da escola de Morro Vermelho. Naquele contexto, a oferta de conhecimentos explicitamente carregados de valor articula-se de modo vitalizado à espera de que aqueles a quem se dirige essa educação possam responder de modo pessoal, reconhecendo sua identificação com as tradições que lhes são passadas e empenhando-se para a promoção de sua continuidade.

Alinhavando esta discussão à concepção de ser humano como pessoa e de educação como formação (Stein, 1932-3/2003a, 1930/2003b, 1922/2005), podemos reconhecer o alcance da nossa análise sobre o que é o ato de conhecer para os sujeitos que entrevistamos. Ao ressaltarem que conhecer inclui o processo ativo de apropriar-se – inclusive afetivamente – do que é ofertado pelo contexto e agir a partir dessa vivência enraizada na realidade cultural comunitária, Silvana, Nislene e Nivaldo revelam-nos a consciência de como o conhecimento pode ultrapassar a mera dimensão informativa, constituindo-se como verdadeira base para a formação da pessoa. Assim, revela-se que a experiência típica de relacionamento entre escola e comunidade em Morro Vermelho tem como eixo não somente o objetivo comum de difusão do conhecimento da cultura, mas também o compartilhamento de uma concepção de transmissão das tradições como empenho para a formação integral da pessoa.

Contemplando horizontes: algumas conclusões

Contemplando nossa elaboração dos resultados, emerge a pergunta acerca do fundamento dessa proposta educativa, capaz de articular pessoa e cultura, identidade e tradição. As análises dos depoimentos de Silvana, Nislene e Nivaldo nos dizem que este fundamento está na forma como a cultura é vivida: em Morro Vermelho, o modo típico de encarar e lidar com as tradições entrelaça-se a um cuidado com a pessoa, pois a pessoa é o centro da cultura. As manifestações culturais não são tomadas como representações externas, como "espetáculo", mas como algo que tem importância para a vida de todos e de cada um.

Daí a diretora mostrar o trabalho da escola com a cultura popular dando destaque não às atividades escolares em si, mas à participação dos alunos; daí uma professora afirmar com propriedade que o convívio no seio da comunidade tradicional forma a pessoa, molda a sua maneira de relacionar-se com os demais e posicionar-se no mundo; daí alguém empenhado na continuidade das tradições reconhecer que não basta a reprodução das festas: é preciso a vivência cotidiana, a identificação pessoal com a cultura.

Nessa configuração, podemos concluir, ancorados na fundamentação fenomenológica (Husserl, 1924/2006b), que a cultura em Morro Vermelho se constitui como prolongamento de autênticos posicionamentos pessoais e coletivos de constituição do mundo, como realidade objetiva que nasce da atividade humana e permanece no tempo solicitando gerações. Nesta cultura, o reconhecimento do valor das tradições é chamado a construir: a pessoa age para constituir o mundo do modo reconhecido como mais correspondente.

Retomando nosso objetivo, aprendemos que a escola de Morro Vermelho aproxima-se da comunidade ao se ocupar da cultura e consegue fomentar a participação nas festas na medida em que a ação de seus profissionais nasce de reconhecimento pessoal e coletivo da riqueza do que é próprio do lugar. Reconhecendo o que é rico e merece ser preservado, eles empenham-se para continuidade das tradições de uma forma articulada ao modo de cuidar da comunidade, com abertura para fazer junto e com respeito à liberdade de participação.

E por que a comunidade adere à proposta? Adere porque o movimento da escola é enraizado, ocupa-se da cultura, mas não de modo artificial porque se trata da cultura local, vivida por quem propõe e por quem é alvo da proposta. Adere porque reconhece o respeito à dinâmica de formação humana que lhe é própria: uma formação que tem a pessoa como centro e que sabe reconhecer a importância de sua raiz na experiência religiosa. Adere porque sabe que a escola tem como meta enriquecer a cultura que apoia em um trabalho prenhe de sentido para quem faz, para quem recebe e para nós que contemplamos.

Então, quando a educação escolar pode ser viva e não homologadora? Quando pode relacionar-se com a comunidade favorecendo a um só tempo o desenvolvimento da escola e do seu entorno?

As respostas podem ser várias. O exemplo de Morro Vermelho ensina-nos sobre a força de uma escola que se aproxima da comunidade não para impor modelos abstratos, que vêm de cima e privilegiam elementos acidentais que geralmente não fazem sentido para quem propõe, nem para quem são propostos. Ao invés, Morro Vermelho ensina-nos que o relacionamento escola-comunidade pode ser vitalizado se concretiza a educação como formação da pessoa, com reconhecimento da importância da cultura local para essa formação e com valorização da dinâmica própria da comunidade. Um relacionamento vitalizado porque não imposto, mas sim nascido do movimento de pessoas que reconhecem valor e decidem agir focando o que apreendem como essencial no processo educativo: fazer uma proposta para as crianças e esperar que elas respondam. Valorizando também o que a comunidade é sem pretender transformá-la em outra coisa: o que se quer é transformá-la cada vez mais no que ela é.

Referências

Ales Bello, A. (1998). *Culturas e religiões: uma leitura fenomenológica* (A. Angonese, Trad.). Bauru, SP: Edusc. (Publicação original de 1997).

Ales Bello, A. (2000). *A fenomenologia do ser humano: traços de uma filosofia no feminino* (A. Angonese, Trad.). Bauru, SP: Edusc. (Publicação original de 1992).

Ales Bello, A. (2004). *Fenomenologia e ciências humanas: psicologia, história e religião* (M. Mahfoud & M. Massimi, Trads.). Bauru, SP: Edusc.

Alves, A. P. & Mahfoud, M. (2001). Cultura popular e cultura escolar em Morro Vermelho. Em Instituições de Ensino Superior de Minas Gerais

(Orgs.). *Anais, V Congresso de ciências humanas, letras e artes: humanidades, universidade e democracia.* Ouro Preto: UFOP. Recuperado em 08 de setembro, 2010, de http://www.ichs.ufop.br/conifes/anais/CMS/cms1605.htm.

Amatuzzi, M. (2008). *Por uma psicologia humana* (2a ed.). Campinas, SP: Alínea.

Anastasia, C. M. J. (1998). *Vassalos rebeldes: violência coletiva nas Minas na primeira metade do século XVIII.* Belo Horizonte: C/Arte.

Araújo, R. A. & Mahfoud, M. (2004). A devoção a Nossa Senhora de Nazareth a partir da elaboração da experiência ontológica de moradores de uma comunidade tradicional. *Memorandum, 6,* 25-54. Recuperado em 08 de setembro, 2010, de http://www.fafich.ufmg.br/memorandum/artigos06/aramahfoud01.htm.

Augras, M. R. A. (1995). *Alteridade e dominação no Brasil: psicologia e cultura.* Rio de Janeiro: Nau.

Berger, P. & Luckmann, T. (2004). *Modernidade, pluralismo e crise de sentido: a orientação do homem no mundo moderno* (E. Orth, trad.). Petrópolis, RJ: Vozes. (Publicação original de 1995).

Berger, P., Berger, B. & Kellner, H. (1979). *Un mundo sin hogar: modernización y conciencia* (J. García-Abril, trad.). Santander, Espanha: Sal Terrae. (Publicação original de 1973).

Bernareggi, P. (2008). A proposta educativa. Em N. Oliveira & G. Capitanio (Org.s). *Vida e Trabalho: o risco de educar.* (pp. 69-93. Belo Horizonte: AVSI.

Bosi, E. (2000). *Cultura de massa e cultura popular: leituras de operárias* (10a ed.). Petrópolis, RJ: Vozes. (Publicação original de 1972).

Brandão, C. R. (2007). Reflexões sobre como fazer trabalho de campo. *Sociedade e Cultura: Revista de Ciências Sociais, 10*(1), 11-27.

Costa, A. F. S. & Mahfoud, M. (2001). História, tradição e memória: construção de conhecimento em Morro Vermelho. Em Instituições de Ensino Superior de Minas Gerais (Orgs.). *Anais, V Congresso de ciências humanas, letras e artes: humanidades, universidade e democracia.* Ouro Preto: UFOP. Recuperado em 08 de setembro, 2010, de http://www.ichs.ufop.br/conifes/anais/CMS/cms1606.htm.

Dayrell, J. (1996). A escola como espaço sócio-cultural. Em J. Dayrell (org.). *Múltiplos olhares sobre a educação e cultura* (pp. 136-161). Belo Horizonte: UFMG.

Di Martino, C. (2008). L'incontro e l'emergenza dell'umano. Em J. Prades. (Org.). *All'origine della diversità: le sfide del muticulturalismo* (pp. 85-103). (A. Scola, Pref.). Milano: Guerini.

Forquin, J. C. (1993). *Escola e cultura: as bases sociais e epistemológicas do conhecimento escolar* (G. L. Louro, Trad.). Porto Alegre: Artes Médicas . (Publicação original de 1989).

Gil, A. C. (2008). *Métodos e técnicas de pesquisa social* (6a ed.). São Paulo: Atlas. (Publicação original de 1987).

Giussani, L. (2004). *Educar é um risco: como criação de personalidade e de história* (N. Oliveira, Trad.). São Paulo: Companhia Ilimitada. (Publicação original de 1995).

Giussani, L. (2009). *O senso religioso* (P. A. E. Oliveira, Trad.). Brasília: Universa. (Publicação original de 1986).

Halbwachs, M. (2004). *A memória coletiva* (L. T. Benoir, trad.). São Paulo: Centauro. (Publicação original póstuma de 1950).

Husserl, E. (2006a). *Ideias para uma fenomenologia pura e para uma filosofia fenomenológica* (M. Suzuki, trad.). Aparecida, SP: Ideias e Letras. (Publicação original póstuma de 1952).

Husserl, E. (2006b). Renovação como problema ético-individual. Em E. Husserl. *Europa: crise e renovação* (pp. 39-62). (P. M. S. Alves & C. A. Morujão, trads.). Lisboa: Centro de Filosofia da Universidade de Lisboa. (Publicação original de 1924).

Husserl, E. (2008). *A crise das ciências europeias e a fenomenologia transcendental: uma introdução à filosofia fenomenológica* (D. F. Ferrer, trad.). Lisboa: Centro de Filosofia da Universidade de Lisboa. (Publicação original póstuma de 1954).

IBGE: Instituto Brasileiro de Geografia e Estatística. (2002). *Censo demográfico 2000: resultados do universo.* Rio de Janeiro: Autor. Recuperado em 08 setembro, 2009 de http://www.ibge.gov.br/home/estatistica/populacao/censo2000/default.shtm.

Leite, R. V. & Mahfoud, M. (2006). O encontro entre cultura popular e cultura escolar a partir das elaborações de professores de uma comunidade tradicional. Em *Anais, III Seminário de Pesquisa e Estudos Qualitativos e V Encontro de Fenomenologia e Análise do Existir.* São Paulo: Sociedade de Estudos e Pesquisa Qualitativos. Recuperado em 30 junho, 2008, de http://www.sepq.org.br/IIIsipeq/anais/pdfs/pmchf2.pdf

Leite, R. V. & Mahfoud, M. (2007a). Cuidar da educação, da cultura e de si: horizontes de uma experiência de resgate da cultura popular na escola. *Revista Brasileira de Crescimento e Desenvolvimento Humano, 17*(2), 74-86.

Leite, R. V. & Mahfoud, M. (2007b). Memória coletiva, cultura e educação: horizontes de uma experiência de resgate da cultura popular na escola. Em *Anais, V Seminário Memória, Ciência e Arte*. Campinas: Centro de Memória da Unicamp. Recuperado em 11 novembro, 2009, de http://www.preac.unicamp.br/memoria/textos/ Roberta Vasconcelos Leite e Miguel Mahfoud - completo.pdf

Leite, R. V. & Mahfoud, M. (2010a). "A tradição faz parte do distrito, agora está fazendo parte da escola": a articulação entre cultura popular e educação escolar na comunidade rural de Morro Vermelho. *Revista @mbienteeducação, 3*, 52-74. Recuperado em 08 setembro, 2011, de http://www.cidadesp.edu.br/old/revista_educacao/pdf/volume_ 3_1/roberta.pdf

Leite, R. V. & Mahfoud, M. (2010b). Contribuciones de la fenomenología a la investigación sobre la cultura popular y la educación. *Krínein,7*, 127-150.

Leite, R. V. & Mahfoud, M. (2010c). Rigor e generalização em pesquisas sobre fenômenos culturais: contribuições de um percurso de pesquisas fenomenológicas. Em *Anais, IV Seminário de Pesquisa e Estudos Qualitativos*. São Paulo: Sociedade de Estudos e Pesquisa Qualitativos.

Mahfoud, M. (1999). Encomendação das almas: mistério e mundo da vida em uma tradicional comunidade rural mineira. Em M. Massimi & M. Mahfoud (Orgs.). *Diante do mistério: psicologia e senso religioso* (pp. 57-67). São Paulo: Loyola.

Mahfoud, M. (2001a). Emoções e imagens sagradas numa festa popular brasileira de origem barroca. Em M. Massimi & P. J. C. Silva (Orgs.). *Os olhos vêem pelo coração: conhecimento psicológico das paixões na história da cultura brasileira dos séculos XVI a XVII* (pp. 108-121). Ribeirão Preto, SP: Holos.

Mahfoud, M. (2001b). Empenhado na mudança do milênio: identidade, história e profecia em uma comunidade rural tradicional. *Memorandum, 1*, 2-12. Recuperado em 13 novembro, 2009, de http://www.fafich.ufmg.br/memorandum/artigos01/mahfoud01.htm

Mahfoud, M. (2001c). Percorrendo as distâncias: memória e história. Em A. Hoffman, J. L. O. Bueno & M. Massimi (Orgs.). *Percorrer distâncias: um desafio para a razão humana* (pp. 53-64). São Paulo: Companhia Ilimitada.

Mahfoud, M. (2002). Nossa Senhora de Nazaré em Morro Vermelho: memória coletiva e história. *Convergência Lusíada, 19*, 333-349.

Mahfoud, M. (2003). *Folia de Reis: festa raiz: psicologia e experiência religiosa na Estação Ecológica Juréia-Itatins*. Campinas: Centro de Memória; São Paulo: Companhia Ilimitada.

Mahfoud, M. (2005). Formação da pessoa e caminho humano: Edith Stein e Martin Buber. *Memorandum, 8*, 52-61. Recuperado em 10 abril, 2009, de http://www.fafich.ufmg.br/memorandum/artigos08/mahfoud02.htm

Mahfoud, M. & Massimi, M. (2007). Música, corpo sensível e corpo social no barroco brasileiro. *Memorandum, 12*, 61-74. Recuperado em 08 setembro, 2010, de http://www.fafich.ufmg.br/memorandum/a12/mahfoudmassimi01.htm.

Mahfoud, M. & Massimi, M. (2009). Cultural dynamics in a Brazilian community: representation and re-elaboration of meaning in Morro Vermelho. Em A. C. S. Bastos & E. P. Rabinovich (Orgs.). *Living in poverty: developmental poetics of cultural realities* (pp. 49-67). (J. Valsiner, introd.). Charlotte, USA: Information Age Publishing.

Mahfoud, M. & Ribeiro, S. M. (1999). Experiência religiosa e enraizamento social: festa e devoção de emigrados em visita à comunidade rural de origem. *Videtur, 6*(1), 65-72.

Marques, A. (1984). *Passagens por "o Morro Vermelho"*. Belo Horizonte: Littera Maciel.

Massimi, M. (2006). Psicologia e cultura na perspectiva histórica. *Temas em Psicologia, 14*(2), 177-187. Recuperado em 08 setembro, 2010, de http://pepsic.bvs-psi.org.br/pdf/tp/v14n2/v14n2a06.pdf

Murta, A. (1997). *Barangandão arco íris: 36 brinquedos inventados por meninos*. Belo Horizonte: Lapa Companhia de Ação Cultural.

Nunes, C. (2000). (Des)encantos da modernidade pedagógica. Em E. M. T. V. Lopes, L. M. Faria Filho & C. G. Veiga (Orgs.). *500 anos de educação no Brasil* (pp. 371-398). Belo Horizonte: Autêntica.

Pizzi, J. (2006). *O mundo da vida: Husserl e Habermas*. Ijuí, RS: Unijuí.

Ribeiro, A. C. F. & Mahfoud, M. (2005). Tomar gosto pela fé e pela tradição: a experiência das crianças na realização da tradicional festa do Senhor dos Passos Pequeno [Resumo]. Em *XIV Semana de Iniciação Científica: conhecimento e cultura*. Belo Horizonte: UFMG.

Schmidt, M. L. S. & Mahfoud, M. (1997). Dimensões da elaboração da experiência pessoal e coletiva em comunidades tradicionais da Estação Ecológica Juréia-Itatins. *Interações, 2*, 67-76.

Schutz, A. (2003). *Las estructuras del mundo de la vida* (N. Míguez, Trad.; T. Luckmann, Org.). Buenos Aires: Amorrortu (Publicação original póstuma de 1973).

Simões, D. (2007). Currículo e escola viva. *Escola Viva, 1*, 10-16.

Stein, E. (2003a). Estructura de la persona humana. Em E. Stein. *Obras completas. v.IV: escritos antropológicos y pedagógicos* (pp. 555-749). (F. J. Sancho e col., trads.) Vitoria, Espanha: El Carmen. (Publicação original de 1932-33).

Stein, E. (2003b). Fundamentos teóricos do labor social de formación. Em E. Stein. *Obras completas. v.IV: escritos antropológicos y pedagógicos* (pp. 127-148). (F. J. Sancho e col., trads.) Vitoria, Espanha: El Carmen. (Publicação original de 1930).

Stein, E. (2003c). Sobre el concepto de formación. Em E. Stein. *Obras completas. v.IV: escritos antropológicos y pedagógicos* (pp. 127-148). (F. J. Sancho e col., trads.) Vitoria, Espanha: El Carmen. (Publicação original de 1930).

Stein, E. (2005). Contribuiciones a la fundamentación filosófica de la psicología y de las ciencias del espíritu. Em E. Stein. *Obras completas. v.II: escritos filosóficos (etapa fenomenológica: 1915-1920)* (pp. 207-520). (F. J. Sancho e col., trads.). Burgos, Espanha: Monte Carmelo. (Publicação original de 1922).

Stein, E. (2007). Acto y potencia: estudos sobre uma filosofia del ser. Em E. Stein. *Obras Completas. v. III: escritos filosóficos (etapa de pensamiento cristiano)* (pp. 241-536). (J. A. Pérez, Mardomingo & C. R. Garrido, trads.). Burgos, Espanha: Monte Carmelo. (Original de 1932-5).

van der Leeuw, G. (1964). *Fenomenología de la religión* (E. de la Pena, trad.). México: Fondo de Cultura Económica. (Publicação original de 1933).

Wagner, H. R. (1979). (Ed.). *Fenomenologia e relações sociais: textos escolhidos de Alfred Schutz* (A. Melin, trad.). Rio de Janeiro: Zahar. (Publicação original de 1970).

Zilles, U. (1996) A fenomenologia husserliana como método radical. Em E. Husserl. *A crise da humanidade européia e a filosofia* (pp. 11-55). Porto Alegre: Edipucrs.

Zilles, U. (2007). Fenomenologia e teoria do conhecimento em Husserl. *Revista da abordagem gestáltica, 13*(2), 216-221. Recuperado em 23 de julho, 2010 de http://pepsic. bvsalud.org/scielo.php?pid=S1809-68672007000200005&script=sci_arttext

Uma tradição viva, raízes para a alma: análise fenomenológica de experiências de pertencer em uma comunidade rural de Minas Gerais

Renata Amaral Araújo

Morro Vermelho: sobre o campo de investigações

Morro Vermelho é um distrito de Caeté (MG), possui cerca de 800 habitantes e está localizado a aproximadamente 70 Km de Belo Horizonte (Araújo & Mahfoud, 2000, 2001 e 2002a).[1]

Culturalmente, essa vila possui um caráter tradicional, sobretudo, pela religiosidade popular, que tem como ponto unitário a devoção a Nossa Senhora de Nazareth,[2] mas também pela utilização da linguagem das festas e celebrações que, periodicamente renovadas, conservam viva a memória dos antepassados, afirmam uma identidade pessoal de seus habitantes e transmitem à geração póstera os conhecimentos transgeracionais (idem).

Nesse vilarejo realiza-se, há mais ou menos 300 anos, a comemoração popular da natividade de Nossa Senhora: solenidade ainda mantida, em sua eminência, pela tradição oral (Araújo, 2003).

[1] Esse capítulo é fruto da tese de doutorado intitulada "Uma tradição viva: raízes para a alma uma análise fenomenológica de experiências de pertencer em uma comunidade rural de Minas Gerais", defendida por Renata Amaral Araújo em abril de 2009 no Instituto de Psicologia da Universidade de São Paulo / SP, pelo Programa de Pós-Graduação em Psicologia, Área de Concentração: Psicologia Clínica, sob orientação do Prof. Dr. Gilberto Safra.

[2] O culto à Senhora de Nazareth chegou ao Brasil no final do século XVII, e se instaurou no país como uma devoção cujo *corpus* unia fé e festa. O estudo da migração desse tipo específico de religiosidade popular, representada pela devoção mariana, foi um dos fatores que permitiu a compreensão histórica de povoações de vilas no norte do País, tangenciadas pelo mar, na última década do séc. XVII, uma vez que foi trazida por colonos marítimos que festejavam a Santa (Jancsó & Kantor, 2001).

A festa de Nossa Senhora de Nazareth acontece nos dias 6, 7 e 8 de setembro, marcada por momentos grandiosos e intensamente vividos pelos moradores que a organizam ao longo de todo o ano. Durante toda a realização dessa celebração ficam evidentes o empenho e a devoção à Padroeira, nos quais destacam-se a zelosa preparação e a atenção constante dos responsáveis com o intuito de que a festa ocorra da melhor maneira possível. Nesses dias, muitos familiares que não residem mais na vila fielmente retornam a Morro Vermelho para saudarem a Padroeira (idem).

A chegada da bandeira, no dia 6 de setembro, abre o tríduo de comemorações no distrito. Um cortejo a cavalo porta o estandarte de Nossa Senhora de Nazareth, iniciando o seu percurso em Caeté, atravessando cerca de quinze quilômetros de estrada de terra até chegar em Morro Vermelho, local no qual a Padroeira é esperada e recebida com alegria (idem).

Ao final desse momento, as pessoas já começam a preparação do adro da igreja para a Cavalhada,[3] que acontecerá no dia seguinte. Essa tradição de origem medieval é considerada, pelos moradores dessa vila, como o momento das comemorações que é para todos; de fato a Cavalhada atrai muitos visitantes. O dia 7 se caracteriza principalmente pela organização grandiosa do cenário dessa festa que conta com a experiência de seus responsáveis e o auxílio solidário dos moradores, das crianças e dos jovens, reunidos com o objetivo de preparar o local em que acontecerá a grande encenação da luta entre mouros e cristãos, que tem o seu desfecho na instauração da paz, graças à intervenção de Nossa Senhora de Nazareth. Essa ocasião é celebrada após o erguimento de um mastro com a bandeira da Padroeira (idem).

[3] A Cavalhada é uma festa tradicional medieval introduzida no Brasil pelos portugueses, cujos registros identificam a realização dessa manifestação popular desde o final do século XVII. A sua prática em Morro Vermelho remonta ao ano de 1704 e se caracteriza pela encenação, entre dois grupos de 12 cavalheiros, dos mouros e dos cristãos, diferenciados pelas cores de suas vestimentas e pelos enfeites de seus cavalos – os primeiros pela cor vermelha e os outros pela azul. Esta apresentação traz à memória um período histórico que se refere ao das Cruzadas, no qual a guerra entre esses dois povos, segundo a tradição oral na comunidade de Morro Vermelho, tem o seu desfecho com a invocação de Nossa Senhora de Nazareth pelos cristãos e pela Sua intervenção em favor da paz, evidenciada na conversão dos mouros ao cristianismo (Araújo, 2003; Leite & Mahfoud, 2007a e 2007b; Mahfoud, 1999).

Imagem 01 – Erguendo o mastro
Crédito: Renata A. Araújo

Imagem 02 – Erguendo o mastro
Crédito: Renata A. Araújo

Imagem 03 – A cavalhada
Crédito: Kika Antunes

Imagem 04 – A cavalhada
Crédito: Kika Antunes

Fim da Cavalhada para os visitantes, início de mais uma jornada de trabalho para os moradores de Morro Vermelho. O dia 8 de setembro é vivido pelos devotos como o momento mais caro para a comunidade: a celebração de uma missa em latim que comemora a natividade de Nossa Senhora, orgulhosamente mantida nos moldes tradicionais, e uma procissão que atravessa todo o vilarejo ao final do dia, são os momentos mais solenes, considerados como o ápice do tríduo de comemorações realizadas para festejar a Padroeira. Se a Cavalhada é o momento das festas que é para todos, o dia 8 é considerado pelos moradores de Morro Vermelho a celebração dos devotos dessa vila (idem).

Imagem 05 – Procissão de N. S. de Nazareth
Crédito: Kika Antunes

Imagem 06 – Procissão de São José de Botas
Crédito: Kika Antunes

O estudo sobre o pertencer na comunidade rural tradicional de Morro Vermelho

A celebração da natividade da Virgem de Nazareth, nessa comunidade tradicional rural, é uma das maiores expressões da religiosidade popular dos habitantes dessa vila, comparada somente à preparação da Semana Santa. Em Morro Vermelho, a memória de Nossa Senhora de Nazareth é reatualizada há mais de 300. De acordo com Mahfoud (2002), a forma como a devoção é vivida nesse distrito apresenta uma grande identificação com a sua origem portuguesa:

> Sabem-se irmãos dos filhos de Nossa Senhora de Nazaré. Retomada a história da tradição em Portugal reconhecem-se participantes enquanto preservadores da história que carrega a própria presença dela. Sabem-se acompanhados por Ela, sabem-se companheiros também deles, portugueses. Uma missão diante dos filhos, diante do Brasil, de Portugal e de todo o mundo se abre. A admiração pela história continuada germina em gratidão pela herança recebida, e pela presença reconhecida, na dureza do quotidiano da pequena vila rural de Morro Vermelho (p. 346).

Historicamente, a devoção mariana inseriu-se em uma das mais importantes manifestações da religiosidade popular presentes na Europa campesina e rural, durante os séculos XV a XVIII. A sua origem portuguesa caracterizou-se pela junção de elementos complementares entre si: o sagrado, representado pelas peregrinações a santuários, e o profano presente no aspecto lúdico das festas. A fusão desses âmbitos instituiu o catolicismo popular nessa época, definido mais pela relação direta entre o devoto e a Santa, no que respeita a essa devoção especificamente mariana, que pela mediação de uma hierarquia clerical (Jancsó & Kantor, 2001).

As festas que celebravam Nossa Senhora de Nazareth, historicamente iniciadas no Pará Colonial, no final do século XVII, não perderam inicialmente a sua originalidade lusitana: uma devoção popular, que unia elementos sagrados e profanos. A grande contribuição desse tipo de religiosidade popular estava na relação entre uma manifestação devocional que era indissociada da sociabilidade que favoreciam as suas comemorações; aspecto este que modelou o *modus vivendi* de diversas vilas por onde se instaurou, no início do século XVIII: atuavam "como 'forças nucleativas e aglutinativas' nos meios rurais onde a dispersão e o isolamento são acentuados, definindo a 'função sociabilizadora' das devoções populares" (idem, p. 924).

Essas raízes genuínas das festas dedicadas a Nossa Senhora de Nazareth encontram-se presentes nas celebrações organizadas pelos habitantes de Morro Vermelho e podem ser examinadas minuciosamente em alguns estudos realizados sobre essa realidade que demonstram a centralidade dessa devoção para essa comunidade, bem como a sua importância para a constituição da estrutura comunitária nessa vila.[4]

Nesse campo fértil de expressão da nossa cultura brasileira – as festas populares; em especial a que celebra a natividade de Nossa Senhora –, emerge a experiência do pertencer como uma maneira de conceber a si mesmo. E, se por um lado há pouca visibilidade dessas comunidades tradicionais frente a grande exaltação das formas mais diversas da vida moderna, por outro, a investigação desse tipo de elaboração da experiência pela Psicologia torna-se uma contribuição para o contexto atual, sobretudo, pela sua permanência em uma época cujos setores da vida social se guiam por parâmetros antagônicos àqueles tradicionais (Mahfoud, 2003).

[4] Araújo (2003); Araújo & Mahfoud (2000, 2001, 2002a, 2002b, 2004); Campo & Mahfoud (1999, 2000); Canielo & Mahfoud (2006); Drummond (2000); Leite & Mahfoud (2006, 2007a, 2007b); Mahfoud & Almeida (1998); Mahfoud & Drummond (1999); Mahfoud & Ribeiro (1998, 1999a, 1999b); Mahfoud (1999, 2001a, 2001b, 2001c, 2002); Pereira & Mahfoud (2006); Salum & Mahfoud (2006); Silva Jr. & Mahfoud (2006).

Testemunhando-se o que se vê: o uso do método fenomenológico

Através da convivência com essa comunidade rural, emergiram algumas perguntas após o mestrado, das quais uma nos chamou mais atenção, despertando o interesse pela continuidade do trabalho de pesquisa e o desejo de aprofundar os estudos iniciados nessa vila: a relação entre ser devoto e pertencer a Morro Vermelho como uma maneira de conceber a si mesmo. A opção por manter os depoimentos da pesquisa do mestrado se deu pela necessidade que tínhamos de investigar a fundo o questionamento surgido daquele material coletado, olhando-o, nesse momento, sob um novo prisma. Foram utilizadas as três entrevistas realizadas com ***José Márcio Lopes*** (Biló, 54 anos, que é um dos responsáveis pela organização da Cavalhada. Em 2001, quando foi entrevistado, tinha 43 anos); com ***Beatriz Sales de Xavier Nogueira Gouveia*** (64 anos, que é responsável pelo Apostolado da Oração e pela Pastoral do Batismo em Morro Vermelho e também exerce a função de festeira durante as comemorações da festa de Nossa Senhora de Nazareth. Em 2001, quando foi entrevistada, tinha 53 anos); e com ***Estevam Paceli Pinheiro*** (54 anos, que é responsável por carregar o andor de Nosso Senhor dos Passos e por representar o Apóstolo e, eventualmente, o Cristo ressuscitado, como figurante, na encenação da Semana Santa. Em 2001, quando foi entrevistado, tinha 43 anos), com o objetivo de focalizar a relação entre a experiência comunitária marcada pela devoção mariana e a pertença a Morro Vermelho, como uma maneira de se conceber a si mesmo. (Araújo, 2003)

Todo o processo de análise dos dados seguiu os passos propostos fenomenologicamente por: (a) van der Leeuw[5] (1964), que nos ofereceu um caminho para a apreensão do fenômeno, bem como as etapas para a ordenação e análise do material que tínhamos diante de nós; (b) Ales

[5] O método fenomenológico compreendido como uma análise profunda do relacionamento entre o homem e o seu mundo circunstante, propõe uma análise que pode ser comparada a uma escavação arqueológica na qual o pesquisador se pergunta sobre o que está acontecendo, de verdade, nessa relação entre o ser humano e o mundo que o circunda. Assim, esse aprofundamento implica uma análise que se esforça em compreender o fenômeno que vai se mostrando progressivamente por meio de suas aparições (Ales Bello, 2004; van der Leeuw, 1964).

Bello (2004, 2006), que, trabalhando as dimensões das vivências hiléticas e noéticas, propostas pela arqueologia fenomenológica,[6] permitiu-nos delimitar os fenômenos como âmbitos da realidade que vêm ao nosso encontro, observados por meio das vivências subjetivas e intersubjetivas, através das quais podemos compreender o que está acontecendo nas relações mais profundas que se estabelecem entre o sujeito e o seu ambiente. Desse modo, essas duas referências nos atentaram para uma postura metodológica que privilegia a revelação do fenômeno prevenindo o pesquisador de sua pretensa possibilidade de reduzi-lo aos seus esquemas intelectuais.

Resumidamente, podemos dizer que as etapas de análise das entrevistas descritas segundo os passos propostos por van der Leeuw (1964) e Ales Bello (2004, 2006), constituíram-se em quatro etapas:

[6] A arqueologia fenomenológica se preocupa, sobretudo, em compreender aquilo que nos parece estranho, ou seja, que é diverso. Ales Bello (2004) utiliza-se da apreensão das vivências registradas pela consciência intencional e que acompanha cada ato vivencial, iniciando-se pelas vivências dos sentidos, que possibilitam contatar o mundo externo. A percepção (aquilo que se vê, se toca, se ouve etc.) permite entrar na subjetividade humana, delineando a *esfera da corporeidade*. Os atos como recordação, imaginação, reflexão, são realizados em função dessa vivência primária da percepção do mundo externo pelos sentidos, conferindo, portanto, a *esfera do conhecimento*. Diante dos atos de percepção, aparecem vivências que revelam um estado de ânimo (agradar, desagradar), que vem à consciência como registro de uma reação ou da expressão de um sentimento diante das impressões recebidas pelo que está fora, demonstrando a existência de uma *esfera psíquica*. E, por fim, a maneira como alguém valora aquilo que percebe e sente, atribuindo um sentido, evidencia a esfera espiritual, à qual correspondem as *instâncias da decisão e da vontade* (ação). Assim, a constituição do sujeito pode ser demonstrada através da análise das vivências (fenômenos) definidas como registros de atos pela consciência que fazem referência às esferas reais do sujeito: corpo, psique, espírito. Dessa forma, quando a consciência registra as vivências que revelam essas dimensões da subjetividade humana, fala-se de uma vivência e consciência puras (transcendentais), que brotam de um eu puro (transcendental) e podem ser observadas empiricamente no eu psicológico (homem real). Dessa maneira, a análise da sensibilidade desse eu psicológico (empírico), que recebe as impressões dos dados sensíveis do mundo – faceta externa da sensibilidade – e que responde a estas, voltando-se intencionalmente para eles através de reações, impulsos e sentimentos – faceta interna da sensibilidade – pode ser chamada de *hilética*. A análise que se ocupa da intencionalidade do sentido que essas vivências sensíveis possuem, ou seja, da sua finalidade, é chamada de *noética*. Esse tipo de análise, examinada em seu conjunto, permite a realização de uma escavação dos fenômenos utilizando-se da subjetividade humana e da maneira como esta, constituída por corpo, psique e espírito, capta o mundo que a circunda (Ales Bello, 1998, 2004).

1. Realização de leituras compreensivas das entrevistas, buscando uma delimitação precisa da pergunta que guiaria sua análise.
2. Pré-análise de cada uma das entrevistas, nomeando os trechos segundo os seus significados estruturantes, na tentativa de apreender como se desencadeava a experiência do pertencer para cada depoente.
3. Elucidação do material, mediada pela compreensão empática[7] e pela epoché (redução fenomenológica), possibilitando-nos realizar uma ordenação dos dados e a redação da análise, segundo a explicitação das conexões de sentido comuns às entrevistas, essencial para a redação da experiência-tipo do pertencer a Morro Vermelho como uma maneira de conceber a si mesmos.
4. Elaboração da experiência-tipo do pertencer como uma maneira de conceber a si mesmo, em Morro Vermelho.

A experiência-tipo do pertencer

Nas três entrevistas identificamos uma essência comum que descreve como acontece a experiência do pertencer, como uma forma de conceber a si mesmos: "conhecimento, verificação e relacionamento pessoal com Nossa Senhora de Nazareth" e "do relacionamento pessoal com Nossa Senhora de Nazareth, nasce a construção da festa".

1. Conhecimento, verificação e relacionamento pessoal com Nossa Senhora de Nazareth

Para os entrevistados o contato com Nossa Senhora de Nazareth, conteúdo da tradição dessa comunidade, inicia-se, temporal-espacialmente,

[7] O fenômeno da empatia ou entropatia compreende a passagem da subjetividade para intersubjetividade (entre subjetividades). Trata-se de uma vivência originária, pertencente seja à esfera do conhecimento que à esfera da psique, que reconhece a vida alheia como semelhante. Esse ato permite a identificação do outro como similar a "nós mesmos", ou seja, com uma estrutura comum. Dessa forma, a arqueologia fenomenológica reconhece a vivência entropática como uma capacidade de apreensão do outro, de sentir o outro, como *alter-ego*, o que permite a entrada no mundo intersubjetivo, essencial para o desenvolvimento espiritual e cultural da pessoa (Ales Bello, 2004, 2006).

através do relacionamento com um "tu". Este é representado, sobretudo, pelas figuras parentais e pela comunidade; a relação entre eles se encontra enraizada num contexto marcado pela religiosidade popular, expressa pela devoção à Santa e pela festa que comemora sua natividade.

Participando da vida da família e da comunidade, bem como dos gestos tradicionais, os entrevistados adquirem um maior conhecimento sobre a Padroeira. E por meio do compartilhamento desses momentos significativos para os parentes e a comunidade, a descrição da passagem do reconhecimento desse "tu" ao relacionamento pessoal com Nossa Senhora passa: (a) pela convivência e compartilhamento da vida com os familiares, constituindo a experiência de seguir; (b) pelo envolvimento com a vida comunitária, crescendo, assim, a familiaridade com a vida da Santa; (c) pela verificação[8] da proposta na vida de cada um dos depoentes, acontecendo, dessa forma, o relacionamento pessoal com Nossa Senhora de Nazareth.

2. Do relacionamento pessoal com Nossa Senhora de Nazareth nasce a construção da festa

Os entrevistados, ao experimentarem suas limitações diante das circunstâncias apresentadas, entram em relacionamento com o ponto central da tradição de Morro Vermelho – Nossa Senhora de Nazareth – de forma decisiva, ou seja, apropriando-se daquilo que lhes é passado através da verificação da resposta que a Padroeira dá aos dramas e situações triviais da vida cotidiana. A convicção acerca da presença da Santa, alcançada no relacionamento que os entrevistados estabelecem com Ela, é mediada por suas necessidades e está apoiada na confiança de que Ela responde.

[8] A verificação realizada pelos entrevistados da proposta que lhes é passada pela tradição pode ser delineada em três momentos: (a) diante de dificuldades, impasses e dramas da vida, os entrevistados utilizam-se dos instrumentos da tradição para se relacionar com a Padroeira: começam a reconhecer os traços inconfundíveis de Nossa Senhora; (b) arriscando na proposta da tradição, acontece a experiência da certeza (Ela está presente e responde, sendo a sua resposta a grande novidade): emergem a gratidão e a satisfação; (c) a certeza alcançada na verificação da tradição coincide com reconhecimento de si mesmo como necessitado (de graças, de se tornar melhor, de uma aceitação incondicional) e gera um modo de conviver que é compreendido "para mim e para o outro.

A fidelidade experimentada na relação com Nossa Senhora não apenas permite uma compreensão daquilo que mais necessitam, revelando aquilo que mais desejam – justiça, bondade e amor –, como funda uma maneira de olhar para a própria vida e de conviver impregnada por essa consciência nova. Instaura-se, portanto, a noção do "nós"; na qual os entrevistados tomam mais consciência de si mesmos, dos outros e do valor da Padroeira para ambos.

Há, ainda, nos depoimentos, um segundo momento que, apoiado nessa certeza, gera uma unidade não apenas na maneira como os entrevistados vivem e convivem, mas, sobretudo na forma como realizam a festa:

1. A festa é construída por cada um dos entrevistados, porque é Ela quem os chama, é Ela quem os atrai.
2. A tarefa na festa é a expressão mais concreta desse chamado de Nossa Senhora, pois é o meio de oferecer o que se descobre em si ao se relacionar com a Padroeira.
3. Realizando a tarefa, faz-se memória do relacionamento com Nossa Senhora de Nazareth, que permite o reconhecimento de si mesmo, tendo como referência a própria história, e da própria tarefa na vida.
4. A manifestação de gratidão constitui-se na expressão da pertença a Morro Vermelho como concepção de si mesmo.

A consciência do pertencer: diálogo com Edith Stein

De acordo com Frochtengarten (2006), a relação de pertença a uma determinada comunidade, para uma pessoa, é um sustento para a sua memória pessoal, principalmente, quando a sua história coincide com a deste grupo. Assim sendo, quando determinados eventos, por qualquer motivo, impedem o homem de pertencer a uma dada coletividade, prejudicando a sua comunicabilidade e compreensibilidade mútuas, podem-se criar condições de desenraizamento, interrompendo certo modo de viver.

Se por um lado temos as tradições, que informam sobre a existência da pessoa e que oferecem um repertório cultural, servindo de parâmetro para o sujeito se guiar no presente, por outro se torna necessário que o herdeiro estabeleça uma ligação com a sua história que lhe permita se apropriar e transmiti-la aos seus sucessores. Esta, portanto, se configura em uma relação de pertença e a forma como ela incide na vida pessoal e na de comunidade dependerá da consciência com a qual o indivíduo a vive.

Stein (1932-3/2003) afirma que a consciência da pertença a um povo[9] coincide com o início da responsabilidade pessoal para com este e com a necessidade de valoração pessoal, ou seja, da avaliação do sentido e valor da vida humana para uma determinada comunidade[10] popular.

> Para compreender a responsabilidade do indivíduo frente ao povo, e poder responder, dessa maneira, à pergunta sobre se o calor do indivíduo como pessoa se mensura por seu aporte ao povo, devemos ter claro o que quer dizer viver conscientemente como membro do povo (Stein, 1932-3/2003, p. 737, tradução própria).

Nesse sentido, a compreensão do viver "conscientemente" a pertença refere-se ao fato objetivo de uma pessoa encontrar-se dentro de uma comunidade, receber dela uma formação e desempenhar determinadas funções. Entretanto, a modalidade com a qual o sujeito vive a comunidade, com a noção clara de quem é o seu povo e de seu vínculo

9 Segundo Stein (1932-3/2003), entende-se por povo uma estrutura social composta de indivíduos que se assemelha à forma de agregação denominada comunidade, em seu sentido mais amplo. O povo caracteriza-se por possuir uma história que coincide com aquela de seus membros, cujo cenário refere-se a certo espaço de terra. Não existe um povo sem os homens que a ele pertencem e estes são aqueles que conferem existência real ao que se denomina povo. Entretanto, para que este de fato exista não é necessário que todos os seus membros atuem, basta que existam alguns que vivam conscientemente a sua pertença ao todo, que apresentem vontade de dedicar esforços para a construção dessa totalidade e que provoquem os demais membros a viverem a sua pertença com a consciência do significado dessa ligação e expressando o seu vínculo por meio de suas ações. O povo tem uma vida externa e interna. O primeiro refere-se à maneira como essa comunidade entra em contato com outros povos. O segundo pode ser compreendido em três âmbitos: "autoconfiguração" (referente ao número de pessoas, capacidade funcional, ligação interna, progressos no conhecimento em geral, aptidões práticas e conformação da vida em hábitos e costumes), "autoconservação" (refere-se aos bens materiais produzidos para a manutenção do povo e como estes se colocam a serviço das funções vitais do povo como economia, política, saúde e educação); "autoexpressão" (refere-se ao patrimônio linguístico e cultural que é legado aos seus membros). Esses dois últimos, "autoconservação" e "autoexpressão" não podem ser considerados isoladamente.

10 A comunidade é compreendida por Stein (1922/2005) como uma forma de agrupação social em que os indivíduos estão ligados por um vínculo natural e orgânico. Assim a principal consequência no que respeita à ligação interna de seus membros é que um sujeito aceita o outro como tal e vive com ele.

com ele, se expressa também no conhecimento de sua gratidão e dever, delineando a sua consciência da pertença (idem).

Dessa maneira, saber como se constituiu a história dessa comunidade, suas raízes, os fatos que possibilitaram a configuração daquele modo de viver peculiar e os valores atribuídos a certas práticas, é de suma importância para o estabelecimento de uma ligação mais profunda com aquele grupo e para uma compreensão de si (idem).

> Quem conheça o seu povo, quem tiver como seus, interiormente, os tesouros que esse povo criou no fundo de sua natureza, se sentirá profundamente ligado a ele – já sabemos que a alma vive dos valores espirituais que assume e que provavelmente se perguntará: o que seria eu sem o meu povo? Por acaso não devo agradecer-lhe por tudo o que sou, e por acaso não estou em débito com ele, por isso mesmo, por tudo o que sou? Não devo vê-lo como a maior realidade, como aquilo a que devo subordinar qualquer outra coisa? (Stein, 1932-3/2003, p. 738, tradução própria).

A transmissão dos tesouros da tradição não define o que é a comunidade. Esta, formada por um conjunto de membros que assimilam o seu clima cultural, em conformidade com um modo de ser específico, acolhe em si uma diversidade de formas singulares de viver aquilo que recebeu, salvaguardando a riqueza da vida comunitária. Assim, a consciência do pertencer consiste na busca de uma apropriação daquela herança por parte do sujeito que a recebe, possibilitando uma participação e uma contribuição que revelem sua marca pessoal (idem).

O vínculo entre os diferentes membros não ocorre em função do esforço em se associarem, ao contrário eles se mantêm juntos em função de um ponto unitário oferecido historicamente pelos antepassados.

O desenvolvimento da tradição, no tempo, está intimamente ligado à consciência da pertença de cada um de seus membros. Stein (1932-3/2003), porém, afirma que dos membros de um povo depende o desenvolvimento daquilo que se recebeu, não da sua permanência no tempo. A autora atesta que um povo que viveu os seus tesouros com a plena noção de seu pertencer, mesmo que desapareça, é eterno.

> A vida e a história de um povo dependem de que existam homens que tenham este chamado e o sigam. Outros homens, porém, são chamados a sair de seu povo e do âmbito de seus parentes; pode

> ser que sua missão os leve até outros povos (Stein, 1932-3/2003, p. 740, tradução própria).

A consciência do pertencer, dessa forma, tem o seu início na responsabilidade com a comunidade em que o sujeito se encontra na medida em que, integrado a esta, em seus diversos âmbitos, se sente chamado a construí-la. Nesse sentido, o seu valor incomparável não está na contribuição em si que dará à história, mas no fato de que responde a esse chamado.

A consciência de pertencer se concretiza na construção da festa: pertença como concepção de si mesmo

A participação na construção da festa é a consequência do processo de apropriação do conteúdo da tradição pelos entrevistados. Estes passam a ser definidos por dois aspectos essenciais, ao se envolverem com as comemorações de Nossa Senhora de Nazareth: o chamado feito pela Santa e a tarefa a que são convidados a realizar nesse momento. Stein (1932-3/2003) alerta que uma efetiva ligação com o grupo de origem depende da consciência com a qual o sujeito vive essa vinculação. Nesse sentido, o processo de apropriação pessoal da história do grupo é fundamental para a sua transmissão ao longo das gerações.

Dessa maneira, os entrevistados estabelecem uma vinculação com a comunidade de origem por meio da resposta ao chamado da Santa e da contribuição original que oferecem na festa, instaurando uma relação de pertença a Morro Vermelho que é uma expressão do "si mesmo".

1. A relação de pertença implica uma responsabilidade na festa: a resposta ao chamado da Padroeira como uma ligação com a própria origem

Inicialmente, os entrevistados coparticipam das comemorações festivas da Santa. Por meio de observações dessas circunstâncias cotidianas da comunidade, os depoentes sentem-se impelidos a se envolverem cada vez mais; e a participação efetiva acontece com a consciência de que "algo" externo os atrai, reconhecido como Nossa Senhora de Nazareth. Já é possível identificar uma vivência consciente da relação de pertença, nesse primeiro momento, segundo Stein (1932-3/2003), uma vez que, integrados a um determinado grupo, os entrevistados recebem dele uma formação e algumas incumbências, revelando um conhecimento intuitivo de quem é aquele povo e do ponto unitário que motiva a festa: a Padroeira.

Posteriormente, a realização de certas atividades pelos entrevistados acontece mediante uma decisão pessoal tomada frente a uma solicitação concreta da comunidade compreendida como um pedido feito pela Santa: eis o chamado. A atitude de responsabilidade com a festa institui a relação de pertença, de acordo com Stein (1932-3/2003), pois o comprometimento com o grupo é um dos aspectos essenciais que constitui esse tipo de ligação. Responder ao chamado da Santa, por meio dos pedidos que lhes são feitos pela comunidade, gera a pertença ao grupo de origem.

Dessa maneira, a resposta dos entrevistados a esse chamado se expressa na forma de um dever fundamentado na certeza de que a Padroeira quer o cumprimento da festa. Essa convicção se alicerça, por sua vez, no reconhecimento de Sua presença dentro da realidade do dia-a-dia. Assim, as possíveis dificuldades que poderiam impedir a ocorrência da festa são vistas pelos entrevistados dentro de uma perspectiva que une a realidade e a Santa: tudo é sinal da vontade da Padroeira, portanto, eles fazem o que Ela quer, seja para dar continuidade ou não. Os depoentes respondem à vontade de Nossa Senhora; e a resposta ao Seu chamado, portanto, favorece uma ação comprometida por parte dos entrevistados, que se concretiza como uma doação incomensurável, sustentada pelas graças e milagres que viram e receberam. Encontramos um aspecto fundamental que delineia o viver consciente a relação de pertença, segundo Stein (1932-3/2003): a percepção da gratidão e o dever para com o grupo de origem; condição fundamental para a noção de quem é o seu grupo de origem e sua ligação com este.

2. A consciência da pertença coincide com o reconhecimento pessoal da origem da tradição: Nossa Senhora de Nazareth

Essa dedicação descomunal tem a sua faceta concreta na realização de algum serviço para a construção da festa: a tarefa, âmbito real da resposta dos entrevistados ao chamado da Padroeira.

O ímpeto primordial para se fazer algo na festa tem a sua origem no impacto dos entrevistados diante da maneira como alguém da comunidade realiza certo tipo de trabalho naquele momento. Seguir essa inclinação afetiva e compartilhar essas ocasiões com as pessoas que lhes despertam interesse, participando da festa, permite que, gradativamente, os entrevistados apreendam o significado da realização daquele gesto. Stein (1932-3/2003), ao descrever as condições para se viver conscientemente a relação da pertença, assinala a necessidade do sujeito encontrar-se dentro de uma dada comunidade, sendo formada por esta, e desempenhando certas funções. No relato sobre o aspecto motivador que impulsiona os depoentes a se envolverem nas atividades da festa, verificamos que essa condição, indicada pela autora, se cumpre; porém identificamos, também, uma relação entre esse fator condicionante para a tomada de consciência do vínculo com o grupo de origem e o processo da busca pelo sentido que sustenta aquela coletividade. Assim a consciência do próprio pertencer está relacionada ao conhecimento do ponto que sustenta o grupo de origem: a Padroeira.

Assim, à medida que se envolvem, os depoentes observavam a ação de Nossa Senhora na vida dos devotos e, posteriormente, em suas próprias vidas. Tal verificação favorece um empenho marcado pela consciência da real finalidade da festa e do significado do que podem oferecer ao participar daquela comemoração.

3. O chamado como uma responsabilidade pessoal e a tarefa como um dever: implicações do viver conscientemente a pertença a Morro Vermelho

A realização da tarefa, portanto, se caracteriza pela aceitação da solicitação que lhes é feita dentro da história singular de cada um dos entrevistados, pela apreensão e apropriação do significado de seu envolvimento, por um fazer determinado pelo sentido daquele momento centrado na intercessão da Padroeira, e pela emergência de um desejo de continuidade. Essa dinâmica percorrida pelos depoentes torna essa dimensão concreta do chamado uma responsabilidade pessoal e um comprometimento com a comunidade, ou seja, um dever. A incorporação do clima cultural em conformidade com um modo de ser especificamente singular, para Stein (1932-3/2003), é uma das implicações desse viver conscientemente a pertença.

A maturidade do empenho, por sua vez, acontece não apenas por meio da fidelidade ao chamado por cada um dos entrevistados, que recebem e assumem o que a tradição lhes transmite, mas também mediante as preocupações que circundam a efetivação desse serviço, por exemplo:

como e quem dará continuidade àquela tarefa no futuro. Esta inquietação revela a importância pessoal da tarefa, o grau de compromisso com a festa e a atenção com o envolvimento de pessoas que se interessem verdadeiramente por construir aquele momento.

A tensão presente na atitude preocupada dos entrevistados referente à continuidade da tradição, também revela outra implicação dessa consciência do próprio pertencer, de acordo com Stein (1932-3/2003): o desenvolvimento da tarefa na posteridade. Segundo a autora, a vinculação entre os membros de uma dada coletividade constitui-se fundamentada pela *ideia* legada pelos antepassados. A principal função dessa ligação é o desenvolvimento destes tesouros recebidos ao longo das gerações, por meio do processo de apropriação do significado pelos seus membros e da oferta de contribuições originais por estes, perpetuando-a e atualizando-a.

Entretanto, a permanência da tradição no tempo independe do esforço do grupo em mantê-la; a única condição para que um povo entre para eternidade é que ele tenha vivido, mesmo que em um dado momento, a pertença de forma consciente. Dessa maneira, Stein (1932-3/2003) afirma que, ainda que um determinado povo desapareça, ele pode ser eterno.

A responsabilidade e a ação comprometida dos entrevistados coincidem com uma contribuição relevante, evidenciada no relacionamento com a Padroeira, que revela suas necessidades mais profundas, refletindo, portanto, quem eles são: as exigências essenciais de justiça, de bondade e de amor. Segundo Stein (1932-3/2003), desempenhar as funções com a consciência da importância da própria contribuição para si e para os outros é uma outra implicação do viver a pertença, uma vez que este comprometimento responsável é fruto do processo de apropriação do significado da herança pelos entrevistados, recebida durante o processo de formação do grupo ao qual se encontra inserido.

Nesse sentido, o motivo que impulsiona os entrevistados ao envolvimento responsável com a festa, expressos por meio do chamado e da instituição da tarefa, está diretamente ligado ao reconhecimento das exigências que os constituem.

O acontecimento da memória, sustento da pertença a Morro Vermelho

Fazer a festa, para os entrevistados, também evidencia a própria incapacidade em realizá-la. Esta sensação de desordem é redimensionada enquanto fazem a festa, pela emergência da memória dos fatos que carregam a evidência da presença da Padroeira. Dessa maneira, realizar a tarefa, dentro dessa circunstância de instabilidade, possui uma tripla função: evocar, retomar e aumentar a clareza do significado daquele empenho e comprometimento assumidos pelos entrevistados na construção da festa. Assim, o fazer a tarefa, sustentado pela memória, independente do resultado, ao contrário, reforça o contato com a própria origem, fortalecendo o sentido missionário de seu empenho.

A manifestação da memória dos fatos que carregam a evidência do relacionamento com a Padroeira, nessas situações, enquanto constroem a festa, é o lugar da pertença para os entrevistados, ou seja, do reconhecimento da história local, dos fatos que traçam a história pessoal, das circunstâncias em que verificam a companhia da Padroeira, da intensidade e sentido para a própria vida experimentados através de Sua presença e intercessão, do ponto de ligação com outras pessoas, da contribuição original testemunhada através da construção da festa. O conhecimento da história local, ou seja, das suas raízes, dos fatos que teceram a trama do viver constituindo um modo de vida peculiar, sustentado por certos valores, estruturando socialmente aquele grupo, é também uma implicação da consciência da própria pertença, de acordo com Stein (1932-3/2003).

Stein (1932-3/2003) afirma que a relação da pertença se configura não apenas pela atitude de responsabilidade assumida pelo sujeito dentro de sua comunidade de origem, mas também pelo valor que ele tem para a comunidade. Assim, o viver conscientemente a relação da pertença aponta para um sentido dos membros que não é definido pelo que o sujeito faz ou pelas contribuições que ele pode oferecer, mas pelo fato de que diante de um chamado, ele responde:

> *Então, assim foi, foi tendo graça em Nossa Senhora aí, mais fé foi dobrando que eu já tive muitas. Então, é nisso que a gente vai tendo fé com Ela e com a festa também. Num pode deixar acabar. (Biló)*

> *E num tem jeito da gente ser... da gente converter, da gente mudar, da gente ser melhor sozinho. É gostoso demais trabalhar com o conjunto, com todo mundo, porque é igual, por exemplo, num adianta trocar alho com alho. Num adianta. 'Cê tem alho, eu tenho... eu vou trocar alho com alho? Não, eu tenho que trocar alho com outras coisa. Então, tem que viver é junto com o povo, porque a gente vai aprendendo. E a gente vai passando também, alguma coisa que a gente tiver de bom a gente vai*

> *passando. E a gente vai captando, vai pegando as experiências das outras pessoas, tirando as coisas boas das outras pessoas. (Beatriz)*
>
> *A gente é assim: todo mundo muito simples, mas todo mundo tem muita coisa boa, tem muita gente cheia de Deus, aí. A gente num pode perder esse povo, não. A gente tem que ficar de braços dados com eles, de mãos dadas mesmo, pra gente poder caminhar. (Beatriz)*
>
> *Então, Nossa Senhora de Nazareth me traz nessa procissão d'Ela, com alegria de poder tá ali andando do lado d'Ela, cantando... Ela deve estar cheia de glória, com tantos filhos que... Todos voltados pra Ela. E gostaria muito é que o mundo transformasse dessa forma, enxergasse as coisas por esse lado, que entendesse um pouquinho quê que é amor da Virgem Maria, quê que é amor de Deus, quê que é amor de Jesus Cristo. Gostaria muito ainda de aprender mais ainda, eu gostaria de ser mais exemplo de vida. Eu gostaria muito de ser um exemplo de vida pras criança, pra outras pessoas. Deixar raízes... Igual meu pai, deixa tantas raízes pra gente, tanto exemplo, tanta coisa meu pai fez pra mostrar a gente o amor de Deus. Eu gostaria... apesar que eu não tenha assim facilidade para expressar, eu tenho assim carisma. (Paceli)*

Nesse sentido, por meio do acontecimento da memória dos fatos que carregam a evidência do relacionamento com a Padroeira, o chamado feito pela Santa se repropõe e emerge o "sim" continuamente dado pelos entrevistados a Ela. Assim, a construção e a manutenção da festa têm, na resposta dos entrevistados ao convite refeito por Nossa Senhora de Nazareth, o seu grande valor; que expressa e enseja a consciência do pertencer, trazendo à tona quem eles são, qual a sua origem e qual a sua tarefa na vida.

Referências

Ales Bello, A. (1998). *Culturas e religiões: uma leitura fenomenológica.* (A. Angonese, Trad.). Bauru, SP: EDUSC. (Publicação original de 1997).

Ales Bello, A. (2004). *Fenomenologia e ciências humanas: psicologia, história e religião* (M. Mahfoud & M. Massimi, Orgs. e Trads.). Bauru, SP: EDUSC. (Publicação original em 2004).

Ales Bello, A. (2006). *Introdução à Fenomenologia.* (Ir. J. T. Garcia e M. Mahfoud, Trads.). Bauru, SP: EDUSC. (Publicação original em 2006)

Araújo, R. A. (2003). *O sagrado no humano: a elaboração da experiência ontológica diante de Nossa Senhora de Nazareth em uma comunidade tradicional.* Dissertação de Mestrado, Programa de Pós-Graduação em Psicologia, Faculdade de Filosofia e Ciências Humanas, Belo Horizonte: UFMG.

Araújo, R. A. & Mahfoud, M. (2000). Observando fotos e fazendo memória: memória coletiva e experiência na comunidade de Morro Vermelho [Resumo]. Em *Anais Semana de Iniciação Científica da UFMG, IX, Semana Do Conhecimento, I* (p. 411). Belo Horizonte: UFMG.

Araújo, R. A. & Mahfoud, M. (2001). Relacionamento com o sagrado e horizontes do mundo-da-vida na festa popular de Nossa Senhora de Nazareth [Resumo]. Em *Resumos da Reunião Anual de Psicologia, XXXI* (p. 311). Rio de Janeiro: SBP.

Araújo, R. A. & Mahfoud, M. (2002a). Memória coletiva e imagem fotográfica: elaboração da experiência em uma tradicional comunidade rural. *Memorandum, 2*, 68-103. Recuperado em 01 de junho, 2002, de http:// www.fafich.ufmg.br/ ~memorandum/ artigos02/ Araújo02.htm.

Araújo, R. A. & Mahfoud, M. (2002b). O sagrado no mundo-da-vida: o significado da Festa de Nossa Senhora de Nazareth para a comunidade de Morro Vermelho [Resumo]. Em *Anais do Congresso de Ciências Humanas, Letras e Artes, V.* Belo Horizonte, MG. Recuperado em 15 de agosto, 2002, de http:// www.ufop.br/ ichs/ conifes/anais/CMS/cms1201.htm.

Araújo, R. A. & Mahfoud, M. (2004). A devoção a Nossa Senhora de Nazareth a partir da elaboração da experiência ontológica de moradores de uma comunidade tradicional. *Memorandum, 6*, 25-54. Recuperado em 07 de julho, 2007, de http:// www.fafich.ufmg.br/ ~memorandum/ artigos06/ aramahfoud01.htm.

Campos, F. A. & Mahfoud, M. (1999). Cavalhada em Morro Vermelho: devoção, história e política [Resumo]. Em *Religião e Sociedade: Simpósio Nacional de História das Religiões, 2.* Mariana, MG: Associação de História das Religiões.

Campos, F. A. & Mahfoud, M. (2000). A inserção das festeiras na festa de Nossa Senhora de Nazareth em Morro Vermelho [Resumo]. Em *Anais da Semana de Iniciação Científica da UFMG, IX; Semana do Conhecimento,I* (p. 405). Belo Horizonte: UFMG, 2000.

Canielo, C. F. & Mahfoud, M. (2006). Fenomenologia da ação na feitura do tapete de serragem na festa da padroeira de Morro Vermelho. Em *Anais do Seminário Internacional de Pesquisa e Estudos Qualitativos, III; Encontro de Fenomenologia e Análise do Existir, V.* São Bernardo do Campo, SP: SP&EQ, UMESP.

Drummond, D. M. (2000). A. *Liberdade e realização da pessoa numa comunidade tradicional: um estudo fenomenológico.* Dissertação de Mestrado. Programa de Pós-graduação em Psicologia, Faculdade de Filosofia e Ciências Humanas, Universidade Federal de Minas Gerais. Belo Horizonte, MG.

Frochtengarten, F. (2005). A memória oral no mundo contemporâneo. *Estudos Avançados, 19(*55), 367-376. Recuperado em 26 de julho, 2006, de <http:// www.scielo.br/ scielo.php? pid=S0103-40142005000300027&script=sci_arttext>

Frochtengarten, F. (2006). *Memórias de vida, memórias de guerra*: um estudo psicossocial sobre o desenraizamento. São Paulo: Perspectiva.

Jancsó, I. & Kantor, Í. (Orgs.) (2001). *Festa: cultura e sociabilidade na América portuguesa.* São Paulo: EDUSP.

Leite, R. V. & Mahfoud, M. (2006). O encontro entre a cultura popular e a cultura escolar a partir das elaborações de professoras de uma comunidade tradicional. Em *Anais do Seminário Internacional de Pesquisa e Estudos Qualitativos, III; Encontro de Fenomenologia e Análise do Existir, V.* São Bernardo do Campo, SP: SP&EQ, UMESP.

Leite, R. V. & Mahfoud, M. (2007a). Cuidar da educação, da cultura e de si: horizontes de uma experiência de resgate da cultura popular na escola. *Revista Brasileira de Desenvolvimento Humano, 17*(2), 74-86.

Leite, R. V. & Mahfoud, M. (2007b). Memória coletiva, cultura e educação: horizontes de uma experiência de resgate da cultura popular na escola. Em *Seminário Memória, Ciência e Arte: Razão e Sensibilidade na Produção do Conhecimento, V.* Campinas, SP. Anais... Campinas: CMU. Disponível em: <http://www.preac.unicamp.br/memoria/textos/Roberta Vasconcelos Leite e Miguel Mahfoud - completo.pdf >. Recuperado em 25 de janeiro de 2013

Lima Jr., A. (1956). *História de Nossa Senhora nas Minas Gerais: origens das principais invocações.* Belo Horizonte: Imprensa Oficial.

Mahfoud, M. (1999). Encomendação das Almas: mistério e mundo da vida em uma tradicional comunidade rural de mineira. Em M. Massimi & M. Mahfoud (Orgs.). *Diante do Mistério: psicologia e sendo religioso* (pp. 57-67). São Paulo: Loyola.

Mahfoud, M. (2001a). Emoções e imagens sagradas em festa popular brasileira de origem barroca. Em M. Massimi & P.J.C. Silva (Orgs.). *Os olhos vêem pelo coração: conhecimento psicológico das paixões na história da cultura brasileira dos séculos XVI a XVII* (pp. 108-121). Ribeirão Preto, SP: Holos.

Mahfoud, M. (2001b). Empenhado na mudança do milênio: identidade, história e profecia em uma comunidade rural tradicional. *Memorandum, 1*, 2-12. Recuperado em 13 de outubro, 2001, de http://www.fafich.ufmg.br/~memorandum/artigos01/mahfoud01.htm.

Mahfoud, M. (2001c). Percorrendo as distâncias: memória e história. Em A. Hoffmann, J.L.O. Bueno & M. Massimi (Orgs.). *Percorrer distâncias: um desafio para a razão humana* (pp. 53-64). São Paulo: Companhia Ilimitada.

Mahfoud, M. (2002). Nossa Senhora de Nazaré em Morro Vermelho: memória coletiva e história. *Convergência Lusíada, 19*, 333-349.

Mahfoud, M. (2003). *Folia de Reis: festa raiz: psicologia e experiência religiosa na Estação Ecológica Juréia-Itatins*. São Paulo: Companhia Ilimitada; Campinas: Centro de Memória.

Mahfoud, M. & Almeida, A. A. (1998). Cavalhada: cultura popular em Morro Vermelho [Resumo]. Em *Caderno de Resumos da Semana de Iniciação Científica da UFMG, VII* (p. 396), Belo Horizonte: UFMG.

Mahfoud, M. & Drummond, D. M. A. (1999). Relação grupo-indivíduo na comunidade tradicional de Morro Vermelho: identidade construída entre subjetividade, coletividade e a história [Resumo]. Em *Programa Científico e Resumos do Encontro Nacional da ABRAPSO, X* (pp. 93-94). São Paulo: ABRAPSO.

Mahfoud, M. & Ribeiro, S. M. (1998). Construir a festa, fazer memória: emigrados atualizam sua tradição. *Cadernos de Psicologia, 8*(1), 69-93.

Mahfoud, M. & Ribeiro, S. M. (1999a). Festa e devozione: esperienza religiosa e memoria collettiva di emigranti in visita presso la comunità rurale di origine. Em M. Aletti & G. Rossi (Orgs.). *Ricerca di sé e trascendenza: approcci psicologici all'identità religiosa in una società pluralista* (pp. 183-190). Torino, Italia: Centro Scietifico.

Mahfoud, M. & Ribeiro, S. M. (1999b). Experiência religiosa e enraizamento social: festa e devoção de emigrados em visita à comunidade rural de origem. *Videtur, 6*(1), 65-72. Recuperado em 14 de novembro de 2005, de http:// www.hottopos.com.br/ videtur6/ migsim.htm.

Pereira, A. C. & Mahfoud, M. (2006). Contribuições da memória coletiva e da história para a formação da pessoa e a emersão da singularidade na comunidade tradicional de Morro Vermelho. Em *Anais do Seminário Internacional de Pesquisa e Estudos Qualitativos, III; Encontro de Fenomenologia e Análise do Existir, V*. São Bernardo do Campo, SP: SP&EQ, UMESP.

Salum, C. C. & Mahfoud, M. (2006). Produção de imagem e cultura de uma bandeira em uma comunidade tradicional. Em *Anais do Seminário In-*

ternacional de Pesquisa e Estudos Qualitativos, III; Encontro de Fenomenologia e Análise do Existir, V. São Bernardo do Campo, SP: SP&EQ, UMESP.

Silva Jr., P. R. & Mahfoud, M. (2006). Tradição e oralidade: contos, histórias e lendas na comunidade rural de Morro Vermelho. Em *Anais do Seminário Internacional de Pesquisa e Estudos Qualitativos, III; Encontro de Fenomenologia e Análise do Existir, V.* São Bernardo do Campo, SP: SP&EQ, UMESP.

Stein, E. (2003). Estructura de la persona humana. Em E. Stein. *Obras completas. v.IV: escritos antropológicos y pedagógicos* (pp. 555-740). (F. J. Sancho e cols., Trads.). Vitoria, Espanha: El Carmen. (Publicação original de 1932-33).

Stein, E. (2005). Contribuciones a la fundamentación filosófica de la psicología y de las ciencias del espíritu: estudio segundo - individuo y comunidad. Em E. Stein. *Obras completas. v.II: escritos filosóficos (etapa fenomenológica)* (pp. 343-520). (J. Urkiza & F. J. Sancho, Orgs.). Burgos, Espanha: Monte Carmelo. (Publicação original de 1922).

van der Leeuw, G. (1964). *Fenomenología de la religión* (E. de la Pena, trad.). México: Fondo de Cultura Económica. (Publicação original de 1933).

A construção de uma pesquisa fenomenológica baseada em Edith Stein na interface Saúde Mental e Saúde da Família

Nara Helena Lopes Pereira da Silva
Carmen Lúcia Cardoso

Introdução

Este trabalho é fruto de experiências advindas de pesquisas e da prática, na área da Psicologia, junto às equipes de Saúde da Família, na cidade de Ribeirão Preto vinculadas à Universidade de São Paulo. O contato com a realidade de trabalho das equipes de Saúde da Família, desde o início, colocava diante de nós a questão sobre como promover saúde a partir de uma proposta de cuidado integral, orientado às famílias e às comunidades. Ao olharmos para esta realidade e para a necessidade de superação de um modelo médico-centrado, constatamos a relevância do resgate do ser humano existente anteriormente a um diagnóstico médico. Nesse sentido, nosso caminho se direcionou para a construção de projetos voltados às comunidades e equipe, para além da dicotomia saúde/doença, do preconceito e da discriminação e ainda, para a compreensão do que vem a ser Saúde Mental na atenção primária, configurando a Tese de Doutoramento intitulada "Saúde Mental na Estratégia Saúde da Família: uma compreensão a partir da Fenomenologia de Edith Stein" defendida em agosto de 2011, na FFCLRP-USP, orientada pelas professoras Doutoras Carmen Lúcia Cardoso e Angela Ales Bello. O objetivo deste estudo foi compreender a Saúde Mental na Estratégia Saúde da Família (ESF) tendo como referencial a fenomenologia de Edith Stein (Silva, 2011).[1]

[1] Apoio e agradecimentos: Pesquisa de Doutorado realizado com apoio FAPESP (2007/58220-5) e CAPES-Programa de Doutorado no Brasil com Estágio no Exterior PDEE-USP (BEX 1308/09-2) e premiada com menção honrosa no concurso "Prêmio Tese Destaque USP" 2011, área de Ciências Humanas.

A realização de um percurso fenomenológico para compreender a Saúde Mental na atenção primária representou, inicialmente, um desafio, por se tratar de duas esferas aparentemente distantes, Saúde e Filosofia. Todavia, ao longo da trajetória fenomenológica, as aparentes diferenças foram se voltando para uma possível universalidade, diante da busca por fundamentar o que vem a ser um cuidado integral do Ser Humano. A fenomenologia de Stein oferece uma fundamentação rigorosa acerca do que é o ser humano e suas contribuições parecem ir ao encontro das atuais lacunas com as quais nos deparamos nas práticas em saúde, em especial na ESF. Nesse sentido, este capítulo tem como objetivo delinear e ilustrar os caminhos percorridos durante a pesquisa do Doutorado e explicitar algumas compreensões acerca da saúde/saúde mental por meio da antropologia fenomenológica de Edith Stein.

O percurso da tese foi dividido em seções. Realizamos uma apresentação do contexto do estudo, em específico, o sistema de saúde brasileiro, as diretrizes e os pressupostos da atenção primária e das políticas de saúde mental; em seguida, foram delimitados os referenciais de Stein que poderiam auxiliar na compreensão da saúde mental no que diz respeito à estrutura humana, como por exemplo, os fundamentos do método fenomenológico, da estrutura da pessoa, do ato empático, da massa, da sociedade, da comunidade, de povos e da comunidade estatal. Nas seções seguintes, delineamos os objetivos, geral e específico, e o percurso metodológico, que teve como fundamentação a atitude fenomenológica de olhar como o objeto de estudo se revelava a cada contato, dando visibilidade às diferentes perspectivas que se mostravam. Dessa forma, em seguida, fizemos uma descrição das principais experiências relatadas nas entrevistas com as pessoas das áreas de abrangência de dois núcleos de Saúde da Família da cidade de Ribeirão Preto, Brasil. Tais entrevistas revelaram as experiências referentes à: Como é a sua experiência de saúde mental? Quais são suas vivências de saúde mental? Posteriormente, realizamos uma confrontação das conceituações apresentadas pela antropologia fenomenológica de Stein com as descrições das entrevistas, com a finalidade de aproximá-las no que se refere à questão da Comunidade, que se revelou fundamental para o tema em discussão. Buscamos, dessa forma, ilustrar e clarificar a relação indivíduo e comunidade desvelada pela fenomenologia, problematizando as potencialidades e necessidades presentes no contexto da ESF, evidenciando as contribuições da fenomenologia de

Stein para a Saúde Mental no que se refere a uma compreensão integral do ser humano.

Delimitando o objeto: A Atenção Primária à Saúde e a Saúde Mental

Ao delimitarmos o objeto de estudo, devemos contextualizar primeiramente a Saúde Mental na Estratégia Saúde da Família. Estamos nos referindo às atuais políticas de saúde brasileira voltadas à atenção primária à saúde, em especial, a uma proposta recente de revisão de práticas e de conceitos, que ainda está em processo de construção.

A Atenção Primária à Saúde no Brasil é considerada um dos níveis do Sistema Público de Saúde que possibilita, de forma mais ampla, a construção de concepções e de práticas inovadoras, sustentadas pelos princípios do Sistema Único de Saúde (SUS), visando à promoção de cidadania, responsabilidade e satisfação das necessidades das pessoas, o que constitui um importante espaço para a realização de práticas mais horizontais. Trata-se, portanto, da constituição de um Sistema Único de Saúde, que compreende Saúde de maneira ampliada, determinada e condicionada pelo meio físico, socioeconômico e cultural, além de fatores biológicos e da oportunidade de acesso aos serviços que visem a promoção, proteção e recuperação da Saúde (Brasil, 1986). O SUS está organizado em diretrizes e princípios que na prática ainda estão em processo de construção, e dentre esses podemos citar a *Universalidade* - a Saúde é um direito de todos e é um dever do Estado prover serviços e ações a todos que dele necessitem; a *Integralidade* - atenção à saúde deve considerar as necessidades específicas das pessoas ou grupos de pessoas; a *Equidade* - reduzir as disparidades sociais e regionais existentes no país; além da necessidade da humanização dos serviços e ações no âmbito do SUS (Brasil, 2010a).

No que tange à atenção primária brasileira, a Estratégia Saúde da Família reafirma os princípios e diretrizes do SUS e tem como desafio a reorientação das práticas em saúde, de forma integral e contínua, visa à revisão de conceitos e práticas ao incluir a possibilidade de ações que abarquem o cultural e as relações entre as pessoas. A Saúde da Família nasce formalmente no Brasil em 1994, como resultado de experiências regionais de trabalho de agentes comunitários no combate à desnutrição infantil, na região nordeste brasileira e tornou-se uma política nacional do Ministério de Saúde, sendo implantada como uma Estratégia de reorientação do modelo assistencial da atenção primária. Surge na tentativa de efetivar a mudança do modelo assistencial vigente, onde predomina o atendimento emergencial ao doente que se dá, na maioria das vezes, em grandes hospitais e, neste contexto, a ESF apropria-se da definição de saúde como um direito público, entendida no âmbito social e a partir de determinantes como: lazer, educação, saneamento básico, participação popular e controle público dos serviços. Visa à construção de redes sociais, de qualificação da gestão pública por meio do exercício de cidadania, de preservação e recuperação de valores e costumes regionais no que se refere à saúde, da atenção integral às famílias, na tentativa de formar vínculos equipe/usuário contínuos no tempo e nas diversas fases da vida. A família passa a ser o foco de atenção, no ambiente em que vive, permitindo uma compreensão ampliada do processo saúde/doença e cuidado. Tem como objetivo a promoção de saúde, a prevenção de doenças e o desenvolvimento de projetos ao longo da vida, em uma população delimitada em um território de abrangência, que deve ser acompanhada por uma equipe de profissionais, formada atualmente por médicos, enfermeiros, auxiliares, dentistas, agente comunitário de saúde, além de equipes de apoio dos Núcleos de Apoio à Saúde da Família (NASFs) (Brasil, 2010b) que contam com psicólogos, psiquiatras, fisioterapeutas, profissionais de educação física, homeopata, terapeuta ocupacional, entres outros. As equipes desenvolvem ações de promoção de saúde, prevenção, recuperação, reabilitação de doenças e agravos mais frequentes e, também, na manutenção da saúde das comunidades locais.

Em citação recente, o Ministério da Saúde aponta que as equipes de Saúde da Família são responsáveis:

> Por estabelecer vínculos de compromisso e de corresponsabilidade com a população; por estimular a organização das comunidades para exercer o controle social das ações e serviços de saúde; por utilizar sistemas de informação para o monitoramento e a tomada de decisões; por atuar de forma intersetorial, por meio de parcerias estabelecidas com diferentes segmentos sociais e institucionais, de forma a intervir em situações que transcendem a especificidade do setor saúde e que têm efeitos determinantes sobre as condições de vida e saúde dos indivíduos-famílias-comunidade (Brasil, 2011, s/n).

Tais considerações sinalizam a necessidade de reflexões que abarquem a superação do modelo biologicista na atenção às famílias. Entretanto, devemos considerar que existe um alto grau de complexidade para a efetivação dos pressupostos e princípios, o que vem representando um grande desafio social. No que se refere à atenção primária à saúde, as atuais políticas de saúde mental direcionam-se para o incentivo de ações nos territórios e comunidades, como uma possibilidade de superação dos modelos asilares e de práticas inclusivas e não discriminativas diante do sofrimento psíquico. No Brasil, intensas mobilizações sociais provocaram aberturas para novas ações e políticas no âmbito da saúde mental. A saúde mental na Estratégia Saúde da Família (ESF) é uma temática delicada, que envolve tanto questões de direitos humanos, cidadania, inclusão social, respeito às diversidades, quanto promoção de saúde coletiva, construção de redes sociais, comunidades, acompanhamento no decorrer da vida, entre outros. Um dos focos principais do trabalho das equipes de Saúde da Família, para além de uma visão centrada na cura e no tratamento da doença, é o desenvolvimento das famílias e das relações humanas com ênfase no cuidado continuo.

Segundo Barreto (2005), o desafio a ser superado pelas políticas de saúde mental, aliada a noção de cidadania, não é o da negação da realidade da loucura, mas o da constituição de novos cenários de negociação entre normalidade e loucura, da promoção do respeito social à diferença, da expansão das oportunidades de acesso a toda pessoa à condição de sujeito político, à substituição da assistência apoiada na lógica da discriminação. Trata-se de desautorizar o discurso psiquiátrico como regulador ativo da marginalização social e de substituir os processos de exclusão social da loucura pela criação de lugares novos para sua inserção. No que tange à saúde mental na atenção primária, considera-se que a Saúde da Família contextualiza-se como uma importante estratégia para revisão de conceitos e para a redefinição de práticas, ao incluir a possibilidade de ações que abarquem o cultural, as relações entre as pessoas e as interações entre diferentes nos espaços sociais, na relação de cidadãos e na existência humana.

Delimitando objetivo, percurso e fundamentação de análise: compreender a Saúde Mental na Atenção Primária a partir da fenomenologia de Edith Stein

O objetivo da Tese foi compreender a Saúde Mental na Estratégia de Saúde da Família a partir da fenomenologia de Edith Stein. Tal objetivo foi se delineando a partir das leituras atentas a respeito da Saúde Mental na atenção primária, em especial, na Estratégia Saúde da Família em que temos como um dos focos principais o cuidado e o desenvolvimento das famílias abrangidas. Estamos, portanto, falando de subjetividade, intersubjetividade e alteridade.

Nesse sentido, buscamos um diálogo entre filosofia e saúde, como uma oportunidade de fundamentação das práticas e concepções que envolvem o cuidado humano e as relações entre as pessoas. Voltamos nossos olhares para as essências, para as características que aparecem necessariamente, universalmente e fundamentalmente no que se refere à estrutura do ser humano. Para isso, foi necessário encontrar um caminho que nos auxiliasse a atingir nossas metas. Assim, escolhemos o método fenomenológico proposto por Edmund Husserl (1859-1938), e especialmente, a fenomenologia de Edith Stein (1891-1942) como fundamentação teórica, pois as obras desta filósofa oferecem subsídios para a compreensão da estrutura humana, sinalizando-nos aspectos essenciais da constituição da pessoa, da subjetividade, da intersubjetividade e da alteridade, temas fundamentais para o contexto do cuidado humano.

No percurso de análise fenomenológica, não partimos de uma definição a priori dos fenômenos, dessa forma, não tínhamos uma definição específica do que chamávamos por Saúde Mental na Estratégia de Saúde da Família. A proposta foi colocá-la em evidência, descrevê-la em diálogo com os referenciais desvelados do contexto da saúde e também com uma leitura atenta das vivências singulares obtidas a partir de entrevistas realizadas com profissionais, usuários de serviço de saúde mental e seus cuidadores e, ainda, levando em consideração as potencialidades e as necessidades reveladas em cada material. Buscamos compreender as facetas que se expressaram, na tentativa de entender a saúde mental em uma dimensão genuína do ser humano.

Para a sistematização do material a ser analisado, realizamos dezoito entrevistas abertas, sendo, doze com profissionais de duas equipes de Saúde da Família e com três usuários em sofrimento psíquico e seus familiares (três), vinculados às respectivas unidades. Solicitamos que cada participante descrevesse suas vivências de saúde mental, a partir da instrução norteadora "Você pode me contar um pouco sobre suas experiências de saúde mental?" As entrevistas foram áudio-gravadas, transcritas na íntegra, tendo como base de análise a perspectiva adotada. Selecionamos oito entrevistas para o aprofundamento das vivências pessoais, considerando o envolvimento dos participantes e a riqueza dos conteúdos, nas quais realizamos uma descrição detalhada do fluxo das falas, mantendo a ordem temporal e as expressões originais, com a finalidade única de *descrição* das vivências relatadas, tais como elas se revelaram na interlocução e no momento do diálogo. Nessa etapa, sinalizamos alguns elementos centrais que se revelaram a nós, no intuito de evidenciá-las, de evitar repetições e de mostrar os recortes selecionados por meio de transcrições literais, dando visibilidade às diferentes perspectivas que se mostravam. As entrevistas revelaram as expressões vivenciais, singulares, referentes à "como é a sua experiência de saúde mental? Quais são suas vivências de saúde mental?", o que possibilitou uma descrição das principais experiências relatadas nas entrevistas com as pessoas das áreas de abrangência dos dois núcleos de Saúde da Família da cidade de Ribeirão Preto, Brasil.

Na segunda etapa da análise, confrontamos tais relatos com os fundamentos da antropologia fenomenológica de Stein (1922/1999a), especificamente, fizemos uma análise fenomenológica a partir das noções de indivíduo e comunidade, com a finalidade de aproximar tais conceitos com os relatos evidenciados, no que se refere à questão da Comunidade, que se revelou fundamental para o tema em discussão. Buscamos, dessa forma, ilustrar e clarificar a relação indivíduo e comunidade desvelada pela fenomenologia, problematizando as potencialidades e necessidades presentes contexto da Estratégia Saúde da Família.

Percorrendo a análise: a compreensão da Saúde Mental na ESF sob a perspectiva de Edith Stein

A partir do confronto com os relatos encontrados nas entrevistas e com os fundamentos da fenomenologia de Stein, especificamente, buscamos as fundamentações fenomenológicas acerca da estrutura da pessoa e da comunidade, procurando problematizar como tais aspectos se revelavam nas experiências descritas. Dessa forma, entre as diversas facetas que se mostraram neste trabalho, escolhemos as associações humanas, em específico, a Comunidade, como um elemento central que pode nos auxiliar a compreender a saúde mental na Estratégia Saúde da Família, por esta temática se mostrar presente nos diferentes diálogos, seja nas propostas do SUS (Brasil, 2010a), que informam a necessidade de compreender a saúde como um direito público, entendida a partir de uma esfera social, ou ainda, dos direcionamentos da Saúde da Família, que envolvem a legitimação de valores regionais, a atenção às famílias, a formação de vínculos entre equipe e moradores. Nesse sentido, para além de uma concepção individualista e biomédica, a compreensão das associações humanas, a partir de um olhar fenomenológico, parece nos auxiliar no aprofundamento das propostas para a área da saúde, que envolvam a sociedade, o espaço público, o convívio entre grupos e familiares, as redes sociais, a constituição de valores e o estabelecimento de vínculos entre pessoas. As noções de singularidade e alteridade propostas pela fenomenologia de Stein surgem como campos férteis para discutirmos uma visão em prol da riqueza de cada ser humano, capaz de se relacionar empaticamente com o outro, a partir da comunidade humana.

Tanto nos pressupostos da Saúde Pública, quanto nas narrativas dos entrevistados, e ainda, nas concepções e nos estudos existentes na área de saúde primária, a importância *das associações humanas* é um tema emergente, o que nos provoca para um aprofundamento neste aspecto. Partimos, portanto, das concepções de Stein acerca da *vivência comunitária* como uma das principais potencialidades para o desenvolvimento humano. Quando falamos de ações comunitárias na ESF, nas políticas atuais de Saúde Mental ou nos pressupostos do SUS devemos voltar um passo anterior e nos perguntarmos: o que compreendemos por Comunidade? Como se dão as associações humanas e a constituição comunitária e como esta se expressa no nosso contexto da saúde mental na Saúde da Família? A partir de tais perguntas, que surgiram no confronto com o material analisado e com as fundamentações de Stein, um primeiro aspecto se revelou fundamental: *a vivência comunitária como potencialidade presente na ESF*. Este se desvelou um ponto de partida para a compreensão da Saúde Mental na atenção primária brasileira.

1. A vivência comunitária como potencialidade presente na ESF

O percurso da segunda etapa da análise teve por finalidade ilustrar os potenciais e as necessidades que se revelaram, a partir das entrevistas, em diálogo com a antropologia de Stein. Serão apresentados sinteticamente a seguir, alguns exemplos da forma de condução da análise, tendo em vista que o objetivo deste capítulo é descrever o percurso da realização de uma pesquisa na área de Saúde Mental com embasamento fenomenológico de Stein. Escolhemos como ponto de partida em nossas confrontações as impressões de Marília, a primeira entrevistada, cujo marido encontra-se em sofrimento psíquico há alguns anos e segue em acompanhamento pela equipe de Saúde da Família. No seu relato, a participante, faz menção à vida em comunidade:

> *Respeito... Eu respeitar os meus limites, os limites da minha liberdade e ver até onde vai o meu e até onde começa o seu. (...) mesmo família é uma comunidade, é uma minicomunidade, mas é uma comunidade. Então, você tem que respeitar a... Como se diz... Você tem que respeitar o que o outro... A liberdade do outro... e mesmo em família, em família também é uma pequena comunidade, a família, depois os vizinho, depois a... Escola, todo e qualquer lugar onde tem mais de duas pessoas, é uma comunidade. (...) a comunidade também exige que a gente obedeça regras pra todo mundo viver em harmonia, é o que eu entendo que eu acho que é um bem pra gente.*

Marília, através das suas experiências pessoais, percebe que o convívio comunitário tem como valor central o respeito aos limites da própria liberdade e da liberdade do outro. Em diálogo com Stein (1922/1999a), podemos afirmar que a comunidade acontece a partir do convívio entre *Pessoas*, que deve se pautar por uma responsabilidade recíproca. A comunidade, a partir dos seus membros, compõe um único sujeito comunitário, mas este sujeito não possui em si a liberdade e, dessa forma, não é nele que encontramos a responsabilidade. A responsabilidade última das ações realizadas em nome de uma comunidade pertence aos indivíduos que a compõem. Mesmo se acontecer de seus membros realizarem ações para a comunidade que talvez não as fizessem por motivos pessoais, a responsabilidade recai sobre eles, sem a menor possibilidade de direcioná-la a um único sujeito comunitário. Nesse sentido, cada indivíduo se torna responsável pelas ações realizadas em nome da comunidade. Mas, para que isso aconteça, é preciso salientar que a comunidade deve ser constituída por pessoas livres, ou no sentido fenomenológico, simplesmente Pessoa, já que a liberdade pertence necessariamente à compreensão de pessoa e é a partir desta definição, proposta por Stein, que podemos pensar sobre a importância do respeito e da liberdade entre os seus integrantes, como nos sugere Marília.

Já os relatos de Aline, uma agente comunitária de saúde que atende a área vizinha à de Marília, apontam para a importância da compreensão integral da pessoa para a produção do cuidado. Ela descreve a sua relação com uma pessoa em sofrimento psíquico que passou a ser acompanhada por ela e que, aos poucos, foi transformando seus hábitos de vida:

> *Através do vínculo eu descobri (...) então você vê, quem só tomava leite, depois de você mudar totalmente uma consciência, um jeito de pensar a vida, e hoje ele tá realmente integrado, ele sabe o que é certo e o que é errado, tem uma vida mais balanceada (...) mas isso foi ao longo de seis anos. Embora ele tá sem a prótese dentária, mas com certeza ele mesmo vai por si conseguir adquirir uma prótese, né é... Fortalecer o vínculo dele com a irmã, a irmã está como cuidadora dele atualmente, por conta desse tabagismo, desse enfisema pulmonar, ele tá fazendo uma série de exames, mas a saúde na parte mental dele, você vê assim, estabilizou, então ele faz, ele usa o aldol mensal, ele toma algumas outras medicações, o diazepan e tal, e... Só isso também, né, que antes ele vivia trancado em casa, então ele sai, ele anda, o fato de ele ir até onde quer e voltar, ele faz caminhada, o convívio com outras pessoas, isso daí não é melhorar a qualidade de vida? Promover uma pessoa humana? É isso aí.*

A pessoa referida por Aline vivia trancada em casa, era um homem idoso sozinho que só tomava leite, Aline, *"ao promover uma pessoa humana"* (sic), passa a conhecê-lo e compreendê-lo ao longo do tempo. Descobre que ele sentia dores com a dentadura, tinha feridas na boca e não conseguia se alimentar. Pouco a pouco, a equipe busca por um tratamento odontológico e psiquiátrico, auxilia na organização do orçamento junto com o familiar, na limpeza da sua residência, na adequação de mobílias e itens de higiene, constituindo o que Aline chama de um viver mais integrado, *"Melhorar a qualidade de vida? Promover uma pessoa humana? É isso aí..."* (sic); Sob a perspectiva fenomenológica, para Stein (1922-3/2000) ser Pessoa significa ser *livre* e *espiritual*. Em nossa constituição corpórea, psíquica e espiritual temos na *espiritualidade* pessoal a consciência de ser e viver em um único ato, anterior a qualquer reflexão, como uma luz que ilumina a vida espiritual e que possui em si a abertura ao mundo. Ser *livre*, por sua vez, significa dizer "eu posso", podemos penetrar nossos olhares no mundo das coisas e estas nos convidam a observá-las. Este convite pode ser aceito com um movimento de abertura, mas podemos não correspondê-lo, permanecendo em nós uma imagem do mundo empobrecida e fragmentada. Temos, portanto, necessariamente o Poder enquanto liberdade e, deste Poder nasce a possibilidade do Dever.

Nos relatos de Aline, independentemente das características singulares percebidas, foi possível um encontro humano e uma transformação em direção a "*promover uma pessoa humana*" (sic), o que podemos compreender a partir da fenomenologia como a promoção à abertura e à liberdade pessoal, respeitando as limitações da singularidade: "*antes ele vivia trancado em casa, então ele sai, ele anda, o fato de ele ir até onde quer e voltar, ele faz caminhada, o convívio com outras pessoas...*" (sic). Aline, ao abrir-se a ele e ao respeitá-lo em suas singularidades e limitações, pôde estar junto a ele. O convívio e o vínculo, pouco a pouco, possibilitaram o olhar para a Pessoa, para além do sofrimento psíquico ou físico, possibilitando um movimento de transformação e abertura para a vida, em que ambos foram transformados a partir do encontro.

A importância do encontro entre *Pessoas*, compreendida na perspectiva fenomenológica, surge em diversos relatos. Além de Marília, que comenta sobre a importância das relações livres entre pessoas, Vanessa, a médica de Saúde da Família, fala sobre a necessidade de encontrar alguém para conversar e, aponta a psicoterapia como um espaço para falar de si, onde o outro pode apontar seus erros:

> *Eu sou super a favor da psicoterapia, eu acho que é uma coisa muito legal, eu acho que não precisa ser, é aquilo que a gente estava conversando, né, não precisa ser um negócio freudiano, mas eu acho que é um espaço em que você tem para conversar, para falar, pra dividir com uma pessoa teoricamente neutra, que pode te apontar os seus erros, então eu acho que é legal, eu sou super parceira, assim, super a favor à psicoterapia.*

A psicoterapia é percebida por Vanessa como "*um espaço em que você tem para conversar, para falar, pra dividir com uma pessoa teoricamente neutra, que pode te apontar os seus erros*" (sic). Para ela, mais importante do que a técnica científica de abordagem da psique é a possibilidade de estar diante do outro enquanto Pessoa, em que seja possível falar livremente e refletir sobre si mesmo a partir do olhar do outro.

Vitória, agente comunitária da área de Marília, também percebe a necessidade de relacionamentos mais abertos, em que cada um possa expor suas emoções e angustias. Ela atribui tal possibilidade aos profissionais da área psi, como terapeutas, psiquiatras e psicólogos:

> *Na verdade toda pessoa deveria ter um terapeuta, um psiquiatra, um psicólogo, uma analista, o que seja. Porque todo mundo tem essa necessidade,*

> *né, mas tem algumas pessoas que tem mais dificuldade de se expor e fica meio que, segura mais esse tipo de emoção que frustra, aí começa a ficar angustiado, a querer chorar, umas pessoas tendem para o suicídio, outras tendem para outras coisas, para a agressividade e eu adoro psiquiatria.*

Vanessa acha importante ter alguém "*que pode te apontar os seus erros*" (sic) e Vitória considera que existem pessoas que "*tem mais dificuldade de se expor e fica meio que, segura mais esse tipo de emoção que frustra, aí começa a ficar angustiado*" (sic). Ambas atribuem ao psicólogo ou profissional da área psi a possibilidade de estabelecimento de relações próximas e de abertura, com quem possam refletir sobre suas emoções e sobre si mesmas. Stein, em seus estudos sobre Empatia, auxilia-nos a compreender o ato que nos faz reconhecer imediatamente quando estamos diante de outro ser humano e não de objetos. Segundo Stein (1917/1998), a empatia é o ato que nos possibilita reconhecer imediatamente que estamos diante de outro ser humano, como nós, que não é um objeto concreto, mas um ser que possui um corpo vivente, uma psique, um espírito e uma alma. Nesse sentido, temos a empatia como um instrumento fundamental no reconhecimento do outro que, embora possua a sua singularidade, compartilha das mesmas estruturas essenciais que compõem a estrutura humana. Tais contribuições favorecem, dessa forma, a legitimação de ações mais humanizadas na atenção primária que primem pelo reconhecimento do outro em sua unicidade, independentemente das características singulares, além da importância do respeito às diferenças, na dimensão de Pessoa humana.

Além disso, uma leitura atenta aponta que, na prática, o cuidado humano está fragmentado em especialidades médicas, ao considerar que somente alguns profissionais são aptos a estar diante de outra pessoa, reconhecendo-a e legitimando-a, em detrimento de um olhar integral essencial ao humano, onde todos são passíveis de se reconhecer e se diferenciar diante das vivências pessoais de outro ser humano.

No decorrer da análise acerca da *vivência comunitária como potencialidade presente na ESF*, diversos outros aspectos foram emergindo que, conforme apontado anteriormente, não serão explicitados neste capítulo, considerando o objetivo inicial de descrever o percurso da realização de uma pesquisa de doutorado na área de Saúde Mental com embasamento fenomenológico de Stein. Com o aprofundamento da análise referente à experiência comunitária como uma potencialidade da ESF, outra perspectiva se revelou como contribuição para pensarmos a importância do tema da comunidade na ESF: a equipe de Saúde da Família. Ao falarmos da possibilidade de ações comunitárias na área da saúde, nossos olhares se voltam, prioritariamente, para a vida dos moradores e das famílias pertencentes ao território de abrangência da Estratégia Saúde da Família. Entretanto, o convívio entre os profissionais de saúde parece nos desvelar dados importantes para refletirmos sobre suas relações enquanto equipe. Tal necessidade que deve ser problematizada se almejamos, de fato, embasar ações de atenção primária que primem pelo desenvolvimento humano e das comunidades de abrangência, conforme preconiza o SUS. Pensarmos nos atores que compõem a Saúde da Família e que trabalham em prol de uma visão integral da saúde humana significa pensarmos em como formá-los, como podemos tornar possível um espaço de educação recíproca que atinja às comunidades atendidas pelas Unidades de Saúde. Para isso, devemos dar um passo anterior, necessitamos confrontar o que encontramos nos relatos dos profissionais sobre a experiência em equipe e quais contribuições Stein pode nos oferecer no que se refere à possibilidade de constituir as equipes de Saúde da Família enquanto comunidade. Isso significa que para falarmos sobre ações na comunidade, devemos, primeiramente, refletir sobre a equipe e sobre a potencialidade desta vir a se tornar, no seu cotidiano, um autêntico sujeito comunitário.

2. A equipe de Saúde da Família enquanto uma possibilidade de experiência comunitária

Ressalta-se novamente que serão apresentados recortes visando oferecer ao leitor a forma como foi conduzida a presente pesquisa, fundamentada na perspectiva da fenomenologia de Stein. Nesse sentido, não temos como foco deste capítulo a análise em si, mas sim a descrição do percurso de construção da pesquisa.

Vanessa, médica de uma das equipes, comenta sobre a importância de um seguimento ao longo do tempo com um olhar ampliado para a pessoa e para a família, inserido em um processo dinâmico. Para ela, esse modo de ver o trabalho exige uma atitude de segurança e tranquilidade, características essas que podem ser originadas a partir de uma formação em saúde:

> *Mas, eu acho que assim, isso a gente só tem essa segurança, só tem essa tranquilidade quando a gente tem uma formação decente, quando a gente*

> *tem a oportunidade de ter uma formação adequada (...) é interessante que ele (supervisor de psiquiatria) nos capacita e permite que a gente atue. Ele traz um reforço positivo (...) você tem aquela discussão com especialista que ele te dá algumas informações, mas ele não te dá as informações que te permitem caminhar com as próprias pernas. E na psiquiatria, pelo menos, na residência, e na atividade que nós temos nos núcleos, o Doutor (supervisor da psiquiatria) permite que a gente caminhe com as próprias pernas, e isso é uma coisa muito legal e a gente vê os frutos disso daí pelo trabalho.*

Ainda que tais percepções estejam permeadas pelos valores do modelo biomédico, orientadas à medicalização e ao tratamento sintomático, podemos apreender alguns elementos que nos auxiliam a refletir sobre quais atitudes podem ser fundamentais numa relação comunitária na equipe. Vanessa, ao referir sobre sua experiência com o supervisor de psiquiatria, aponta que a relação estabelecida com ele é uma oportunidade de formação em saúde mental, enfatiza uma capacitação que favorece uma atuação autônoma enquanto médica da equipe e oferece um reforço positivo, que são percebidas como diferentes da supervisão de outros profissionais da área médica. Segundo Stein (1999b) independentemente da forma de associação entre as pessoas, o reconhecimento da *Pessoa*, como um ser espiritual, capaz de, em sua liberdade, abrir-se ou fechar-se para o contato com o mundo, parece ser importante para iniciarmos nossas reflexões sobre a possibilidade da experiência comunitária enquanto equipe de Saúde da Família. Mesmo as associações humanas configuradas como sociedade, no caso, o exercício da profissão na Estratégia Saúde da Família, permeadas por um objetivo comum e por uma relação individualista, podem se fundar sobre o ideal comunitário. Nesse sentido, um primeiro aspecto que devemos verificar é se entre os profissionais é possível à valorização de cada singularidade e a abertura para a discussão de concepções e valores próprios de cada membro. Podemos promover relações de abertura entre os profissionais da equipe? Quanto ao cuidado, quais valores cada um deles carregam em suas práticas? Como entendemos nossas práticas em atenção primária?

Ao considerarmos atentamente o que faz com que Vanessa perceba a atitude do supervisor como de ajuda, observamos a possibilidade de autonomia nas ações enquanto médica e abertura, por meio do compartilhamento, que possibilita a ela a apreensão de um bem, "*permite que a gente caminhe com as próprias pernas (...) e isso é uma coisa muito legal e a gente vê os frutos disso daí pelo trabalho*" (sic). Entretanto, uma análise dos relatos do supervisor de psiquiatria nos auxilia a refletir sobre os sentidos que estão presentes neste projeto de formação percebido por Vanessa como adequado. Segundo Fabiano, supervisor de psiquiatria das duas unidades de Saúde da Família:

> *Uma das coisas que a gente procura fazer é capacitar o médico e o enfermeiro como líderes da equipe, de tal maneira que eles possam, no sentido do atendimento da psiquiatria e da saúde mental, de tal maneira que eles possam é... Passar uma postura de... Segurança e de confiança para os auxiliares de enfermagem e para os agentes comunitários de saúde, porque essa é uma das questões principais dos agentes comunitários de saúde e dos auxiliares de enfermagem, quer dizer, eles precisam sentir que o médico e o enfermeiro, como profissionais de nível superior do PSF, têm uma resposta, né, a situações angustiantes, estressantes, que eles veem no dia a dia deles, nas visitas domiciliares, nas orientações que eles fazem para as pessoas e para as famílias.*

Um primeiro aspecto a ser destacado nos relatos de Fabiano é que, embora a formação caminhe para o desenvolvimento "*de uma postura de... segurança e de confiança*" (sic), existe, na prática, uma concepção pautada por uma hierarquia de saberes, na qual os profissionais de nível superior, como o médico e o enfermeiro, são legitimados como aqueles que possuem o conhecimento, em detrimento dos demais membros, percebidos como inseguros e não aptos para lidar com o sofrimento das famílias. Além disso, os profissionais de nível superior, a partir de um saber hierarquizado, são considerados aptos a encontrar respostas às situações angustiantes e estressantes. Devemos considerar, porém, que o confronto com a subjetividade envolve questões que vão além de uma lógica resolutiva. Os demais membros, por exemplo, o agente comunitário de saúde e o auxiliar de enfermagem, são percebidos como inseguros na relação com as famílias, entretanto, tal insegurança surge diante de uma concepção de ser humano que considera o sofrimento passível de resolução imediata, desvalorizando a possibilidade de estar junto nas limitações humanas como um instrumento legítimo do cuidado: "*profissionais de nível superior do PSF, têm uma resposta, né, a situações angustiantes, estressantes, que eles veem no dia a dia deles, nas visitas domiciliares*" (sic). Destacamos, ainda, que tal concepção pode gerar nos profissionais de nível superior uma sobrecarga, uma vez que são imbuídos da responsabilidade de saberem, de deterem as respostas para as diversas problemáticas encontradas no contexto da Saúde da Família, o que pode gerar uma atitude defensiva de responder as dificuldades estritamente através dos conhecimentos técnicos adquiridos na universidade. Além disso, a crença de que são aptos a resolver tais demandas gera, nos demais profissionais, como agentes e auxiliares, uma relação de dependência e de pouca valorização do saber popular. Nesse sentido, questionamos se as interações entre os profissionais estão consonantes com a definição de equipe de Saúde da Família, na qual, segundo o Ministério da Saúde, o trabalho de tais equipes é o elemento-chave para a busca permanente de comunicação e troca de experiências e de conhecimentos entre seus integrantes, e também desses com o saber popular do Agente Comunitário de Saúde (Brasil, 2011).

Embora Vanessa destaque a atitude positiva do supervisor diante de suas ações na área médica "*Ele traz um reforço positivo*" (sic), questionamos se tal reconhecimento reflete também nos demais membros da equipe, com a validação dos diversos saberes em suas singularidades. Para propormos um trabalho em equipe com o ideal de autêntico sujeito comunitário, devemos considerar a importância dos atos sociais positivos, de reconhecimento, suporte ao outro e confiança, que propiciam um desenvolvimento mútuo ao legitimar o *ser* de cada profissional, independentemente se é um médico, um agente comunitário de saúde, um auxiliar de enfermagem, ou um morador da região. Isso significa uma valorização do saber e da experiência, próprios de cada pessoa, nos respectivos potenciais de cada existência, no reconhecimento do ser humano enquanto um *ser* com potencialidades e limitações, inerente a cada singularidade.

Ao compreendermos a estrutura da vivência comunitária e a importância da relação entre indivíduo e comunidade, é relevante observarmos as potencialidades dos elementos constitutivos da psique em tal estrutura. Os relatos de Vanessa ao afirmar que "*Ele traz um reforço positivo (...) você tem aquela discussão com especialista que ele te dá algumas informações, mas ele não te dá às informações que te permitem caminhar com as próprias pernas*" (sic), sinaliza para um suporte diferenciado oferecido pelo psiquiatra em relação aos demais profissionais especialistas às equipes de Saúde da Família; Para Vanessa, o psiquiatra "*te dá algumas informações*" (sic) e também "*que te permite caminhar com as próprias pernas*" (sic) o que nos remete à possibilidade de liberdade e compartilhamento espiritual. Tais relatos ilustram a potencialidade da força vital presente nos atos sociais positivos, do compartilhamento espiritual e da autonomia nas ações, elementos estes que podem alimentar o Sujeito Comunitário e tornarem-se fonte de força para seus membros, como definido pela fenomenologia. Entretanto, essa atitude só pode legitimar uma real experiência comunitária se estiver presente genuinamente entre todos os membros que compõem a equipe, com a prática da responsabilidade recíproca e da legitimação das diferenças e das singularidades.

Em confronto aos sentidos emergente da fala de Fabiano, que nos informam sobre a hierarquização do saber e sobre a capacitação para a resolução das problemáticas humanas, Mário, médico e coordenador de uma das Unidades, em seus relatos, refere como percebe os valores que permeiam as práticas na área da saúde e na sociedade atual. Auxilia-nos a refletir sobre a valorização da busca por "soluções", como objetivo almejado dos profissionais da saúde.

> *A área da saúde, ela tem uma mania assim de achar que ela é a solução para a vida. Mas ela não é a solução para a vida, coisa nenhuma. No máximo a gente dá parte da solução para as doenças, né, parte... Porque também tem um monte de coisa que a gente não resolve. (...) grande parte da área da saúde trabalha desse jeito, achando que vai acontecer alguma coisa que vai acabar com o diabetes, vai acabar com a hipertensão, vai acabar com o cansaço, vai acabar com a dor, vai acabar com tudo quanto é coisa, e não vai acontecer isso. Então eu acho que o caminho que a gente tem que trabalhar aqui não é esse. (...) mudando essa maneira de ver as coisas eu acho que a gente consegue alguma coisa, mas senão... Nós vamos passar a vida inteira só vendendo... a gente vira mais vendedor de medicamento do que eles, e nós somos os grandes vendedores da indústria farmacêutica (...) Então, aí, o Sistema de Saúde é assim.*

Mário faz uma crítica ao relatar suas percepções a respeito das ações em saúde. Afirma que a área da saúde busca soluções para a vida, com uma prática centrada na medicalização das problemáticas, no alívio momentâneo dos sofrimentos humanos e no consumo de insumos que propiciem o alívio da dor em busca do prazer imediato. Perceber o mundo, de acordo com a fenomenologia, significa apreender algo que se mostra a nós de modo sensível, a percepção externa está fundada sobre a sensibilidade, mas a qualidade de tais percepções, como duração, conservação, memória, entre outros, pertence ao indivíduo que a vivencia. Após percebermos o mundo, podemos aceitá-lo e então, realizamos uma movimentação em direção à ação. Nesse sentido, as diversas percepções encontradas nos relatos sobre as experiências de saúde mental, quando passíveis de reflexão, surgem como possibilidade de propormos uma postura de abertura, de confronto aos valores pré-concebidos e de um (re) posicionar diante da apreensão sensível aos valores objetivos, para que então, a equipe possa se colocar em movimentação em direção a ações compatíveis com o que preconiza o Ministério da Saúde:

> *A expansão e a qualificação da atenção básica, organizadas pela Estratégia Saúde da Família, compõem parte do conjunto de prioridades políticas apresentadas pelo Ministério da Saúde e aprovadas pelo Conselho Nacional de Saúde. Esta concepção supera a antiga proposição de caráter exclusivamente centrado na doença, desenvolvendo-se por meio de práticas gerenciais e sanitárias, democráticas e participativas, sob a forma de trabalho em equipes, dirigidas às populações de territórios delimitados, pelos quais assumem responsabilidade* (Brasil, 2011, s/n).

Segundo o Ministério da Saúde, a consolidação da ESF precisa ser sustentada por um processo que substitua o modelo centrado na doença, que se volte para qualidade de vida da população assistida. Pensando nas contribuições da fenomenologia, uma dimensão presente na estrutura da vivência comunitária é a espiritual, que se refere ao fazer e agir e que nos diz não apenas sobre como apreender o mundo perceptível sensivelmente, mas também se refere ao correlato do mundo das ideias em que a comunidade vive. Para pensarmos uma nova ótica nas ações de saúde, é necessário legitimar não apenas um saber em detrimento de outro, mas também a perspectiva apreendida pelos indivíduos que compõem o *sujeito comunitário*. Nesse sentido, o olhar e as concepções devem ser elaboradas conjuntamente e na relação com o outro e não depende somente das capacidades operativas intelectuais, ou da perspectiva técnica, mas também do modo em que os indivíduos e as comunidades se colocam em ação e se comportam no agir. Isso nos revela a importância de concebermos uma formação na qual os sujeitos envolvidos possam pensar sobre suas ações e comportamentos, sobre qual definição de pessoa perpassa suas práticas em saúde, qual é a perspectiva antropológica, quais valores pessoais subjetivos existem em cada atuação e quais valores devem ser incentivados no processo de formação condizente com uma proposta de saúde ampliada, que propicie uma atenção às famílias pautadas na experiência profissional "*segura e tranquila*" (sic), como nos apontou Vanessa.

É importante ressaltar que outros aspectos foram se desvelando a partir das análises, possibilitando um aprofundamento na temática. Entretanto, tais aspectos não serão contemplados no presente capítulo, considerando o objetivo inicial de descrever o processo de construção de uma pesquisa em Saúde/Saúde Mental a partir do embasamento de Edith Stein.

A partir do aprofundamento das entrevistas e o diálogo com Stein no que se refere à equipe enquanto um *sujeito comunitário,* constatamos que a constituição desta associação de pessoas não é apenas um grupo que visa o desenvolvimento e a construção de projetos de vida, mas é uma associação diferenciada, representante de uma dimensão maior, que é o Estado. Dessa forma, o percurso fenomenológico de mergulhar nos dados e descrever as diferentes possibilidades de olhares nos conduziu para uma terceira compreensão da Saúde Mental na atenção primária brasileira, a *possibilidade da ESF se configurar como parte da Comunidade Estatal.*

3. Equipe da Saúde da Família enquanto Comunidade Estatal

Para Stein (1925/1999b) o Estado consiste em uma formação jurídica que garante a impessoalidade nas relações humanas, a igualdade entre cidadãos e o direito de todos. O órgão mais importante do Estado é o Governo, ou seja, o poder estatal, através do qual o Estado se automanifesta e se faz perceptível. A função do Governo é dirigir o Estado, e isso se dá através da organização das atividades estatais, da legislação (isto é, a formulação de normas para a vida social ao interno da sua esfera de influência) e da execução das suas disposições e das suas ordens. Segundo a autora, entre as comunidades mais estreitas, como as familiares e as mais amplas, como os povos, há uma base de vida comunitária de indivíduos que vivem no Estado, chamada comunidade estatal, em que os indivíduos que fazem parte de tal comunidade, são conscientes do pertencimento e da existência da mesma e aceitam sua estrutura comum jurídica que garante a divisão dos três poderes, legislativo, executivo e judiciário.

É no aspecto de suas concepções sobre a comunidade estatal que queremos evidenciar algumas contribuições da filósofa para a Saúde da

Família, em diálogo com os relatos das entrevistas e com as normativas que definem as diretrizes brasileiras acerca da atenção primária à saúde e da saúde mental, em especial, na Saúde da Família. A ESF se consolida como reestruturação do Sistema de Saúde brasileiro, que tem seus princípios e diretrizes fundamentados no Estado. Devemos evidenciar, portanto, o que deseja o Estado enquanto poder soberano autoconstituinte. Ao retomarmos as diretrizes do Ministério da Saúde que aborda a Constituição de 1988 encontramos a definição de Saúde:

> A saúde tem como fatores determinantes e condicionantes o meio físico (condições geográficas, água, alimentação, habitação, etc.); o meio socioeconômico e cultural (ocupação renda, educação, etc.); os fatores biológicos (idade, sexo, herança genética, etc.); e a oportunidade de acesso aos serviços que visem à promoção, proteção e recuperação da saúde. Isso implica que, para se ter saúde são necessárias ações em vários setores, além do Ministério da Saúde e das secretarias de saúde. Isto só uma política governamental integrada pode assegurar (Brasil, 1990, pp. 3-4).

De acordo com a Constituição, entendemos Saúde de maneira ampliada, determinada e condicionada pelo meio físico, socioeconômico e cultural, além de fatores biológicos e a oportunidade de acesso aos serviços que promovam a promoção, proteção e recuperação da Saúde. Segundo o Manual elaborado pelo Ministério da Saúde, é fundamental a ação integrada de vários setores para além do Setor da Saúde. Quando falamos de suportes intersetoriais, dizemos da possibilidade de usufruir de recursos provenientes dos diversos setores instituídos pelo Estado de maneira inter-relacional. Embora esteja previsto na legislação as ações integradas, Mário, médico coordenador de uma das Unidades, revela sua experiência diante da situação social das famílias, em que a dificuldade atual não é o diagnóstico e o tratamento das doenças, mas as dificuldades sociais e a necessidade de ações intersetoriais.

> *Quando você tem alguma situação social familiar muito complicada você tenta interferir com a família, mas você não consegue direito isso, entendeu. E aí a coisa vai ficando complicada, porque paciente vai retornando do mesmo jeito, a gente chama a família, conversa, explica, mostra a necessidade da família melhorar os cuidados com a pessoa, a pessoa tá maltratada, tá passando fome, não sei o que, a família não quer fazer*

> *isso ou não consegue fazer isso e o paciente também não. Então a gente acaba ficando, às vezes a gente chama outras pessoas de outros setores, por exemplo, chama a assistente social da prefeitura pra discutir, chama o conselho tutelar quando afeta a criança para ajudar, não sei o que, mas nem sempre a gente tem uma boa saída para isso não.*

Mário relata as dificuldades que as equipes de SF encontram no que se refere à situação social e as tentativas de desenvolver um trabalho integrado entre os diversos setores. Conta-nos casos de usuários que buscam tratamento, mas enfrentam difíceis condições sociais como maus tratos, fome e falta de suporte familiar. As dificuldades encontradas por Mário apontam a falta de estrutura das famílias para o comprometimento com a própria saúde, quando, então, entra em cena a necessidade de outros suportes setoriais, como o conselho tutelar, a assistência social, entretanto, ele percebe pouca efetividade no que se refere a um trabalho ampliado. Pensarmos na proposta de ações integradas entre os diversos setores, nos permite retomar o tema da comunidade. Este já vem sendo apontado como uma necessidade de aprofundamento e de delimitações para o trabalho em Saúde da Família. No que se refere à relação do Estado com a pessoa, Ales Bello (informação verbal)[2] retoma o pensamento de Stein, e afirma que é na comunidade que deveria ocorrer, em termos de ideal, a plena realização da pessoa, sendo esta também aquela que deveria se responsabilizar pelo o funcionamento do Estado. O estímulo à plena realização da pessoa, se considerada a partir da perspectiva fenomenológica, deveria ser obrigação, tanto das comunidades menores às quais a pessoa pertence, quanto do Estado e dos seus membros representantes, da comunidade estatal.

Mário, na continuidade do seu relato, aponta como percebe a situação atual, no que se refere ao trabalho conjunto entre os diversos setores representantes do Estado:

> *A atuação intersetorial que não existe, a gente fala de ação intersetorial, mas não tem, a parte de... de... Do que seria a secretaria da cidadania, do bem estar social, etc, é uma piada, porque eles não têm dinheiro, eles não têm gente, eles não têm nada, certo, então assim,*

[2] Ales Bello, A. (2004) *La visione dello stato.* Informação fornecida por Angela Alles Bello no "Convegno su Edith Stein", em 30 de outubro de 2004, Genova, Itália.

> *o que eles vão fazer? Tem uma assistente social para tomar conta de um distrito inteiro, não tem uma cesta básica para distribuir, ela não tem nada, ela fica fazendo cadastro das pessoas, entendeu. A parte da educação não faz absolutamente nada assim prá.., faz a parte deles, dá aula e tal, mas não... não tem essa interação, o que eles costumam fazer é encaminhar o problema deles para a gente. Certo? Então falta muito essa interação para você, de fato, ajudar a família a fazer alguma coisa melhor. E a família também joga na mão dos serviços de saúde os problemas (...) essa falta de atuação intersetorial na nossa sociedade é muito complicado, por que... Enfim... A gente não tem uma boa atuação. Tem muito discurso que tem, e tal, mas você vai ver mesmo, o que você está fazendo, me fala? Não estamos atuando legal nessa área não. Precisa melhorar muito.*

A ação intersetorial parece ser uma necessidade percebida por Mário no que diz respeito ao cuidado integral, que está para além do alcance da saúde. O cuidar de uma família que está passando fome, aponta para a necessidade de ação conjunta de vários setores, visando o desenvolvimento integral das pessoas, como por exemplo, a intervenção de outras áreas, como a assistência social, o conselho tutelar, a Saúde da Família e a escola. Mário refere, ainda, a dificuldade dos setores públicos intervirem conjuntamente, e aponta a necessidade de existir uma conscientização da responsabilidade das próprias famílias enquanto comunidades mais estreitas. Na perspectiva da fenomenologia, quando dizemos da consciência e da responsabilidade, estamos nos referindo à estrutura humana em sua integralidade corpórea, psíquica e espiritual, dotada de uma alma que se desabrocha e constitui o caráter. Mas, para a constituição desta integralidade humana e para o auxílio da constituição de comunidades familiares, a relação com o externo, bem como os recursos provenientes deste são de fundamental importância. No que se refere à saúde mental, tais questões surgem como fundamentais para o cuidado das famílias que buscam suporte nas equipes, para além de uma abordagem centrada na cura.

Em diálogo com Stein, o Estado deve ter a soberania entre as demais formas organizativas e manter-se a partir da sua capacidade de autoconstituição ou autoformação, organizando internamente as diversas estruturas e instituições que promoverão os diversos atos. Vimos que o Estado abrange em si uma diversidade de comunidades e sabemos que é na comunidade que devemos encontrar a realização plena da pessoa. A partir de uma experiência vivenciada por Vanessa, médica de uma das Unidades, sobre uma solicitação de apoio a um adolescente que estava trancado no quarto há mais de oito meses, é possível verificarmos como se dá a relação, na prática, entre pessoa, comunidade e Estado.

> *Ligaram pra gente e falaram, é um adolescente que tá no quarto, que tá trancado no quarto. (...) Eis que eu chego na casa e o adolescente está há oito meses trancado no quarto, mas que ninguém via a cara dele, estava literalmente trancado, eles passavam a comida por debaixo da porta e ninguém via ele. E aí, na hora que eu chego na casa, a mãe ainda vira e fala pra mim "olha, se ele souber que eu chamei alguém aqui, ele vai se matar". "e tem alguma coisa que corta no quarto?" "tem, tem vidro quebrado, tem faca". Ai eu falei (em voz baixa) "então vamos falar baixo", e fui levando ela pra fora, assim. (...) isso a gente não faz só com ela, faz com todo mundo que tem alguma situação assim, de ideação, coisa assim, de combinar muito, fazer contrato de vida, combinar muito, eu tive que combinar muito com a mãe, algumas coisas pra passar o fim de semana orientando, né, se acontece alguma coisa o que ela tinha que fazer. E na 2ª feira a gente teve que armar um mega esquema, de bombeiro a polícia, teve que quase fechar o quarteirão pra conseguir tirar ele de dentro do quarto e foi uma situação que no final de semana a gente ficou assim, com o coração pequenininho em casa (...) ele fez o diagnóstico de esquizofrenia com transtorno obsessivo compulsivo grave. (...) Quando tirou do quarto ele tinha unha desse tamanho, cabelo grande, ele não conseguia ver a luz do sol, foi horrível quando ele saiu. Tinha garrafas e garrafas pet com urina dentro do quarto, né, então foi uma situação gravíssima. Mas, hoje ele tá melhor, toma muito as medicações aí, agora ele foi para o núcleo 2, não esta mais aqui. Mas, no ano passado tinha grupo que ele vinha. Grupo de reeducação, grupo de estilos de vida, ele já tava mais sociável. Acho que a situação que mais me marcou foi essa.*

Os relatos de Vanessa nos revelam o sofrimento de uma família que busca suporte na equipe de Saúde da Família. Segundo os pressupostos da atenção primária brasileira, a ESF se configura com ações de visitas mensais domiciliares às famílias pertencentes ao território de abrangência, o que favorece o desenvolvimento de uma relação direta de escuta das necessidades de cada região. Embora as práticas estejam ainda orientadas para uma assistência isolada em cada setor, conforme nos informou Mário, e as ações intersetoriais ocorram timidamente, sobretudo em contextos de emergência e risco à vida humana, conforme o relato de Vanessa, a Estratégia Saúde da Família se revela como uma possibilidade de se estabelecer ações que abarquem o suporte às diversas comunidades. Neste caso específico, a possibilidade de estar junto a esta família, orientá-la, conversar e mobilizar outros setores como segurança, suporte emergencial e saúde, em prol desta família e da vida deste adolescente mostra a potencialidade de auxílio e suporte "(...) *foi uma situação gravíssima. Mas, hoje ele ta melhor, toma muito as medicações aí (...) no ano passado tinha grupo que ele vinha. Grupo de reeducação, grupo de estilos de vida, ele já tava mais sociável*". O adolescente foi diagnosticado, medicado e incluído em atividades e grupos desenvolvidos pela Unidade, favorecendo, ainda que timidamente, o convívio social. Entretanto, ações orientadas conjuntamente, que considerem o desenvolvimento do ser humano em sua totalidade psíquica, corpórea, espiritual, conscientemente executadas pelos representantes do poder estatal, ainda parecem orientadas por práticas fragmentadas, individualistas e especializadas, que pouco consideram o aspecto social ou o educacional e que enfatizam ações emergenciais e de resolução imediata, em detrimento de projetos contínuos intersetoriais, conforme preconizado pelo Ministério da Saúde (Brasil, 1990).

Segundo Stein (1925/1999b), a soberania do Estado na autoconstituição de uma entidade comunitária deve garantir a igualdade dos cidadãos e o direito de todos. No que se refere às diretrizes e à legislação em saúde no Brasil, temos uma estrutura que legitima o direto de todos ao acesso à saúde pública. Nesse sentido, é importante ressaltar outro elemento que define a Saúde, segundo o Mistério da Saúde, a saber:

> A Constituição também legitima o direito de todos sem qualquer discriminação às ações de saúde em todos os níveis, assim como, explicita que o dever de prover o pleno gozo desse direito é responsabilidade do Governo, isto é, do poder público (Brasil, 1990).

O direito à Saúde e à não discriminação, bem como o dever e a promoção desse direito como responsabilidade do Governo, expressa o fundamento de ideal de Estado, conforme proposto por Stein. Neste contexto, o Estado abarca uma multiplicidade aberta de indivíduos que, diferentemente das comunidades menores em que seus membros se reconhecem pessoalmente, nesta, seus membros não são reconhecíveis detalhadamente em suas estruturas subjetivas e pessoais, sendo que o Estado deve protegê-los na sua igualdade e no direito. Além disso, o SUS e a Estratégia Saúde da Família pressupõem uma participação política ativa da população, garantida, por lei, principalmente por meio de espaços nos Conselhos Locais e Municipais de Saúde, visando o debate e a escuta das necessidades, o que significa a possibilidade de controle social dos serviços e de legitimação das demandas territoriais de cada área de atuação da ESF. Temos, portanto, na Estratégia Saúde da Família de um lado, as diretrizes e as legislações propostas pelo Estado e, de outro seus funcionários e a população. Para falarmos sobre a participação ativa da população, bem como dos funcionários das equipes, podemos acrescentar as contribuições de Stein no que se refere à constituição do Estado e sua relação com os seus sustentadores e membros participantes, em especial, a comunidade estatal. Esta é definida como o conjunto de pessoas que vivem enquanto comunidade, a possibilidade de se estabelecer uma relação de pessoa-pessoa, de modo responsável e consciente acerca da manutenção do elo vital estabelecido com o Estado, sustentando-o. O Estado em si é impessoal, mas sua vida depende da sustentação de cidadãos singulares e, em específico, daqueles que foram escolhidos por ele como seus representantes, e dentre eles, por seus funcionários.

No que se refere especificamente aos funcionários, podemos centralizar a nossa discussão nos relatos de Mário e nos perguntarmos sobre o que encontramos atualmente nas práticas: os funcionários, enquanto representantes diretos do Estado são conscientes das suas funções? Podemos provocar uma reflexão sobre as ações intersetoriais, tão necessárias e discutidas, a partir das conceituações de comunidade estatal propostas por Stein. Segundo a filósofa (Stein, 1925/1999b), os funcionários são responsáveis em primeira pessoa pelas escolhas que se realizam em nome do Estado e devem respeitar e fazer respeitar as regras a fim de que se garanta o seu bom funcionamento.

Retomando algumas das contribuições de Stein no que se refere a uma leitura das ações de Saúde Mental na Estratégia Saúde da Família, além dos pontos já discutidos acerca da necessidade de ações intersetoriais, do reconhecimento dos indivíduos enquanto *Pessoas*, da legitimação de práticas que promovam a igualdade e o direito de todas as pessoas, sem discriminação, participarem das ações de saúde propostas para todos os níveis de atenção, de uma atenção regionalizada e descentralizada na qual se possa exercer o direito de controle dos usuários, Mário nos auxilia a reposicionar nossas concepções e valores acerca do sofrimento psíquico:

> *(Sobre o filme: "Mentes Brilhantes") Você vai acompanhando o sujeito, que da maneira como o filme vai se desenrolando você não percebe que ele tá perdendo o controle, você entra no discurso dele e depois que você começa a perceber que ele tá exagerando, certo. Aí no fim do filme que você descobre que ele é esquizofrênico (...) é professor de matemática, etc, aí ele começa a ser tratado, com as dificuldades da época, que tinham poucos medicamentos e aí no fim do filme uma pessoa pergunta pra ele, e aí? Porque ele tinha alucinações, ele via duas ou três pessoas que dava ordens para ele, etc. E aí no fim do filme ele continua com as alucinações, mas ele fala assim... Mas, eles estão lá, naquele cantinho ali e eu não deixo mais eles saírem dali, entendeu... Ou seja, ele entendeu o problema, sabe que aquilo é um problema, ele permanece, mas ele consegue conviver bem com aquele problema. Então ele transformou uma coisa extremamente caótica na vida dele em uma coisa suportável que ele pode conviver com aquilo. Eu acho que é a única solução que a gente tem para os nossos problemas de saúde, por que... A maneira que está... O máximo que você consegue é deixar ele no devido lugar, não deixar que eles tomem conta da parte positiva da vida, entendeu... É isso que eu penso (...) cada pessoa tem uma potencialidade, uma coisa que ela tem mais facilidade, que ela gosta mais, etc. E você viver bem significa você viver legal dentro daquelas possibilidades e dentro daquilo que você gosta também.*

Mário possibilita ampliar nossas concepções de sofrimento psíquico a partir do desenvolvimento positivo da vida e do que entende como viver bem. A partir das estruturas essenciais do humano desveladas por Stein, pensar a saúde mental na Estratégia Saúde da Família significa buscar fundamentações para a compreensão sobre o que chamamos de Saúde da Família, o que entendemos como comunidade e a qual pessoa fazemos referência quando desejamos desenvolver o cuidado. A partir de tais perguntas podemos pensar em uma Estratégia promovida pelo Estado que prime pelo projeto de cada singularidade, que garanta a promoção da saúde em um sentido ampliado e livre de discriminações e que promova a pessoa humana em seus aspectos singulares corpóreos, psíquicos e espirituais, com a oferta de condições externas adequadas para o desenvolvimento do caráter, com a liberdade de expressão da alma e com o do reconhecimento do outro como *Pessoa*. Outro ponto a se destacar diz respeito à necessidade de uma rede de atenção efetiva, que garanta o tratamento continuado das pessoas em sofrimento psíquico também nos níveis de atenção secundário e terciário.

Fabiano, supervisor de psiquiatria das Unidades, percebe a necessidade de interação entre os diferentes níveis de assistência à saúde, o que representa um avanço diante da possibilidade de continuidade e efetividade de tratamento. Segundo ele, para que aconteça uma efetiva continuidade do cuidado:

> *Você precisa de uma boa disposição das equipes de assistência primária à saúde, uma boa disposição das equipes especializadas de saúde mental, e uma boa disposição do gestor de saúde. Quer dizer, você precisa dessas três coisas para organizar direito esse trabalho. Quer dizer, o gestor de saúde precisa ter a noção de que isso daí é uma coisa importante. Que isso melhora a qualidade do atendimento em saúde, na realidade, inclusive tenha recursos, e fundamentalmente e melhor do que isso, melhora a qualidade do atendimento pras pessoas. As equipes de assistência primária à saúde tem que estar dispostas à fazer esse tipo de trabalho, e as equipes especializadas de assistência à saúde mental têm que, os profissionais especializados têm que estar disponíveis para ir lá conhecer esse setting, esse tipo de trabalho que frequentemente não conhecem, e se adequar às necessidades das equipes de assistência primária à saúde em termos do que elas precisam de saúde mental. Então você precisa dessas três coisas, por isso não é tão fácil de sair e por isso que é tão importante você dar condições organizacionais, vamos dizer, de tempo e espaço pra que isso possa ser feito adequadamente.*

Em seus relatos, nos deparamos com o elemento fundamental da constituição humana, que é a possibilidade de abertura. Para um Sistema funcionar é necessário "*boa disposição das equipes de assistência primária à saúde, uma boa disposição das equipes especializadas de saúde mental, e uma boa disposição do gestor de saúde*" (sic). Fabiano parece apontar a necessidade de abertura dos diferentes níveis de atenção, o que significa a abertura dos profissionais. Mas, para isso devemos considerar também a necessidade do desenvolvimento de *Pessoas*, no sentido proposto por Stein, que compreendam os seus papéis enquanto representantes, participantes e responsáveis pela consolidação de uma possível comunidade estatal e da necessidade destas pessoas se posicionarem politicamente no que se refere ao cuidado dos demais participantes do Estado. Stein, em sua obra *Investigações sobre o Estado* (trad. própria) refere que, pelo menos parte dos membros de uma comunidade deve considerá-la como um todo. Porém, diferentemente de outras comunidades, o Estado não exige que seus membros sejam totalmente englobados por ele, mas estes devem viver como um ponto de orientação estável que consideram e avaliam seus comportamentos e proporcionam que o Estado, por meio deles, assegure livremente o desenvolvimento das pessoas e das comunidades que vivem sobre sua proteção.

Nesse sentido, podemos compreender a Saúde, definida a partir de determinantes e condicionantes como o meio físico, o meio socioeconômico e cultural, os fatores biológicos e a oportunidade de acesso aos serviços de proteção e recuperação da saúde nos seus diferentes níveis, se pensada a partir de ações conjuntas com os outros Setores do Estado, de modo a garantir uma política integral. As propostas de Stein sobre a essência do Estado e de uma verdadeira comunidade estatal surgem como uma possibilidade de pensarmos se é possível assegurar, de fato, o livre desenvolvimento das pessoas e das comunidades que vivem sobre a sua proteção, ainda que sem se referir a um povo em particular, ainda que se refira a uma comunidade de povo que está por formar-se. Enfim, se é possível que a comunidade estatal permita aos indivíduos que se tornem progressivamente um povo, ao se constituírem enquanto uma comunidade com forças psíquicas produtivas, que possui a sua própria capacidade produtiva sedimentada nas obras da cultura, nutrindo-se internamente das suas forças psíquicas e externamente da proteção do Estado, pois, segundo a filósofa, é na vida comunitária que o ser humano pode se realizar.

Síntese integradora

Após a explicitação e ilustração das necessidades e potencialidades da Saúde Mental na ESF em diálogo com a fenomenologia antropológica de Edith Stein, a última parte da Tese constitui-se em uma discussão sobre a importância de se buscar compreensões ampliadas acerca do ser humano na atenção à Saúde Mental na ESF, evidenciando as contribuições da fenomenologia de Stein e, também algumas reflexões para a Psicologia na atenção primária, no que se refere a uma compreensão integral do ser humano.

Em síntese, a comunidade entendida como pessoa é uma unidade de singulares pessoas autônomas e espirituais, seus membros participam com a alma, todos são conscientes da própria condição de membros e da própria responsabilidade na e para a comunidade. Portanto, que a comunidade também possui a dimensão espiritual. Para tanto, na dimensão do espírito, devemos encontrar a consciência da responsabilidade, em que as pessoas vivem conscientemente como membros e se sentem reciprocamente responsáveis pela comunidade. Nesse sentido, é importante realizarmos um trabalho de verificação em relação ao desenvolvimento espiritual da comunidade e do nível de responsabilidade que os participantes estão assumindo no percurso conjunto. A responsabilidade deve ser analisada a partir da possibilidade de constituir grupos autônomos, livres e que sintam, voluntariamente, a necessidade de uma responsabilização mútua. Tal consciência não precisa necessariamente pertencer a todos os seus membros, e nem todos eles precisam ser plenamente conscientes ou viverem com suas almas. Mas, ela deve possuir membros que a construa a partir da sua própria vida comunitária, ou seja, mesmo onde não encontramos a espiritualidade livre, a vontade e a responsabilidade, ou seja, a plena personalidade, é ainda possível uma vida comunitária, como pode acontecer, por exemplo, numa escola entre crianças e professores, quando estes se consideram responsáveis pelo desenvolvimento dos demais. Podemos acrescentar também, a possibilidade de comunidades que acolham as diversidades do ser da pessoa, sejam estas portadoras de deficiências corpóreas, psíquicas ou espirituais, desde que os demais membros possam reconhecer os aspectos singulares presentes nestes indivíduos humanos. Nesse sentido, podemos esboçar algumas reflexões sobre a consolidação de espaços que olhem para o ser humano em sua singularidade, para além de questões que apontem para as dicotomias de inclusão/exclusão, inserção/isolamento ou discriminação e estigmatização na ESF, olhando também para a necessidade de uma formação que supere os modelos biológicos. Na busca de concepções que favoreçam uma compreensão das estruturas essenciais do ser humano, em suas dimensões de singularidade, do corpo, da psique, do espírito, da alma e do caráter e da coletividade.

Tal percurso de análise revelou um importante caminho de discussão e compreensão da Saúde Mental na ESF no que diz respeito ao cuidado às comunidades, à constituição da equipe, ao papel desta enquanto representante do Estado. Desvelamos necessidades e potencialidades, como a importância de estabelecermos relações entre sujeitos, pautadas pelo respeito, pela liberdade e pela solidariedade e a legitimação da singularidade como uma característica inerente ao ser humano. Além disso, sinalizamos as contribuições da fenomenologia para as práticas e ações neste contexto, como a *epoché* fenomenológica, as fundamentações acerca do ato de empatia, da vivência comunitária, da constituição dos valores e da formação da pessoa. Outros aspectos também foram apontados, como a necessidade de uma abordagem que legitime a dupla face do ser humano nos aspectos de individualidade e comunidade, no ideal fenomenológico de Homem e Comunidade, que expresse a potencialidade de um autêntico amor próprio e autêntico amor ao próximo, superando, assim, as lógicas individualistas, assistencialistas e dicotômicas, que generalizam e discriminam as diversidades existentes nas experiências humanas.

Com este estudo, esperamos sinalizar uma possível leitura da Saúde Mental na atenção primária com ênfase na essência da pessoa, em prol de uma visão global ser humano, que favoreça a construção conjunta de projetos existenciais comunitários na Saúde da Família, preservando as singularidades, as vivências comunitárias e o desenvolvimento das potencialidades humanas. Além disso, sinalizamos as contribuições da fenomenologia para as práticas e ações neste contexto. Nossa proposta, portanto, foi realizar um convite para dialogarmos sobre as questões do cuidado humano enquanto uma atitude de compreensão integral da Pessoa.

A riqueza do pensamento de Stein, nesta perspectiva, surge como uma possibilidade de leitura desta realidade, uma vez que nos auxilia no reconhecimento dos elementos essenciais da estrutura humana, tanto na perspectiva subjetiva da pessoa, quanto na dimensão intersubjetiva, em especial, nas perspectivas da Comunidade, da Sociedade e do Estado.

Referências

Ales Bello, A. (2004). *La visione dello stato.* Informação fornecida por Angela Alles Bello no "Convegno su Edith Stein", em 30 de outubro de 2004, Genova, Itália.

Barreto, J. (2005). *O umbigo da reforma psiquiátrica. Cidadania e avaliação de qualidade em saúde mental.* Juiz de Fora, MG: UFJF.

Brasil, Ministério da Saúde. (1986). *Anais da 8ª Conferência Nacional de Saúde.* Brasília, DF: Secretaria da Assistência à Saúde.

Brasil, Ministério da Saúde. (1990). *Cartilha abc do SUS: doutrinas e princípios.* Brasília: Secretaria da Assistência à Saúde.

Brasil, Ministério da Saúde Secretaria de Atenção à Saúde/Política Nacional de Humanização. (2010a). *Cadernos Humaniza SUS*, v. 2. Brasilia: Ministério da Saúde.

Brasil, Ministério da Saúde Secretaria de Atenção à Saúde/Departamento de Atenção Básica. (2010b). *Diretrizes do NASF: Núcleo de Apoio à saúde da Família.* Brasília: Ministério da Saúde.

Brasil, Ministério da Saúde *Diretório de atenção básica.* (2011). Recuperado em 07 julho, 2011, de http://dab.saude.gov.br/atencaobasica.php.

Silva, N. H. L. P. (2011). *Saúde mental na estratégia saúde da família: uma compreensão a partir da fenomenologia de Edith Stein.* Tese de Doutorado, Programa de Pós-Graduação em Psicologia, Departamento de Psicologia, Faculdade de Filosofia, Ciências e Letras de Ribeirão Preto, Universidade de São Paulo, Ribeirão Preto, SP.

Stein, E. (1998). *Il problema dell'empatia.* (2a ed.). (E. Costantini & E. Schulze-Costantini, Trad.). Roma: Studium. (Original publicado em 1917).

Stein, E. (1999a). *Psicologia e scienze dello spirito: contributi per una fondazione filosofica.* (2a ed.). (A. M. Pezzella, Trad.) Roma: Città Nuova. (Original publicado em 1922).

Stein, E. (1999b). *Una ricerca sullo Stato.* (2a ed.). (A. Ales Bello, Trad.) Roma: Città Nuova. (Original publicado em 1925).

Stein, E. (2000). *La struttura della persona umana.* (M. D'Ambra, Trad.) Roma: Città Nuova. (Original de 1922-23, publicação póstuma em 1994).

Fenomenologia do combate: da ética da luta à luta pela vida ética

Cristiano Roque Antunes Barreira

Entre praticantes de artes marciais e esportes de combate, bem como entre pesquisadores interessados nesses temas, poucas coisas parecem ser tão obscuras quanto a compreensão da ética inerente a essas práticas corporais. Próximas e, portanto, muitas vezes confundidas com a violência, é comum que as práticas de combate se façam acompanhar por discursos morais edificantes que afastam prontamente de si qualquer sombra de intenção violenta. Isso se coloca como um paradoxo entre a estranha evidência da proximidade, que as práticas de combate e a violência têm, e a familiar obscuridade dos discursos que asseveram a distância entre ambos. Assim, nada menos incomum do que, numa determinada prática combativa, o tema ético ser aludido com recursos a códigos e parábolas. É difícil avaliar a eficácia pragmática desses recursos, enquanto é certo que a questão ética colocada pelas práticas de combate, todavia, falha no que diz respeito a haver seu esclarecimento compreensivo.

Se o presente texto permite uma individuação do problema ético nessas práticas corporais, o percurso investigativo que veio se direcionando a essa questão pode ser ilustrativo daquele motivo pelo qual essa aproximação não é óbvia. Em tese, pode-se considerar, por um lado, que até certo ponto os esportes de combate não inspirem tanto essa problematização pela natureza regulada do universo esportivo que, em princípio, se normatiza excluindo a violência de seu cenário.[1] Por outro

[1] Seguindo esse raciocínio a questão apenas emergiria quando houvesse transgressão da norma. Todavia, não é recente, embora seja crescente, a polêmica relativa à

lado, as artes marciais se desenvolvem como práticas culturais muito articuladas, em que suas histórias e disciplinas correspondentes parecem, naturalmente, ter elementos suficientes para promover uma *contenção* moral e prática da violência. Essa foi a direção inicial das pesquisas que, ao longo de alguns anos, acabaram se conduzindo à individuação da questão ética das práticas de combate ora apresentada.

O mote disparador dessas pesquisas teve como tema a noção de desenvolvimento da personalidade que uma dada tradição de arte marcial, o *karate*, alegava ser o seu objetivo. A proposta, então, era elencar os temas psicológicos em obras relevantes dessa tradição e interpretá-los à luz de suas matrizes histórico-culturais. Seguindo essa perspectiva histórica foi possível mapear aquilo que podia ser chamado de moralidade e, em linguagem contemporânea, de atitude mental, bem como de ideias psicopedagógicas e de espiritualidade, presentes na obra de alguns importantes mestres daquela arte marcial (Barreira & Massimi, 2002, 2003). O cuidado historiográfico em evitar anacronismos conduzia, passo a passo, para esforços em realizar descrições mais precisas dos sentidos presentes nos documentos consultados. Era um primeiro cuidado metodológico que aproximava aquelas pesquisas daquilo que o método fenomenológico defende abertamente como princípio: a fidelidade àquilo que se mostra. Portanto, embora fundamental ao tema, a questão ética não se mostrava por si mesma, mas estava implícita às noções de formação do homem no *karate-do*,[2] acompanhada daquilo que favorecia tal formação no processo de ensino, na assunção de atitudes e nos posicionamentos morais.

O aspecto abstrato de lidar com ideias e saberes escritos em documentos, todavia, afastava aqueles resultados de uma faceta decisiva num fenômeno tal qual uma arte marcial, o *corpo*. A atenção a essa faceta foi estimulada pelo contato com o trabalho da filósofa Angela Ales Bello. Tratava-se de colocar em prática um empreendimento que Edmund

qualificação esportiva de disputas combativas que são avaliadas por muitos como sendo violentas. Esse seria o caso em pauta das competições das chamadas Artes Marciais Mistas (*Mixed Martial Arts, MMA*), mas também de combates já amplamente legitimados como esportivos, como é o caso do Boxe. Esses casos exemplificam como, de fato, apenas *em princípio* e *em tese* a problematização ética emerge menos intensamente no âmbito dos esportes de combate.

[2] A pronúncia de ambas as palavras obedeceria ao uso do acento circunflexo, sendo *karatê* e *dô*. O mesmo valerá para a palavra *kime*, pronunciando-se *kimê*.

Husserl levantara em manuscritos e na correspondência com o antropólogo Lévy-Bhrul, a análise fenomenológica de diferentes culturas ou, em seus termos, a *arqueologia fenomenológica das culturas* (Ales Bello, 1998). Dois elementos se destacavam no empreendimento conforme Ales Bello propunha: a experiência religiosa e a corporeidade. A correspondência com o objeto que estava sendo abordado naquelas pesquisas saltava aos olhos. A própria denominação da arte marcial estudada, o *karate-do*, tem uma conotação religiosa, enquanto expressa o sentido de uma experiência explorada pelo budismo zen, o *esvaziamento*. "Mãos (*te*) vazias (*kara*)" significa materialmente lutar sem armas, mas, sua conotação espiritual, vinculada à palavra *do* (caminho), pode ser traduzida como *o caminho em que por meio da técnica de combate se acessa o vazio*. Essa experiência constitutiva do sentido do *karate*, em que corporeidade e experiência religiosa são convocadas a atuar, foi lida à luz do conceito husserliano de *hilética* que atravessa esses que são elementos centrais tanto para o tema de estudo (Barreira, no prelo) quanto para a arqueologia fenomenológica (Barreira & Massimi, 2005).

Naquelas pesquisas, o material de análise não se limitou aos documentos, mas voltou-se também ao conteúdo de entrevistas realizadas com quatro dos mestres japoneses que introduziram o *karate* no Brasil. Seja nos documentos ou nas entrevistas, é unânime o juízo de que a essência do *karate* está presente no conceito de *kime*, cujo significado é *definição*. Tecnicamente o *kime* corresponde à convergência de toda a potência corporal no ponto de impacto do golpe, o que pode ser apreciado pela simples visão de um praticante experiente realizando golpes de *karate*. O conceito de *definição* (*kime*) – que é, antes de mais nada, intuído e atualizado no direcionamento preciso do gesto corporal para, então, erguer-se como volição e determinação – expressa a necessidade de um estado de *in/definição* como condição de possibilidade para sua emergência. No *karate*, a formação da personalidade é a formação do homem inteiro, havendo enorme confiança na preparação corporal operativa, mas também na reação corporal sensível que não pode ser obstruída por uma determinação espiritual fixa e pré-determinada: o praticante de *karate* está, como diz o nome desta arte marcial, de "mãos vazias", sem armas, sem intenções pré-definidas. Daí a necessidade de *in/definição*, abertura ao momento presente, isto é, abertura perceptiva ao *mundo ambiente*, o que tem íntima correspondência com o esvaziamento do budismo zen (Barreira & Massimi, 2006, 2008, 2009).

Alguns mestres de *karate* entrevistados relatavam a experiência de se tornar uno com o oponente durante o combate. À luz dos resultados alcançados por Edith Stein em seus estudos sobre o fenômeno da *empatia* (Stein, 1917/1998a) realizou-se uma análise desta experiência especular relatada pelos mestres, evitando-se o argumento em favor de uma fusão integral entre os sujeitos (Barreira, 2006a). Edith Stein evidenciava a impossibilidade de se viver originariamente a experiência de outrem, o que permitia avançar rumo a uma descrição mais precisa e limitada do que se passava nessa experiência sem que, com isso, se perdesse o sentido da experiência vivida que se apresentava nos relatos. Ainda sem uma explicitação da questão ética, a análise dessa experiência antecipava um elemento central que apenas agora está explorado diretamente: o fato de que a prática da luta implica uma atenção especial ao adversário e não, como pode ser sugerido pela ideia de confronto, sua anulação. Portanto, a luta implica um grau de acordo entre os oponentes.

Um primeiro ensaio abordando a questão ética no *karate* desviava-se da fenomenologia propriamente, tendendo a uma leitura da questão com traços hermenêuticos (Barreira, 2006b). Passando por uma análise fenomenológica do *karate* para, em seguida, articulá-la às contribuições de Ales Bello (recuperando o conceito husserliano de *hilética*) e de Paul Ricoeur (com o seu próprio conceito de *ética*), não se pode dizer que aquela investigação penetre a fundo a questão ética própria ao combate.

Frente às especificidades culturais da prática do *karate*, isto é, frente aos sentidos que estão comunitária e historicamente articulados à sua prática, portanto, diante das especificidades próprias a cada arte marcial, torna-se penoso apreender uma questão ética do combate em si. Ao contrário, a questão ética do combate se implica de modo dificilmente decifrável em diferentes visões de mundo, cada qual com sua moralidade particular. Certamente, haverá quem, diante dessa preocupação, objete alegando que tal dificuldade é uma dificuldade artificial, já que não pode mesmo haver *uma* ética, mas várias éticas correspondentes às várias práticas. A esta objeção colocam-se novas perguntas: o que assimila estas práticas a ponto de reconhecê-las como fenômenos comuns? As alcunhas artes marciais e esportes de combate seriam efeitos de jogos de linguagem, sem vínculo essencial com seus sentidos? Sem entrar em volteios teóricos, as respostas ao núcleo dessas perguntas se dão ao longo das análises abaixo realizadas.

Conforme essas análises esclarecerão não se trata de pensar a ética genericamente e tampouco cada arte marcial ou esporte de combate especificamente, mas os *valores implícitos às formas de combate* que, em sua generalidade, são reveladores do sentido ético que realizam.[3] Portanto, em relação às pesquisas que tematizavam o *karate*, foi dado um passo atrás para se cumprir uma fenomenologia do combate, a fim de se reconhecer a estrutura geral desse fenômeno que, por essência, está na base das artes marciais.[4]

Conforme se aludiu acima, normas esportivas e articulação cultural das artes marciais nem sempre contêm a violência, não dando conta, assim, de realizar aquele sentido ético implícito a suas práticas. Isso exige um movimento de esclarecimento do que se passa nesses fenômenos, isto é, do que os mesmos são, a fim de que valores e posicionamentos referentes ao tema sejam assumidos pelos sujeitos dessas práticas corporais com maior clareza e consequência.

Práticas de combate: a questão ética

A compreensão ética dos esportes de combate e das artes marciais coloca dificuldades à reflexão que merecem ser enfrentadas diretamente, sem meandros e sem o recurso a argumentos que tendem a se superpor à questão e se esquivam de apreendê-la face a face em sua complexidade própria. Essa compreensão ética é problemática porque fala de atividades corporais cuja prática e cujo domínio *podem* ser, respectivamente, um exercício em que a violência comparece e um recurso à violência, portanto, eventualmente opostos à ética propriamente dita, na medida

[3] Desdobramentos das primeiras análises do combate em seu nível genérico (Barreira, 2010), articuladas a resultados de outras pesquisas referentes a artes marciais, ensejaram também a publicação de um capítulo com apontamentos axiológicos para o ensino dessas práticas corporais (Barreira, 2012). Outro capítulo publicado na mesma obra indica que, ao mesmo tempo, a preocupação com a especificidade de cada arte marcial não diminui em função do exame genérico do sentido da luta, a exemplo das pesquisas que têm sido feitas com a capoeira (Martins Valério & Barreira, 2012, no prelo).

[4] Os resultados dessas análises foram apresentados e debatidos junto à comunidade internacional de pesquisadores dedicados a esses temas em duas ocasiões, no *2011 Scientific Congress on Martial Arts and Combat Sports*, em Viseu (Portugal) e em 2012 na *11ª Journées des Recherches et de Réflexion sur les Sports de Combat et les Arts Martiaux*, com o tema *Ethique et Sports de Combat*, em Toulouse (França).

em que deixam de ser expressão do *bem* para revelarem o *mal* (Ricoeur, 1988). A potencialidade do *mal* que, em situações empíricas de esportes de combate e artes marciais, tantas vezes deixa de ser latente e se torna patente, embaraça e desconcerta os sujeitos dos discursos morais que comumente acompanham tais práticas culturais. A crítica à solução apegada a concepções morais rígidas acusa a insuficiência de uma leitura objetiva que não considere a complexidade relativa das circunstâncias em que as ações combativas se desdobram, bem como o posicionamento dos sujeitos dessas ações. De fato, com essas soluções não se vai diretamente aos fenômenos, já que, ao requisitar normatizações fixas que estabelecem o certo e o errado, perdem-se os mesmos para se abordá-los analogicamente a partir destes referenciais morais que os taxam sem consideração por sua essência própria. Nesse sentido, a retidão moral seria apenas indulgente com práticas de combate, concedendo aos seus sujeitos a oportunidade de provar, sob condições reguladas, uma dosagem "controlada" do *mal*. Isto, em linha com o raciocínio de René Girard (1990), tal qual o mecanismo expiatório da vacina, corresponderia a uma inoculação de violência capaz de imunizar um dado organismo contra um *mal* maior e descontrolado, um *mal* avassalador, o que confirmaria que o bem está em se apegar à sorte dos tabus, das morais tradicionais, da obediência aos costumes. As práticas de combate funcionariam, assim, a exemplo dos rituais sacrificais, como recordação de que as transgressões são sempre um risco e conduzem ao perigo da violência. Sem levantar, aqui, oposição ou mesmo uma problematização ao que poderia ser uma leitura *girardiana* das artes marciais e dos esportes de combate, a menção à teoria sacrifical pretende somente sinalizar como a sua objetividade faria uma interpretação externa a esses fenômenos, sem compreendê-los enquanto tais, sem apreendê-los em sua natureza própria, mesmo se os explique parcialmente. Portanto, não se trata somente de um problema prontamente objetivo referente à ética e à violência, ao bem e ao mal, ao certo e ao errado, trata-se antes de uma dificuldade de refletir compreensivamente o fenômeno combativo a ponto de explicitar sua dimensão ética inerente. Esta asserção em favor de uma *ética inerente ao combate*, por sua vez, contraria qualquer compreensão complacente com a violência arbitrária quando se trata das sistematizações culturais das práticas corporais combativas. Assim, evitando posições deterministas, bem como posições relativistas, lança-se o desafio à reflexão. Se este desafio não for enfrentado, os discursos morais das práticas combativas permanecerão suspeitos de hipocrisia, já que, ao quererem educar contra a violência por meio da violência, arriscam-se a incitá-la e legitimá-la.

Não serão dois os objetos aqui tratados, de um lado os esportes de combate e as artes marciais, de outro lado a ética; mas um único objeto, o combate, que, na especificidade de sua forma apropriada às artes marciais e expressões esportivas, é revelador de sua ética própria. Sua ética própria é íntima de seu sentido, seu motivo essencial, portanto daquilo que corresponde à afirmação de uma intenção. Em acordo com uma convenção conceitual, levantada por Paul Ricoeur (1990) e utilizada aqui, essa afirmatividade, portanto, um *desejo*, corresponderia à ética, enquanto à moral restaria o caráter "negativo" de interdição. A perspectiva analítica adotada para efetivar esse desvelamento, nos passos de Edmund Husserl e Edith Stein, é a fenomenológica, com a sua finalidade de voltar às coisas mesmas. Espera-se que a análise fenomenológica do combate permita um esclarecimento conceitual útil para trabalhos investigativos junto às mais variadas abordagens, bem como para a compreensão de fenômenos psicológicos intersubjetivos irrestritos a esse objeto.

Ir diretamente a esses fenômenos, apreendê-los em sua totalidade e, na melhor das análises, apreendê-los no que têm de essenciais, sem menos nem mais do que aquilo que os próprios fenômenos são, impõe cuidados referentes à preparação do terreno reflexivo. Passo a passo, essa preparação depende de gestos de abandono de recursos conceituais preconcebidos, abrindo-se mão do uso de ferramentas hermenêuticas para buscar, na espessura das experiências vividas, as evidências dos mesmos. Para tanto, se a tradição científica separa sujeito de objeto para realizar suas investigações, a perspectiva fenomenológica dá um passo atrás para, cautelosamente, fazer análises que se situem no momento mesmo em que sujeito e objeto estão implicados. A chave conceitual desse recuo, em relação à tradicional separação entre sujeito e objeto, está na ideia de *intencionalidade*, isto é, na evidência de que a *consciência é sempre consciência de alguma coisa*. Todavia, normalmente a consciência do sujeito está situada no mundo de coisas, interesses, saberes, história, cultura etc., ativa enquanto consciência mundana. Husserl denomina esse modo predominantemente sintético de atuação da consciência no mundo de *atitude natural*, reivindicando uma mudança de orientação correspondente a outra atitude, a fenomenológica, para cumprir análises que explicitem o modo próprio pelo qual um dado fenômeno se mostra à consciência. Em acordo com a mudança de orientação, chamada *epoché*, procura-se desenvolver o que, apresentado de maneira sucinta, mas suficiente para o propósito a que se presta, Ales Bello (2006a) descreve como sendo a redução eidética e a redução transcendental, etapas mutuamente relacionadas que procuram trazer a vivência em questão à luz em ambos os seus polos, isto é, o polo do objeto e o correlativo polo do sujeito que o visa.

O débito da presente análise para com as pistas oferecidas pela literatura sobre artes marciais e esportes de combate é incalculável, afinal, cada trabalho que se debruça sobre a temática faz contribuições nesse sentido. Isso justifica que, nesse momento, não se privilegie algumas referências bibliográficas em detrimento de outras, sem que isso signifique, todavia, assumi-las como equivalentes. Se o conjunto de pistas presentes na literatura é abundante e rico, não foi possível encontrar um trabalho que empreendesse uma análise do combate com o mesmo objetivo aqui proposto.

Na orientação de mudança de atitude podem-se retomar algumas considerações gerais e relativamente comuns a respeito dos fenômenos que estão sendo examinados. Por exemplo, costuma-se definir o combate esportivo como sendo um combate regulado. Embora isto seja um fato, certamente é um fato revelador apenas de que, no âmbito esportivo, os combates *têm* regras. Essa definição fala mais do esporte em geral, já que regras são essenciais ao fenômeno da disputa esportiva, do que dos *combates* esportivos propriamente ditos. Essa institucionalidade, que define a luta esportiva, lembra a íntima conexão dessa regulação e mediação jurídica na esfera social com o surgimento do esporte na modernidade. Se for pertinente considerar que a cultura contemporânea permanece consideravelmente imersa na visão política contratualista e na visão filosófica racionalista, vê-se, então, essa perspectiva sendo assumida como natural, tornando quase impensável observar certas instituições por ângulos diversos. Portanto, além de falar do esporte, essa definição fala da predisposição cultural a um modo de visar o dado social, o modo contratualista. Contudo, assim como revela a análise de Husserl em relação à perda das evidências ocasionada pela pretensão sedimentada de exatidão e determinação dos entes em si, característica da ciência moderna, a naturalidade racionalista e contratualista aqui pautada “não é nada diferente de uma vestimenta de ideias jogadas sobre o mundo da intuição e da experiência imediata, sobre o mundo-da-vida" (Husserl, 1938/2006, p. 52, tradução própria). Ou seja, o que a definição institucional de combate esportivo não diz de modo algum é qual a natureza destas regras, o que são as regras combativas no esporte, o que as mesmas estão regulando na especificidade da ação combativa. Outro modo de ler os esportes de combate, mas que, diferentemente da definição regulativa, contemplaria também as artes marciais, é interpretá-los como *combates rituais (simbólicos)* por oposição a *combates reais*.[5] Lançar mão das ideias de real e simbólico contorna o fenômeno combativo sem captá-lo no que tem de próprio e variado, isto é, naquilo que lhe é geral e em suas especificidades. Sem qualquer desmerecimento pelas leituras trazidas por esses dois exemplos, o da definição institucional e o da definição interpretativa, objetivamente úteis para determinados casos e para diferenciações iniciais, atenta-se às suas insuficiências enquanto definições reveladoras dos sentidos desses fenômenos. Isso justifica a suspensão dessas leituras que, retiradas de circuito, não mais mediam o encontro dos fenômenos em questão, permitindo seu acesso direto.

Em sintonia com os passos analíticos da fenomenologia de Husserl, Natalie Depraz (2006) alerta que o gesto de suspensão próprio à *epoché* faz um duplo movimento, um de expulsão e outro de conservação. A partir do momento em que essa aproximação ao fenômeno é desprovida de saberes prévios, as definições pré-conhecidas para essas formas de combate, pode-se voltar a atenção àquilo que se conserva como núcleo desses fenômenos. Aqui, o olhar, ou a consciência, se volta ao óbvio. Coloca-se em questão tal obviedade a fim de explicitar o seu sentido que, justamente por se anunciar tão óbvio, tão já "pronto", é abordado com pouco cuidado, deixando-se o mesmo escapar. Como obviedade primeira deve-se destacar que existe algo em comum entre as artes marciais e os esportes de combate: ambos são práticas combativas. Enquanto práticas combativas ambos podem ter diferentes finalidades. No caso dos esportes de combate, a finalidade é precisamente a disputa competitiva. Mas o que é disputado no combate esportivo? Para se chegar ao *sentido* dessa competição, antes, é preciso mesmo ficar no terreno comum entre artes marciais e esportes de combate, o fato de essencialmente serem *práticas*

[5] Por exemplo, Figueiredo (2009).

combativas. Contudo, é expressamente necessário dar-se conta de que nem toda forma combativa é condizente com o sentido combativo essencial a esses fenômenos. Isto é, não é qualquer combate que entra nas categorias de arte marcial e esporte de combate, como já sugeriam vagamente as definições naturais acima ilustradas, indicando que se não houver regras não é combate esportivo, se for "real", ainda que não se explicite o que é real, não é nem arte marcial, nem esporte. Dar-se conta disso significa dar um passo em direção à revelação de seu sentido específico, sendo necessário ainda reduzi-lo por meio das passagens acima mencionadas, isto é, submetê-lo à redução transcendental e à variação eidética para extrair sua estrutura.

Sendo assim, pode-se começar com a pergunta: o que é que se vê no fenômeno *combate*? Num primeiro momento considere-se isso que se dá aos sentidos perceptivos, isto que é visto diretamente num combate e que, portanto, com esse significado elementar de uma "primeira impressão", pode-se chamar de *estético*. O que se vê num combate é um enfrentamento corporal em que um adversário tenta superar fisicamente o outro. Essa descrição ainda é fenomenologicamente insuficiente, mas permite apreender as variações combativas que interessam ser conhecidas. A palavra combate, *bater junto*, *bater com*, traz a conotação física dessa ação que implica duas partes adversárias. Há ainda uma implicação intersubjetiva na conotação da palavra combate que há de ser explicitada para que o fenômeno seja apreendido intuitivamente em acordo com os limites com os quais ele se dá. Ambas as partes, ambos os adversários, independentemente da diferença de condições para o enfrentamento, independentemente inclusive da eventual precariedade para o embate e falta de vontade de uma das partes, se empenham nisto que, provisoriamente, se está chamando de "superação física" do outro. Um espancamento, portanto, não está contemplado no fenômeno combativo. O que se pode tomar, então, como a primeira evidência estética do combate é o enfrentamento físico.

Mas ainda é preciso avançar, já que imaginar as formas possíveis em que duas pessoas podem combater lança o olhar não mais apenas àquilo que é apreensível enquanto sentido perceptivo, mas àquilo que, implicado na apreensão estética, a acompanha como seu correlato motivacional. Em relação a isto um aposto pode iluminar o terreno reflexivo em que se está penetrando.

Aposto à empatia

Husserl e Stein analisam o encontro com o *alter ego* como um ato *sui generis* denominado *empatia*. A corporeidade é determinante na *empatia*, sendo aquele primeiro estrato de continuidade acessível na experiência entre *eu* e *outro*. Husserl analisa fenomenologicamente o corpo evidenciando sua *dupla constituição* (Husserl, 1912-28/2004). Em grandes linhas, a *dupla constituição* consiste na correlação entre objeto e sujeito íntima da experiência corporal e correspondente às faces física e sensível da percepção, faces que se mostram, ambas, simultaneamente. Ao ver, por exemplo, uma pena de pavão, o que é visto diretamente é um lado da pena, mas o que é apercebido não é um "lado da pena" e sim a pena como um todo. Sem a intermediação de qualquer ato voluntário, entre o lado visto e o todo da pena apercebida estão a intuição originária e a intuição cooriginária. Este aspecto essencial da percepção é apresentado por Stein de modo paradigmático para se compreender a empatia (Stein, 1917/1998a). Apreende-se empaticamente o outro, isto é, apercebe-se o outro, mas não se tem a própria experiência tida pelo outro. Corporalmente, embora originariamente se veja sua face física, cooriginariamente se apercebe sua face afetiva. Portanto, no encontro com o outro sempre há descontinuidade com relação à consciência originária. Em relação à dupla constituição do corpo tem-se acesso direto à sua face externa, já sua face interna, sensível, é apreendida sem ser diretamente vivida, mas cooriginariamente, isto é, indiretamente apreendida como a face da pena que não se vê, mas não impede de captá-la como pena. Mas a empatia não se basta na corporeidade, pois o horizonte de apercepção de um outro o apreende correlativamente ao mundo, que é espacialmente múltiplo e temporalmente infinito (Stein, 1919-32/1998b), para a frente e para trás, numa infinidade que não é acessível diretamente, mas apresenta o outro como tendo sua *motivação* própria, isto é, a singularidade própria à sua subjetividade e autonomia no mundo. O aspecto motivacional é aquele que dá à empatia um sentido pessoal. A motivação pessoal se compõe de atos e motivos, sendo que estes últimos podem ser individuados e analisados genericamente, buscando-se os *sentidos* dos motivos com seus valores inerentes (Stein, 1922/1999). É nessa direção que as análises seguintes devem ter continuidade.

Formas combativas: variação e redução eidética

Com relação ao combate, o que se vê como um enfrentamento corporal em que se busca superar fisicamente o outro, isto é, sua apreensão estética, que fora abstraída a sentido perceptivo, se estende empaticamente àquilo que lhe é implicado, isto é, seu correlato motivacional, entrando-se na dimensão ética das formas combativas. Observe-se que não se está limitando o combate às formas apropriadas às artes marciais e esportes de combate, ao contrário. Para o objetivo de apreender a especificidade das artes marciais e dos esportes de combate busca-se comparar as formas combativas em sua diversidade. A diversidade que está contemplada no fenômeno combate mostra como este é excessivamente genérico para a tarefa, por si só, de expor descritivamente a faceta de motivação de cada uma das formas combativas existentes. Em suas diferentes formas, o combate revela seus sentidos nas intenções éticas que lhes são constitutivas. Portanto, a evidência estética do combate força a ver que uma briga em que ocorrem ataques corporais é uma forma de combate, embora não seja uma disputa esportiva e nem expressão propriamente dita de uma arte marcial. À briga se sucedem ainda outras duas formas de enfrentamento, o duelo e o brincar de combater, que iluminarão o delineamento próprio da *luta corporal* enquanto expressão distintiva das artes marciais e dos esportes de combate.

A briga: reificação hostil

A apreensão estética da briga, ou seja, aquilo que se vê lança à apreensão de uma necessidade interior de seu horizonte, sua motivação. Se a briga tem o enfrentamento corporal como faceta comum às demais formas de combate, a faceta própria a seu horizonte motivacional a distingue das demais formas. Pelo gesto da redução transcendental se apreende a qualidade motivacional da briga como sendo essencialmente hostil. Em seu acontecimento, ou seja, no *momento em que sucede*, o outro, mais do que um adversário, é percebido como um inimigo, é o próprio alvo da hostilidade que, nessa condição, chega a ser coisificado. Sobre o outro se busca fazer valer a força violenta que, presente na briga, tenta anulá-lo enquanto sujeito, já que bater fisicamente é o recurso extremo e íntimo, enquanto próximo, à mão, com vistas a impedir, a interromper, a *des/mobilizar*, enfim, a calar o outro. No auge de seu acontecimento a hostilidade na briga leva às vias de fato a intenção "cega" de fazer com que o outro se torne mera coisa, apagado ou paralisado na motivação com a qual se rivaliza, diminuído, calado. Trata-se de uma intenção "cega" na medida em que se vive um modo de apreender o outro que o encerra num aqui e agora hostil. No limite, a briga "desumaniza" o outro, mata momentaneamente a alteridade de sua motivação. Note-se que na briga a hostilidade se dirige ao outro, portanto, não parte dele como objeto, mas como *sujeito* a ser coisificado, já que se funda no fenômeno empático que o dá como *alter ego* (Stein, 1917/1998a; Husserl, 1905-35/2001b). Assim, a súbita ou crescente hostilidade que conduz o sujeito à briga física o torna indisponível para uma abertura ao outro, ao contrário, o dispõe de modo fechado e o encerra numa motivação dada como negativa e ameaçadora. Note-se ainda que é essencial a composição da negatividade com a ameaça, pois a negatividade desacompanhada da ameaça pode levar ao desprezo, mas não é suficiente para levar à hostilidade ativa na briga. Essa é a característica central da hostilidade dirigida ao outro e presente na briga: a motivação do outro é vivida como negativa e ameaçadora, isto é, naquele momento, a motivação do outro é objeto de ódio e de ataque corporal. No ápice da briga a totalidade do outro é restrita unicamente à sua motivação negativa e ameaçadora que é corporalmente agredida para ser calada, paralisada. Determinado como tal pela percepção hostil, isto é, como totalidade que, naquele instante, é fixa em seu motivo negativo e ameaçador, ao menos instantaneamente, pretende-se que o outro perca a sua abertura e inacabamento constitutivo tornando-se coisa acabada numa inação. O ataque corporal ocorrido na briga é, portanto, um ataque odioso àquela motivação do outro que, simultaneamente, é vivida como uma ameaça e um *mal* a ser calado, a ser submetido. Em seu limite extremo, a briga cala definitivamente, "desumaniza" de vez ao consumar o que é um risco inerente à violência – a morte. Vale observar que a hostilidade da briga física não corresponde, embora isso também seja possível, mas não necessário, a um juízo ponderado que avalia o outro como merecendo se tornar coisa, mas corresponde a uma *posição* relativa a um motivo, este sim, alvo do ataque reificador, que está materializado no outro.

Antes de prosseguir a análise das demais formas de combate, vale a pena fazer ainda uma observação. Para haver o fenômeno briga não interessa se um ou ambos os sujeitos da mesma vivem a intenção hostil. Haver enfrentamento sob a condição de haver a vivência hostil como motivação do ataque corporal é suficiente para a presentificação do fenômeno. Para o propósito de definir o fenômeno, pouco importa se há um sujeito ativo e outro passivo no princípio da briga, já que esses papéis se misturam em seu decorrer. Se um dos sujeitos não quer brigar e enfrenta o atacante, mesmo que apenas para se defender ou contê-lo, já há um briga. Normalmente, a mistura de papéis no decorrer da briga se desenvolve como um contágio afetivo em que não é possível atribuir a hostilidade como sendo exclusiva de um único sujeito. A apreensão primária de um ataque hostil dirigido a si tende a contagiá-lo com afeto semelhantemente hostil, ainda se os motivos dessa vivência sejam originalmente diferentes para cada um. O sentido da briga está na forma de sua hostilidade que, reativa a dado constrangimento, é uma tomada intencional corporalmente ofensiva, um desejo curto, já que marcado pela inconsequência, fazendo a curva da violência.

O duelo: questão de honra

No combate que pode ser caracterizado como duelo os sujeitos também tencionam sobreporem-se fisicamente um ao outro, de ambos os lados e com hostilidade, porém sem estarem totalmente cegos pela mesma. Isto significa que, diferentemente da briga, no duelo há, no mínimo, um reconhecimento e uma consideração pela motivação do outro. Há uma disputa consciente entre as motivações dos duelistas e não uma anulação unilateral do outro, como ocorrida na tomada hostil da briga. A motivação distintiva do duelo é sempre uma questão de honra. Sem ser uma questão abstrata, a questão de honra colocada no duelo se vive como algo que deve ser defendido ou reparado nessa forma particular de combate em que o oponente é uma fonte de ataque ou mancha à honra. Enquanto na briga visa-se anular o outro, cuja totalidade presente em sua emergência no agora é percebida como negativa e ameaçadora, no duelo o reconhecimento do outro significa conceder-lhe o direito de também defender sua honra. Note-se que a briga pode não querer eliminar o outro, mas nela a hostilidade se dirige ao que enxerga do outro no momento e, em certo sentido, reduz o outro àquilo que enxerga, a objeto hostilizado. No duelo há clareza entre os contentores de que se rivaliza por um objeto e um segue enxergando o outro como outro, sabendo e considerando que, por sua vez, também é o alvo do outro. Uma condição para existência do duelo é que haja o desafio posto entre os combatentes. Este desafio media a relação entre combate e hostilidade, conferindo à última o sentido de valor relativo à honra. Factualmente essa mediação de sentido se configura como um intervalo entre hostilidade e combate, intervalo no qual o desafio é posto. Havendo ou não intervalo temporal entre a situação que provoca a hostilidade e o combate, no caso da briga não há mediação separando a tomada hostil de sua expressão em ataque físico. Psicologicamente, portanto, no duelo há mutualidade e não a unilateralidade da briga. No momento do duelo pode-se enxergar, ao menos instantaneamente, a inseparabilidade entre o objeto pelo qual rivalizam os contentores e a própria honra de cada contentor, isto é, o valor de si mesmo, a dignidade.

Os duelos podem ser codificados de maneiras vastamente diferentes, mas sempre são expressões combativas em que está colocada uma questão de honra. Além da codificação, naturalmente, a noção de honra varia enormemente no tempo, nas culturas e entre as pessoas, já que é referente ao valor de si mesmo. Como o valor de si mesmo é profundamente articulado no registro social, a questão de honra que leva ao duelo também pode emergir como posicionamento frente a situações de injustiça ocorridas com outras pessoas que não os protagonistas do enfrentamento, evidenciando a solidariedade como possível elemento constitutivo da honra. Não se exclui a possibilidade de um combate por questão de honra se realizar por "procuração", tampouco de ser vinculado a um senso de honra coletivo. Pode-se pensar, por exemplo, em combatentes profissionais que representam a defesa da honra de uma instituição, como os soldados para uma nação. O mesmo vale para os funcionários de segurança pública, como os policiais que, autorizados pela reivindicação estatal do "monopólio do uso legítimo da violência física" (Weber, 1919/2001, p. 60), idealmente pautariam suas ações em acordo com e em nome de dada legalidade constitucional, expressiva da dignidade autocolocada de todo um país.

Mais consequente do que a briga, o sentido do duelo se encontra na questão de honra que *incita* ao combate e, portanto, coloca em jogo o valor de si, do outro e do processo de mediação de conflito que remete a um senso de justiça. A força moral do duelo se evidencia por se tratar de uma ética em que, no limite, a honra está acima da própria vida ou, no mínimo, da garantia da própria integridade física. Ante seu sentido coloca-se a questão: haveria condições de solucionar um dado conflito sem recorrer ao confronto físico? Para cada caso em que haja resposta positiva ergue-se uma interdição moral para a efetivação do duelo.

Brincar de combater: a indulgência lúdica

Havendo enfrentamento, mas não hostilidade e nem uma questão de honra em disputa, pode-se ainda constatar formas lúdicas de combate, isto é, brincadeiras de combater. Entre os participantes de tais brincadeiras a disputa objetiva de fato não se coloca *como prioridade*, havendo trocas deliberadas de posições e vantagens, definições provisórias e indefinições de uma disputa que se motiva pela graça, pelo espírito lúdico, não pelo resultado final em termos de domínio físico entre os sujeitos. Uma arte marcial em que a brincadeira toma parte de modo muito nítido é a capoeira, em que a destreza, provocação e riso sinalizam aqueles momentos em que o jogo predomina sobre a luta. Portanto, a estética da brincadeira mostra um confronto em que o horizonte motivacional saliente é lúdico, competitivamente despretensioso, indulgente. É comum que nas práticas de combate o espírito lúdico venha à tona em treinamentos e, principalmente, nas situações de aprendizagem em que os esquemas combativos ainda estejam sendo ensaiados. Nessa situação de pouco domínio a troca intercorporal não se coloca como uma disputa objetiva entre os sujeitos. Notadamente, pode-se observar ainda que a labilidade da brincadeira de combater, sem delimitações claras entre o que é e o que não é permitido, frequentemente faça com esse combate escorregue rumo à briga, o que justificaria a interdição dessas "brincadeiras de mão" em diferentes contextos, sobretudo contextos de educação infantil. Já quanto às finalidades combativas das artes marciais e esportes de combate, comumente, interdições referentes à brincadeira zelam por um espírito de determinação, evitando que se perca a dimensão do risco do combate por conta de uma eventual queda do praticante na complacência, o que poderia ser contraposto a um trabalho de determinação sobre si mesmo. Que isso não seja uma regra, mas uma tendência, é evidenciado pela flagrante exceção da capoeira.

A luta corporal: o combate como mútuo desafio corporal em si mesmo

Aqui a expressão luta não equivale a uma modalidade como a luta olímpica, sendo abrangente a ponto de contemplar várias expressões combativas e restrita a ponto de excluir as formas combativas antes descritas. Como a expressão *luta* pode significar mais do que o que se passa concretamente num combate, havendo por exemplo, seu uso na dimensão política, presente na ideia de *luta de classes*, ela é complementada pelo termo *corporal*.

Conforme a análise fenomenológica evidencia abaixo, a *luta corporal* é a forma específica de enfrentamento presente nas artes marciais e esportes de combate. Não se trata de partir da categoria *luta corporal*, mas de chegar a ela enquanto conceito experiencial por meio do desvelamento das vivências essenciais a esses fenômenos. A essa altura já é possível concluir que os praticantes dessas formas culturais de combate podem brigar, podem duelar e podem brincar de lutar, mas nenhuma dessas experiências determina estruturalmente aquilo que fazem enquanto praticantes, apenas se colocam como possibilidades, ou seja, nenhuma delas corresponde à espessura primeira de suas práticas. Mais, frequentemente, é no alerta para o praticante não se deixar levar pelas vivências próprias à briga, ao duelo e à brincadeira, que se erguem os interditos presentes nessas formas culturais. Outras vivências sustentam, portanto, aquilo que as culturas próprias às artes marciais e aos esportes de combate fazem.

As formas de combate acima descritas, possivelmente as mais gerais e talvez suficientes para contemplar todo o arco de suas possibilidades, têm um elemento estético, perceptivo, comum e, no entanto, já em suas aparências, revelam-se diferenciados. Brigar, duelar, brincar e lutar têm, cada qual, um horizonte motivacional próprio que não está além ou aquém de suas aparências, mas está nelas, mostrando-se no decorrer das ações que se efetivam e que não se efetivam. A hostilidade, a questão de honra e a graça lúdica motivam as formas de combate analisadas. Mas e quanto à motivação da luta corporal, onde esta se encontraria?

A motivação da luta corporal se encontra em si mesma, ou seja, o que a motiva é lutar, não porque isso dê vazão à hostilidade, nem porque repare a honra e tampouco porque seja lúdico. A essência da luta corporal encontra sua motivação em si mesma, no combate pelo combate, muito embora normalmente esta motivação se articule aos benefícios de saber lutar para responder a situações como brigas, duelos e mesmo brincadeiras, ou outros, como a prática de exercício para melhora da forma física. Diante disso, restam fazer e responder à pergunta principal: afinal, o que é combater e o que é, então, a forma específica de combate aqui denominada *luta corporal*?

Não é mais suficiente apenas a descrição de combate como um enfrentamento corporal em que um adversário tenta superar fisicamente o outro. Para o presente propósito, devem-se explorar fenomenologicamente as implicações dessa definição e, assim, ultrapassar o que esta definição provisória tenha de limitada. Chamou-se atenção para o dado de que o *enfrentamento* combativo implica o "face a face" (*frente a frente*), bem como o corpo a corpo. Este dado fenomenológico, contudo, pode ser enganoso no que tange à disponibilidade psíquica deste enfrentamento, já que um sujeito pode se ver forçado a enfrentar um outro para se proteger, bem como um sujeito pode combater "cego" para o outro, coisificando-o. Todavia, é um dado fenomenológico que lança mais longe do que a importante, e já bem conhecida, definição que lembra que, nas práticas de combate, o corpo do adversário é o alvo do ataque.[6] Se esta definição evidencia o alvo, cala-se em relação à reciprocidade dessa condição de alvo. Frente a frente, o corpo do adversário como alvo nem é fixo e nem desprovido de intenção, ou seja, ele também opera tendo o corpo que o enfrenta como seu alvo e o próprio corpo como zona a ser protegida. Essa condição faz com que, mais precisamente, se deva falar de *corpo sujeito* ou *corpo próprio* (Husserl 1925-8/2001a, 1905-35/2001b, 1912-28/2004; Stein 1917/1998a, 1922/1999; Ales Bello, 2005, 2006b) para explicitar a intencionalidade corporal adequada ao combate. A adequação dessa intencionalidade explicita aquilo que apenas vagamente a noção de *superação física* sugere. Em última instância se trata de uma superação física? Embora seja também física, ela é antes uma *superação intencional no registro corporal* dos combatentes. Essa superação pode significar muitas coisas, como bater, paralisar, estrangular, nocautear, eventualmente, até mesmo matar, mas essencialmente significa que de parte a parte busca-se um domínio sobre o outro que é sempre da ordem da restrição corporal, em outras palavras, busca-se restringir a liberdade corporal do adversário.

[6] Por exemplo, Figueiredo (2009).

Trata-se de um desafio entre sujeitos corporais que se opõem um visando dominar o outro pela restrição de sua mobilidade motora e, contemporaneamente, evitando ter a própria mobilidade motora dominada. Esse é o desafio próprio à *luta corporal* e, se a intenção de domínio corporal participa das demais expressões combativas, briga, duelo e brincadeira, apenas a luta corporal o tem como núcleo intencional de sua ação. Sendo assim, o desafio da luta corporal não poderia ser unilateral, como na briga, mas deve ser mútuo como no duelo. A mutualidade motivacional entre os combatentes na luta corporal não poderia ser a da defesa da honra, mas a do *desafio* que se coloca por si só entre os participantes. O corpo a corpo da *luta corporal* não poderia ser lúdico como na brincadeira, do contrário o seu *desafio* próprio daria lugar à indulgência.

A indiferenciação entre luta corporal e as formas fronteiriças de combate, acima abordadas, encontra seu equivalente analítico quando se toma por suficiente definir o combate como disputa em que o corpo é o meio e o alvo dos ataques, seu objeto e objetivo. Uma aparente consequência dessa leitura é que o combate seja amplamente assumido apenas nos termos da oponência entre os combatentes. Embora a oponência seja central a cada forma de combate, já que a disputa se coloca entre partes que se opõem, o que a ênfase unilateral nesse traço adversativo dos combates esconde é que, em certos casos, como o da luta corporal, mas também o da brincadeira (e, em certa medida, do duelo), há um *acordo* entre as partes. A disponibilidade para o combate equivale a esse *acordo* e, quando o mesmo se configura como uma prática cultural, tais como os esportes e artes marciais, constitui uma relação substancialmente comunitária. Nas práticas de luta corporal não há exclusão e conflito extremo entre partes que quereriam se eliminar mutuamente, mas, numa clara correspondência com a descrição do vínculo solidário empreendida por Edith Stein,

> (...) quando os indivíduos estão abertos uns aos outros, quando as posições de um não são sem efeito no outro, mas o penetram estimulando e desenvolvendo sua eficácia, subsiste uma vida comunitária em que ambos são membros de uma totalidade que, a não ser por essa relação recíproca, não poderia ser uma comunidade (Stein, 1922/1999, p. 192, tradução própria).[7]

[7] Veja-se também Ales Bello (1996).

Portanto, considerada esta abertura recíproca para a disputa entre os lutadores, pode-se afirmar que a *luta corporal* é a ação que se dá, pela disponibilidade mútua entre os combatentes, como o desafio de dominar o outro pela restrição de sua mobilidade corporal e de evitar ter a própria mobilidade dominada. O desafio em si mesmo e a reciprocidade entre os oponentes para este enfrentamento comparecem como a dupla natureza ética da luta corporal. Essa intenção própria à luta corporal justifica que a moral das artes marciais e dos esportes de combate zele pelo autodomínio dos praticantes, isto é, por seu desafio ético, interditando a franca violência nos confins de sua prática e cultura.

Dinâmica existencial: do psíquico à ação

Uma vez que as vivências próprias a cada uma das formas combativas examinadas tenham sido esclarecidas por meio das reduções transcendental e eidética, é possível voltar o olhar para as situações concretas em condições de acompanhar a dinâmica subjetiva e objetiva que se processa nas práticas de combates. O fato de que a luta corporal seja a forma de combate por excelência das artes marciais e dos esportes de combate não exclui a possibilidade de que as demais formas combativas compareçam no decorrer dessas práticas. No entanto, não é preciso ser um praticante de arte marcial ou esporte de combate para se concordar que, quando uma luta se torna uma briga, há flagrante desvio de seu sentido, por mais que se pense essa briga como justificável e por mais que, em dada circunstância, essa experiência seja existencialmente relevante para o lutador. Mas se o sentido da luta corporal implica na mutualidade do desafio e na motivação em si mesma do desafio, como compreender que as vivências das demais formas combativas compareçam e eventualmente transgridam seu sentido fazendo-a se tornar briga, duelo ou brincadeira? Um trecho de análise em que Husserl se detém sobre a corporeidade pode ser fenomenologicamente esclarecedor: "entre todas as coisas, minha carne é o que existe de mais próximo, ela é o mais próximo em matéria de percepção, de sentimento, de vontade" (Husserl, 1905-35/2001b, p. 75, tradução própria). A restrição à mobilidade corporal, que é a finalidade da luta é equivalente à restrição da vontade, do eu agente no mundo, da liberdade, da capacidade própria. Esse constrangimento corporal é tendencialmente correlato a um constrangimento moral, assim como um constrangimento moral intenso é constituído num constrangimento afetivo, portanto, enquanto afeto, vivido no registro corporal. Os fenômenos combativos são vizinhos, suas fronteiras, a exemplo da corporeidade, são afetivamente porosas e dependem dos elementos que serão colocados em jogo em cada situação combativa. Sem consideração pela dinâmica psíquica que toma parte no trânsito entre as formas combativas, poder-se-ia entender que basta uma deliberação voluntária dos sujeitos envolvidos no combate para que os elementos em jogo sejam postos ou tirados de cena. O calor do combate, o risco de humilhação, a incitação a reagir provocada pela ação do adversário, ou seja, a interatividade sem distâncias no processo imediato da ação combativa, desautorizam que esta dinâmica possa ser lida exclusivamente mediante os termos de uma deliberação racional. No "*Excursus* sobre o contágio psíquico", em seu texto dedicado à psicologia, Edith Stein levanta a questão: "A imitação impulsiva ou instintiva, que não é propriamente uma imitação, é provocada pela percepção atenta do movimento do outro que é acompanhado?" (Stein, 1922/1999, p. 207, tradução própria). Stein responde negativamente e faz uma analogia entre essa relação e aquela estimulada por uma luz intensa que, por defesa, leva alguém a fechar os olhos. "Recebo do movimento por mim imitado uma impressão que, enquanto estímulo, provoca o movimento imitativo. Posso receber a mesma impressão também sem que a percepção tenha lugar" (idem). Sem haver a percepção, isto é, sem haver o grau mínimo de objetivação por parte do sujeito, o *dar-se conta* do acontecimento, a "impressão e o fazer impulsivo provocado por essa são de natureza não espiritual" (idem), fenômeno que pode ser denominado "contágio sem compreensão" (idem, p. 208). Essa porosidade involuntária que há entre os corpos vivos mostra como o afeto é algo que acontece ao sujeito e ao qual o mesmo reage, ou, com a participação da atividade espiritual, ao qual o sujeito responde.

Todavia, a emergência psíquica dessas vivências passivas estranhas à luta corporal não é suficiente, por si só, para transgredir seu sentido objetivo. Apenas quando uma dessas vivências se expressa na ação corporal combativa, ou seja, sai da latência e se torna patente, modificando o sentido do combate de maneira apreensível intersubjetivamente, é que se deve falar de transgressão do sentido da luta. Tais ações, então, passam a se efetivar em golpes mais intensos do que aqueles que são mutuamente aceitáveis pelos combatentes, senão por golpes interditados numa modalidade de luta específica. Sem haver qualquer dessas vivências hostis, a objetividade da luta corporal pode ser transgredida quando, por descontrole motor ou desconhecimento normativo, a intensidade ou os tipos de golpes efetivados não respeitam aquilo que é tacitamente aceito na luta corporal entre os combatentes, isto é, inadvertidamente, fere-se a disponibilidade mútua que a constitui. Se há condições entre os lutadores de reconhecer e aceitar tal ocorrência como um acidente, seu desdobramento psíquico não a converte numa briga ou motivo de duelo. Do contrário, a transgressão objetiva dos golpes se desdobra como transgressão do sentido da luta em direção à briga ou duelo. Entre praticantes experientes é comum intensificar a luta num desafio crescente, que exige maior resistência física e elasticidade da disponibilidade combativa, o que pode encontrar seus limites somente quando a luta se converte em outra forma de combate. Por outro lado, a luta pode se converter em brincadeira quando seu desafio vai para o plano de fundo e dá lugar à indulgência no primeiro plano. Nesse caso, falha-se a intensidade corporal e perde-se o desafio propriamente dito na ausência de busca pelo domínio do adversário como objetivo principal da interação. Portanto, hostilidade, questão de honra e indulgência lúdica são vivências que estão nas fronteiras da luta e ameaçam modificar seu sentido. Disso se pode compreender que, em sua prática combativa, o próprio do desafio ético do lutador seja sustentar o espírito de luta quando tensionado a arrastar-se pelos predomínios da hostilidade própria à briga, da hostilidade própria ao duelo ou da indulgência própria à graça lúdica.

Retomando a definição *natural* de combate esportivo levantada inicialmente, pode-se agora compreender que suas regras e normas estruturais, em todas as variações reais e imagináveis, sempre visam garantir que objetivamente as disputas obedeçam ao sentido da *luta corporal*. Em todas as situações as regras, por meio de sua estrutura de legalidade e ilegalidade, propõem um raio de ação corporal que normatiza os combates esportivos como lutas corporais. Do ponto de vista formativo, isto é, educativo, essa normatização esportiva é uma proposta cultural que estimula o desenvolvimento de uma atitude psicológica coordenada com a intenção combativa da luta corporal. Se psicologicamente um atleta vive o combate esportivo como uma briga ou um duelo, sente o impulso de atacar o adversário com franca intensidade, mas não chega a efetivar as ações que visem lesar física e moralmente o adversário, pode-se entender que a contenção da hostilidade nas suas próprias ações efetivadas se configure como um gesto de autocontrole. Pode-se, por outro lado, psicologicamente entrar no estado de briga ou duelo, porém com um sentimento de inibição, amedrontamento, mesmo que a briga ou o duelo que justificaria esse sentimento não se efetive. Nesse caso o autocontrole tem outro sentido, já que demanda do praticante não a contenção de suas ações, mas, ao contrário, força intencional para que suas ações combativas não se inibam ao ponto de significarem desistir da luta.

O aprimoramento do autocontrole também é uma constante de todas as artes marciais. As artes marciais obedecem ao sentido estrito das *lutas corporais*, muito embora possam ser usadas para efetivar outras formas combativas, isto é, brigas, duelos e brincadeiras. E não se trata da possibilidade de um uso exclusivo de suas técnicas, mas de um uso que implica também a atitude combativa e, muitas vezes, o sentido de justiça ou injustiça de um combate a que, de alguma forma, fazem referência às visões de mundo de cada arte marcial, com suas interdições e moralidade próprias. Mas se do substantivo *arte marcial* se voltar à sua prática, àquilo que a mesma é enquanto "verbo", isto é, movimento, ação, experiência, o que se encontrará? O que se encontrará é treinamento, ensino e aprendizagem, teste, troca combativa, cujo sentido efetivo é o de *luta corporal*.[8] Praticar uma arte marcial nunca é efetivamente brigar, duelar ou brincar de combater, mas é lutar. A luta pode sim, e isto é bastante comum, ser vivamente acompanhada do sentido imaginário do duelo, do perigo da violência, mas se a prática de arte marcial se converte objetivamente em briga ou em duelo, deixa de ser a arte marcial propriamente dita para ser o *uso* de uma arte marcial nisto que é prioritariamente uma expressão de hostilidade ou um combate por uma questão de honra. Existencialmente há *con/vivência* entre esses elementos, isto é, estas vivências se misturam junto às experiências dos praticantes de lutas, confundindo-se e solucionando posições subjetivas singulares, biográfica, afetiva e emocionalmente carregadas, mas sempre potencialmente reveladoras da essência do combate que desejam efetivar.

A esse ponto, pode-se supor que uma clara distinção racional entre os diferentes fenômenos combativos seja suficiente para garantir que as

[8] Para alguns apontamentos referentes à orientação prática de valores no contexto de ensino de lutas corporais, veja-se Barreira (2012).

práticas culturais de combate não tenham desdobramentos violentos. Nada menos certo, porém. Quando não se trata somente da compreensão da questão ética inerente à luta corporal, mas da ação ética propriamente dita, trata-se de um retorno aos emaranhados das experiências combativas concretas que se desdobram intensiva e urgentemente. Na dimensão existencial, isto é, situado no mundo, "o combate é semelhante a um caminhar nas trevas onde jamais se pode saber tudo de antemão, sempre há elementos desconhecidos" (Tokitsu, 2000, p. 112), alerta o pesquisador e mestre de artes marciais Kenji Tokitsu. Nem racionalismo e nem moralismo permitem antecipar e controlar plenamente a emergência dos elementos desconhecidos. Seguindo sua reflexão, pode-se pensar com Tokitsu que "não é suficiente praticar apenas um pouco para superar a violência" (idem), ou seja, é necessário um longo e insistente trabalho prático de si para que a essência da luta corporal se revele consistentemente na pessoa e nas ações do praticante.

Portanto, em franca oposição à violência, o desafio ético inerente aos esportes de combate e às artes marciais, corresponde a sustentar o *espírito de luta*, em outras palavras, sustentar a essência da *luta corporal*, esta que é a forma combativa que está em suas naturezas próprias.

Da ética da luta à luta pela vida ética: articulações com a luta em Edmund Husserl

Se o combate fosse, como pode soar a uma primeira impressão, sempre uma questão de hostilidade e autoafirmação de uma parte sobre a outra, como seria possível imaginar que formas culturais de combate, como as artes marciais e os esportes, se desenvolvam? A hostilidade e a vontade de autoafirmação constantes seriam suficientemente destrutivos para que nada fosse cultivado, a não ser violência e isolamento, o que, a rigor, é antagônico à cultura e emerge quando falha a possibilidade de colaboração, mesmo se conflituosa, que constitui comunitariamente a cultura. A ênfase na *co-labor-ação*, o trabalho comum, explicitada por aquele *acordo* necessário para haver a luta corporal, evidencia a particularidade combativa fundamental desta e permite a apreensão de como estes elementos éticos genéricos, que serão agora tratados, se realizam na especificidade das práticas culturais que lhe são correspondentes, isto é, os esportes de combate e as artes marciais.

Já se mencionou com Ricoeur a positividade da ética enquanto expressiva de um desejo, de uma afirmatividade. Na briga esta afirmatividade é a motivação hostil, no duelo a proteção da honra, na brincadeira a graça lúdica. É a Husserl que se recorre agora para se compreender, a partir de uma articulação com os resultados de algumas de suas análises, como a dupla natureza ética da luta corporal corresponde a dois encaminhamentos prático-ideais expressivos da essência da *vida ética*, ou seja, da tendência à *realização racional de si* que equivale a um *constante devir si mesmo.*[9] Qual a relação estrutural entre tal devir, conforme compreendido na fenomenologia clássica, e a ética da luta é o tema que, em breves linhas, ocupa estas conclusões.

O primeiro elemento que emerge pode ser pensado nos termos gerais de uma *ética social*, uma questão bem mais ampla e complexa do que caberia articular aqui. Abstraindo o debate e o percurso argumentativo que leva Husserl à questão por ele chamada de "motivação ética", apenas se apresenta uma faceta dos resultados de suas análises. Estes resultados podem ajudar a compreender a colaboração que se efetiva nas práticas culturais de combate, passando de um *interesse egoísta* - em que colaborar na luta, portanto com o outro, visa atender a um interesse próprio, um ganho individual por meio do outro – a um *interesse altruísta*, em que a colaboração se desdobra em esforço de transmissão, de aperfeiçoamento do outro como finalidade da ação. A figura acabada desta é a atitude própria ao mestre vocacionado para o ensino de lutas, conduta expressiva da motivação altruísta. Essa "transformação da motivação" seria aquela pela qual, explica Monseu, seguindo os passos de Husserl, "o homem que fazia bem aos outros originalmente visando a obtenção de um ganho próprio, vem a 'esquecer' essa meta final ligada a seu próprio ganho e passa a fazer o bem de maneira desinteressada"(Monseu, 2007-2008, p. 85, tradução própria). Pode-se pensar que esse processo de transformação

[9] Depraz (2005) e Monseau (2007-2008), abordando a publicação em alemão do volume XXXVII da *Husserliana* (as obras completas de Husserl) no ano de 2004 dos cursos de Husserl sobre ética, ministrados em 1920 e em 1924, citam essa frase da introdução que foi trazida acima numa variação de sua fórmula: "Ser-eu é constantemente devir-eu". Variação desse sentido também se encontra em *Krisis*, onde se lê: "Como vida pessoal, esta vida é um incessante devir numa incessante intencionalidade do desenvolvimento. Quem nesta vida devém é a própria pessoa. O seu ser é sempre devir, e isto, na correlação pessoal singular e pessoal comum (...)" (Husserl, 1926-38/2012, p. 217).

ética seja a condição social de possibilidade para que as diferentes vivências combativas se convertam e se desenvolvam em vivências próprias às práticas culturais cuja essência é a luta corporal.

Esse esclarecimento, contudo, ao enfatizar o aspecto do altruísmo presente na transmissão das lutas, não contempla suficientemente bem o fato de que os lutadores fazem um trabalho sobre si, tampouco contempla compreensivamente aquela afirmação de si sobre o outro que se coloca pelo próprio desafio combativo. Em novas remissões a Husserl, esses elementos podem sobressair como valores identificáveis não apenas em sua condição subjetivo relativa, isto é, particular a cada lutador e situação, mas em sua estrutura ontológica e não contraditória em relação ao altruísmo.

A existência das lutas corporais está implicada em cada cultura combativa específica, sendo contemporaneamente múltipla, como os exemplos do *karate* e da capoeira, e única, genérica, como a análise da luta acima efetivada pretende ter mostrado. Como a luta corporal é situada como objeto cultural, com sua unidade e multiplicidade, interessa também ter em consideração como a fenomenologia clássica toma o objeto cultural na relação com o sujeito deste objeto.

De modo geral, no objeto cultural tem-se uma forma intencionalmente constituída, um significado, um sentido correlato ao espírito humano, que se apresenta numa coisa manipulada com algum fim – "um instrumento ou uma obra de arte é uma coisa física, mas não somente uma coisa física: nele está incorporado um rico sentido espiritual e está objetivada uma formação que provêm de uma atividade subjetiva" (Husserl, 1925-8/2001a, p. 107, tradução própria). Portanto, considera Husserl que, a exemplo da correlação universal entre sujeito e objeto, consciência e coisa, há uma correlação essencial entre cultura e personalidade, isto é, entre objeto cultural e sujeito pessoal. Um objeto cultural, independentemente de que se conheça quem, onde e quando foi produzido, tem em si mesmo e expressa indiciariamente a intenção pessoal de seu criador, que pode ser apreendida em sua essência: "a gênese de similares realidades espiritualizadas reenvia às atividades de uma subjetividade criativa" (idem, p. 108). Husserl explicita outros elementos dessa correlação homem/cultura: "Operando como sujeitos criadores da cultura os próprios homens são igualmente e ao mesmo tempo, uns para os outros, objetos culturais. Por exemplo, eles são contemporaneamente educáveis e educados. Educar é uma arte (...)" (idem, p. 108). A educação, ou simplesmente, a cultura é formada pelo homem e forma o homem: "Uma formação científica, artística, técnica e prática é a obra da cultura que dá aos homens uma forma significativa neles *incorporada*. Os homens têm, então, várias formas possíveis de cultura" (idem, p. 108). O fenomenólogo chega a considerar também que há um *domínio de cultura individual*, composto pela "totalidade de bens subjetivos produzidos em atividades pessoais (e especialmente em ações racionais)" (Husserl, 1922-37/2005a, p. 61, tradução própria), em que o sujeito é "ao mesmo tempo sujeito da cultura e objeto da cultura" (idem). No que pode ser lido como sua fórmula para o que se denomina *cuidado de si*, Husserl afirma que "toda cultura autêntica só é possível por uma autêntica cultura de si" (idem).

Ainda no que se refere à compreensão da cultura, Husserl oferece um exemplo particularmente interessante, que não poderia deixar de ser mencionado aqui em razão da proximidade com a temática ora tratada. Por conta de uma de suas finalidades possíveis, isto é, por conta de um dos *usos* possíveis de uma prática cultural de combate, uma das formas comuns de objetivá-la é como *arma*. E o fenomenólogo escolhe justamente esse instrumento para ilustrar como os objetos culturais têm horizontes abertos que, de pronto, tem seu sentido desvelado de maneira incompleta, sendo apenas indicado: "uma arma exige a compreensão intuitiva de sua finalidade geral, mas igualmente de seu manejo particular e das circunstâncias correspondentes para as quais é destinada quando preenche sua função" (Husserl, 1925-8/2001a, p. 109, tradução própria).[10] Abstraindo-se as circunstâncias empíricas e possíveis, assim como os sujeitos situados, a que reenviam as manifestações de combate, isto é, os confrontos pessoais em que pode ocorrer o uso de armas, a presente análise fenomenológica pretende ter intuído os fins essenciais e os correlatos subjetivos estruturantes de suas formas genéricas. Mas,

[10] A exigência de desvelamento do objeto cultural apresentada no exemplo da arma – intuição de sua finalidade e das maneiras pelas quais esta finalidade pode ser preenchida – não se basta aí, escreve Husserl, pois reenvia aos sujeitos correspondentes à arma, "ao armeiro, aos combatentes, considerados nas circunstâncias correspondentes de sua época, e aos sistemas de fins nos quais se integra o ofício referente ao uso de armas; não a pessoas isoladas, mas igualmente a comunidades de pessoas na vida da comunidade na qual todos os fins da época se enraízam" (idem). Tendo situado o *karate-do* não na objetivação reduzida a uma arma, mas como tradição existencial combativa, trabalhos anteriores cumpriram justamente este reenvio (Barreira & Massimi 2002, 2003, 2006, 2008, 2009; Barreira 2006a, 2006b, no prelo).

seguindo as exigências de compreensão apontadas por Husserl, enquanto a luta corporal, seja ela pensada ou não como arma, deve ter seu horizonte desvelado e apropriado pelo praticante, pergunta-se: qual o direcionamento formativo próprio dos sujeitos pessoais da luta corporal? Uma resposta a esta questão se direciona a uma articulação destes objetos culturais – as artes marciais e esportes de combate em geral – com sua finalidade ético-pessoal, solicitando a elucidação analítica de esferas que possibilitem aprofundar e iluminar seu sentido, ou seja, seu direcionamento formativo.

O traço ontológico da cultura, acima apresentado, permite que se explicitem aspectos centrais para a compreensão da luta corporal de forma articulada à vida ética em Husserl – quais sejam, o lugar da corporeidade na educação formativa do lutador e o desafio autoinstituído como aperfeiçoamento de si.

Conforme as prévias análises da corporeidade, em sua face exterior, o corpo próprio é um objeto, já em sua face interior, a sensibilidade revela que o corpo próprio é um sujeito. A aprendizagem e o treinamento em lutas são exigentes quanto à incorporação de técnicas corporais, à preparação física, à aplicação prática, num intenso processo de habituação, isto é, de desenvolvimento de disposições corporais apropriadas e eficazes para a finalidade de combater. Portanto, nessas práticas culturais combativas, os corpos dos lutadores são sujeitos e objetos de um trabalho formativo que os lutadores fazem como espécie de cuidado de si, em sua efetividade prática e concreta no mundo. A prática de luta é uma prática cultural que visa modificar e preparar o corpo a fim de capacitá-lo a este gênero de enfrentamento nessa dupla dimensão, mas não visa modificar e preparar exclusivamente o corpo. Trata-se de uma modificação pessoal em que o desafio de dominar o adversário repercute contemporaneamente como desafio de autodomínio. A incorporação prático técnica dos saberes da luta corporal é, analogamente, objetiva e subjetiva, exigindo não apenas reproduzir saberes das ações corporais, mas assumi-los enquanto sujeitos, isto é, passo a passo, desenvolver condições para se tomar *decisões* singulares nas diferentes circunstâncias combativas. Em suas análises do homem enquanto pessoa, os resultados a que Husserl chega, perfazendo uma ontologia da pessoa humana (Melle, 2007, p. 3), destacam as *convicções* como fundamento da identidade do eu que tem "seu *ser assim* enquanto sujeito de convicções autoinstituídas" (Husserl, 1925-8/2001a, p. 200, tradução própria). A autoinstituição equivale às *decisões* que marcam os *posicionamentos pessoais*. No aprendizado e treinamento em luta, as tomadas de posição pessoais que se sedimentam em convicções pressupõem a apropriação de técnicas e a efetivação corporal ativa das mesmas pelo sujeito, isto é, pressupõem que o sujeito as autoinstitua. Assim fazendo, a exemplo das convicções que constituem seu *ser assim*, convicções corpóreo-operativas para o combate tornam-se disponibilizadas, prontas e à mão para o eventual uso do lutador em novas decisões autoinstituídas. Retomando a correlação ontológica num termo mais preciso, o lutador é um sujeito para um objeto, a luta, que, ao se fazer no próprio lutador, em seu corpo próprio, exige uma subjetividade corpóreo-operativa correspondente a este objeto. As análises anteriores e a retomada existencial da dinâmica psicológica do combate evidenciaram que esta subjetividade jamais é exclusivamente operativa, isto é, técnica, mas é fundamentalmente pessoal, implicando psicologicamente o sujeito e o lançando à beira do perigo iminente da violência, ocorra isto deliberadamente, pela perda do controle de si ou pela imposição de um oponente. Ao considerar, genericamente, que o modo como o confronto de um problema *agride* e faz alguém *assumir posições* "apresenta sempre algo que é caracterizado individualmente" (Stein, 1919-32/1998b, p. 181, tradução própria), Edith Stein afirma que a tomada de posição e a agressão "participam do sentimento e do querer" (idem) singulares da pessoa. Estes, evidentemente, enquanto estados e qualidades, podem se modificar e desenvolver. Logo, se, analogamente, Stein considera que a "psique, com todas as suas qualidades, assim como o corpo (enquanto corpo vivo) é algo que se *desenvolve*" (idem, p. 173, tradução própria), ela entende também que há um *núcleo* da pessoa que, contrariamente, não se desenvolve, mas se revela. A tomada de consciência do núcleo da pessoa favorece que o direcionamento do desenvolvimento das atividades espirituais, psíquicas e corporais estejam em melhor correspondência com o mesmo. Como um espaço ativo para este desenvolvimento, a prática contínua da luta, visando aperfeiçoá-la em si mesmo, se torna a *tarefa* do sujeito da luta. Aqui se compreende que, se a luta é sempre contra o outro, evidenciando-a como momento de afirmação de si sobre o outro, ela é sempre uma luta consigo mesmo, uma luta pelo autoaperfeiçoamento, pelo autodomínio, isto é, pela capacidade de responder simultaneamente às próprias reações e àquilo que é proposto ou imposto por um oponente. Sempre que se tratar apenas de um combate *contra o outro*, isto é, de um combate em que a autoafirmação sobre o outro prevaleça de forma exclusiva, ou seja, obscurecendo qualquer intenção de um desafio a si próprio, não está ocorrendo uma luta corporal, mas uma briga ou duelo. O sujeito da luta corporal encontra no antagonismo do oponente a adversidade que propõe e intensifica o *desafio* para o autoaperfeiçoamento, figura da vida ética.

Originalmente, informa o dicionário histórico da língua francesa *Le Robert*, a palavra latina *lucta* tinha o sentido de "corpo a corpo", passando a ser empregada como "oposição violenta entre pessoas, grupos" e, finalmente, abstrai-se quando seu uso se amplia passando a significar "tensão para obter um resultado". Aqui se compreende, então, como a ideia de combate se apresenta significativamente nas reflexões de Edmund Husserl enquanto condição *sine qua non* na busca pelo ideal ético, busca que, em suas palavras, é um "combate ético": "esse combate, tanto quanto seja sério e continuado, tem, em todas as circunstâncias um significado criador de valores, que é mesmo ele que eleva, por si só, a personalidade combativa ao nível da verdadeira humanidade" (Husserl, 1923/2008, p. 5).

A personalidade combativa, não estrita ao sujeito da luta corporal, estende-se a todas as pessoas como um valor absoluto referente à vida ética. Tomando-se emprestada a assertiva de Ulrich Melle quanto à tarefa ético pessoal segundo Husserl:

> cada sujeito pessoal tem sua própria tarefa ética. Este é chamado a esta tarefa do fundo de seu ser pessoal. Neste dever subjetivo absoluto, o seu verdadeiro ser vem à expressão; descobrir e preservar este verdadeiro eu é o seu maior dever (Melle, 2007, p. 15, tradução própria).

Longe de ser uma posição estática, este dever se apresenta como uma contínua responsabilidade em que, descreve Depraz:

> o sujeito se define como uma pessoa chamada a se transformar, a se renovar pelos atos que ele coloca e pelas aspirações que o aninam: tarefas (*Aufgaben*) e vocação (*Berunfung*) formam a matriz de uma vida ética cujo ideal (sua estrutura subjetiva se encarna na vocação) se realiza nas tarefas, nas ações concretas que conferem um aporte efetivo a esta idealidade (Depraz, 2005, p. 342, tradução própria).

Essas tarefas e responsabilidade, contudo, não se bastam aí. Husserl: "Minha responsabilidade perante mim mesmo se estende a todos os outros (e eventualmente às suas próprias responsabilidades frente a eles mesmos) com os quais eu ajo em concerto ou na direção dos quais eu ajo ou quero agir, e reciprocamente" (Husserl, 1924/2005b, p. 285, tradução própria).

A autodescoberta e autopreservação pessoal são, assim, a luta ética de cada um. "Na medida em que a vida ética é, segundo sua essência, um combate com as 'inclinações que arrastam para baixo', ela pode ser também descrita como *renovação contínua*" (Husserl, 1922-37/2005a, p. 62, tradução própria). Seu sentido racional e sua condição em nada isolada ou egoísta, mas inserida cultural e comunitariamente, a faz uma luta que, atualizando-se em cada pessoa, é uma luta pelo aperfeiçoamento da existência do homem no mundo que se transmite generativamente de uma época a outra entre os homens. A ética em Husserl – e o combate ético, portanto – é categorialmente uma busca pelo *melhor*. Mas essa busca ética é um objeto categorial vazio, esclarece Trincia (2007), que só se preenche pela vida ética de cada pessoa, isto é, nas ações autodeterminadas que cada um se coloca, em cada circunstância em que se situa. A luta corporal propriamente dita é uma luta ética, mas uma luta definida, isto é, cujo ideal está objetivamente preenchido pelo seu modo próprio de ser. Cabe a seu sujeito, isto é, ao lutador preenchê-la e preencher-se com seu modo próprio de vivê-la. Em sua particularidade, a formação do praticante de luta, pelo empenho e vontade que exige, pode bem significar o desenvolvimento de uma disponibilidade geral almejada por Husserl: "deveremos reconhecer como uma exigência ética absoluta uma semelhante disposição para o combate em direção a uma humanidade melhor e a uma autêntica cultura" (Husserl, 1923/2008, p. 5).

Pode-se perguntar finalmente: seriam estas apenas analogias superficiais? Ou, colocado de outra maneira, excluído o corpo a corpo, teria aquele combate ético em Husserl alguma equivalência com a *luta corporal* aqui analisada? Não seria suficiente fazer uma analogia com o combate em sentido *lato*, isto é, sem excluir as demais formas, briga, duelo e brincadeira? Embora os saberes da luta possam ser usados como instrumentos de autopreservação frente a um perigo violento, a luta propriamente dita, em seu ideal, não é violenta nem complacente. É a mais bem acabada expressão humana do combate. Não impõe, não perde o desafio próprio, propõe, conta com a liberdade alheia para confrontar, ver e se comprometer com um aperfeiçoamento racional e prático da ação humana no mundo: esse é o sentido geral da luta, e apenas da luta. Assim, a luta corporal em tudo guarda o sentido da vida ética, numa busca de aperfeiçoamento de si, do outro e, correlativamente, da cultura.

Abstraindo-se das circunstâncias em que pode se colocar, mas guardando a evidência de que uma doutrina é algo que se impõe, é significativo que, em uma de suas últimas conferências, Husserl deliberadamente negue qualquer intenção doutrinadora para, ao mostrar o que vê, "como alguém que viveu até ao fim o destino de uma existência filosófica" (Husserl, 1926-38/2012, p. 14), se propor a, como um guia, iluminar o caminho a ser percorrido e seu sentido. Frente ao sentido próprio da filosofia, cujo maior perigo, segundo seu diagnóstico, é o cansaço, portanto, não uma ameaça externa, mas um perigo interno, Husserl faz um chamado à luta, aquela mesma "luta das gerações dos filósofos (...) luta permanente da razão 'desperta' para chegar a si mesma" (idem, p. 218) que merece ser enfrentada "com aquela valentia que não se rende nem diante de uma luta infinita" (idem, p. 275). Bem compreendida, a ética da luta se encontra com a luta pela vida ética.

Referências

Ales Bello, A. (1996). From empathy to solidarity: intersubjective connections according to Edith Stein. *Analecta Husserliana, XLVIII*, 367-375.

Ales Bello, A. (1998). *Culturas e religiões: uma leitura fenomenológica.* (A. Angonese, Trad.). Bauru, SP: Edusc. (Publicação original de 1997).

Ales Bello, A. (2005). Phenomenological hyletics and the lifeworld. *Analecta Husserliana, LXXXIV*, 293-301.

Ales Bello, A. (2006a). *Introdução à fenomenologia.* (J. T. Garcia e M. Mahfoud. Trad.). Bauru, SP: Edusc. (Publicação original de 2006).

Ales Bello, A. (2006b). The language of our living body. *Analecta Husserliana, LXXXIX*, 3-14.

Barreira, C. R. A. (2006a). A alteridade subtraída: o outro no esvaziamento do karate e na redução fenomenológica. [versão eletrônica]. *Mnemosine, 2*(2), 106-118. Recuperado em 20 de abril, 2008, de http://www.cliopsyche.cjb.net/mnemo/index.php/mnemo/article/viewFile/109/180.

Barreira, C. R. A. (2006b). A dimensão hilética como componente primário da constituição ética em uma tradição existencial do Oriente: aproximações a partir de Ales Bello e Paul Ricoeur. Em *Anais Seminário Internacional de Pesquisa e Estudos Qualitativos, III,* (pp. 1-9). São Bernardo do Campo, SP: SE&PQ. Recuperado em 20 de maio, 2012, de http://www.sepq.org.br/IIIsipeq/anais/pdfs/gtchf8.pdf.

Barreira, C. R. A. (2010). Fenomenologia da luta corporal e da arte marcial. Em *Anais Seminário Internacional de Pesquisa e Estudos Qualitativos, IV,* (pp. 1-8). Rio Claro, SP: SE&PQ. Recuperado em 20 de maio, 2012, de http://www.sepq.org.br/IVsipeq/anais/artigos/OBS3.pdf.

Barreira, C. R. A. (2012). Os valores na pedagogia das lutas, artes marciais e modalidades esportivas de combate. Em E. Franchini & F.B. Del Vechio (Orgs.). *Ensino de lutas: reflexões e propostas de programas* (pp. 28-46). São Paulo: Scortecci.

Barreira, C. R. A. (no prelo). *O sentido do karate-do: faces históricas, psicológicas e fenomenológicas.* Rio de Janeiro: E-papers.

Barreira, C. R. A. & Massimi, M. (2002). A Moralidade e a Atitude Mental no karate-do no Pensamento de Gichin Funakoshi. *Memorandum, 2,* 39-54. Recuperado em 07 de agosto, 2006, de http://www.fafich.ufmg.br/~memorandum/artigos02/barreira01.htm.

Barreira, C. R. A. & Massimi, M. (2003). As ideias psicopedagógicas e a espiritualidade no *karate-do* segundo a obra de Gichin Funakoshi. *Psicologia: Reflexão e Crítica, 16* (2), 379-388. Recuperado em 20 de maio, 2012, de http://www.scielo.br/pdf/prc/v16n2/a18v16n2.pdf.

Barreira, C. R. A. & Massimi, M. (2005). Arqueologia fenomenológica das culturas. *Revista Estação Científica, 0*(1), 1-11. Recuperado em 07 de agosto, 2006, de http://www.jf.estacio.br/revista/artigos/cristiano_arqueo.pdf.

Barreira, C. R. A. & Massimi, M. (2006). O caminho espiritual do corpo: a dinâmica psíquica no karate-do shotokan. *Memorandum, 11,* 85-101. Recuperado em 15 de julho, 2008, de http://www.fafich.ufmg.br/~memorandum/a11/barreiramassimi03.htm.

Barreira, C. R. A. & Massimi, M. (2008). O combate subtrativo: a espiritualidade do esvaziamento como norte da filosofia corporal no Karate-Do. *Psicologia Reflexão e Crítica, 21*(2), 2008, 283-292. Recuperado em 20 de maio, 2012, de http://www.scielo.br/pdf/prc/v21n2/a14v21n2.pdf

Barreira, C. R. A. & Massimi, M. (2009). Fragmentos históricos e saberes psicológicos no *karate*: a indissociabilidade entre técnica e moral. Em M.

V. Cunha; S. R. Pasian & G. Romanelli. (Orgs.). *Pesquisas em psicologia: múltiplas abordagens* (pp. 55-82). São Paulo: Vetor.

Depraz, N. (2005). Recension: Edmund, Husserl, Einleitung in Die Ethik. Vorlesungen Sommersemester 1920/1924. *Husserliana, XXXVII*, pp. 337-345.

Depraz, N. (2006). *Comprendre la phénoménologie: une pratique concrète*. Paris: Armand Colin.

Figueiredo, A. (2009). The object of study in martial arts and combat sports research: contributions to a complex whole. Em W, Cynarski. (Ed.). *Martial Arts and Combat Sports: humanistic Outlook* (pp. 20-34). Rzeszów: Wydawnictwo Uniwersytetu Rzeszowskiego.

Girard, R. (1990). *A violência e o sagrado*. (M. C. Gambini, Trad.). São Paulo: Unesp. (Original publicado em 1972).

Husserl, E. (2001a). *Psychologie phénoménologique (1925-1928)*. (P. Cabestan, N. Depraz & A. Mazzú, Trads.). Paris: Vrin. (Originais de 1925-1928, publicação póstuma em 1968)

Husserl, E. (2001b). *Sur l'intersubjectivité I*. (N. Depraz, Trad.). Paris: PUF. (Originais de 1905-1935, publicação póstuma em 1973).

Husserl, E. (2004). *Idées directrices pour une phénoménologie et une philosophie phenomenologique pures*, Livre Second: Recherches Phénoménologiques pour la constitution. (É. Escoubas, Trad.). Paris: PUF. (Originais de 1912-1928, publicação póstuma em 1952).

Husserl, E. (2005a). *Sur le Renouveau: cinq articles*. (L. Joumier, Trad.). Paris: Vrin. (Original de 1922-1937).

Husserl, E. (2005b). Meditation sur l´idee d´une vie individuelle et communautaire dans l´absolue responsabilite de soi-meme (annexe de Philosophie Première). (L. Perreau, Trad.). *Alter, 13*, 279-288. (Original de 1924, publicação póstuma em 1959).

Husserl, E. (2006). *Expérience et jugement*. (D. Souche-Daques, Trad.). Paris: PUF. (Original de 1938, publicação póstuma em 1954).

Husserl, E. (2008). *Renovação: seu problema e método*. (P. M. S. Alves, Trad.). Covilhã, Portugal: LusoSofia. (Original publicado em 1923). Recuperado em 20 de maio, 2012, de http://www.lusosofia.net/textos/husserl_edmund_renovacao_seu_problema_e_metodo.pdf

Husserl, E. (2012). *A crise das ciências europeias e a fenomenologia transcendental: uma introdução à filosofia fenomenológica*. (D. F. Ferrer, Trad.). Rio de Janeiro: Forense Universitária. (Originais de 1926-1938, publicação póstuma em 1954).

Melle, U. (2007). Husserl's personalist ethics. *Husserl Studies, 23*, 1-15.

Monseu, N. (2007-2008). Personne et motivation dans la deuxième éthique de Husserl. *Études Phénoménologiques, 48*(XXIII-XXIV), 67-87.

Ricoeur, P. (1988). *O mal: um desafio à filosofia e à teologia.* (M. da P. Eça de Almeida, Trad.). Campinas, SP: Papirus. (Original em francês publicado em 1986)

Ricoeur, P. (1990). *Soi-même comme um autre.* Paris: Seuil.

Stein, E. (1998a). *Il problema dell'empatia* (2a ed.). (E. Costantini & E. S. Costantini, Trad.). Roma: Studium. (Original em alemão publicado em 1917).

Stein, E. (1998b). *Introduzione alla filosofia* (2a ed.). (A. M. Pezzela, Trad.). Roma: Città nuova. (Originais de 1919-1932, publicação póstuma em 1991).

Stein, E. (1999). *Psicologia e scienze dello spirito* (2a ed.). (A. M. Pezzela, Trad.). Roma: Città nuova. (Original em alemão publicado em 1922).

Tokitsu, K. (2000). *Budô: le ki et le sens du combat.* Méolans-Revel: DésIris.

Trincia, F. S. (2007). The ethical imperative in Edmund Husserl. *Husserl Studies, 23*, 169-186.

Valério, P. H. M. & Barreira, C. R. A. (2012) A cultura capoeira como fonte pedagógica da prática capoeira. Em E. Franchini & F. B. Del Vechio (Orgs.). *Ensino de lutas: reflexões e propostas de programas* (pp. 62-73). São Paulo: Scortecci.

Valério, P. H. M. & Barreira, C. R. A. (no prelo). O sentido vivido da capoeira: cumplicidade, risco, autenticidade e criatividade. *Revista Brasileira de Psicologia do Esporte.*

Weber, M. (2001). *Ciência e política: duas vocações.* (J. Melville, Trad.). São Paulo: Martin Claret. (Original em alemão publicado em 1919).

Aplicação de contribuições de Edith Stein à sistematização de pesquisa fenomenológica em psicologia: a entrevista como fonte de acesso às vivências[1]

Cristiano Roque Antunes Barreira
Leandro Penna Ranieri

Na última década a psicologia brasileira vem assistindo a um sempre mais crescente interesse pelo trabalho de Edith Stein, filósofa quase desconhecida na área, até então. A amplitude e a densidade da obra de Edith Stein abrem um horizonte de explorações e contribuições à psicologia cuja proficuidade abarca desde questões relacionadas à própria fundamentação da área, até o enfrentamento de problemas conceituais que exigem uma abordagem complexa e sutil, a fim de que se busque dar a cientificidade que Stein, nas trilhas de Husserl, entendia como legítima à psicologia. Por si só, as apropriações de fundamentos e conceitos propostos pela fenomenóloga, a partir dos quais se pode reconhecer a relevância de suas contribuições, são empreendimentos que solicitam um trabalho de grande envergadura. Entretanto, existe também a expectativa de que seu pensamento oriente aplicações investigativas empíricas em psicologia. De certa forma, entre os inúmeros trabalhos de pesquisa que vem sendo realizados no país, esta expectativa já vem se consumando, normalmente de maneira conjugada às problematizações ou aos usos conceituais sinalizados pela autora, mesmo que ainda seja raro observar pesquisas empíricas que tenham seu referencial explicitado em todo o seu conjunto em coerência com a fenomenologia clássica.[2] Isso talvez

1 Apoio: Fundação de Amparo à Pesquisa do Estado de São Paulo (FAPESP).

2 Embora este texto não pretenda retomar descritivamente os fundamentos e proposições de Stein para a psicologia, não poderia deixar de ser mencionado o fato de que a filósofa defendesse, com base na fenomenologia, a necessidade de uma psicologia

decorra da dificuldade de se transpor conceitos e operações originalmente filosóficos para o campo da psicologia empírica ou até mesmo aplicada.

No caso de investigações que tomem a subjetividade como objeto de pesquisa, a necessidade de se ter um caminho apropriado para alcançar as experiências das pessoas, por si só, já configura um problema próprio de investigação. Que tipo de procedimento possibilita o acesso às experiências das pessoas? Amatuzzi (2006), por exemplo, julga que "pesquisar a subjetividade enquanto tal não é simplesmente produzir conhecimentos sobre ela, mas aproximar-se experiencialmente dela para só depois produzir um discurso expressivo" (p. 96). Disso decorre que um dos caminhos propostos para o acesso às experiências vividas seja a solicitação através de entrevistas em profundidade, pois é através da relação dialógica entre sujeito e pesquisador que é possível aproximar-se da experiência vivida (Amatuzzi, 2006).

A pesquisa fenomenológica possui peculiaridades que deixam em evidência a necessidade de problematizar a entrevista em pesquisa qualitativa. Um primeiro aspecto é referente aos princípios que norteiam a pesquisa. Por não partir de teorias prévias para se aproximar dos fenômenos, a fenomenologia exige um posicionamento radical e rigoroso quanto ao seu *modus operandi*, isto é, quanto à transposição de seus fins elucidativos à prática aplicada da entrevista numa atitude que obedeça ao critério de trazer a experiência vivida à luz. Um segundo aspecto, íntimo do primeiro, é que as próprias reduções fenomenológicas solicitam uma crítica e uma definição precisa do caminho investigativo (empírico) para se chegar aos fenômenos e suas vivências. Sendo assim, ao tematizar a

como ciência do espírito. Isto equivale à Psicologia enquanto ciência humana, desenvolvendo-se como "psicologia 'compreensiva' (...), 'descritiva' e 'analítica'" (Stein, 1922/1999, p. 313, tradução própria). Seria interessante ainda considerar distinções que a fenomenóloga faz no interior das *ciências do espírito*, como as *ciências históricas* e as *ciências da cultura*, o que dá abertura para diferentes delineamentos investigativos afinados com os princípios fenomenológicos. Ao considerar que "os seres humanos são indivíduos que têm corpo material vivo, psique e espírito" (idem, p. 314, tradução própria) e que "as formas culturais são formações culturais objetivas que são elaboradas movendo-se de qualquer material não espiritual que se queira" (idem), a correlação entre cultura e estrutura da pessoa coloca-se como campo investigativo cujas correspondências contemporâneas podem ser encontradas, por exemplo, em linha com o pensamento de Husserl, como *arqueologia fenomenológica das culturas* (Ales Bello, 1998; Barreira & Massimi, 2005).

entrevista como instrumento de coleta em pesquisas de perspectiva fenomenológica, o propósito deste capítulo não pode se furtar a elucidar suas características principais e sua implicação com outros momentos deste gênero de investigação científica. Estes outros momentos, um anterior, outro posterior às entrevistas propriamente ditas, se referem ao delineamento do Objetivo e à Análise das mesmas, possibilitando que aplicações de contribuições de Edith Stein ordenem-se num todo coerente e sistematizado para a investigação fenomenológica em psicologia.

Os desdobramentos apresentados abaixo individuam etapas sem fragmentar procedimentos. Ao contrário, procuram mostrar a necessidade de articular cada momento investigativo num arco que acompanhe o princípio e o fim da fenomenologia. Procurando *voltar às coisas mesmas*, a fenomenologia clássica, operada por Husserl e Stein, chega às vivências como elementos não ultrapassáveis, portanto últimos, de suas descrições. Tendo em consideração este princípio e este fim, após (1) situar amplamente a lacuna operacional entre filosofia fenomenológica e psicologia fenomenológica, apresentam-se os (2) rudimentos para a formulação de um Objetivo de pesquisa coerente com a intenção compreensiva da fenomenologia, (3) os rudimentos para a condução de entrevistas, cumprindo-se uma atitude de suspensão orientada pela abertura própria à empatia, tal e qual analisada por Stein e, finalmente, (4) a transposição da variação imaginária (eidética) em *cruzamento intencional* para a análise de depoimentos coletados.

Da filosofia fenomenológica à investigação fenomenológica em psicologia: a empatia como condição para as transposições conceituais

O mestre de Stein, Edmund Husserl (1859–1938), considerado o pai da fenomenologia clássica, propôs desenvolvê-la como uma ciência voltada para o estudo daquilo que se manifesta à consciência intencional (*consciência de*). Fenomenologia, como ciência e método rigoroso, visa cumprir uma reflexão metódica sobre os fenômenos, aquilo que se manifesta chegando, em última instância, às experiências vivenciais reveladoras da conexão correlativa entre sujeito e objeto à mostra na coisa dada à consciência. Stein é clara quanto à implicação destes pólos: “não se descreve completamente a vivência se isto se faz unicamente do lado objetivo, (...) não se pode de fato descrever o lado subjetivo sem tomar em consideração contemporaneamente o seu polo oposto: a objetualidade que diz respeito à vivência" (Stein, 1919-32/2001, p. 46, tradução própria).

Numa explanação sumária, no tocante aos seus objetos e objetivos, o trilhar metodológico da fenomenologia predispõe o pesquisador a entrar em contato com a vivência pré-reflexiva, deixando de lado, deliberada e paulatinamente, tanto o posicionamento prévio de uma ciência e suas teses, como aquilo que define e valora o objeto de estudo, como pré-conceitos ou pré-juízos. Como uma *atitude* ou *conversão fenomenológica*, há o esforço de partir sem pré-teorias ao olhar para o objeto, observando aquilo que é, deixando as coisas mesmas se manifestarem. Para que se possa chegar à vivência é preciso operar "o princípio mais elementar do método fenomenológico: considerar *as coisas mesmas*" (Stein, 1932-3/2000, p. 66, tradução própria), o que implica "uma nova *maneira de se orientar, inteiramente diferente* da orientação natural na experiência e no pensar" (Husserl, 1913/2006, p. 27) – *epoché* –, na tentativa de atingir a constituição do objeto investigado, a fim de descrevê-lo e compreendê--lo (Ales Bello, 2004). Todavia, não é sem importância sublinhar que tanto Husserl quanto Stein operam o retorno às coisas mesmas numa reflexão direta dos fenômenos investigados, em outras palavras, numa profunda reflexão pessoal própria, filosoficamente orientada, que descortina seus temas investigativos numa linguagem capaz de trazê-los à vista para aqueles que os acompanhem desde os argumentos até os gestos conscienciais efetivados em direção ao fenômeno. O que se quer destacar é que, em suas práticas filosóficas, não havia qualquer procedimento intermediário entre o pesquisador (filósofo) e o fenômeno, a não ser os procedimentos próprios à filosofia, como a consideração pelas ideias e conceitos, exemplos efetivos ou imaginários, modos de pensá-los e a crítica argumentativa metódica que engendrou a fenomenologia, conduzindo-a à experiência vivencial como solo de qualquer realidade que possa ser conhecida.

Já quando se pensa em pesquisas fenomenológicas em psicologia que fazem uso de entrevistas como instrumento, sobressai-se a existência de procedimentos e operações intermediários, cujos esclarecimentos e condições de aplicação precisam ser apresentados para esta ser tida como fenomenológica. Diferentemente da atividade do fenomenólogo enquanto filósofo, que faz uma pura reflexão de algo, a entrevista sob orientação fenomenológica é uma reflexão compartilhada, em que entrevistador e entrevistado assumem diferentes posições: o primeiro conduzindo o segundo a efetivar uma narrativa em primeira pessoa sobre determinada experiência vivida. Nesse intercâmbio o fenômeno empático desempenha um papel central para que a consciência do vivido vá se revelando intersubjetivamente. Sem haver esse processo experiencial intersubjetivo, não se pode considerar que uma entrevista se efetive sob orientação fenomenológica. Seu esclarecimento possibilita que a transposição conceitual entre a filosofia e a psicologia fenomenológica seja bem aplicada. Antes de passar a esta tarefa um passo atrás será dado, afinal é relevante considerar como ela pode se inserir e atuar na relação com os objetivos de uma investigação.

O delineamento do Objetivo

A elaboração lógica de qualquer projeto de pesquisa científica encontra sua síntese em seu objetivo. Se a *síntese* obedece à ideia de *unir, colocar junto*, antagonicamente, a *análise* persegue fins de *distinção*, de *decomposição*, como quer o radical grego *lyse*. Portanto, uma compreensão profunda do que vem a ser um *objetivo* deve passar pela análise de seu sentido. Quando o objetivo da pesquisa científica em geral é reduzido à sua essência, se encontra uma estrutura inalienável a partir da qual, em cada caso específico de pesquisa, pode-se penetrar no estilo de elaboração lógica que deverá ser desdobrado na Introdução, Método, Resultados e afins, que compõem sua unidade. A descrição dessa estrutura geral, conforme ora proposta, servirá para apresentar um estilo de elaboração investigativa em psicologia compatível com a fenomenologia clássica, introduzindo esta sistematização.

O que é um *objetivo* num projeto de pesquisa? Em poucas palavras, um *objetivo* de pesquisa é algo que se faz, algo que se quer com um objeto. Em qualquer pesquisa científica o objeto é algo que suscita, em algum nível, a curiosidade do pesquisador. Genericamente, o objeto é um tema, podendo este, por exemplo, ser um tema pertinente às ciências da natureza, como é o caso das moléculas, células, processos metabólicos etc. Considerar que um *objeto* é um *tema* é importante porque presume uma tematização, operações de consciência que colocam algo de certa maneira, possibilitando certa leitura. Isto corresponde à sua etimologia (*objectum*) que designa algo que está lançado, jogado adiante, isto é, algo posto à frente. Como já é possível notar, por sua vez, este lançamento de algo presume alguém, um sujeito que faça o gesto ou o reconheça. Quando um objeto suscita uma curiosidade investigativa, ambos, objeto e curiosidade têm seus contornos delineados pelo estilo investigativo que tem lugar nessa curiosidade e no tema em pauta. Para que esse motivo não seja um motivo oculto das ciências, é necessário ser introduzido às suas convenções, justificativas e razões, tornando possível a inserção na comunidade científica que o atualiza. Mas, para além da eficácia científica de um estilo, o conhecimento de seus momentos decisivos e de seus fundamentos dependerá da história e da filosofia das ciências.

Se a pronta objetividade que caracteriza vários estilos investigativos, principalmente nas ciências naturais, mas também em certas maneiras de fazer ciências humanas, é uma virtude – ou seria um vício? – alheia à fenomenologia, isto se deve à sua patente filosófica que a obriga a, recorrentemente, pensar-se a si mesma enquanto se faz. Esse constante retorno ao seu modo de se fazer sempre coloca em pauta a implicação do sujeito no objeto que é tematizado, buscando trabalhosamente evitar que suas operações sejam regidas por motivos ocultos. Ainda assim, há uma objetividade própria às investigações fenomenológicas; esta apenas não quer cair na ingenuidade das posições que se assumem como independentes do sujeito e da subjetividade.

Se o *Objetivo* é algo que se faz, algo que se quer com um objeto, este é sempre expresso como a aplicação de um, ou mais de um verbo ao objeto, ou seja, quer-se dar algum movimento ao objeto que permita conhecê-lo melhor. Assim, experimentos, por exemplo, organizam o enquadramento em que esse movimento ocorrerá, controlando suas variáveis. Normalmente, no paradigma das ciências naturais, esse verbo será verificar, testar e comprovar – o que presume uma hipótese –, bem como mensurar e explicar – o que presume, respectivamente, uma convenção quantitativa e o estabelecimento de um tipo de relação causal. Esse paradigma natural também abrange modos de se fazer ciências humanas e sociais. Na Psicologia, mas também na Sociologia e áreas afins, explicar e interpretar fazem parte de algumas das mais convencionais formas de se compor um objetivo de pesquisa, presumindo normalmente uma relação de causalidade e uma teoria em que as facetas dos objetos investigados encontrarão seu lugar numa grade conceitual pré-definida.

E quanto à perspectiva fenomenológica de investigação em psicologia? Conforme já se considerou, a aproximação à experiência vivida é o modo pelo qual se pode investigar a subjetividade com vistas a conhecer, cientificamente, os traços determinantes de um fenômeno que tenha lugar significativo junto a ela. Portanto, na perspectiva fenomenológica, nenhum objetivo que vise dar explicações ou fazer interpretações tem lugar. Trata-se de permitir que a experiência se revele para conhecê-la. Este conhecimento, contudo, não se define previamente e sim pelo próprio manifestar-se do fenômeno experienciado. O objetivo nesta perspectiva será composto por estas duas partes: o objeto, enquanto alguma *experiência vivida* e o seu conhecimento, como o conhecimento engendrado na investigação. Mas de que conhecimento precisamente se trata? *Identificar* e *compreender* são verbos que, aplicados aos objetos, se adéquam precisamente ao conhecimento que quer a fenomenologia. Assim, visa-se colocar o objeto em movimento, o que corresponde a um movimento intencional de modificação da consciência do objeto na direção de seu reconhecimento e compreensão. Como se verá melhor à frente, estes dois movimentos intencionais, a identificação e a compreensão, tem equivalências com duas etapas da redução fenomenológica, sendo, portanto, componentes do objetivo compatíveis com sua perspectiva analítica. Já com referência a algumas passagens acima, *identificar* e *compreender* têm correspondências com os polos objetivo e subjetivo do fenômeno, sendo ambos necessários para a revelação da vivência. Torna-se claro também que identificação e compreensão não se dão independentemente, pois tanto o núcleo do fenômeno vivido se dá na experiência motivacional quanto a experiência motivacional se dá no modo de viver o fenômeno.

Considerou-se antes que a delimitação de um objetivo de pesquisa expressa sinteticamente todas as etapas que a mesma pretende desdobrar. Além do objeto e do estilo de leitura sobre ele aplicado, o objetivo contém o recorte contextual da área de conhecimento em que ele se insere com suas tendências e problemáticas. Este momento é elaborado na *introdução* do trabalho, contendo a *revisão bibliográfica*. Na sequência, o modo de abordar e considerar o objeto são indicados pelos próprios verbos definidos no objetivo: estes modos sinalizam para o método da pesquisa, incluindo os procedimentos e instrumentos para tal.

Ao definirem-se o recorte do objeto e o objetivo, a experiência vivida de algo, sua identificação e compreensão, sugere-se também o perfil de sujeitos que comporá a amostra. Para este tipo de pesquisa, via de regra, pode-se pensar que o ideal é que sejam sujeitos com uma experiência significativa em sua vida relativamente ao objeto da pesquisa. Em tese, uma experiência significativa autoriza o sujeito a dar um depoimento potencialmente também significativo sobre o tema em pauta. Quanto a sujeitos sem uma experiência significativa acerca do tema investigado, seus relatos poderiam expressar algo acerca da falta dessa experiência, opiniões fundadas nas notícias que se tem a respeito ou, quando muito, informar uma fantasia ficcional criativa sobre o tema. Caso o objeto em pauta não seja precisamente o sentido da ausência de uma experiência, as opiniões ou a criatividade ficcional, não haveria qualquer sentido em compor uma amostra com esse perfil. Além disso, pode-se ter uma delimitação mínima do número de entrevistados, configurando-se e justificando-se a partir de dois aspectos relacionados com este tipo de investigação. No tocante à coleta, transcrição e análise em pesquisa fenomenológica, observa-se a impropriedade de se aplicar alguma técnica de amostragem que defina estrita e estatisticamente o número de sujeitos para a participação das entrevistas. O tipo de entrevista proposto, bem como os ajustes conceituais, buscam atingir aspectos relacionados com a vida dos sujeitos, ou seja, têm como meta sua dimensão existencial – favorecendo-se o acesso analítico à experiência da própria pessoa e a compreensão da interioridade constituinte deste objeto enquanto convertido fenomenologicamente, isto é, enquanto fenômeno, aquilo que se dá à consciência. Uma vez que o pesquisador perceba que os relatos são suficientes por começarem a exaurir as possibilidades de descrição do fenômeno, pode-se interromper a coleta a título de saturação. Desse modo, o propósito de estabelecer critérios de validade, conforme ocorre nas pesquisas quantitativas, é incompatível com os pressupostos filosóficos que pautam este tipo de investigação (Giorgi, 2008).

Entrevistas sob orientação fenomenológica: a escuta suspensiva

A elaboração do instrumento de coleta busca condizer com o tipo de investigação, isto é, a natureza do objeto e do objetivo solicita o uso de instrumentos elaborados adequadamente. No caso da pesquisa envolvendo as experiências vividas de pessoas, remete-se a um meio que permita a narração expressiva das mesmas, sem o que não é possível produzir um discurso científico: tal instrumento deve ser uma entrevista sob orientação fenomenológica, podendo, eventualmente ser denominado de *entrevista fenomenológica*. O instrumento de coleta não é definido como o método da investigação, já que este é mais abrangente. Se o método pode ser pensado, com sua etimologia, como o caminho para se chegar a algum "lugar", o "lugar" pode ser pensado como o cumprimento do objetivo e a resposta ao problema da pesquisa –, valendo-se de procedimentos e instrumentos adequados e específicos. As entrevistas podem ser baseadas em roteiros ou questionários, compostos de perguntas ou tópicos. Sinteticamente, esses roteiros podem ser organizados a partir do nível de estruturação: de não estruturados a estruturados, havendo ainda o híbrido semiestruturado (Manzini, 2004). A estruturação se configura pelo número de questões e pela relação entre elas, incluindo uma ordem lógica elucidativa – de solicitações gerais a específicas durante a entrevista – e/ou de complexidade – de questões mais simples para mais complexas. Esta tipificação esquemática se dirige mais ao processo de elucidação e aprofundamento próprio deste recurso metodológico da pesquisa qualitativa, não se confundindo com outros objetivos restritivos, como a comprovação de fatos e coleta de dados informativos. Estes cuidados específicos e relativos à elaboração de questionários e roteiros, bem como a compatibilidade entre os objetivos da pesquisa e os roteiros de entrevista, são bem esquematizados na literatura (como exemplos, veja-se Manzini, 2004; Kidder, 1987).

A entrevista do tipo fenomenológica tem início a partir de uma questão que guiará o processo de coleta. Esta é uma questão norteadora e disparadora da entrevista, estritamente implicada com o objetivo da pesquisa (Dale, 1996, p. 310). Outra possibilidade é a utilização de uma situação escolhida no momento da entrevista: o entrevistador solicita que a pessoa traga situações vividas compatíveis com o propósito da pesquisa e ambos combinam de partir de determinada experiência escolhida, como temática situada a ser explorada na continuidade do diálogo (Stelter, 2000). O entrevistador encoraja o entrevistado a refletir sobre sua experiência e detalhá-la o máximo possível (Dale, 1996, p. 313). Para tal, no decorrer do depoimento, destaca-se a atenção por parte do entrevistador à expressão do relato, direcionando a entrevista à experiência tematizada para elucidar possíveis pontos obscuros durante a narrativa. Quer-se o relato detalhado por parte do entrevistado de forma espontânea, o que não quer dizer arbitrária, mas com um direcionamento do pesquisador que não estipule respostas alternativas fechadas, por exemplo, e sim que possibilite o acesso primeiro às experiências, ou seja, às próprias percepções do sujeito. Sendo assim, há não somente a liberdade da manifestação subjetiva na entrevista, mas a própria intenção de que assim seja para que se garanta o acesso fenomenológico pretendido.

As perguntas que surgem durante a entrevista demonstram o interesse e a curiosidade pela experiência narrada, não sendo possível estipulá-las prévia e restritamente. O despertar das novas perguntas nasce de um desconforto, de um vazio compreensivo que corresponde a um sentido não preenchido intuitivamente, não captado explicitamente naquilo que o faz, o sustenta, mas captado apenas como sentido aludido, referido, sinalizado, indicado ou insinuado. A questão retoma algo desse vazio de sentido, solicitando justamente que a experiência que implicitamente o faz seja expressa a fim de que se o preencha. Assim como as perguntas pré-definidas do roteiro, estas novas questões buscam suscitar no sujeito a retomada das experiências e sua elucidação no momento da entrevista.

Como se nota, estas perguntas partem daquilo que aparece durante o relato. Sua função nesse processo aberto de coleta é ir evidenciando o fenômeno e este se evidencia, justamente, à medida que a pergunta o solicita e a resposta o acompanha em seu mostrar-se. Portanto, a pergunta se articula ao fenômeno, o antecipa com sua solicitação. Seu propósito não é partir de interpretações ou lampejos cognitivos de um dos interlocutores da entrevista, mas confirmar o vínculo intersubjetivo que vai se apresentando. O aprofundamento durante a entrevista, nessa articulação fenômeno-pergunta, se dá como um processo de retomada, confirmação e especificação do conteúdo relatado. O relato do sujeito pode se configurar, muitas vezes, em torno do fenômeno, sem aprofundá-lo ou adentrá-lo efetivamente na narrativa. O entrevistador, em seu posicionamento atento, busca dirigir e solicitar ao sujeito que aprofunde sua narrativa.

O trabalho necessário para a coleta do relato do sujeito condiz com a caracterização do método desde a atitude inicial do entrevistador, para que esteja adequadamente atento no momento da entrevista, principalmente, à expressão do sujeito, testemunhando a experiência vivida do outro. O posicionamento do entrevistador é fundamental neste tipo de entrevista – a atenção para "chamar" a experiência se relaciona com a característica do aprofundamento em tal dimensão que é uma dimensão "quieta", dimensão tácita da experiência (Stelter, 2000). Quanto ao acesso ao estrato originário de uma experiência vivida, isto é, ao estrato corporal da experiência que corresponde a sua densidade mais propriamente afetiva, não se deve haver a pretensão de tematizá-lo objetiva e prontamente. Esta pretensão procuraria dar imediatamente um caráter reflexivo a uma dimensão da experiência que ainda não tem essa qualidade para seu sujeito. Nem por isso falta à experiência pré-reflexiva o potencial de se mostrar, de se manifestar. Trata-se antes de procurar as condições para que o sujeito se dê conta de sua experiência pré-reflexiva e possa manifestá-la. A dimensão afetiva da experiência vivida, em seu nível mais elementar, também denominada dimensão *hilética* (Ales Bello, 1998; Barreira & Massimi, 2005), é aberta a uma multiplicidade de sentidos possíveis em que a própria tentativa de apreensão corresponde a um constrangimento que a delimita. Não há nenhuma negatividade neste constrangimento, já que o mesmo corresponde àquilo que confere o sentido particular da experiência vivida de alguém, com as possibilidades e limites inerentes à percepção do fenômeno. Mais uma vez deve ser salientada a **reorientação** da consciência operada na dinâmica intersubjetiva da entrevista fenomenológica que conduz da "consideração acerca do fenômeno" à "percepção do fenômeno", da distância objetiva à proximidade experiencial, da atitude natural à atitude pessoal. Por tal peculiaridade, esta dimensão das vivências não emerge à expressão racional de maneira imediata, exigindo aproximações graduais no decorrer da entrevista que favorecem um mergulho rumo à constituição da objetividade da experiência relatada.

Até aqui, foram enfatizados aspectos gerais da entrevista sob orientação fenomenológica, com destaque para alguns posicionamentos que o entrevistador busca assumir para que o processo dialógico rume às finalidades pretendidas. É com referência a esse mesmo processo que se passa agora a uma articulação analítica com o fenômeno da empatia, conforme o examinou Stein (Ranieri & Barreira, 2012). Trata-se de passar do processo de entrevista, que conduz à experiência vivida tematizada por uma pesquisa, às suas condições de possibilidade, ou seja, aos fundamentos últimos que sustentam sua validade científica.

Uma primeira aproximação entre a relação empática e o momento da entrevista está naquilo que é suscitado junto ao entrevistador pela experiência relatada do entrevistado, chamando sua atenção para o esclarecimento intersubjetivo que se faz num ir e vir dialógico. Seguindo um caminho diverso das conversações cotidianas ou jornalísticas, orientadas em grande parte por um intercâmbio do tipo explicativo e informativo, há a importância da curiosidade pela experiência vivida correlativa ao objeto, isto é, a ênfase para que a fala do sujeito se acerque e adentre as suas experiências vividas. Ao mesmo tempo, além da postura atenta do entrevistador, o interesse pelo seu objeto enquanto fenômeno, isto é, enquanto manifestação para o sujeito entrevistado, deve ser experiencial. Este interesse não se atém a conteúdos e objetos, mas se qualifica como uma experiência da experiência alheia, isto é, como ato empático. Isto lhe permitirá reconduzir a entrevista para a experiência vivencial, caso haja o desvio para a experiência imprópria, conteúdos prontamente objetivados ou para temas alheios ao interesse da pesquisa.

Vale destacar que, se a empatia é uma questão implícita em qualquer relacionamento humano, diferenciando-se quanto a seus graus, para a *entrevista sob orientação fenomenológica* há necessidade de que o ato empático se explicite confirmando para o pesquisador que houve a compreensão do sentido da experiência alheia. O fenômeno recordado no momento da entrevista não é a vivência vivida novamente de modo originário,[3] mas trazida à tona, com intensidade relativa e própria à representificação que se realiza sem perder, todavia, a estrutura do fenômeno. Contudo, só há possibilidade de que tal estrutura, isto é, a correlação entre os polos objetivo e subjetivo da experiência, seja apreendida devido à presença de determinado *vínculo empático* entre o sujeito entrevistado e o entrevistador. Este último também é atuante como interlocutor atento, indagador e curioso, sobretudo para poder compartilhar e testemunhar a experiência narrada do outro. Este vínculo implica em compartilhar elementos essenciais e determinantes do movimento subjetivo. Trata-se não apenas de entender objetivamente o relato, seu conteúdo e conexões lógicas, mas de colher as vivências que conferem seu sentido, isto é, a interioridade de seu

[3] Para um aprofundamento da questão da originariedade e não originariedade veja-se Stein (1917/1998) ou Ranieri & Barreira (2012).

sentido ou, simplesmente, as "vivências alheias". O excesso de abstração daquilo que se escuta durante a entrevista conduziria o pesquisador para outra direção, objetiva e racionalizada, recortando os polos da vivência com o prejuízo daquele subjetivo. Ao invés da abstração, operação de consciência que, nesse momento, cancela a capacidade suspensiva que a entrevista de orientação fenomenológica requer, trata-se de abrir-se ao outro deixando-se permeável à sua experiência. Esta permeabilidade, afetiva e compreensiva, é a condição primária para que se desenvolva a entrevista com intenção fenomenológica. É um momento que não entra em contradição com o momento analítico, mas o antecede e o possibilita. Fazer-se permeável corresponde, precisamente, à atitude de tirar de circuito avaliativo os pré-juízos, os enquadres categoriais, a intenção abstrativa, para que a experiência se mostre, ganhe corpo, preencha o tema em pauta. Assim, mantém-se o interesse pelo tema, que continua a fornecer a pauta da entrevista, mas ele corresponde ao que Husserl denomina *intuição vazia*. Durante a entrevista a permeabilidade do pesquisador abre-se ao preenchimento intuitivo oriundo da experiência alheia compartilhada. Esta posição do pesquisador, que a partir de agora será chamada de *escuta suspensiva*, também se conserva ativa, visando desobstruir acessos, seja em si, seja no outro, para ser preenchida. Portanto, como o ideal da *epoché* efetivado na troca empática, o ideal da *escuta suspensiva* é também a síntese de variadas operações no intercâmbio subjetivo, que visam realizá-lo e que se vem descrevendo ao longo desse capítulo. Pela *escuta suspensiva* o entrevistador não apreende apenas o relato, mas voltado à expressão composta pelo relato e seu sujeito, acompanha vivencialmente as vivências que constituem a experiência narrada. Esta experiência é fundamental para que se saiba como é possível chegar a fazer fenomenologia tomando-se a entrevista como instrumento.

O compartilhamento das vivências que dão consistência viva ao objeto experiencial de que se acerca na narrativa, permite que se colham os atos de consciência (*noesis*) que lhe constituem.[4] Trata-se, portanto, de uma correspondência não apenas eidética, referente à intuição de essência do objeto (*noema*), mas também transcendental. Embora Stein

[4] Nas palavras de Stein: "cada vivência intencional tem dois aspectos que devem ser tidos como presentes na percepção: um aspecto subjetivo e um objetivo. Husserl indicou-lhes como *noesis* e *noema*". (Stein, 1919-32/2001, p. 47, tradução própria).

tenha reservas quanto à expressão "transcendental", por conta do tipo de idealismo que poderia presumir e que incitou intensa polêmica na escola fenomenológica de Husserl, pode-se considerar, como o faz Angela Ales Bello, uma das mais reconhecidas especialistas na obra de Stein, que a fenomenóloga efetive análises correspondentes àquelas que Husserl denominava transcendentais, já que ela jamais deixou de buscar descrições últimas dos fenômenos que, como tais, chegavam à evidenciação de suas vivências constitutivas. Esquematicamente, portanto, a identificação e compreensão da experiência vivida alheia, durante a entrevista fenomenológica, acontece como a conexão eu-mundo-outro que se especifica numa apresentação experiencial. Esta apresentação mostra facetas fenomenais do mundo que a determinam e, ao fazê-lo, deixa ver também os atos consciencìais que lhe são correlativos. É a estrutura da pessoa humana (Stein, 1932-3/2000) que permite essa apreensão comum das manifestações do *mundo-da-vida*, isto é, a apreensão intersubjetiva, graças ao caráter transcendental que lhe é próprio, em outras palavras, à universalidade dos atos constitutivos da consciência viva no mundo (Husserl, 1926-38/2012).

Edith Stein distingue três graus pertinentes à dinâmica empática, advertindo que a abrangência destas três modalidades não é necessária para que o ato empático se dê, já que, mesmo quando há interrupção em seu modo mais baixo, já há ato empático. Todavia, a distinção das três modalidades que tornam explícita a dinâmica empática é central não apenas para a fundamentação científica, mas também para uma ampla diversidade de atuações práticas da psicologia, particularmente, a prática clínica. O primeiro grau corresponde ao "emergir da vivência" (Stein, 1917/1998, p. 78, tradução própria): trata-se simplesmente de perceber que o outro percebe algo. Nesse primeiro grau, o mais baixo, a vivência do outro aparece para o sujeito. O segundo grau equivale à "explicitação preenchedora" (idem): não apenas a vivência do outro aparece para o sujeito, mas este, "voltado para suas tendências implícitas" (idem) é atraído para dentro da vivência, vivendo-a como sujeito da experiência. Trata-se de passar a acompanhar a vivência não apenas pelo seu polo de aparição objetiva, mas também por seu polo subjetivo. A percepção da vivência estranha se preenche com os atos correspondentes aos atos do outro. Ou seja, para o sujeito empatizante se trata de, por sua vez, viver a atuação da vivência empatizada. A mais importante advertência a ser repetida aqui é que, embora os atos correspondentes possam ser acompanhados nesse segundo grau da dinâmica, eles permanecem sempre e absolutamente separados enquanto originariamente próprios a cada um dos sujeitos, o empatizante e o empatizado. O terceiro e último grau da dinâmica empática condiz à "objetivação compreensiva da vivência explicitada" (idem): se no primeiro grau o sujeito percebe algo que o outro percebe e, sucessivamente, no segundo grau vive por sua vez a atuação experiencial correspondente àquela percepção alheia, no terceiro, finalmente, mais do que perceber e atuar subjetivamente em correspondência ao sujeito empatizado, o sujeito empatizante *se dá conta* disso. Dar-se conta disso equivale a tornar a vivência empática preenchida um objeto para a consciência, possibilitando sua compreensão. Neste terceiro grau a experiência empática se aprofunda compreensivamente, deixando de ser apenas uma vivência e passando a ser vivência da vivência, em outros termos, uma vivência da qual se tem consciência de ser vivida. É até esta modalidade da dinâmica empática que a entrevista fenomenológica quer chegar efetivando a *escuta suspensiva*.

O cruzamento intencional

A análise fenomenológica não está concluída apenas com a realização das entrevistas em modo de *escuta suspensiva*. Como já afirmado, a *escuta suspensiva* cumpre um momento que precede a análise intencional propriamente dita. Mais uma vez, é válido recorrer aos paralelos conceituais que permitem realizar a transposição da fenomenologia enquanto filosofia para as pesquisas fenomenológicas em psicologia. Assim como a fenomenologia não se interrompe na *epoché*, a pesquisa em psicologia fenomenológica não se basta no cumprimento apropriado de suas entrevistas. A *epoché* é uma atitude que dá acesso aos fenômenos em si, mas aquilo que se revela pela *epoché* ainda deverá ser objetivado com as reduções fenomenológicas que efetivam as distinções finas que delineiam a essência do fenômeno e dos atos que lhe sustentam. Deve-se constatar que a conjugação entre *epoché* e empatia, cumprida durante cada entrevista, fornece uma visão da experiência investigada singular a cada sujeito consultado. Se estas pesquisas pretendem a elucidação e confirmação fenomenológica de uma experiência tematizada, a apreensão de uma experiência singular não poderia satisfazer à sua finalidade.

Embora a fenomenologia possibilite vias para a assunção de uma abertura à singularidade, o estudo sistematizado que leva à redução fenomenológica não poderia ser levado a cabo apenas com a singularidade dos informes de um único sujeito. Nenhum estudo fenomenológico daria conta de descrever satisfatoriamente a singularidade de um sujeito, pois isso significaria objetivá-la a ponto de descaracterizar a subjetividade enquanto abertura constitutiva. Tampouco é fenomenologia o estudo das visões de mundo, acusado por Husserl de relativista, não científico. Portanto, deve-se passar da singularidade da experiência de cada sujeito à generalidade *daquela experiência tematizada*. Essa generalidade é o sentido que se quer delinear estruturalmente. A objetivação dessa experiência, contrariamente à objetivação da subjetividade, é possível.

Entretanto, como a compreensão empática de uma vivência singular a um sujeito não basta para que se cumpra uma descrição essencial de um fenômeno, entrevistas com diferentes sujeitos devem ser analisadas comparativamente dando à experiência constitutiva do fenômeno oportunidade de revelar seus traços determinantes.

O *cruzamento intencional*, ora descrito, equivale a uma adequação da *variação eidética ou imaginária* destinada ao uso em pesquisa empírica. Seu propósito é tomar o conjunto de relatos das diferentes entrevistas como variações das experiências vividas. A função da *variação imaginária* é buscar múltiplas manifestações de um fenômeno a fim de descrevê-lo naquilo que lhe é essencial, isto é, excluir as características acessórias, ou acidentais, para usar a clássica denominação aristotélica, para manter apenas aquelas características sem as quais o fenômeno não seria mais reconhecido como tal. Com a gravação e posterior transcrição das entrevistas, a leitura dos relatos possibilita a análise que visará cruzá-los a fim de identificar, entre as experiências singulares, aqueles elementos comuns que determinam o sentido próprio do fenômeno tematizado. Esse cruzamento é *intencional* em dois sentidos: por um lado, é um ato deliberado do pesquisador, por outro, apreende a intencionalidade própria ao fenômeno estudado que emerge pelo contraste entre as diferentes experiências relatadas. Mais uma vez, portanto, o pesquisador se abre para a experiência captando-a em ambos os seus polos. Todavia, o fato de que, posicionado em sua permeabilidade, já tenha sido "banhado" pelas experiências vividas pelos variados sujeitos entrevistados, permite-lhe agora que exerça as funções mais abstrativas correspondentes às reduções fenomenológicas. Sua operação não busca as diferentes representações da experiência, mas a constituição de seu sentido. Por esse motivo as entrevistas realizadas não podiam se contentar com conteúdos representativos, precisando se efetivar com o recurso da *escuta suspensiva.* A diferenciação de fenômenos, bem como de diferenciadas facetas que perfazem suas lateralidades possíveis, permite apresentá-lo tanto em sua estrutura intencional quanto em diferenciações típicas de sua emergência existencial. Assim, é possível *identificar* os significados das experiências vividas na vida de sujeitos típicos, na tentativa de *compreender* como estas experiências se configuram existencialmente e como são constituídas intencionalmente. Pelo *cruzamento intencional* conclui-se o arco intencional da sistematização da pesquisa fenomenológica em psicologia aqui proposta.

Certamente, a transposição conceitual e operacional do pensamento fenomenológico para a investigação empírica em psicologia não poderia se encerrar em proposições dogmáticas. Nem por isso, contudo, essa transposição seria mais adequada se arbitrariamente aplicada. A *tensão* que gerações de psicólogos enfrentam para cumprir esse constante ajuste metodológico encontra na obra de Edith Stein, a exemplo de sua rica abordagem do fenômeno da empatia, verdadeiras contribuições para que a pesquisa fenomenológica em psicologia avance suas próprias sistematizações.

Referências

Ales Bello, A. (1998). *Culturas e religiões: uma leitura fenomenológica.* (A. Angonese, Trad.). Bauru, SP: Edusc. (Original publicado em 1997).

Ales Bello, A. (2004). *Fenomenologia e ciências humanas: psicologia, história* e religião. (M. Mahfoud & M. Massimi, Ed.s. e Trads.). Bauru, SP: EDUSC.

Amatuzzi, M. M. (2006). A subjetividade e sua pesquisa. *Memorandum, 10,* 93-97. Recuperado em 20 de fevereiro, 2011, de http://www.fafich.ufmg.br/~memorandum/a10/amatuzzi03.pdf

Barreira, C. R. A. & Massimi, M. (2005). Arqueologia fenomenológica das culturas. *Estação Científica, 0,* 1-11. Recuperado em 28 de fevereiro, 2013, de http://www.jf.estacio.br/revista/ARTIGOS/0cristiano_arqueo.pdf.

Dale, G. A. (1996). Existencial phenomenology: emphasizing the experience of the athlete in sport psychology research. *The Sport Psychologist, 10,* 307-321.

Giorgi, A. (2008). Concerning a Serious Misunderstanding of the Essence of the Phenomenological Method in Psychology. *Journal of Phenomenological Psychology, 39*(1), 33-58.

Husserl, E. (2006). *Ideias para uma fenomenologia pura e para uma filosofia fenomenológica: introdução geral à fenomenologia pura.* (M. Suzuki, Trad.). São Paulo: Ideias & Letras. (Original publicado em 1913).

Husserl, E. (2012). *A crise das ciências européias e a fenomenologia transcendental:* uma introdução à filosofia fenomenológica. (D. F. Ferrer, Trad.). Rio de Janeiro: Forense Universitária. (Originais de 1926-1938, publicação póstuma em 1954).

Kidder, L. H. (1987). Questionários e entrevistas. Em L. H. Kidder. *Métodos de pesquisa nas relações sociais* (pp. 15-48). São Paulo: EPU.

Manzini, E. J. (2004). Entrevista semi-estruturada: análise de objetivos e de roteiros. Em *Anais do II Seminário Internacional de Pesquisa e Estudos Qualitativos.* São Paulo: SEPQ; Bauru, SP: Universidade Sagrado Coração.

Ranieri, L. P. & Barreira, C. R. A. (2012). A empatia como vivência. *Memorandum, 23*, 12-31. Recuperado em 01 de março, 2013, de http://www.fafich.ufmg.br/memorandum/a23/ranieribarreira01

Stein, E. (1998). *Il problema dell'empatia* (2a ed.). (E. Costantini & E. Schulze-Costantini, Trad.). Roma: Studium. (Original publicado em 1917).

Stein, E. (1999). *Psicologia e scienze dello spirito* (2a ed.). (A. M. Pezzela, Trad.). Roma: Città nuova. (Original publicado em 1922).

Stein, E. (2000). *La struttura della persona umana.* (M. D'Ambra, Trad.). Roma: Città Nuova. (Originais de 1932-1933, publicação póstuma em 1994).

Stein, E. (2001). *Introduzione alla filosofia* (2a ed.). (A. M. Pezzella, Trad.). Roma: Città Nuova. (Originais de 1919-1932, publicação póstuma em 1991).

Stelter, R. (2000). The transformation of body experience into language. *Journal of Phenomenological Psychology, 31*(1), 63-77.

Sobre os autores

Adair Aparecida Sberga é Mestra em Educação pela Università Pontificia Salesiana (UPS), de Roma, Itália; doutoranda em Psicologia pela Universidade de São Paulo, Campus de Ribeirão Preto e diretora do Colégio Nossa Senhora Auxiliadora de Ribeirão Preto.
Contatos: ir.adair@auxiliadora.com.br/ adair@pg.ffclrp.usp.br

Achilles Gonçalves Coelho Júnior é Mestre em Psicologia pela Universidade Federal de Minas Gerais, professor das Faculdades Integradas Pitágoras de Montes Claros, Montes Claros - MG.
Contato: achillescoelho@yahoo.com.br

Ana Cláudia Bernardes Guimarães é mestranda no Programa de Pós-Graduação em Psicologia da Faculdade de Filosofia e Ciências Humanas da Universidade Federal de Minas Gerais, Belo Horizonte – MG; pós-graduada em Psicologia Clínica: existencial e gestáltica (FEAD, Belo Horizonte); pós-graduada do Curso de Aperfeiçoamento Experiência Elementar em Psicologia (UFMG); psicóloga da prefeitura de Nova Lima – MG.
Contato: anaclaudiabg@gmail.com

Bernardo Teixeira Cury é graduado em psicologia pela Universidade Federal de Minas Gerais, atuando como psicoterapeuta e acompanhante terapêutico em Belo Horizonte – MG.
Contato: becury@oi.com.br

Carmen Lúcia Cardoso é psicóloga, Doutora em Psicologia, Professora Associada do Departamento de Psicologia, credenciada no Programa de

Pós Graduação em Psicologia da Faculdade de Filosofia, Ciências e Letras de Ribeirão Preto da Universidade de São Paulo. Endereço: Faculdade de Filosofia, Ciências e Letras de Ribeirão Preto - Departamento de Psicologia - Universidade de São Paulo, Avenida dos Bandeirantes, 3900 CEP – 14040-901. Ribeirão Preto – SP – Brasil. Fone: 16-3602-3660 /FAX: 16-3602-4835. /
Contato: carmen@ffclrp.usp.br

Carolina de Resende Damas Cardoso é Mestre em Psicologia pela Universidade de São Paulo e graduada Psicologia pela Universidade Federal de Uberlândia.
Contato: cmrdc@hotmail.com.

Cristiano Roque Antunes Barreira é psicólogo, Doutor em Psicologia pela Faculdade de Filosofia Ciências e Letras de Ribeirão Preto – Universidade de São Paulo - USP (2004), professor da Escola de Artes, Ciências e Humanidades da Universidade de São Paulo entre 2005 e 2009, atualmente é docente da Escola de Educação Física e Esporte de Ribeirão Preto, na Universidade de São Paulo - USP.
Contato: crisroba@gmail.com

Heloisa Szymanski é Doutora em Educação (Psicologia da Educação) pela Pontifícia Universidade Católica de São Paulo. Atualmente é professora titular do Programa de Estudos Pós-Graduandos em Educação: Psicologia da Educação da Pontifícia Universidade Católica de São Paulo e coordenadora do Grupo de Pesquisa em Práticas Educativas e Atenção Psicoeducacional à Escola, Família e Comunidade (ECOFAM). É Pesquisadora 1 CNPq.
Contato: hszymanski@uol.com.br

Leandro Penna Ranieri é graduado em Ciências da Atividade Física e Mestre em Ciências, área de concentração Estudos do Esporte, pela Universidade de São Paulo. Atualmente é docente da União das Instituições Educacionais do Estado de São Paulo.
Contato: ranierileandro@gmail.com

Marina Massimi é Professora Titular junto ao Departamento de Psicologia e Educação na Faculdade de Filosofia Ciências e Letras da Universidade de São Paulo, Campus de Ribeirão Preto, Brasil. Especialista na área

de História das Ideias Psicológicas na Cultura Luso-Brasileira. Contato: Departamento de Psicologia e Educação. Av. Bandeirantes, 3900, CEP 14040-901, Ribeirão Preto - SP.
Contato: mmassimi3@yahoo.com

Miguel Mahfoud é Doutor em Psicologia Social, Professor Associado do Departamento de Psicologia da Faculdade de Filosofia e Ciências Humanas e do Programa de Pós-Graduação em Psicologia da Universidade Federal de Minas Gerais, atuando na linha de pesquisa "Cultura e Processos de subjetivação". Contato: Caixa Postal 253 - CEP: 31270-901 – Belo Horizonte – MG.
Contato: mmahfoud@yahoo.com

Nara Helena Lopes Pereira da Silva, Doutora em Psicologia pela Faculdade de Filosofia, Ciências e Letras de Ribeirão Preto, Departamento de Psicologia e Educação na Universidade de São Paulo. É psicóloga e atualmente realiza atividades de atendimento clínico, supervisão e grupos de estudo em consultório particular. Endereço: Consultório de Psicologia, Av. Fagundes Filho, 361, cj. 53ª CEP – 04304-010. São Paulo – SP – Brasil. Fone: 11-2836-7906.
Contato: nara.helena@gmail.com

Paulo Coelho Castelo Branco atualmente é professor do Curso de Psicologia do Instituto Multidisciplinar de Saúde da Universidade Federal da Bahia (UFBA), Campus Vitória da Conquista. Doutorando em Psicologia Social pelo Programa de Pós-Graduação em Psicologia da Universidade Federal de Minas Gerais (UFMG). Mestre em Psicologia, concentração em Psicanálise, Práticas Clínicas e Epistemologia das Psicologias, pela Universidade Federal do Ceará (UFC). Graduado em Psicologia pela Universidade de Fortaleza (UNIFOR).
Contato: pauloccbranco@gmail.com

Renata Amaral Araújo é psicóloga, Doutora em Psicologia Clínica pelo Instituto de Psicologia da Universidade de São Paulo (2009), Mestre em Psicologia Social pelo Programa de Pós-Graduação em Psicologia da Universidade Federal de Minas Gerais (2003). É psicóloga e atua como Orientadora Educacional no Ensino Básico.
Contato: aaraujore@yahoo.com

Roberta Vasconcelos Leite é Mestre em Psicologia e doutoranda no Programa de Pós-Graduação em Psicologia da Faculdade de Filosofia e Ciências Humanas da Universidade Federal de Minas Gerais, Belo Horizonte. Editora assistente da revista *Memorandum: memória e história em psicologia* e membro do *Grupo Experiência Elementar em Psicologia: estudo, pesquisa, intervenção.*
Contato: vasconcelosroberta@yahoo.com.br

Sávio Passafaro Peres, Doutor em Psicologia pela Faculdade de Filosofia Ciências e Letras da Universidade de São Paulo, Campus de Ribeirão Preto. Atualmente é pós-doutorando do Departamento de Filosofia da Pontifícia Universidade Católica de São Paulo - PUC-SP, Bolsista Fapesp. Área de pesquisa: história da psicologia.
Contato: savioperes@yahoo.com.br

Suzana Filizola Brasiliense Carneiro é doutoranda do programa de Psicologia Clínica do Instituto de Psicologia da Universidade de São Paulo, Mestre em Educação (Psicologia da Educação) pela Pontifícia Universidade Católica de São Paulo e especialista em Teologia da Evangelização pela Pontifícia Universidade Lateranense de Roma, Itália.
Contato: sf.carneiro@uol.com.br

Victor de Barros Malerba é aluno de graduação do curso de Psicologia da Faculdade de Filosofia, Ciências e Letras da Universidade de São Paulo, Campus de Ribeirão Preto.
Contato: malerba13@gmail.com

Yuri Elias Gaspar é Mestre em Psicologia e doutorando no Programa de Pós-Graduação em Psicologia do Departamento de Psicologia da Faculdade de Filosofia e Ciências Humanas da Universidade Federal de Minas Gerais, Belo Horizonte.
Contato: yurieliasgaspar@yahoo.com.br

Construindo ideias
e conectando mentes

Este livro foi composto com tipografia Bembo
e impresso em papel Pólen 80g

Impressão e Acabamento | Gráfica Viena
Todo papel desta obra possui certificação FSC® do fabricante.
Produzido conforme melhores práticas de gestão ambiental (ISO 14001)
www.graficaviena.com.br